韓國史硏究叢書 58
3·1 독립운동의 지방시위에 관한 연구

韓國史研究叢書 58

3·1 독립운동의 지방시위에 관한 연구

이정은 지음

국학자료원

학부를 졸업하고 갈 길을 모색하고 있던 1985년 어느날 아내가 꿈을 꾸었다. 아내는 웅장하게 큰 기와집을 보았고 그 앞에 동창생들이 도열하여 있었다. 그 곳에 큰 문이 열리고 남편인 필자가 들어가자 도열해 있던 아내의 동창생들이 모두 박수를 쳤다. 그런 꿈을 꾸고 얼마 후 나는 독립기념관건립추진위원회에 들어가게 되었다. 1985년 11월 1일이었다. 이듬해 독립기념관 광복절 개관을 며칠 앞두고 화재가 났다. 개관이 1년 뒤인 1987년 광복절로 미루어지면서 1986년 10월 8일 혼자 연구소 창설 작업을 하도록 발령을 받았다. 그 후 학계의 여론수렴작업, 초대 연구소장 초빙, 연구소 규정 준비, 인원 충원 등의 작업을 하여 1987년 2월 10일 한국독립운동사연구소를 창설하게 되었다.

필자가 3·1운동이라는 주제를 붙들게 된 것은 신용하 선생님을 초대 한국독립운동사연구소장으로 모신 것이 계기가 되었다. 선생님은 필자에게 안성군 원곡·양성면의 3·1운동에 대해 논문을 써 보라고 권유하셨다. 그때 늦깎기 공부로 아직 석사과정에도 들어가지 않았을 때였다. 필자의 첫 논문 <안성군 원곡·양성의 3·1운동>이 이렇게 하여 1987년 발간된 ≪한국독립운동사연구≫ 창간호에 실렸다. 필자의 실력 여부를 묻지 않고 과제를 주서서 눈을 뜨게 하고 걸음마를 하게 하신 신용하 선생님의 고마움을 이 책을 통해서나마 조금 표할 수 있게 되어 다행으로 생각한다.

이후 20여년 계속 3·1운동과 그 주변에 관심이 머물렀다. 그 동안 어떤 때는 3·1운동이라는 밀림에서 길을 잃은 것 같은 때도 있었고, 때로는 질고 좁은 논길을 미끌거리며 걷는 듯 도무지 마르고 큰 길을 찾아 나오지 못하여 다른 길을 찾을 생각도 했었다. 경기도 안성 이후 경남 창녕군 영산, 합천군, 경기도 수원군 장안·우정면 등 몇 편의 지방사례 연구를 하면서 시위운동의 박물학적 파편 모으기가 아닌가 하는 의구심이 들었던 적도 한두 번이 아니었기 때문이었다. 그러나 초창기 지방답사를 할 때만 하더라도 생존 참여자나 목격자들이 계셨다. 이제 와서 생각하면 좀 더 광범한 지역에 대한 구체적인 사례들을 조사해 두었더라면 크게 가치가 있었을 것이라는 생각이 든다. 이제는 불가능한 일이 되어 버렸다. 전국 대부분 지방에서 일어났고, 무엇보다도 일단의 주민들이 모여 만세를 부르고 끝난 단순한 시위운동으로 밖에 보이지 않을 수도 있는 3·1운동이라는 대양에서 어디에 푯대를 잡고 항해를 해 가야 할 지 알 수 없었다.

암중모색하던 중에 어렴풋한 실루엣 한 자락을 발견하게 된 것은 1992년 우리 연구소에서 "일제의 식민통치기구와 조직"을 공통 기획주제로 하면서였다. <일제의 지방통치체제 수립과 성격>이라는 논문을 준비하면서 중간발표하던 날, 제2대 연구소장이셨던 조동걸 선생님이 마침내 머리를 끄덕이셨다. 그리고 이어서 석사논문을 쓰면서 몇날며칠을 연구실에서 밤을 새고 동녘이 밝아오는 것을 볼 때 느꼈던 행복감을 잊을 수 없다.

일제의 지방통치에 대해 공부하면서 조선 이래 중앙에 매몰되지 않고 있었던 '지방'을 발견하였다. 3·1운동은 일본 식민지 통치의 일원성, 수직성, 일방성에 대한 지방사회 공동체의 다원성, 수평성, 상호성과의 대립이라는 구도가 내재해 있다는 것을 알게 되었다. 이때로부터 지방사회의 3·1운동이라는 주제는 좀 더 특별한 의미로 다가왔다. 그럼에도 불구하고 한국의 전통 향촌공동체에 대한 실체를 드러낸다는 것은 필자 개인의 역량으로서는 어려운 일로 보였다.

이 책은 필자의 박사논문(≪3·1運動의 地方示威에 관한 研究≫, 2006. 8)를 책으로 정리한 것인데 이 책에서 역시 그 한계를 벗어날 수 없었다. 이 책이 의미가 있다면 이전에 평면적으로 보였던 두 달여의 3·1운동을 더 긴 역사적 맥락과 중앙과 지방, 국가권력과 향촌공동체 등 좀 더 입체적인 시각 속에서 읽어내야 할 필요성을 환기시키고, 우리 역사 연구에서 권력과 개인, 지배와 피지배로부터 '공동체'라는 화두로 넓혀 가는 데 작은 기여를 할 수 있었으면 좋겠다는 생각이다.

이 책이 나올 수 있도록 이끌어 주신 초대 한국독립운동사연구소 소장이셨던 신용하 선생님, 학부시절부터 자상한 지도를 아끼지 않으셨던 한영우 선생님, 심사위원장을 맡아 주셨고, 후학들에게 시대를 관류하는 문제의식으로 역사 동력의 근저에 다가가시는 모습을 지켜볼 수 있도록 해 주시고 계신 이태진 선생님, 이 연구의 두서를 잡아 주시고자 애써 주신 권태억 선생님, 연구소장 재임시부터 공직으로 바쁘신 와중에서 마지막 심사과정까지 관심을 기울여 주시며 논문을 끝내도록 지속적으로 격려해 주신 이만열 선생님, 심사과정에서 많은 깨우침을 베풀어 주신 정용욱 선생님, 기층사회 분석에 대해 새로운 깨우침과 빈공간을 일깨워 주신 사회과학대학 정근식 선생님께 감사드린다.

필자가 기억해야 할 또 한분은 고인이 되신 오수열 선생이다. 3·1독립선언서 문제로 인연이 된 이분은 이 주제에서 돌아서려던 시점에서 필자를 다시 3·1운동으로 돌려 세웠다. 돌아가시는 그날까지 이분은 자료추적에 대한 열정을 몸소 보여주시며 타성과 안이함을 경계하도록 필자를 일깨우셨다.

이 논문 심사가 진행되던 기간에, 업친데 겹친다고 긴박하고도 힘든 다른 일까지 겹쳤다. 그 가운데서 논문의 틀 자체를 몇 차례 뒤집어야 했고, 엄청난 시간적 절박성과 능력의 한계감으로 정신이 으깨어지는 듯 했다. 시간과 능력의 한계 앞에서 얼마나 수없이 기도했는지.... 연구소와 독립기념관 동료들의 따뜻한 격려도 큰 힘이 되었다.

인문학 연구자의 아내가 된다는 것은 인내심의 한계를 시험하는 '무한도전'이다. 늦깎기 대학생 신랑에게 시집온 아내가 대학생 인규, 가예와 고등학생 태규의 엄마가 되고, 남편에 대해서는 마침내 반쯤 포기하기에 이르렀을 때쯤에야 이렇게 한 매듭이 지어졌다. 금의환향을 기대하지는 않았을 테지만, 마치 빛바랜 편지 같은 이 결실이 아내에게 어떤 의미가 있을지 모르겠다. 다만 오래 참고 견딤에 드리는 작은 기념패라고나 할까, 감사패라고 할까.

끝으로 이 책의 출판에 기꺼이 응해 주시고 언제나 열정에 찬 삶을 통해 연구자들을 격려해 주시는 국학자료원의 정찬용 사장님, 정구형 이사님과 편집진 여러분께도 깊은 감사를 드린다.

2009년 1월
木川 남벌을 바라보며

머리말

　1919년 2월 28일 밤 서울 시내에 독립선언서가 뿌려지고, 이튿날 아침 각처의 집 대문 앞에서 광무황제 독살설을 알리는 격문이 발견되었을 때[1] 이를 발견한 일제 경찰도, 이를 추진했던 민족진영에서도 이 운동이 어떤 형태로 어디까지 파급되어 갈지 아무도 예측하지 못했다.

　당시 우리 민족은 일제의 강고한 무단통치하에서 1910년대 중반에는 소멸하고 만 국지적인 소규모 의병 잔여부대들의 저항, 일부 비밀결사의 투쟁을 제외하고 전면적인 저항이 불가능한 상태로 10년간을 지내왔다. 독립운동가들은 해외로 망명해야 했고, 국내외의 연결은 일제의 강력한 통제와 정보망 때문에 유지되기 힘들었다. 따라서 해외 독립운동 세력과는 비밀 연락이 부분적으로 오갈 뿐 조직적 연계를 가질 수 없었던 상황이었다.

　그런 한국인들이 1919년 3월 1일을 기하여 전면적인 항일 독립운동을 전개하였다. 3월 1일 오후 2시 서울에서 천도교, 기독교, 불교계의 종교인으로 구성된 민족대표들이 독립을 선언했다. 파고다 공원에서 학생 시민들이 시위운동을 시작하고 평안남도 평양, 진남포, 안주, 평안북도 선천, 의주, 함경남도 원산 등 주요 지방 도시에서도 서울과 동시에 시위운동에 들어감으로써 거대한 3·1독립운동의 불길이 타오르기 시작했다. 전국에서 남녀노소, 신분고하를 막론하고 이에 참여하여 두 달 이상 시위가 계속되었고, 감옥에서 조차 1주년, 2주년, 3주년 기념시위가 계속되었다.[2] 이 시

---

1) <獨立宣言書 發見의 件>(1919. 3. 1, 高警 제5288호), 國會圖書館, 韓國民族運動史料,
　(三·一運動篇 其三), 1979. p. 1 및 pp. 18 - 20.

위운동은 그 끝을 정확히 규정할 수 없는 항일독립운동이었다.

이 운동을 계기로 압록강·두만강 대안지역에서는 무장투쟁이 본격화되었으며, 국내와 노령, 상해 등지에서 3·1운동의 과정으로, 또는 그 계획의 일부로서 임시정부가 수립되고, 이것이 마침내 상해의 대한민국임시정부로 통합되어 민족사의 정통성을 수립하였다. 일제는 강력한 한국인들의 전면적인 저항에 직면하여 무단통치를 후퇴시키고 부분적이나마 자유를 허용하는 '문화정치'로 전환하지 않을 수 없었다. 이 열린 공간을 통하여 이민족 지배와 민족말살에 대항하여 민족적 정체성을 확립하는 민족 문화운동과 구시대적 신분제도와 관습, 문화를 극복하고 일제에 의해 왜곡되고 강화된 사회경제적 모순을 해소하여 민족공동체의 완성을 지향하는 사회, 경제운동들이 터져 나오게 되었다.

3·1운동은 우리 독립운동사 뿐만 아니라 한국근현대사에 있어 가장 크고도 깊은 영향을 끼친 사건이었다. 이듬해 朴殷植이 ≪韓國獨立運動之血史≫(1920)로써 정리하기 시작한 이래 내외국인이 독립운동사에서 가장 큰 관심과 비중을 두어 왔다. 지금까지 나온 논저도 1천여 편 이상이 되며,[3] 특히 매 10년마다 맞는 50주년(1969년), 60주년(1979년), 70주년

---

2) 서울 경성감옥에서 재소자들이 1922년 3월 1일부터 3일까지 사흘 연속으로 3·1운동 3주년 기념 독립만세를 불렀다.(동아일보, 1922. 3. 14)

3) 3·1운동 연구의 논저목록에 대해서는 다음이 참고된다.
   동아일보사편, 1969, ≪삼일운동 50주년기념논집≫의 <삼일운동 관계자료목록>
   국사편찬위원회, 1984, ≪한국독립운동사논저목록≫

(1989년)의 기념주기를 전후하여 집중적인 관심과 조명을 받아 왔다.[4] 80
주년(1999)을 전후하여서는 3·1운동에 관련한 자료집들이 또한 간행되었
다.[5]

역사학회편, 1982, ≪현대한국역사학논저목록, 1945~1980≫

장득진, 1985, ≪한국사논저총목록≫

국사편찬위원회편, 1986, ≪해외한국사연구문헌목록≫

한국역사연구회·역사문제연구소편, 1989, ≪3·1민족해방운동연구≫ 부록 <3·1운동관계
주요 자료·논저목록>

국사편찬위원회편, ≪한국사연구휘보≫제1~112 참조

신용하, 1993, <3·1운동 연구의 현단계와 과제>, 국사편찬위원회 편, ≪한민족독립운동사≫
12

한국사연구회편, 1996, ≪한국사연구논저총목록≫

국가보훈처, 2000, 일제침략 및 독립운동 관련 문헌·논문 목록집≫

4) 50주년을 기하여 1969년에는 東亞日報社에 의해 76개 주제에 달하는 기념비적 ≪三·一運動
50周年紀念論集≫이 나왔으며, ≪역사학보≫ 41, 1969, ≪아세아연구≫12‒1(통권33호)도
3·1운동을 특집으로 다루어 각각 4편의 논문을 실었다. 일본에서는 姜德相·梶村秀樹편,
≪現代史資料≫25·26, みすす書房, 1967; 金正明의 ≪朝鮮獨立運動≫1, 및 1권 分冊, 原
書房, 1967; 독립운동사편찬위원회, 1972, ≪독립운동사자료집≫5, (3·1운동 재판기록)이 나
왔으며, 60주년인 1979년을 전후하여서는 3·1운동의 성격을 새롭게 조명하고자 하는 많은 논
저들과 國會圖書館, 韓國民族運動史料,(三·一運動篇) 其一(1977), 二(1978), 三(1979)이
나왔다. 70주년인 1989년에는 동아일보사 심포지움과 그 결과물로서≪3·1운동과 민족통일≫
(동아일보사)과, 한계레신문사에서 후원한 14명의 소장학자 공동연구의 결과물로서 ≪3·1민
족해방운동연구≫(청년사), 조선일보사가 후원한 ≪3·1운동과 대한민국임시정부 수립의 현
대적 해석≫이 나왔다.

5) 국사편찬위원회, ≪한민족독립운동사자료집≫ 9‒27(1989‒1996)은 국사편찬위원회가 서울
지방검찰청으로부터 이관받은 재판문서들이다. 삼일운동기념사업회에서는 만주 3·1운동인
3·13시위운동에 관한 중국,북한 국내의 논문, 서술문, 기사문 등을 모아 자료집 형식으로 ≪3·1

이에 대한 연구는 많은 세부 부문과 주변 분야를 포함하며,[6] 운동의 배경, 추진과정, 발발과 전개, 일제의 탄압, 영향과 의의 등에 대해서는 대체로 정리되었으나,[7] 아직도 연구되어야 할 부분이 많이 남아 있다. 따라서

운동 자료집 1 - 海外에서의 三一運動≫, (1996)을 냈다. 또 우남 이승만(≪梨花莊 所藏 雩南 李承晩文書≫ 東文篇, 1 - 18, 중앙일보사·현대한국학연구소, 1998, 백범 김구(백범 김구선 생 전집 편집위원회, ≪백범 김구전집≫, 1 - 12, 대한매일신보사, 1999, 도산 안창호(≪島山安 昌浩全集1 - 14, 2000 같은 주요 인물에 대한 종합적인 자료집이 간행되었다.

6) 다음과 같은 부면들이 연구대상으로 되어 왔다. ① 배경(1 - 국제정세, 2 - 1910년대 독립운동, 3 - 사회경제적, 4 - 일제 식민통치 등) ② 발발원인 ③ 지도층(민족대표) ④ 계획단계 및 발발과 정 ⑤ 참여계층과 운동의 대중화문제 ⑥ 국내 지방시위운동 ⑦ 해외 3·1운동 ⑧ 영향(1 - 독립운 동상, 2 - 세계 피압박민족운동상, 3 - 식민지 정책상) ⑨ 이념, 사상, 집단의식 ⑩ 평가, 의의, 성격(1 - 국내, 2 - 국외, 3 - 북한) ⑪ 일제의 대응, 탄압

7) 朴殷植, 1920, ≪韓國獨立運動之血史≫, 上海 : 유신사.
加藤房藏, 1920, ≪朝鮮騷擾의 眞相≫.
조선과학자동맹 편, 1946, ≪조선3·1운동≫, 조선정연사.
파이버, 다니엘, 1946, ≪3·1운동의 진상≫, 혁신사.
金南天, 1947.≪3·1운동≫, 아문각.
裵鎬吉, 1953, ≪3·1운동실기≫, 동아문화사.
李根直, 1955, ≪3·1운동사≫, 3·1정신선양회경북본부.
李炳憲, 1959, ≪3·1운동비사≫, 시사시보사출판국.
張道斌, 1960, ≪3·1독립운동사≫, 국사원.
近藤釰一, 1964, ≪萬歲騷擾事件 - 3·1運動 - ≫(1~3), 友邦協會 朝鮮史料編纂會.
국사편찬위원회, 1966·1967, ≪한국독립운동사≫(2·3).
李龍洛, 1969, ≪3·1운동실록≫, 3·1동지회.
朝鮮憲兵隊司令部 編, 1969, ≪朝鮮3·1獨立騷擾事件 - 槪況思想及運動 - ≫.
독립운동사편찬위원회, 1972, ≪독립운동사자료집≫5, (3·1운동 재판기록)
安秉直, 1975, ≪三·一運動≫(춘추문고 208), 韓國日報社.

이 운동에서 우리가 읽어내야 할 것을 제대로 읽지 못하고 있는 점도 많다.

3·1운동은 서울에서 발발하여 지방으로 확산되어 감으로써 민족독립운동으로서의 규모와 성격을 분명하게 드러내었다. 그러나 지금까지 연구는 주로 초기 발발 단계와 중앙 주도층 중심으로 이루어졌다. 그러다 보니, 이 돌연하고, 예상을 뛰어넘어 엄청난 규모로 발전하게 된 독립운동이 민족 대표들이 독립선언 후 곧바로 日警에 체포되어 운동의 지도부가 붕괴된 상황에서 어떻게 초기 종교인과 학생층의 운동에서 농민층을 중심으로 하는 지방 민중의 운동으로, 한국 독립에 대한 국제여론 환기를 위한 시위운동에서 일본 제국주의 체제를 정면으로 공격하며 이의 철폐를 위한 전면적인 투쟁으로 나아갔는지 등 아직 제대로 밝혀내지 못하고 있다.

3·1운동의 많은 부분은 지방만세시위로 이루어졌다. 그러나 지방 시위운동은 중앙운동의 부속물로서 인식되는 경향이 있었고, 중앙에서 선언서가 전달되면 거의 자동적으로 이에 호응하여 일어난 운동 정도로 인식하

尹炳奭, 1975, ≪三·一運動史≫(정음문고 100), 正音社.

朴慶植, 1976, ≪朝鮮3·1獨立運動≫, 平凡社.

金鎭鳳, 1977, ≪三·一運動≫, 世宗大王記念事業會.

鄭光鉉, 1978, ≪3·1독립운동사≫, 법문사.

愼鏞廈, 1984, ≪3·1독립운동의 사회사≫, 현암사.

_____, 1989, ≪3·1독립운동≫, 독립운동사연구소.

_____, 2001, ≪3·1運動과 獨立運動의 社會史≫, 서울대학교출판부

_____, 2001 ≪日帝强占期 韓國民族史≫(상), 서울대학교출판부

金鎭鳳, 1990, <3·1獨立運動>, ≪韓民族의 獨立運動史≫.

는 경우가 많이 있다. 그러나 지방사회의 3·1운동에도 지역 인사들의 심각한 결단과 의지가 있었고, 그 자체로서 위험을 무릅쓴 모험이었다. 그들은 지역의 자원과 네트워크를 동원하여 운동을 조직화하여 그 지역의 여건에 맞는 방식으로 동리나 장터에서의 시위운동, 야간 산상 봉화시위, 면사무소·주재소 압박 및 일제 관헌과의 충돌 등 다양한 형태로 전개했다. 이러한 지방민의 참여가 아니었으면 3·1운동은 몇몇 도시를 중심으로 단기간에 끝나고 말았고, 전민족적 운동으로 발전하기 어려웠을 것이다.

지방 3·1운동에 대한 구체적인 조사연구가 소홀하게 된 데에는 이 운동에 대한 인식과 평가 문제도 일정 부분 관련이 있다. 이 운동에 대해 일본 식민주의자들은 "비현실적인 월슨의 민족자결주의를 무분별하게 믿고 일으킨 경거망동"이라는 식으로 왜곡, 평가절하였다.[8] 이 영향을 받은 부정적 평가로부터 한민족의 자주독립의지를 세계만방에 알린 민족 최고 최대의 독립운동이라는 인식에 이르기까지 양극단을 보인 견해도 적지 않다. 이런 종류의 인식 어느 쪽이든 객관적인 인식을 방해하는 것으로, 받아들일 수 없는 측면을 강하게 갖고 있었다.

우선은 3·1운동 이후 27년간 일제 지배가 계속된 데에다, 해방 이후 분단과 좌우 대립의 혼란, 한국전쟁 등이 잇따르면서 차분한 연구와 정리가 어려웠다. 이에 따라 정치적 동기에 의해 3·1운동 서술에는 분석보다 '미

---

8) 일제측이 간행한 저서로는 加藤房藏, ≪朝鮮騷擾の眞相≫(1920), 靑柳綱太郎, ≪朝鮮獨立騷擾史論≫(1921)이 대표적인 것이다.

화'가, 객관적 사실보다 주관적·당파적·이념적 의미 부여가 앞설 수밖에 없는 상황이 없지 않았다.

해방이후 1960년대까지는 이 운동을 국외와 국내, 천도교·기독교·불교의 각 종교, 남녀노소·학생·노동자·농민 등 각계각층이 참여한 단일운동으로서 독립운동 또는 民族解放運動의 최고 도달점으로 보는 입장이 강했다.[9] 특히 한국의 민족주의가 왕조적 관념에 기반한 충군애국으로부터 국민이 국가의 주인이 되는 근대국가의 체제가 확립되기 전에 일제 침략을 받음으로써 국가 대신 민족이 강조되는 민족주의 사상이 형성되었으며,[10] 해방 후 남북 분단과 남한 내의 극심한 좌우 대립, 3년간의 동족상잔의 血戰으로 말미암아 대립과 갈등을 부추길 수 있는 요소는 극도로 忌避되고 어떻든 민족의 대동단결이 강조되는 분위기였다. 거기다가 분단국가로서, 독일과 같이 분단 이전의 통일된 '원천국가'의 상을 갖지 못한 한국은 모든 계층이 대동단결한 민족 대연합운동으로 인해 '미분화된 민족 동질감'의 원천국가의 상으로서 3·1운동을 강조되게 되었다.[11]

이에 따라 "3·1운동의 거족적인 반일운동은 이전의 항일 투쟁의 진전이 거족적인 반일운동의 기초를 마련했"으며[12], "무단통치 10년간은 민족의

---

9) 이런 시각의 논저로 朴殷植, 1920, ≪韓國獨立運動之血史≫, 상해; 尹炳奭, 1975, ≪삼·일운동사≫, 정음사; _____, 2004, ≪(증보) 3·1운동사≫, 국학자료실

10) 윤해동, ≪식민지의 회색지대≫, 역사비평사, 2003, p. 117.

11) 동아일보사, ≪3·1운동과 민족통일≫, 1989, pp. 226 – 227.제2분과 토론 중 박명규 교수의 신일철 교수 발표에 대한 토론문 참조.

힘의 축적기간"[13)]으로 설명되었다. 그리하여 3·1운동의 전개과정상의 단계 구분이 없거나, 시위 발발건수, 양상의 계량적 변화에 주목하여 2 - 3단계의 구분을 하였다.[14)] 시위양상은 "공약3장에서 밝힌 것 같이 평화적 시위로 자주독립을 절규"한 것으로써 서술되고, [15)] 기본적으로 평화시위였으며, 일부 '폭력시위'의 경우는 일제의 무단적 진압에 반발하여 일어난 것으로 설명되었다.

이와 같이 이 운동을 일원적으로 봄으로써 3·1운동의 민족사 또는 독립운동사적인 의미가 강조되는 가운데 지방사회의 시위운동은 자동적으로 중앙의 선도에 따라 참여하게 된 것으로 보며, 그 의미는 총체적인 3·1운동의 민족사적 의미 속에 묻혀 버리고 말게 되었다. 많은 지방 시위운동 주

---

12) 한우근, 1969, <3·1운동의 역사적 배경>, ≪三·一運動50周年紀念論集≫, 동아일보사, p. 20.

13) 최영희, 1969, <3·1운동에 이르는 민족독립운동원류>, ≪三·一運動50周年紀念論集≫, 동아일보사, p. 43.

14) 국사편찬위원회, ≪韓國獨立運動史≫2, 1968
제1기(준비, 추진)/제2기 (3/1 - 4/30, 격렬화)/제3기(5월 이후 - '20.3까지의 지하운동, 임정활동 개시)이며, 본 운동의 제2기를 운동초기/절정기/후기로 시위의 회수에 의해 구분하였다. 독립운동사편찬위원회, ≪獨立運動史≫2 - 3, 1971은 시위 회수에 의해 초기, 절정기, 후기로 구분하고, 지방의 경우 민족대표와 연결된 것보다 독자의 모의, 결행된 곳이 압도적으로 많으며, 폭력화는 일제의 무차별 총격에 격앙하여 일어났으며, 1200여회 중 780회로 많음을 밝혔다. 崔永禧 <民族抗日獨立運動의 主流>, ≪日帝下의 民族運動史≫, 민중서관, 1971에서는 전기(3/1 - 19 - 격렬화 과정)/ 중기(3/20 - 4/10 - 절정기), 후기(4/11 - 30 - 퇴조기)로 구분하고, 폭력화는 일군경의 발포 등 폭력행사가 운동을 폭력화했다.

15) 金鎭鳳, 1969, <3·1運動과 民衆>, ≪3·1運動 50周年 紀念論集≫, 동아일보사.

도자 또는 참여자들이 생존해 있을 때인 이 시기 지방 3·1운동에 대한 구체적인 조사정리가 이루어지지 못한 것도 이런 분위기와 무관하지 않을 것이다.

그러나 일부 연구자들은 이 시기에도 이미 지방시위운동이 민족대표와 분리되어 독자성을 가진 것으로 파악하는 진전된 인식을 보여 주었다. 그 중 朴成壽는 농민층의 '폭력시위'에 대해 "平和的 示威運動을 呼訴한 33인의 當初 意圖와는 전혀 다른 行動이었고, 農民 자신의 손으로 자기 고장을 日帝의 사슬에서 解放하려 했던 것이다."16) 또 "비폭력시위보다 폭력시위가 훨씬 많았으며, 이는 일제하 농민들의 경제상황 때문이었다. 농민들은 민족대표의 원칙을 거부하고 독자적으로 나아갔다."고 함으로써 대중화 단계의 농민층의 시위의 독자적인 성격을 주장하였다.17)

이 시기에 지방 3·1운동에 대한 관심이 나타나기 시작하였다. 1969년에 나온 李龍洛의 ≪三一運動實錄≫은 당시까지 나온 박은식을 비롯한 3·1운동 저서들이 "地方의 運動實情에 관하여 多少 疏漏한 바가 있어, 당시 이름 없이 쓰러져 간 많은 사람들의 鬪爭史와 地方의 運動實情이 우리의 記憶에서 사라지기 以前에"18) 정리해 두고자 한 것이었다. 그 후 학자로서

---

16) 朴成壽, 1969, <3·1운동에 있어서 폭력과 비폭력>, ≪三·一運動50周年紀念論集≫, 동아일보사. p. 376.

17) 朴成壽, ≪獨立運動史硏究≫, 창작과 비평사, 1980. 3·1운동의 진행단계는 전기(3/1 - 20), 중기(3/21 - 4/9), 후기(4/10 - 4/30)로 참여자와 피해자 통계를 기준으로 하여 이전의 흐름과 맥을 같이 한다.

지방 3·1운동사를 개척한 것은 趙東杰이었다.[19] 그는 현지답사를 바탕으로 강원도의 경우 중앙의 종교조직을 통하여 전달된 운동은 대중운동으로 성취하지 못하였으며, 선언서 배포 자체가 만세운동을 일으키지는 못하였다."는 점을 밝혔다.[20] 다시 말하면 지방 3·1운동은 중앙운동의 부속물로서 선언서만 전하여지면 자동적으로 일어난 것이 아니었음이 밝혀지기 시작한 것이다. 그 후 80년대 들어 각지의 3·1운동 사례들이 조사 정리되기 시작하였다.[21]

3·1운동 70주년을 맞는 1980년대는 광주민주화운동의 후폭풍으로 국내적으로 반미자주화 및 민주화운동이 불타오르면서 3·1운동 연구에서 역사발전의 주동력으로서 '민중'이 부각되기 시작하였다. 지방 3·1운동 연구가 활성화되기 시작한 것은 딱히 이 경향과 관련이 있다고 할 수 없으나, 민중과 지방이 동시에 관심의 대상으로 떠오르게 되었다. 이에 따라 이전의 시위회수 등의 특성에 의해 초기, 중기(또는 절정기), 후기(또는 퇴조기)로 구분하던 것이 운동의 주도층의 변화를 중심으로 민족대표 등이 주도

---

18) 姜在鎬, <序文>, 李龍洛, ≪三一運動實錄≫, 3·1운동 동지회, 1969, 3.

19) 趙東杰, 1970, <3·1운동의 地方史的 고찰-江原道지방을 중심으로>, ≪歷史學報≫ 47 및 ≪일제하 식민지시대의 민족운동≫, 풀빛, 1981.
_____, 1971, <3·1운동 때 地方民의 참여문제-襄陽과 江陵의 경우>, ≪春川敎大論文集≫9.

20) 조동걸, 위 책, 1981, p. 46

21) 지방 3·1운동에 대하서는 다음과 같은 연구가 있다.

한 초기 발발단계에서 농민을 중심으로 한 대중화단계로 구분하기 시작하였다.[22] 또한 3·1운동이 대중화 과정을 거치면서 계급적 요구에 기초한 기층 민중의 저항이라는 시각의 논저들이 많이 나타났다. 지식인 부르주아 계급의 운동으로 시작된 운동이 지식인, 학생층의 선도적인 민중 결집 노력에 의해 농민 노동자의 시위운동으로 발전되어 갔다고 보고자 했다.[23] 이 관점은 운동의 전개과정에서 중앙 지도부와 연결되지 않은 운동이 압도적으로 많았고, 중앙 지도부의 운동지도에는 한계가 있었기 때문에 민중이 변혁의 주체로 등장하는 계기가 되었다는 입장에서 지방사회의 시위운동을 분리해 보려고 하였다.[24]

---

22) 류청하(<3·1운동의 역사적 성격>, ≪한국근대민족운동사≫. 돌베개, 1980)는 초기단계(부르조아민족자본가와 계량주의자)와 후기단계(민중운동화 단계 – 최하층 일반 민중에게 주도권이 이전됨)로 구분하고, 운동은 주체역량 미비로 실패했으나 민중에 운동 주도권이 이전된 데 의의가 있다고 하였다. 車基璧(<植民地 獨立運動으로서의 三一運動의 比較論的 考察>, ≪日帝下 植民地時代의 民族運動≫, 풀빛, 1981)은 초기단계(市民)와 나중단계(일반 민중)로 구분하고, 민중운동이라는 데서 본질적인 특성을 찾았다. 야마베 겐타로(≪한국근대사≫, 까치, 1987)는 평화적 시위운동과 농민의 반제국주의 투쟁으로 구분하고 이전의 지배층 양반, 무관투쟁이 농민, 노동자 다수 참여로 변했으며, 민족주의자의 독립운동 주도권 상실, 근대 혁명운동의 출발점이라 함.

23) 역사문제연구소 민족해방운동사 연구반(≪쟁점과 과제 – 민족해방운동사≫, 역사비평사, 1990)에서는 촉발단계 – 종교, 학생조직의 활용과 민중운동의 제1단계 – 비밀결사, 지하신문, 민중결집, 민중운동의 제2단계 – 노동자 파업, 노동자 대회 조직화, 농촌 만세꾼 출현의 3단계로 보았다. 강만길(≪고쳐쓴 한국현대사≫, 창작과 비평사, 1994)은 운동 촉발단계, 주요도시 확산단계(지식인, 노동자, 상인층), 농촌지방 확산단계 – 소작농, 화전민 등으로 계급적 관점에서 보았다.

이와 같이 3·1운동에 대한 연구가 중앙과 지방을 분리해서 봄으로써 지방 사회 민중의 역할을 부각시키데 되었으나 여전히 지방 시위운동자들은 '농민층'으로 묶일 뿐 개별 시위의 특성은 사상될 수밖에 없고, 중앙의 통치권력(국가체제)과 지방간에 존재하는 역동적인 관계는 간과되었다. 또 민중의 역할이 컸다고 할지라도 민중의 독자적(계급적) 이념에 의해서라기보다 민족대표의 운동지도 방향에 호응해서 일어난 것이 대체적인 사실이라는 점을 부정하기도 어렵다.

이 중에서 80년대 후반 김경태의 3·1운동 참가계층의 사회경제적 성격을 분석한 논문을 주목할 필요가 있다. 김경태는 시위운동이 민족대표의 준비단계와 민중운동단계로 구분하고, 서울과 서북지방, 대도시의 시위운동으로부터 경상남북도 농민층에 의한 시위격화로 이어지고, 이것이 다시 3월 하순, 4월 초순에 중부지방(경기도, 충청도)과 동남부(경상, 강원도)에 집중되는 경향을 보이고 있다고 함으로써 지방으로 확산되어 가는 3·1운동이 단계적 전개양상을 보이고 있음을 지적하였다. 그러나 개별 시위운동의 실상을 구체적으로 보지 못하였기 때문에 초기 대도시 지역의 시위는 조직적인 것으로 파악하고, 이보다 더욱 조직적으로 전개된 지방의 시위운동의 사례연구에서 보는 바와는 다르게 지방시위에 대해 농촌적 비조직적 시위로 평가하는 한계를 보였다. 이는 지방 시위운동에 대한 사례연

---

24) 이러한 견해를 집약한 대표적인 논저로 한국역사연구회, 역사문제연구소, 1989, ≪3·1민족 해방운동연구≫, 청년사.

구의 성과와는 다른 것이었다.[25]

　이 시기 "민중" 중심의 시각 이면에는 지방 시위운동을 기본적으로 계급투쟁으로 보며, 이는 사회구조적 모순에 의해 저항운동은 구조적인 과정으로서 발생하는 것으로 보기 때문에 "생활상의 요구에 기초한 즉자적인 변혁의지"를 확인하고자 하였다.[26] 그러나 이 관점은 3·1운동 단계에서 극히 미약하게 밖에 확인되지 않으며, 광범한 농민층의 급진적 '폭력' 시위에 비하여 극히 일부 지역에서 나타나는 "재산균분," "토지분배"와 같은 생활상이 요구는 결국 "맹아적 형태"[27]라고 평가할 수밖에 없는 한계를 가지고 있었다.

　90년대 이후 동구의 해체, 국내 민주화의 진전에 따라 3·1운동에 대한 관심은 다소 식은 듯 하나, 이제 비로소 이념적인 부분이 빠져나가면서 객관적 사실에 대한 정리와 차분한 분석이 가능한 때가 온 것 같다. 3·1운동은 결국은 조선총독부라는 국가권력과 그 정책이 갖는 성격에 대해 행동주체로서 지방민들의 정신적 가치, 이념, "선택"과 "의지" 또는 문화적 요소가 어떻게 대응되었는지 하는 문제로 다가가지 않으면 3·1운동 연구는 풀리지 않는다고 생각된다.[28]

---

25) 김경태, 1989, <3·1운동의 참가계층의 사회경제적 성격>동아일보사, ≪3·1운동과 민족통일≫, 1989

26) 정연태 외, 1989, <3·1운동의 전개양상과 참가계층>, 한국역사연구회, 역사문제연구소, 앞의 책, p. 253 참조.

27) 정연태 외, 1989, 앞의 책, p. 253.

스카치폴(Theda Skocpol)은 사회운동이 영향을 준 중심 메커니즘은 정치적 통치기구로서의 국가였으며, 이에 대항하는 사람들은 "아무리 불만이 있는 사람이라도 일정 정도 자원을 가진 최소한의 조직된 집단에 속하지 않고서는 정치적 행동에 뛰어들 수 없다."고 하였다.[29] 즉 감시받는 노동자들은 그 생존조건이 아무리 가혹하더라도 집단적 저항운동을 할 수 없다는 것이다.

  그러므로 3·1운동을 보는 데에도 중앙에서나 지방에서 집단적 저항을 할 수 있는 힘의 존재와 크기에 주목할 필요가 있다고 생각된다. 많은 경우 억압과 착취의 크기가 저항의 크기를 결정한다는 생각은 이런 관점에서 맞지 않는 것이다. 3·1운동은 지배력의 강도와 이에 저항할 수 있는 힘의 강도에 의해 시위의 주도층과 양상이 다양하며, 운동의 진전에 따라 단계적으로 질적인 발전을 보이는 것으로 파악해야 한다. 이러한 분석의 틀이 없었기 때문에 지금까지 지방 3·1운동연구는 대부분 시위운동의 일반적인 배경과 운동의 전개과정과 특성을 정리하는 "사건사"에 머물 수밖에 없었다.

---

28) Kim Yong–Jick, <Formation of a Modern State and National Social Movement in Modern Korea: March First Movement (1919) in Comparative Historical Perspective)」, University of North Carolina, Chapel Hill, 1992. 제2장에서 3·1운동과 같은 사회운동 또는 혁명운동을 보는 사회주의 이론, 정치갈등이론, 문화이론 등의 개요 참조.

29) Skocpol, Theda. 1979, State and Social Revolution, Cambridge, MA. Harvard Univ. Press, 김용직 위 논문, p. 22에서 재인용.

필자는 「日帝의 地方統治體制 수립과 그 성격」,[30]에서 조선시대 지방 사회의 독특한 자치적 성격과 전통적인 중앙의 민에 대한 규제방식이 간접적 통제 방식이었다고 보았다. 이에 비해 일제의 1910년대 지방행정구역의 전면적 개편(1914)과 조선면제의 시행(1917)은[31] 이를 直接的 規制方式으로 전환시킨 것이며, 향촌공동체에 뿌리박고 있던 향촌의 자율성을 해체함으로써 헌병, 경찰, 관리로 대변되는 官 일방의 지배질서를 관철시키자 한 것으로 파악하였다. 그러므로 3·1운동은 이에 대한 조선 민중의 전면적인 거부의 성격을 갖는다고 보았다. 이런 까닭에 3·1운동 때 주력으로 참여한 민중들은 "재산의 균분" "토지의 분배"와 같은 생활상의 요구를 내세우기보다 일제의 압제를 벗어나기 위해, 또는 그것을 파괴하기 위해 독립만세를 부르며 만세시위에 참여하게 했던 것으로 보았다.[32]

3·1운동과 관련하여 향촌공동체에 대한 관심은 윤해동에게서도 보인다. 그는 조선 민중이 "민족"으로서의 정체감을 갖게 되는 계기가 일제의 1910년대 촌락재편과 관련 있음을 주장하였다. 일제의 촌락 재편정책으로 재생

---

30) 이정은, 「日帝의 地方統治體制 수립과 그 성격」, ≪한국독립운동사연구≫6, 1992.

31) 조선시대 중앙정부가 민을 통제하던 방식은 흔히 '중앙집권적'이라고 표현되나, 사실에 있어서는 상당부분 지방이 가지고 있던 독자성을 인정한 위에 법률과 짧은 체임의 중앙파견 수령, 향촌 공동체의 자율적인 통제기구를 통한 간접적 규제체제의 성격이 컸다.

32) 비록 이러한 식민지 지방통치 체제의 수립으로 향촌의 자치적 전통이 파괴되어 갔지만, 이에 대한 조선 민중들의 승복은 일시적이며, 그 효과가 제한적이었다는 것을 밝혔다.(이정은, 「日帝의 地方統治體制 수립과 그 성격」, ≪한국독립운동사연구≫5. 1991 참조)

산구조가 파괴되고 공동체적 향촌 자치기구가 해체, 재편됨으로서 '민'으로 하여금 '민족'적인 정체감을 가지게 하는 계기로 작용하였다. 3·1운동 시기 대부분의 시위운동이 면사무소나 주재소를 공격 대상으로 하고 있었다는 것이 이를 상징하고 있으며, 구장들이 촌락의 대표자로서 '민'을 동원하는 역할을 수행하였고, 상당수의 면장들이 3·1운동에 참여하거나 3·1운동을 전후하여 면장직을 사임하는 데서 이를 엿볼 수 있다고 하였다.[33]

金翼漢도 총독부의 洞里支配政策과 지방의 자치적 운영관행이 3·1운동으로 연결되었다고 보았다. 일제가 지역 명망가층을 총독정치의 동반자로 삼으려 하였으나, 그들은 의병운동에 참여하는 등 민족주의적 성격이 강하여 사실상 "명망가 지배에 의한 식민지 통치"가 불가능하게 된 상황이 되었다. 따라서 지방의 자치적 운영관행이 남아 있던 구 동리 중심의 명망가들의 영향력이 3·1운동으로 연결될 수 있었음을 밝혔다.[34]

필자가 지방 3·1운동과 향촌공동체의 관련성 문제에 인식을 갖기 시작한 것은 1987년 경기도 안성군 원곡면과 양성면 3·1운동 사례를 조사하면서부터였다. 이 시위운동은 일제가 민족대표들을 "내란죄"로 처벌하기 위해 재판과정에서 "폭동"으로 거론한[35] 세 군데의 전국 대표적인 "공세적"

33) 윤해동, 1995, 「일제의 지배정책과 촌락재편」, ≪역사비평≫ 28.
34) 金翼漢, 1996, 植民地期朝鮮における地方支配體制の構築過程と農村社會變動, 동경대학대학원 인 문사회계 연구과 박사학위논문, pp. 303 - 305.
35) 독립운동사편찬위원회, ≪獨立運動史資料集≫5, 3·1運動 裁判記錄, p. 13.

시위운동의 하나였다.[36] 이 사례조사를 통하여 이때까지 일반적으로 이해되고 있던 "일제의 억압과 침탈이 큰 곳에서 저항운동도 크게 일어났다"[37]는 설명이 맞지 않는 현상을 발견하게 되었다. 원곡면·양성면의 시위운동에서 주도적인 역할을 하였던 원곡면의 경우 시위대는 일제 주재소와 우편소 등이 있는 고개를 넘어 약 8km 떨어진 양성면으로 쳐들어가 주재소를 불태우는 등의 매우 격렬한 시위운동을 전개했던 것이다.

그런데 이 지역은 일본인의 수가 많지 않고 토지 침탈이 크지 않으며, 일제의 지방 통치기관이 한국인 남길우가 면장으로 있는 면사무소 외에 경찰관 주재소나 우편소 등 일제 기관이 없었다. 원곡면민들은 향촌공동체라는 "자율적" 공간을 갖고 있었으며, 강력한 시위운동은 이와 관련이 있다고 생각되었다.

그 후 경남 합천, 충남 당진 대호지면, 경기도 화성시(당시 수원군) 장안

---

36) 세 시위 중 나머지 2군데는 황해도 수안군 수안면, 평안북도 의주군 옥상면 시위운동이다. (독립운동사편찬위원회, 위 책, p. 13 참조)

37) "황해, 경남, 충남 등지의 농민투쟁은 이 지역에서의 일제의 토지, 어장 수탈과 밀접한 관련을 지니는 것으로 보인다."(정연태·이지원·이윤상, <3·1운동 전개양상과 참가계층>, ≪3·1민족해방운동≫, 청년사, 1989, p. 271) 또는 "농민층은 약속된 시일이나 주로 장시일에 만세시위를 전개하는 것이 주된 형태였으나, 자주 폭력화하여 일본 관헌의 주재소를 습격하거나 일본인 가옥을 파괴하는 일이 일어났다. 이것은 일제가 1910~1918년의 소위 토지조사사업을 통하여 토지약탈을 자행하고 가혹한 식민지 농업수탈정책을 실시하였기 때문에 독립운동도 가장 폭력적으로 나온 것이었다."(신용하, 2001, ≪3·1運動과 獨立運動의 社會史≫, 서울대학교 출판부)

면·우정면 시위 등과 다른 연구자들이 조사한 지방 시위운동 사례들[38]을 통하여 지방사회의 3·1운동은 일제의 억압과 수탈이라는 요소도 기본적으로 있는 것이지만 이보다, 시위운동을 조직화할 수 있는 향촌사회 구성과 성격, 향촌 유지층, 개신교와 천도교의 상황, 한말 애국계몽운동과 교육운동 정도 등 주체적 여건과 역량, 또한 이와 상대하여 일제측의 주민에 대한 통제력, 일본인의 진출 정도와의 상관관계에 크게 좌우되었으며, 시위양상 또한 이를 반영하여 다양하게 전개된 것으로 보게 되었다.

이 글은 이와 같은 인식을 바탕으로 지방사회의 시위운동을 중심에 두고 지방사회가 어떻게 3·1운동에 적극적으로 나서게 되었으며, 시위운동의 진전에 따라 지방사회가 어떻게 일제 지배체제에 대응해갔는지를 살펴보고자 한다. 3·1운동이 지방으로 파급되어 가면서 단계적으로 변화되고 내용적·질적 발전되는 역동성을 구체적으로 봄으로써 3·1운동의 구체상과 전체상을 통합하고자 하는 것이며, 지방 시위운동의 구체상을 통해 전체 3·1운동의 성격까지 다시 보자는 것이다.

이 글은 다음과 같이 구성되었다. 제1장에서는 3·1운동의 전제로서 또

---

38) 지방 3·1운동에 대해 대개 이전의 독립운동의 배경과 3·1운동의 전개과정을 중심으로 정리된 경우가 대부분인데, 특히 지역의 사회, 경제, 문화 등 여러 측면에서 현지조사를 병행한 지역적 배경 조사를 통해 3·1운동과의 연관관계를 살펴볼 수 있게 한 다음의 연구조사가 참고될 수 있다.(목포대학교 인문과학대학 역사문화학부, 1998, <전남지방의 3·1운동>(3·1운동 80주년 기념 심포지움); 김희곤, 1999, 《안동의 독립운동사》, 안동시; _, 2002, 《의성의 독립운동》, 의성군, ___, 2003, 《영덕의 독립운동사》, 영덕군, _____, 2004, 《청송의 독립운동사》, 청송군)

한 3·1운동의 성격을 직조하는데 관계있는 1910년대 일제 식민지 지배의 특성인 장기 군사계엄체제의 무단성, 수탈성, 폭력성을 정리한다. 또한 지방사회를 장악하기 위해 일제가 구축한 관 일방적 수직적 지배질서가 집약적으로 나타난 지방통치체제의 구축, 특히 일제가 지방사회의 지방행정구역의 전면 재편을 통해 지방사회의 공동체적 응집력을 어떻게 해체하려 했는지를 보고자 한다.

제2장에서는 일제하 한국사회의 동향을 살펴본다. 일제의 폭압체제 하에서 3·1운동이라는 전면적인 저항의 물꼬를 튼 천도교, 기독교 등 종교계와 학생층의 상황을 살펴볼 것이다. 그들이 각각 처한 상황이 3·1운동 전개과정에 어떻게 반영되어 나타났는지가 관심의 초점이다. 또한 일제하 1917년부터 시작된 쌀값 앙등과 1918년 8월부터 3·1운동 발발시점까지 지속적으로 폭발적 장세가 계속되었던 쌀값과 이를 전후하여 대두되고 있었던 한국인의 집단적 저항의 움직임이 3·1운동을 예고하고 있었음을 보고자 한다.

제3장에서는 3·1운동의 발발과 전반적인 상황을 개괄한다. 광무황제의 독살설과 인산이 시위운동의 대중화에 미친 영향과, 민족대표와 시위운동의 대중화와의 관계, 시위운동의 전국적 전개상황과 단계적 발전상황을 정리한다.

제4장에서는 3월 초 제1단계 종교계와 청년학생층의 시위운동을 다루고자 한다. 탄압과 저항의 관계를 검토하기 위한 평양과 수안의 종교인 중

심의 초기 시위운동과 초기 3·1운동을 주도했던 청년학생층이 수적인 한계에 부딪히면서 대중과의 연결자로 자임하며 줄기차게 전개한 선전활동을 보고자 한다. 또한 청년학생층의 시위운동으로서 민족대표 시위운동 '규범'을 충실하게 따른 경남 창녕군 영산면의 청년층 주도 시위 사례를 살펴볼 것이다.

제5장은 3월 중순 특히 경상남북도 주변지방에서 향촌유지층이 지원 또는 주도함으로 인해 격렬하고도 공세적으로 변화해 간 제2단계 시위운동의 양상과 그 사례를 검토한다. 이 단계 시위는 주민들을 조직적으로 동원하여 주재소 면사무소를 파괴하며 독립의지를 밝히는 시위운동들이었다. 경북 영덕과 안동군을 통해 개괄적 이해를 가진 다음 경남 합천군과 함안군의 사례를 볼 것이다.

제6장은 경기도와 충청도의 중부지역에서 3월 하순부터 4월 초순에 걸쳐 3·1운동의 절정을 이룬 제3단계 시위운동으로서, 전주민적으로 4-8km 떨어진 이웃 면리까지 원정하여 일제 주재소를 방화, 파괴하며, 시위대에 발포하는 일제순사를 처단하고 지역에서 일제를 구축하고자 했던 공세적 시위운동양상을 살펴보고 그 사례로서 수원군 장안면 우정면 시위운동과 안성군 원곡면 양성면 시위운동을 검토할 것이다.

본고는 3·1운동이 시발기의 종교계와 학생층이 중심이 된 주로 평화적인 시위운동, 3월 18일을 전후한 시기 경상남북도 지역에서 지역 유지층이 주도 또는 지원하여 일어난 대규모의 공세적인 시위운동, 3월 하순부터 4

월 초순까지 전 향촌공동체가 참여한 가운데 다양한 계층의 주도층이 이
끈 지역해방형의 격렬한 공세적 시위운동의 세 단계를 거치면서 일제 식
민지 지배 철폐라는 근원적인 문제에 다가갔다고 본다.

　이 글에서 이용한 자료는 ① 일제하 1910년대 사회상황을 보여주는
≪조선총독부통계연보≫ 등 각종 통계자료와 ② 사회상을 보여주는 ≪매
일신보≫등 신문자료, ③ 각 종교계의 상황을 보여주는 교회사 자료와 관
련 저서와 논문, ④ 3·1운동의 상황을 보여 주는 일제 군 및 경찰 보고자료,
통계자료, 국내와 일본 등지에서 간행된 자료집들과[39] ⑤ 獨立運動史編纂
委員會, 1978, ≪獨立運動史≫(2~3)을 비롯하여 3·1운동 단행본, ⑥ 지역
의 시위운동 사례연구에 필요한 군·면지 등 지방사·향토사 편찬자료와, 지
역 독립운동사 연구서들, 郡 소장 ≪土地臺帳≫ 등의 자료, ⑦ 지방 시위관
련 현지답사와 증언 자료 등을 활용하였다.

---

39) 朝鮮史料編纂會, 1964, ≪萬歲騷擾事件≫(三·一運動)(1,2), 東京 ; 姜德相, 1967 ; 독립운동
　　사편찬위원회, ≪독립운동사자료집≫5, (3·1운동재판기록), 1972 ; ≪現代史資料≫(25,26,
　　朝鮮 1,2), みすず書房 ; 國會圖書館, 1977, ≪韓國民族運動史料(一~三)≫(三·一運動篇
　　其一) ; 姜德相, 1967, ≪三·一運動編≫(一~二)(現代史資料25 - 26, 朝鮮), 東京 ; 國家報勳
　　處, 1988, ≪獨立有功者功勳錄≫(2·3권); 國史編纂委員會, 1989, ≪韓國獨立運動史資料
　　集≫(1~27); 李龍洛 編, 1994, ≪3·1運動實錄≫, 金井出版社 ; 慶尙北道警察部, ≪高等
　　警察要史≫; ≪大阪朝日新聞≫(1919년 1월 ~6월분) ; ≪大阪每日新聞≫(1919년 1월 ~6
　　월분).≪東京朝日新聞≫(1919년 1월 ~6월분) ; 越智唯七, 1917, ≪新舊對照朝鮮全道府郡
　　面里洞名一覽≫, 中央市場 ; 朝鮮總督府, ≪朝鮮の聚落≫, 前, 中, 後 등.

3·1운동기 시위운동은 국외와 국내정세와 독립운동, 일제 중앙 및 지방 권력과 지방사회의 상황 등 수많은 요인이 결부되어 일어났다. 이런 요인들을 다 감안하여 정리하기에는 현실적으로 많은 어려움이 따른다. 가장 큰 어려움은 자료의 부족이다. 그럼에도 불구하고, 이런 작업이 또 다른 연구의 진전을 위해 디딤돌이 되리라 생각된다.

3·1운동 연구는 최소한 1910년대 초에서 1919년 3·1운동에 이르는 과정에서 지역사회에 대한 이해를 갖고, 그 바탕 위에서 3·1운동을 볼 필요가 있는 것이다. 이렇게 본 지역사례들을 모아서 거기에 어떤 공통점과 차이점이 있는지, 거기에 어떤 질서를 발견할 수 있는지 보아야 할 것이다.

3·1운동 당시 지방사회는 개항과 상품경제의 유입, 일제에 대한 의병운동, 애국계몽운동, 일본 식민지 체제의 수립과 일본인들의 유입, 토지조사, 지방행정구역 전면 개편, 폭우처럼 쏟아 붓는 각종 세금과 법령, 식민지 관권에 의한 억압과 침탈, 국가 위기가 고조되면서 진행된 천도교와 서양 개신교의 급속한 확장, 민족교육의 억압과 식민지 교육의 보급, 시대 변화에 따른 전통 향촌공동체의 해체 또는 온존 등 다차원적인 변화의 와중에 있었다고 생각된다. 그리고 이 각각의 요소들이 지역에 따라 진전정도에 차이가 있었던 것으로 보인다. 지역의 3·1운동은 그런 상황을 반영하고 있었다. 그러므로 제대로 지방사회의 이해 위에서 3·1운동을 읽어내는 일이야말로 당시 한국 지방사회가 처한 상황과 특성을 읽어내는 일이며, 나아가 한국 역사와 문화의 특성을 읽어내는 일이 될 수 있을 것으로 생각된다.

제1장 1910년대 일제의 한국통치

1. 일제의 식민통치의 성격

1919년 3·1운동 발발은 1910년대 일본 제국주의 식민통치에 대한 한민족의 대응이며 저항이자 더 이상 이에 묵종할 수 없다는 결론이었다. 그러므로 일본 제국주의의 한국통치의 실상과 성격은 3·1운동에 직결된 원인이자 귀결이었다. 당초 1910년 8월 22일 '체결'된 「조선병합에 관한 조약」자체가 한국 민족의 의사에 반하여 일본의 군사적 강압과 정치적 僞計에 의해 이루어졌다. 이 때문에 조약의 문구들이 "양국간의 특수하고 친밀한 관계", "동양평화를 영구히 확보" 등 미사려구로 장식되었음에도 불구하고 한국과 세계가 이 조약 문구들이 얼마나 허구적이었던가를 아는 데에는 긴 세월을 요하지 않았다. 이후의 역사는 양국간의 "특수하고 친밀한 관계"가 아니라, 저열하고 비인도적인 억압과 일방적인 침탈관계였으며, "동양평화를 영구히 확보"하는 것이 아니라, 동양과 세계평화를 위협하며 결국에는 파괴와 살육의 세계대전으로 몰아간 재앙의 서막이었음을 증명하고 있다. 그러므로 3·1운동은 일제의 한국 병합에서부터 잉태되었고, 그 양상은 일제 통치의 성격에 의해 구조화되었다 할 것이다.

이와 같은 결과는 1919년에 이르기까지 조선총독부의 통치가 체제의 武斷性, 事業의 收奪性, 그 수행과정의 暴力性을 특징으로 하였기 때문에 仁政과 德治의 統治文化속에서 살아온 한국인들과 언젠가는 부딪히게 되어 있는 문제였다. 다음에서 조선총독부 지배체제의 武斷性, 사업 본질의 收奪性, 추진방식의 暴力性이라는 특징을 살펴보고자 한다.

1) 체제의 武斷性

3·1운동에 이르는 1910년대 조선총독부 체제는 일반적으로 '武斷統治期'로 불린다.[1] 그 본질을 더 정확히 표현하자면 조선총독을 우두머리로 하는 長期軍事戒嚴體制라고 해야 할 것이다. 조선총독부의 長期軍事戒嚴體制는 1907년 7월 일제는 「보안법」을 공포하여 집회와 결사, 표현의 자유를 억압하고 조치를 이어, 1910년 8월 25일 「集會取締에 관한 件」을 공포하여 정치에 관한 집회를 금지시켰다. 이어 9월 13일 대한협회, 서북학회, 진보당, 정우회 등 모든 애국계몽 단체를 해산시켰다. 1907년 7월 「신문지법」, 1909년 2월에 「출판법」을 공포하여 신문·출판을 단속하고, 1910년 8월 28일 《대한매일신보》, 《황성신문》, 《제국신문》, 《만세보》 등 조선인이 경영하는 신문의 발행이 금지되었다. <출판법>에 따라 애국독립사상이 담긴 모든 서적이 몰수되었다. 이와 같이 한국인들은 1919년 3·1운동이 일어나기까지 10년간 일체의 인간으로서 기본적인 권리를 박탈당하여 보지도, 듣지도, 말하지도 못하도록 '노예'와 같은 삶을 강요당했다.

---

[1] 鄭然泰는 '武斷統治期'라는 용어는 '文化統治期'를 미화하고, 통치의 形式만 드러낼 뿐 일제시기 전반에 관통하는 무단통치라는 本質을 은폐하고 있는 문제가 있음을 지적하였다. (鄭然泰. 2004, 「朝鮮總督 寺內正毅의 韓國觀과 植民統治」, 《韓國史研究》124 참고.)

이러한 한국에 대한 군사계엄체제는 병합 2개월 여 전인 1910년 6월 「合倂後 韓國에 대한 施政方針 決定件」으로 나타났다.

1. 조선에는 당분간 헌법을 시행하지 않고 대권(大權)에 의거해 정무를 통치할 것.
1. 총독은 천황에 직속하고 조선에 대한 일체의 정무를 통할할 권한을 가질 것.
1. 총독에게는 대권의 위임에 의거하여 법률사항에 관한 명령을 발하는 권한을 부여할 것. 단 본 명령은 별도로 법령 또는 율령 등 적당한 명칭을 붙일 것.
1. 조선의 정치는 될 수록 간결하게 하고 따라서 정치기관도 역시 이런 뜻에 따라 개폐(改廢)할 것.[2]

이 「시정방침」에 의해 한국은 일본 헌법의 적용을 배제하고 있으며, 조선총독은 일본 왕이 직접 임명하는 親任官으로 육군 또는 해군 대장 중에서 임명되었다. 일본 국왕으로부터 全權을 위임받은 존재로서 한국인은 일본 헌법체제하에 통합되어 일본인과 동등한 대접을 받는 '국민'이 아니라 오직 조선총독 한 사람의 의사에 의해 통치되는 非常體制下 '열등국민'이 된 것이다. 이러한 조선총독은 立法權, 政務統理權, 軍隊統率權, 司法權 및 조선 王室인 李王職과 朝鮮貴族에 관한 특별권한 등을 가지고 있었다. 조선총독부 체제는 비정상적인 것이며, 전시 등 비상시기에나 볼 수 있는 군사체제였다.

총독부의 권력은 일본군 19·20사단의 2개 사단 무력에 의해 뒷받침되었다. 당초 일본군은 러일전쟁 때 들어와 러일전쟁이 끝난 후에도 계속 주둔하며 한국 병탄을 무력으로 뒷받침하였으며, 이에 저항하는 의병에 대해 무력탄압을 벌여 한국을 군사적으로 억압하고 치안경찰권까지 장악하

---

2) 朴慶植, 1986, ≪日本 帝國主義의 韓國支配≫, 청아출판사, p. 30.

였다.[3] 1916년 4월 일제는 일본군 9사단으로써 교대근무 형태로 운영하던 「韓國駐箚軍」을 철수시키고 대신에 일본군 제19사단과 제20사단을 설치하고, "한국주차군사령부"를 "朝鮮軍司令部"로 고쳤다.[4]

예산면에 있어서도 해를 더해가면서 군사비의 비중이 높아져서 1910년 군사비에 대한 행정비 비율이 39.5:60.5였던 것이 1917년에는 67.8:32.2로 역전되었다.[5]

조선총독부 기구 또한 군사적인 성격을 강하게 갖고 있었다. 총독의 관방에는 비서과와 함께 군사참모격인 2인의 무관과 전속부관이 있는 武官室이 있었으며, 總務部·內務部·度支部·農商工部·司法部의 5部와 取調局·鐵道局·通信局·臨時土地調査局·專賣局·印刷局 등 外局, 중추원·各道 警務總監部·裁判所 등을 두었는데, 중앙 및 지방의 전체관원이 15,113명[6]이었는데 1918년 12월말 기준으로 헌병은 보조원을 포함하여 7,978명, 경찰은 보조원을 포함하여 일본인 2,131명, 한국인 3,271명 계 5,402명 합계 13,380이었음을 감안하면[7] 조선총독부의 성격은 탄압적 치안위주, 약탈 본위의 武斷統治組織 또는 軍政組織이라 할 수 있다.[8]

경찰관서로 보면 1918년에 순사주재소수까지 모두 751개로서 이는 당시 12부 220부군 체제에서 1개 부군에 3.2개의 경찰관서가 있는 것이 된다. 여기에 헌병대 조직 1,110개를 합하면 경부관은 1,861개로서 1개 府郡에 8개의 헌병대 또는 경찰관서가 있는 것이며, 헌병 7,978 경찰 5,402명을 합하면 13,380명으로 1918년 당시 한국인의 총인구 16,697.017명에 대하여 1,248당 1명의 警務官員이 한국인들을 감시감독, 통제하고 있었다.

---

3) 蔡永國, 「3·1운동 전후 日帝 「朝鮮軍」(駐韓日本軍)의 動向, ≪한국독립운동사연구≫, 한국독립운동사연구소, 1992, p. 169.

4) 蔡永國, 위 글, p. 173.

5) ≪朝鮮總督府施政年報≫(1917). p. 12.

6) 위 자료(1910).

7) ≪朝鮮總督府統計年報≫(1918. 12. 31)

8) 金雲泰, 위 책, p. 30.

조선총독부의 경찰기구는 행정기구로부터 독립하여 총독의 직속기관으로서, 조선헌병대사령관이 경찰을 지휘·감독하도록 되어 있었다. 경무총감부 총장은 헌병대사령관이 겸임하고 각도의 警務部長에는 그 道의 헌병대장의 佐官이 취임하고, 尉官의 警視와 하사관의 警部, 그리고 경찰관의 경시, 경부, 순사를 배속하여 道 내의 경찰을 관할했다. 도내 주요 요소에는 경찰서를 두고, 경찰서가 없는 지방에는 헌병분대, 분견소를 두었다.[9] 府·郡에 적어도 경찰서 또는 경찰서의 임무를 취급하는 헌병분대 또는 分遣所 1개소를 설치하였으며, 경찰과 헌병의 관할 구역과 府·郡의 행정구역을 가급적 일치시켰다.[10] 경찰과 헌병대를 장악한 초대 경무총감부 총장 明石元二郎은 러일전쟁 때 러시아에 대한 첩보 공작으로 유명한 자였다.[11]

일본이 한국에 대해 철저히 군사주의적인 계엄체제의 직접통치를 시행하게 된 것은 단일민족으로서 한국인의 민족적 정체성이 강고하고, 1910년대 중반까지 의병항쟁이 이어져 排日분위기가 진정되지 않았다는 점도 크게 작용하였다.[12] 하지만 여기에는 일본 자체가 문화적으로 한국인을 동화할 수 있는 역량을 구비하지 못했고, 이에 대한 구체적인 방안도 갖고 있지 못했던 요인도 있었다.[13]

9) 朴慶植, ≪日本 帝國主義의 韓國支配,≫ 청아출판사, 1986, p. 43.
10) ≪朝鮮總督府施政年報≫, 1913, p. 54
11) 明石元二郎은 1902년 러시아 공사관 무관으로서 유럽 각지에 퍼져있던 러시아 혁명세력과 손잡고 비밀자금을 제공해 그들의 결속을 도왔다. 러·일전쟁이 일어나자 중립국으로 옮겨 이 공작을 계속했다. 그는 일본의 비밀지원을 받은 러시아 혁명세력이 러시아 내부에서 반란을 일으켜 러시아가 유력한 부대를 극동지역에 파견할 수 없게 만들어 만주에서 일본군이 러시아에 승리를 거둘 수 있게 하였다. 이런 그를 伊藤博文은 10개 사단이 할 일을 해 냈다고 추켜세운 바 있다. 그는 1910년 6월부터 1914년 4월까지 경무총장으로서 헌병대장을 겸하며 한국에서 갖가지 비밀공작, 독립운동 탄압공작을 담당했다. 그후 육군대장으로 승진해 대만총독으로 재임하던 중 3·1운동이 일어난 것을 보았으며, 伊藤博文이 안중근 의사에게 처단된 지 10년 후 꼭 같은 날인 1919년 10월 26일 사망했다.
12) 鄭然泰. 2004,「朝鮮總督 寺內正毅의 韓國觀과 植民統治」, ≪韓國史研究≫124, p. 188.
13) 鄭然泰. 위 글, p. 189.

이러한 군사주의적 계엄체제 아래 한국인들은 언론·출판·집회·결사의 인간 기본권을 빼앗기고 노예와 같은 생활을 강요당하자 오랜 역사의 문화민족으로서 느끼는 굴욕감과 실생활의 고통으로 말미암아 조선총독부의 지배를 한시도 인정할 수 없었으며, 이를 깨뜨려 벗어던질 수 있는 기회를 항상 기다리게 되었다.

2) 정책의 收奪性

1910년대는 조선총독부가 수탈을 위해 자본주의 경제체제를 이식시키고자 한국사회 전반을 급속하게 재편한 시기였다.[14] 러일전쟁 후 한국이 일본의 실질적인 식민지로 전락하면서 일제 상품의 한국진출이 더욱 본격화되었고, 한국은 점차 일본의 식량과 원료 공급지, 상품시장으로 재편되어 갔다. 이를 위해 대한제국 재정고문으로 온 目賀田種太郎는 '화폐정리'라는 미명하에 한국을 일본 엔화 통화권에 포섭시켰다. 경인·경부선을 비롯한 철도망과 도로망, 항만시설의 확충으로 일본과 한국, 한국내 각 지역을 연결하는 유통망이 확장되고 신속하게 사람과 상품을 이동시킬 수 있게 되었다. 이러한 목적 때문에 1910년대에 대대적인 철도와 도로건설, 항만의 수축과 통신시설 정비사업이 벌어졌다. 철도는 운영 중에 있었던 경부선(서대문 – 부산간 393.1km)을 비롯하여, 마산선(삼랑진 – 마산간 29km), 경인선(영등포 – 인천간 24.8km), 경의선(용산 – 안동간 383.6km) 등에 이어 경원선(169.7km)과, 호남선(183km)이 1914년에 부설되었다. 영흥에서 길주를 거쳐 윤성까지 연결되는 함경선(284km)는 공사가 진행 중이었다.

일제는 통감부 시기인 1907년부터 1910년 사이에 1,993km의 간선도로를 개수했다. 1911 – 1916년 제1기 治道事業 기간 중 34개 노선 2,690km, 제2기 1917 – 1922년 기간 동안 26개 노선 2,308km의 도로가 개수되었

---

14) 권태억, 2004, 「1910년대 일제 식민통치의 기조」, 《韓國史研究》, 124, p. 220

다.[15] 1919년에 이르는 기간 중 수원 - 이천(49.1km), 서울 - 원산간 (228km) 평양 - 원산간(225km), 안주 - 만포진간(244.8km), 전주 - 순천간 (133.2km), 상주 - 진주간(188km), 해남 - 하동간(165.2km) 등의 주요 간 선도로의 건설 등이 진행되었고, 서울을 비롯한 인천, 청주, 대구 등 도청 소재지 시가지의 도로 확장 및 개설공사가 이루어졌다.[16]

이러한 관용 토목공사의 수행을 위하여 일제는 1911년 4월 「토지수용 령」(제령 제3호)을 발포하였다. 이로써 도로, 철도, 국방군사시설 등 官에 서 필요하다고 하면 한국인이 토지를 무제한적으로 수용할 수 있게 되었 다. 1918년까지 철도 노선과 정거장 등으로 수용된 토지가 27,193,911평 이었다.[17] 이 막대한 토지의 수용과 도로개설 또는 보수를 위해 동원한 부 역으로 한국민의 원성은 쌓여만 갔다.

한국을 일본 상품의 시장으로 묶어 두기 위해 공업은 억제되었다. 1910 년 12월 발포된 「회사령」은 이를 위한 규제법령이었다. 1911년부터 1919 년까지 증가한 조선인 회사는 36개인데 비하여 일본인 회사는 180개였고, 한국인 회사는 일본인 회사에 비하여 규모와 납입 자본이 훨씬 적은 소규 모 회사가 대부분이어서 일본인 회사에 경쟁이 되지 않는 상황이었다.[18]

1910년부터 1919년에 이르는 기간 동안 한국의 무역구조는 완전히 식 민지형으로 재편되었다. 1910년도에 이미 식료품·원료수출 및 공업제품 수입이라는 식민지 무역의 특성이 나타난 바 있는 무역부문은 그 후 1919 년에 이르는 기간 동안에 이에서 더 나아가 일본의 조선시장 독점과 조선 경제의 隷屬經濟的 특성이 심화되었다.

이 기간 중 총 이출액 중 米穀이 차지한 비중이 최저 28%, 최고 50.1% (평균 42.4%)에 달하여 조선 경제가 米穀經濟로 되어 간 특징을 보여 주었

15) 鄭在貞, 「식민지 수탈구조의 구축」, 《한국사》 47, 국사편찬위원회, 2001
16) 《朝鮮總督府統計年報》(1918)
17) 《朝鮮總督府統計年報》(1918)
18) 文定昌, 《軍國日本朝鮮强占三十六年史》 中, 柏文堂, 1966, pp. 46~47.

다. 또한 미곡의 수이출 상대국이 일본 단일 시장에 심하게 예속되고 있었던 점 또한 이 시기의 특징이었다.

<표 1 - 1> 미곡 수이출 구성의 변화

연도	1910		1919	
구 분	수출	이출	수출	이출
미곡(%)	34	66	1.4	98.6

자료 : 善生永助, ≪朝鮮の物産≫, 1927, pp.239∼240

수이입에 있어서 식료품 수입이 1910년도의 3.41%에서 20.78%로 증가되었는데 이것은 식료품 수입액의 77%를 차지한 것으로 미곡 수출에 따른 代用粟의 수입이 15,800,000圓에 달했던 데 원인이 있었다. 완제품의 수입 비중 또한 1910년도의 54%에서 1919년도에는 65%로 상승했는데, 織物類 수입이 급증한 데 원인이 있었다. 특히 직물류 수입이 일본에 독점되어 감으로써 1910년대를 통하여 미곡의 수출, 면포 등 직물류의 수입의 식민지형 무역구조가 뚜렷이 나타났다.

<표 1 - 2> 직물의 수이입 구성의 변화

연도	1910		1919	
구 분	수입	이출	수출	이출
직물(%)	46	54	14.9	85.1

자료 : 善生永助, 1927, ≪朝鮮の物産)≫, pp.239∼240

1910년대 조선총독부의 큰 사업으로 토지조사사업도 있었다. 조선총독부는 1910년 3월 토지조사국을 설치하고 「토지조사령」(1912)을 발포하여 1918년까지 2,456만원의 예산을 투입한 토지조사사업을 실시했다. 토지조사는 "지세부담의 공평", "지적의 확정"과 "소유권의 보호", "토지개량과 이용의 자유 보장", "생산력의 증진" 등을 표면적인 이유로 내세웠지만, 실제적인 목표는 일본인의 토지소유와 조선총독부의 지세수입을 증대 시키기 위한 토지제도를 만드는 데 있었다.[19] 이 조사는 土地所有權調査, 地價算定, 土地臺帳 作成을 주 내용으로 하였는데, 소유권 확정 방법으로 서 신고주의를 채택하였다. 이로 말미암아 조선 말기에는 하나의 권리로 서 성장해 있었던 농민들의 占有耕作權과 賭地權, 入會權 등과 같은 권리 들이 부정되었다. 따라서 지금까지 현실적인 토지 점유자이며 경작자였던 농민들은 계약에 의해 지주와 경작관계를 맺는 소작 농민으로 전락하였다. 이 사업은 또한 단순히 근대적 토지 소유제도의 확립, 국유지의 창출, 일인 의 토지 소유 합법화와 일인 지주의 이식을 넘어 일제의 식민지 商品經濟 體制의 확립에 방해가 되는 舊來의 공동체적 제관계를 法的·非人格的 관 계로 전환시킨 것으로서[20] 이런 면에서 영국이 이집트나 인도에서 행한 것 보다 더 철저히 그들의 이익을 관철시킨 것이었다.[21]

그러한 폐해가 토지조사사업의 과정에서 33,937건의 분쟁지 발생으로 나타났다. 이 중에서 특히 농민들에게 억울했던 것은 국유지와의 분쟁으 로서 전체의 65%인 64,570필지에 달했다. 이것은 종래의 공전·역토·둔 토·목장토 등 농민들이 대대로 사유지와 크게 다름없이 권리가 형성되어 온 토지들을 조선총독부 소유의 국유지로 편입시킴으로써 일어난 분쟁들 이었다. 이러한 토지가 1912년 당시 133,633정보(4천 만평)이었으며, 이 토지를 경작하고 있던 소작 농민들은 331,748명이나 되었다.[22] 이들에게 일제의 토지조사사업은 생활상에 커다란 타격을 주는 일이었다.[23]

---

19) 金雲泰, 위 책, p. 57.
20) 사유재산제도를 확립하고 식민 이주자를 정착시키는 일은 토착 가족사회를 해체시켜 사회적 힘을 분쇄하고 식민지 지배에 대한 저항을 진압하기 위한 기초 작업으로서, 프랑스가 아랍의 식민지 토착사회의 공유 재산을 파괴하고 붕괴시키기 위해 50년간 조직적인 노력을 지속해 왔는 데서 그 성격을 볼 수 있다.(이경용 편역, 1984, ≪제국주의와 민족운동≫, 화다, p.13)
21) 宮嶋博史, 1987, 「比較史的 시점에서 본 조선토지조사사업 - 이집트와의 비교」, ≪근대조 선의 경제구조≫, 比峰出版社, p.12.
22) 印貞植, ≪朝鮮の農業機構≫, 백양사, 1940, p. 60.
23) 토지조사사업에 대해서는 愼鏞厦, ≪조선토지조사사업연구≫, 지식산업사, 1982 ; 裵英淳,

러일전쟁 이후 한국은 기회를 찾는 일본인 투기꾼, 무뢰배들에게 기회의 땅이 되었다. 壹州勝本 출신의 熊本이란 자는 1904년 현금 3천원을 가지고 한국으로 와서 유력자의 후원을 업고 토지브로커를 하여 1912년에는 3,200정보의 대지주가 되었다.[24] 이러한 사람들이 지방을 돌아다니며 토지의 집적, 미곡의 매점, 야바위 등 사기성 상행위를 통해 민심을 소란스럽게 했다.

조선총독부는 "殖産興業"을 주요한 정책지표로 내세웠다. 이를 위해 부용 귀족층을 농업개발의 前衛로 내세웠다.[25] "인민의 사상 개발을 위해"[26] 지방관광단을 조직 견학케 하였고,[27] 1910년말부터 관주도 농가 부업장려, 저축조합의 조직, 관제 농회를 통한 농업개발 장려, 소작인 조합결성 지원 등 관 주도 산업개발정책을 추진하였다. 이를 위해 헌병의 조장행정 관여가 제도화되었다. 이 시기 헌병경찰의 조장행정원조에 대해 다음의 일제측 기록을 보면 다른 설명을 필요로 하지 않을 것이다.

　　헌병과 경찰관헌은 조선의 경찰 및 위생사무를 장리하는 외에 당시 아직 창업의 시기였으므로 범죄즉결, 민사쟁송조정, 검찰사무와 집달리 사무를 행하게 되었고, 도로의 수축, 삼림의 보호, 나무심기의 장려의 조장 행정에 관여하였다. 지방에 따라서는 육접 국경세관세무, 산림감시근무, 어업취체, 우편물의 보호 등에 임하고, 또 벽지에 있어서는 국어의 보급, 실업의 지도, 징세의 원조, 우량 수위의 관측, 害獸의 구제 등에도 종사하여 행정 각 부면에 원조공헌한 바가 적

　≪한말·일제초기의 토지조사와 지세개정에 관한 연구≫, 서울대 박사학위논문, 1988 ; 宮嶋博史, ≪朝鮮土地調査事業史の硏究≫, 동경대학 동양문화연구소, 1991; 趙錫坤, ≪朝鮮土地調査事業에 있어서의 近代的 土地所有制度와 地稅制度의 確立≫, 서울대 박사학위논문, 1995 참고.

24) 保高正記·村松祐之, ≪群山開港史≫, 1925, p. 122.

25) 조선귀족신사 13명 추잠(<매일신보>, 1910. 11. 3) : 이완용 등 명농회 조직(≪매일신보≫, 1911. 10. 12, 24) 송병준 잠업소 개설(≪매일신보≫, 1911. 11. 1)

26) ≪매일신보≫, 1911. 5. 20.

27) ≪매일신보≫, 1911. 5. 20(과천), 5. 21, 27(고양), 6. 13(평양), 7. 7, 8(아산), 8. 16(영월), 8.18(은성), 10.15(양평) 등 기사 참조.

지 않았다.[28]

3·1운동 직후 일제가 조사한 조선 농민의 불평과 희망사항을 보면, 대부분의 것들이 농민들에 대해 일제가 법적·행정적으로 수탈을 강압하는 데 대한 것에 집중되어 있는 것을 볼 수 있다. "무엇에나 세금을 과하고,"[29] 세금의 종류가 너무 많으며, 액수가 많은 것보다 오히려 횟수가 많은 것이 더 괴로운 일이었고,[30] 납세의 방법이 번잡하기 짝이 없는 것이 괴로운 일이었다.[31] 토지 없는 자에게 뽕나무 묘목을 강제로 분배하고 대금을 받아내며, 가마니 제조를 강요하여 1호당 1개월에 몇 개씩 만들어 내라고 독촉하며,[32] 육지면 재배 강요, 미작 개량 간섭,[33] 비료 구매 강제, 시가보다 불리한 가격에 연초·면의 공동판매 강요[34] 등과 같은 것들이 농민의 사정을 고려하지 않는 가운데 행정적·법적으로 농민들에게 강제되었다.

요컨대 1910년대는 구조적으로 한국은 일제를 위한 원료와 식량의 공급기지, 일본 상품의 시장으로 재편되어 완전히 종속되었고, 일제 관권에 의해 '식산흥업'의 구호와 미명 아래 일본의 이해관계를 위한 정책에 일방적으로 내몰리면서 변화를 강요당하였으며, 이로 인한 충격과 괴로움을 당했던 시기였다. 이에 대해 旗田巍는 다음과 같이 표현하였다.

무단정치 시기는 일본이 조선을 본격적으로 개발시키기 위한 지초적인 여러 공작들이 행해져서, 조선사회가 급격하고 큰 변혁의 과정에 말려들어간 시기였다. 도로, 철도, 항만, 항로, 통신과 같은 기초적인 건설사업이 활발하게 진행될

28) 朝鮮總督府, ≪施政30年史≫, p. 17.
29) 조선헌병대사령부, 1919, <조선소요사건상황>, ≪독립운동사자료집≫ 6, p. 765.
30) 앞 책, p. 765, 772.
31) 앞 책, p. 772.
32) 앞 책, p. 776.
33) 앞 책, p. 765.
34) 앞 책, p. 773.

수 있었고, 화폐, 금융제도가 준비되고 도량형 제도가 일본 내지와 동일한 기준으로 통일되어 대규모의 토지조사사업이 행해졌다. 이것들은 무엇이나 일본이 조선의 식민지 지배를 확고히 하기 위해 필수적인 사업이었고, 이것들에 의해 옛 조선사회가 충격을 받아 구사회의 해체가 급속도로 진행되었다.[35]

3) 과정의 暴力性

1910년대 조선총독부의 한국 통치를 특징짓는 또 하나는 정책시행상의 폭력성이다. 일제에 대한 거부와 저항은 가혹한 폭력으로 응징되었다. 1905년부터 일제는 의병탄압에 나서 특히 1908년 5월부터 조선 주둔군 1개 사단·1개 여단·기병파견대·2천여 헌병·4천여 헌병보조원·5천여 경찰대를 동원하여 의병에 대한 대대적인 탄압작전을 벌였다. 그리하여 1906년부터 1911년까지 17,779명을 살육하고, 부상 및 포로로 잡은 수가 5,845명이 되었다.[36] 이와 같은 무자비하고도 조직적인 탄압으로 1915년경에 이르면 국내에서는 의병운동이 불가능해졌다.

조선총독부는 정책 집행의 주요 수단으로 헌병경찰을 활용하였다. 이는 달리 말하면 폭력적 방법으로 정책을 한국민들에게 강요하였던 것이다. 헌병경찰의 역할은 다양했다. 이를 보면 ① 軍事警察(의병'토벌', 첩보수집) ② 政務査察(신문 및 출판물 단속, 집회 및 결사, 종교 단속, 기부금 단속) ③ 司法權行使(범죄즉결, 민사쟁의 조정, 검사업무 대리, 집달리 및 호적업무) ④ 經濟警察(납세독촉, 밀수입 단속, 국고금 및 공금의 경호, 부업·농사·산림·광업 등의 단속) ⑤ 學事警察(학교 및 서당의 사찰, 일어 보급 등) ⑥ 外事警察(외국여권 교부, 일본행 노동자 및 재한 중국인 노동자 단속, 在留禁止者 단속, 국내외 거주이전 등) ⑦ 助長行政(법령보급, 납세의무유시, 農事植林 개량, 부업장려) ⑧ 衛生警察(종두보급, 전염병 예방, 도

---

35) 旗田魏, ≪朝鮮史≫, 1951, 岩波書店, p. 204.
36) 朝鮮駐箚軍司令部, ≪朝鮮暴徒討伐誌≫, 朴慶植, 1986, ≪일본제국주의의 조선지배≫, p.161에서 재인용.

축단속) ⑨ 기타(해적경계, 우편호위, 수로수축, 묘지이장, 화장단속, 雨量·水位의 측정, 도박·무인·藝娼妓·매음부·풍속 등의 단속) 등으로서 주민 생활의 크고 작은 거의 모든 부문을 간섭하게 되어 있었다.[37]

헌병과 경찰에게는 즉결심판권이 부여되어 있었다. 구류·태형·科料에 해당하는 자로서 3월 이하의 징역 또는 100원 이하의 벌금 또는 과료의 형에 처할 수 있는 도박, 상해미수, 폭행죄와 3월 이하 혹은 100원 이하의 형벌에 해당하는 행정법규 위반 죄 등에 대해 헌병경찰이 즉결처분을 할 수 있었다.[38] 이것은 주민들에 대해 일선 헌병·경찰이 공포정치를 하는 주요한 수단이 되었다. 1911년 이후 3·1운동 직전까지 즉결처분 상황을 다음 표와 같다.

<표1 - 3>을 보면 1911년도에 12,099건이었던 범죄즉결처분이 1918년도에는 71,279건으로 약 6배 가까이 증가하였으며, 처벌인원수도 21,288명에서 94,640명으로 증가하여 4.5배가량 급속한 증가율을 보이고 있다. 이는 헌병 경찰권이 적극적으로 행사되어 한국민들에게 고통을 강요했음을 말해 주는 것이다.

<표 1 - 3> 1910년대 범죄즉결처분 통계

연 도	처분건	지 수	인 원	지 수	비 고
1911	12,099	100	21,288	100	
1912	21,507	177.8	13,806	64.9	
1913	29,827	246.5	46,175	216.9	
1914	32,280	266.8	50,099	235.3	
1915	41,236	340.8	60,371	283.6	
1916	56,013	463.0	82,121	385.8	
1917	65,784	543.7	92,842	436.1	
1918	71,279	589.1	94,640	444.6	

자료 : 《朝鮮總督府統計年報》(1918)

---

37) 金雲泰, 위 책, p. 44.
38) 조선총독부, 「범죄즉결례」(제령 제10호, 1910. 12)

이중 한국민들의 공포의 대상이 되었던 태형 처분자가 209,269명이나 되었으며, 벌금과 과료처분은 합쳐서 221,032명이나 되었다. 전체 461,342명이 즉결처분의 수모와 고통을 겪었다. 이로 말미암아 경찰과 헌병은 한국민들의 원성의 대상이 되어갔다. 이와 같이 일본은 병합 후 10년간 정책 수행에 있어 폭력성을 동원하여 한국민들에게 강요하고 강제함으로써 민심을 얻기는커녕 원성만 증가되어 폭발요인을 쌓아가고 있었다.

<표 1 - 4> 전국 감옥현황(1910. 10. 1)

명 칭	위 치	명 칭	위 치
京城監獄	京城	平壤監獄 新義州分監	平安北道 新義州
京城監獄 永登浦分監	京畿道 永登浦	海州監獄	黃海道 海州
京城監獄 仁川分監	京畿道 仁川	大邱監獄	慶尙北道 大邱
京城監獄 春川分監	江原道 春川	釜山監獄	慶尙南道 釜山
公州監獄	忠淸南道 公州	釜山監獄 馬山分監	慶尙南道 馬山
公州監獄 淸州分監	忠淸北道 淸州	釜山監獄 晋州分監	慶尙南道 晋州
咸興監獄	咸鏡南道 咸興	光州監獄	全羅南道 光州
咸興監獄 元山分監	咸鏡南道 元山	光州監獄 木浦分監	全羅南道 木浦
咸興監獄 淸津分監	咸鏡北道 淸津	光州監獄 全州分監	全羅北道 全州
平壤監獄	平安南道 平壤	光州監獄 群山分監	全羅北道 群山
平壤監獄 鎭南浦分監	平安南道 鎭南浦		

자료 : ≪朝鮮總督府官報≫, 1910.10.1 ;≪每日申報≫1910. 10. 8.

1910년 10월 1일 조선총독부는 「감옥 및 감옥분감 설치령」을 발포하고 <표 1 - 4>와 같이 전국 감옥 시설을 확충하였다.39) 감옥의 높은 담과 그 안에서 가해지는 고통이 이시대의 폭압체제의 공포정치를 상징하는 것이었다.

1912년 서울 공덕동에 경성감옥을 새로 설치하고, 종래의 경성감옥은 서대문감옥으로 이름이 바뀌었다. 경성감옥 분감으로 부르던 감옥들은 서

---

39) ≪朝鮮總督府官報≫, 1910. 10. 1.

대문감옥 분감으로 각각 변경되었다.[40] 수많은 악법이 '죄수'를 양산했다. 경성 감옥의 경우 보통 감방이 변소까지 포함하여 간신히 4평 쯤 되는 공간에다가 창문도 변변히 없는 곳에 오뉴월 염천에 평균 16~17인의 장정을 수감하여 깨어 있을 때는 숨이 막힐 듯하고, 종일 고된 노역 후 지친 몸을 누이려 해도 사지를 펼 수 없는 고역 속에서 생활해야 했다.[41] 추운 겨울에는 돗자리 바닥에 어깨를 가리면 발이 나오는 얇은 이불 하나에 네 사람씩 지내게 하여 차가운 감방의 바닥에 서로의 체온에 의지하여 밤을 지내야 하고, 몸을 움직일 수조차 없는 참상을 연출하였다.[42]

그리하여 1910년대 지방민들은 일제의 무단적·수탈적·폭력적 권력을 피부로 직접 느낄 수밖에 없는 삶을 살았다. 님 웨일즈의 『아리랑』의 주인공 김산이 어렸을 때 겪었던 이야기이다.

그토록 무서워하던 정복자 왜놈을 처음 본 것은 내가 일곱 살 때였다고 기억된다.[43] 순사 두 명이 우리집에 와서는 어머니 얼굴에 마구 주먹질을 해댔다. 마침내 어머니의 입술이 터져서 피가 흘러나왔다. 나는 울부짖으며 뛰어나가서 주먹으로 그놈들을 때리려고 하였다. 하지만 어머니가 나를 말렸다.

"제발, 제발…, 절대로 달려들어서는 안된다. 말썽을 일으키지 말아라."

하고 어머니는 애원하셨다.

순사가 간 다음에 나는 어머니께 물어보았다.

"왜 그놈들이 엄마를 때리는 거예요?"

"왜놈들이 억지로 예방주사를 놓고 있단다. 그런데 내가 빨리 가서 주사를 맞지 않았기 때문에 왜놈들이 기분이 상한 거란다. 오늘은 집안일이 많아서 내일 틀림없이 예방 주사를 맞겠다고 했더니 그놈들이 화를 냈단다."

어머니는 목매인 소리로 설명해 주셨다.

"그놈들은 여인네를 업신여긴단다. 하지만 너는 절대로 그놈들의 신경을 건

40) ≪朝鮮總督府官報≫, 1912. 9. 3.
41) 위 책, p. 391.
42) 1921년 5월 5일 출감한 정춘수의 회고 ≪동아일보≫, 1921. 5. 6.)
43) 김산은 1905년생이므로 이 때는 1912년경으로 보인다.

드려서는 안된다."44)

일본 순사에게 면상에 주먹질 당한 어머니가 아들에게 절대로 일본 순사의 신경을 건드리지 못하게 말리는 이 장면은 1910년대 일제 무단정치의 폭력성을 생생하게 보여 주는 단적인 예라 할 것이다. 이러한 일제의 서슬 푸른 무단정치 하에서 한국 지방사회는 어쩔 수 없이 순응하기는 했으나 진심으로 일본의 통치를 받아들일 수 없었으며, 은인자중하며 독립의 기회가 오기를 기다렸다. 이러한 광경을 보며 저항의식을 키운 아들이 나중에 3·1운동에 참여하고 혁명가가 되었다는 것은 하등 이상한 일이 아닌 것이다.

2. 일제 지방통치 체제의 변화

1) 통감부 시기의 행정구역 개편

(1) 한말의 鄕村과 自治

일본 제국주의자들이 한국 지배를 위하여 지방사회를 조사했을 때 조선 후기에 들어 발달해 온 군·면·동리 단위의 鄕村自治에 대해 깊은 인상을 받았다. 그것은 ≪齋藤 實 文書≫3의 朝鮮時代 地方政治에 대한 글 가운데 다음 말 속에 나타나 있다.

그러나 人類自然의 要求에 기초하여 官憲의 힘이 미치지 않는 範圍에서 自然的으로 발달한 舊慣故例로서 法治國의 自治制와 그 機關機能과 같은 것이 존재한다는 것은 흥미 깊은 일이다.45)

---

44) 님 웨일즈, 『아리랑』동녘, 1998(개정2판), p. 52.
45) <李朝時代 地方政治>, ≪齋藤 實 文書≫3, 高麗書林, 1990, p. 11.

일제가 왜 한국에 서구 등의 法治國에서 볼 수 있는 地方自治制와 같은 機關과 機能이 있다고 했는지 간략히 살펴보기로 하자.

조선 500년간 地方社會는 중앙의 國家權力에 대해 순응과 거부, 협력과 견제의 긴장 속에서 일정 부분 독자적 영역을 확보하고 있었다.[46] 이런 지방사회의 독자성은 임진왜란시 중앙 정부와 官軍이 궤멸 일보 직전까지 갔을 때 지방사회가 의병을 조직하여 위기극복이 가능하게 했던 데서 그 힘을 보여 주었다. 조선 전기 이래 留鄕所, 京在所 등으로 이어온 지방세력의 향촌지배 기구는 17세기 초에 들어오면서 鄕廳이란 형태로 官治行政 機構인 郡 체제 속으로 편입되었다. 그러나 짧은 임기의 수령은 흐르는 물에, 재지세력가들은 물속에 박힌 돌에 비유되기도 하였다. 따라서 재지세력들의 기구인 鄕廳의 職權은 매우 커서 한 郡의 實權을 장악하기에 족하며, "鄕廳이 그 人物을 얻으면 一鄕이 융성하고, 그 人物을 얻지 못하면 一鄕이 해체된다"[47]고 할 정도로 향청은 지방의 발전과 주민 생활 안정의 보루가 될 수도 있었고, 반대의 경우에는 지방민들의 憂患이 될 수 있었다. 여기다 19세기 중앙정치가 60년간 세도정치의 부패와 난맥상을 보일 동안 지방 농민들은 한편으로는 民亂이라는 형태로 중앙 국가권력에 저항하고, 다른 한편에서는 民權의 성장과 面과 洞里를 중심으로 자치적인 農民的 鄕村秩序를 새롭게 형성해 가고 있었다.

갑오경장으로 들어선 개화파 정부의 내무대신서리 兪吉濬은 성장하는 농민적 질서를 제도화하고자 하였다. 그는 1895년 10월 26일 <鄕會條規>와 <鄕約辦務規程>을 실시할 것을 청의하여 같은 해 11월 3일 반포하면서 다음과 같이 취지를 밝혔다.

地方 人民의 氣力智慮를 奮發하며 且其心志를 統合하야 事物에 歸着하

---

46) 이에 대해서는 李泰鎭, <士林派의 留鄕所 復立運動> 上, ≪震檀學報≫34, 1972; 한국역사연구회 조선시기 사회사 연구반, 2003, ≪조선은 지방을 어떻게 지배했는가≫, 아카넷, 참조
47) <李朝時代 地方政治>, 1990, ≪齋藤 實 文書≫ 3, 高麗書林, p. 16.

고 兼하야 財産權利를 自護케 하기 위하야"[48]

지방민들이 갖고 있는 자발적인 활력을 이끌어 내고, 스스로의 재산과 권리를 지키도록 하고자 한다는 것이었다. 이 때 발포된 <鄕會條規>는 里·面·郡에 각각 이회·면회·군회의 3급의 향회를 다음과 같이 구성 설치하려는 것이었다.

1) 향회는 大中小 三會로 정한다.(제1조)
　里會(小會) : 30호를 기준으로 하고 이에 미치지 못하는 里에서는 인근
　　　　　　　里와 협의하여 합병 개회할 수 있다.
　面會(中會) : 서북지방의 방(坊)과 북관지방의 사(社)도 면의 예를 따름
　郡會(大會)
2) 각 大中小會는 다음과 같이 구성한다.
　里會 : 尊位와 해 里내 매호 1인으로 함. 단 징역 또는 稅滯納 처분을
　　　　받은 자는 회원을 하지 못함(제2조)
　面會 : 執綱과 該面 소속 각 尊位 및 각 리에서 임시로 선출한 2인 이하
　　　　(제3조)
　郡會 : 郡守와 각 면 執綱 및 각 面에서 선출한 사람 각 2인(제4조)
3) 鄕會 회의사항은 다음과 같다. (제5조)
　교육, 戶籍 및 地籍, 위생, 社倉, 도로교량, 殖産興業, 공공산림 堤堰 洑
　港, 제반 稅目 및 납세, 歉荒 및 患難의 救恤, 公共服役, 제반 俔會, 新
　式令飭
4) 郡에는 郡守를, 面에는 執綱을, 里에는 尊位를 首席으로 한다.(제14조)

<鄕約辦務規程>은 지역에 따라 다양했던 면리조직 및 면이임 명칭을 통일, 정리하고자 한 것이다.[49] 그러나 이듬해 2월 11일 광무황제가 아관파천하고 총리대신 김홍집 등이 경무청에 붙잡혀 처형되었으며, 유길준

---

48) <鄕約規程及鄕約條規請議書>, 內閣編錄課 2, 규(奎) No. 17721.
49) 李相燦, <1906-1910년의 지방행정제도 변화와 지방자치논의>, ≪韓國學報≫42, 1986,
　　p. 51. 여기에 나타난 면과 동리의 역원을 보면 다음과 같다.

조희연 등은 일본으로 망명함으로써 내각이 몰락하게 되어 이 안은 시행을 보지 못하고 말았다.[50] 천도교의 손병희도 이와 유사한 鄕自治안을 제시하고 있었다.[51]

그러나 비록 이 안이 군 단위까지는 官治行政으로 운영되고 면 이하의 단위에서만 자치를 시행한다는 한계를 가진 것이라 하더라도, 당시 향촌사회에서 관행적으로 이루어져 왔던 자치적 경향을 반영하여 이를 법제화하려는 것으로서, 그 후 일제에 의해 관 일방적인 지방통치 질서 수립과 대비되는 방향에서 추진되었다는 점에서 주목할 필요가 있는 것이다.

일제는 개화파 정부에 의해 제도화 움직임까지 나아갈 정도로 가시화되어 있었던 당시의 향촌사회의 자치적 전통에 대해 예의 주목하고, 이를 전면적으로 해체하고 식민지 지배질서를 이식하고자 통감부가 들어서자마자 곧바로 행동에 들어갔다.

구 분	역 원	선 출	임 기	보 수
里	尊 位	里會	1년	명예직
	頭 民	〃	〃	〃
	書 記	〃	1년	〃
	下有司	〃	〃	有 給
面	執 綱	面會	1년	명예직
	書 記	〃	〃	〃
	下有司	〃	〃	有 給
	面主人	〃	〃	〃

자료 : <鄕約辦務規程>, ≪內部請議書≫제2책

50) 이에 대해서는 李相燦, 앞 논문, 1986 참조. 이때 개화파들이 추구한 鄕會를 통한 지방통제 체제는 향촌사회의 主導層을 종래의 在地士族 중심에서 중소지주적 기반을 가진 부민층으로 이전시키는 데 있었다 한다.(고석규, <19세기 후반 국가의 지방지배>, 한국역사연구회 조선시기 사회사 연구반, ≪조선은 지방을 어떻게 지배했는가≫, 아카넷, 2003, p. 351 참조.)

51) 천도교의 손병희의 鄕自治論은 大政府-地方政府(도-군)-面의 행정체계 중 면 단위의 鄕에 鄕長을 우두머리로 하여 鄕務所를 설치하고, 地籍·戶籍·民業·道路·收稅·小學校 유지·衛生·徵兵·鄕有財産管理·共同墓地 등에 관한 사무를 담당하고, 유지운영을 위해 鄕稅를 거둔다는 것이었다.(金正仁, ≪日帝强占期 天道敎團의 民族運動 연구≫, 서울대 박사논문, 2002, p. 26. 참조)

(2) 斗入地·飛入地 정리

1906년 2월 통감부가 설치되고 두 달 지난 4월 7일 대한제국 內部에 地方制度調査所가 설치되었다.[52] 이로부터 4개월 뒤인 7월 <地方制度改正하는 請議書>가 완성되었으며, 잇달아 9월 24일 칙령 제47호로 <監理와 牧使를 폐지하는 件과 其事務를 引繼에 關한 件>, 칙령 제48호 <府를 郡으로 改稱하고 郡을 府로 改稱하는 件>과 <府廳及郡廳에 關한 件>. 칙령 제49호 <地方區域整理件>, 칙령 제50호 <地方官官制>, 칙령 제51호 <地方官官等俸給改正件>, 칙령 제52호 <地方官銓考規程>, 칙령 제53호 <文官任用令> 등 지방제도의 변경에 관한 제 규정이 잇달아 발포되어 같은 해 10월 1일부터 시행에 들어가게 되었다.

이중에서 우리의 주목을 요하는 것은 제49호 <地方區域 整理件>이다. 이것은 조선 태조 이래 500년간 이를 정리하고자 하는 시도가 계속되어 왔으나 언제나 부분적인 정리에 그치고 말았던 飛入地와 斗入地의 정리에 관한 것이었다. 飛入地 斗入地와에 대한 정의와 그 정리 원칙은 본 칙령 제49호 <地方區域 整理件> 제2조에 잘 나와 있다.

　　飛入地는 甲郡土가 越在乙郡 한 者를 위함이니 仍屬土在郡하며 斗入地는
　　丙郡土가 侵入丁郡한 者를 위함이니 移屬附近郡함이라.

즉, 비입지는 甲郡의 땅이 乙郡 구역 경계 안에 넘어 들어가 있는 것이며. 두입지는 丙郡의 땅이 丁郡의 경계를 침입해 들어가 있어 개 이빨처럼 들쑥날쑥 교차되어 있다고 하여 犬牙相入地라고도 했다. 이것을 비입지는 그 지역이 속해 있는 군으로, 두입지는 침입하고 있는 부근 군으로 관할을

---

52) 이 조직은 伊藤博文의 지시로 설치되었다. 內部 지방국장 崔錫敏, 度支部 司稅局長 李建榮, 종이품 吳相奎, 三和監理 李源兢, 정삼품 朴義彦, 前參書官 洪在箕, 내부 경무국장 兪星濬 등 7명이 실무진이었고, 일본인 龜山理平太 警視와 鹽川一太郎 통역관이 촉탁으로 있었다《관보》3424호, 1906. 4. 11 및 3436호, 1906 ; 金正明, 《日韓外交資料集成》 6, pp. 195~96.

옮기는 것이 정리원칙으로 설정되었다. 당시 전국 215개의 斗入地와 101개의 飛入地 등 모두 316개의 지역이 정리대상이 되고 있었다. 자연지리적 요인과, 전통적인 지방통치 방식의 일종으로서 자급자체제와 상호견제의 원리 등에 의해 斗入地와 飛入地가 존재였다. 이에 따른 행정구획상의 불합리성이 물론 있었다.[53]

1906년 9월 24일부터 칙령 제49호로 <地方整理件>이 발표됨으로써 斗入地·飛入地 정리는 그해 10월 1일부로 시행되었는데, 이는 표면적으로 "합리성"을 내세웠으나 이면에는 식민지 침략 세력에 의한 우리 전통사회의 해체의 시작을 알리는 신호라는 의미를 가지고 있었다.

두입지와 비입지 정리과정에서 <請議書>원안과 시행 사이에 다소의 변동을 겪게 되었다. 총 316개 斗入地·飛入地 가운데 원안대로 시행된 것이 201개, 시행과정에서 철회된 것이 50개, 원안에 없던 것으로서 새로 추가된 것이 65개였다. 그 내용을 함께 표시하여 이 시기까지 잔존해 있었던 斗入地·飛入地의 분포와 정리내용은 [부록 1]의 표로 정리하였다.

이 두입지·비입지 정리상황을 도별통계로 나타내 보면 다음 <표 1-16>과 같다.

<표 1-5> 두입지·비입지 정리현황 (1906)

구분 시행 도	斗入地				飛入地				計			
	실 시	취 소	신 규	소 계	실 시	취 소	신 규	소 계	실 시	취 소	신 규	소 계
경 기	18	9	–	27	12	6	–	18	30	15	–	45

---

53) 1896년 13道制 개혁 때 이에 대한 문제점이 다음과 같은 점이 지적되고 있었다.[1] 즉 첫째, 지방행정구역인 목부군현의 크기가 일정하지 않아 큰 읍은 30~40면이 있고 작은 읍은 4~5면에 불과하여 차이가 너무 크다는 점. 둘째, 큰 읍은 관할 지역이 너무 넓어서 관의 명령이 두루 전달되지 못하고, 민폐를 관에서 잘 살필 수 없어 관속과 면임이 세금을 갖고 作奸을 하더라도 막을 수 없는 것이며. 셋째, 작은 읍은 전 군 면적이 40~50리에 불과하여 그 지역의 세입으로 군 관리의 봉급도 부족하여 다른 군에서 보태 주어야 하는 군이 많고, 넷째, 군민들이 불어나도록 아무리 노력해도 읍은 더욱 작아지고, 백성은 더욱 빈곤해진다는 것이다.

구분\시행도	斗入地				飛入地				計			
	실시	취소	신규	소계	실시	취소	신규	소계	실시	취소	신규	소계
충 북	17	-	-	17	3	-	-	3	20	-	-	20
충 남	6	5	1	12	12	1	4	17	18	6	5	29
전 북	16	2	1	19	10	2	-	12	26	4	1	31
전 남	10	3	-	13	9	-	4	13	19	3	4	26
경 북	29	3	6	38	13	1	7	21	42	4	13	59
경 남	14	-	12	26	6	-	1	7	20	-	13	33
강 원	4	5	11	20	-	-	1	1	4	5	12	21
황 해	9	2	-	11	-	-	-	-	9	2	-	11
평 남	4	5	10	19	-	-	-	-	4	5	10	19
평 북	4	-	-	4	3	1	-	4	7	1	-	8
함 남	2	-	6	8	-	-	-	-	2	-	6	8
함 북	-	-	1	1	3	-	2	5	3	-	3	6
합 계	133	34	48	215	71	11	19	101	204	45	67	316

자료 : ≪地方制度調査≫, pp. 140 - 186 및 ≪舊韓國官報≫16, pp. 810 - 819,
    (칙령 제149호 <地方制度整理件>)
비고 : 1. 실시는<請議書>의 原案이 施行될 것을 말함
    2. 신규는<請議書>의 原案에 없던 지역이 새로 추가 실시될 것을 말함.

이 <표 1 - 16>을 보면 두입지 비입지 정리가 가장 많이 이루어진 도 1
위가 경북(59개), 그다음이 경기(45개), 경남(33개), 전북(31개), 충남(29
개), 전남(26개), 평남(19개)의 순이며, 평북(8개, 함남(8개), 함북(6개)는 타
도에 비해 적다. 또한 316개 면 단위 두입지 비입지 중에서 204개 단위지
역이 원안대로 실시되고, 45개는 시행과정에서 철회되었으며, 67개는 원
안에 없던 지역이 시행과정에서 추가되었다. 이 중에서 경북, 경남, 강원,
평남은 당초 계획된 것보다 시행과정에서 새로운 지역이 대폭 추가된 특
징을 보여 준다. 이에 반하여 경기지역은 당초 계획에서 15개 지역을 취소
하였다. 당초의 계획대로 시행된 것은 204개 지역으로 전체의 64.6%였으

며, 취소와 신규를 합하여 추진 과정에서 변동을 겪은 면이 112개 지역으로 전체 316개 지역의 35.4%에 이른다. 이는 이 추진과정에서 복잡한 논의와 해당 지역의 반발 등이 있었다는 것을 반증한다 하겠다.

(3) 전국 지방행정구역 전면 개편 시도

그런데 1906년의 지방제도 개혁은 다른 면에서 주목을 요한다. 그것은 이해 7월 각의에 제출된 <地方制度改正하는 請議書>(이하 <請議書>), 9월28일자 ≪舊韓國官報≫로 발포되어 10월 1일부로 시행되게 된 칙령 제49호 <地方區域整理件>(이하 <勅令>의 내용이 상당히 차이가 난다는 점이다. <請議書>는 勅令과 달리 지방구획상의 두입지·비입지의 정리만이 아니라 345개의 전국 府郡을 220개로 대폭적인 廢合을 하는 내용을 담고 있는 것이다. 이것은 기존 군현 가운데 36%에 해당하는 125개를 줄이는 것으로서, 1914년 대폭적인 개편을 통해 시행되는 220군 체제를 1906년 통감부가 들어서자마자 바로 시행하려 했던 것을 알 수 있어 주목된다.

<請議書>에 나타난 계획을 도별로 표로 정리해 보면 다음과 같다. 이 표를 보면 폐지군에 속한 군들을 오른 쪽의 흡수통합군으로 통합하고자 하는 계획이었다. 이 중에서 시행과정에서 일부 변경되어 폐합계획이 철회된 군도 있는데, 당초리 이 안을 1914년에 조선총독부에서 단행한 지방행정구역 개편 내용과 비교하여 1914년에 그대로 폐합이 시행된 군은 (*)표를 하였다.

<표 1 - 6> <請議書>의 郡廢合案

도 별	폐 지 군	흡수통합郡	폐 지 군	흡수통합郡
경 기	영평* 삭녕*, 마전* 풍덕*	포천 연천 개성	부평 과천* 안산* 양성*	인천 시흥 안성

	적성*, 교하* 통진*, 양천* 교동*	고양 김포 강화	음죽* 양지* 지평*	죽산 양근*
충북	청풍* 영춘* 연풍*	제천 단양 괴산	청안* 황간* 청산* 회인*	청주 영동 옥천
충남	진잠* 연산* 노성* 서천 임천* 부여 자인* 오천*, 결성* 해미*	회덕* 은진* 석성* 한산* 홍산* 남포* 보령 서산	당진 덕산* 청양 대흥 신창*, 평택* 온양*, 직산* 연기 목천*	면천* 홍주 정산* 예산 아산 천안 전의* 진천(충북)
전북	진산* 용담* 장수 함열* 여산* 옥구	금산 무주 진안 용안* 임파*	만경* 금구* 고부* 고창, 홍덕* 운봉	김제 태인* 정읍 무장* -
전남	남평* 창평* 화순 낙안* 여수 함창* 용궁* 순흥*, 영천	능주* 담양 동복* 보성 순천 문경 예천 풍기*	옥과*, 구례 지도* 완도 돌산* 정의* 군위 진보* 영덕	곡성 함평 강진 - 대정* 비안* 영양 영해*
경북	예안* 청하* 하양*, 경산 칠곡 개령*	봉화 홍해* 자인* 안동* 선산	신녕* 지례* 현풍* 연일	의흥* 금산 고령 장기

경 남	영산* 언양* 기장* 평해* 초계* 삼가*	창녕 울산 양산 울진 의령 합천	안의* 단성* 곤양* 진남,* 사천 진해*, 칠원* 웅천*	거창 산청 하동 고성 함안 김해
황 해	토산* 문화 장연	– 신천 은율	풍천* 강영*	송화 옹진
강 원	횡성 화천 양양 철원	원주 양구 강릉 평강	고성* 흡곡* 금화 안협*	간성 통천 금성* 이천
평 남	상원* 삼등* 용강 성종* 순안* 숙천*	중화 강동 강서 증산* 영유*	은산* 자산* 박천 가산* 곽산* 철산	순천 영변 태천 선천 (평북) 용천 (평북)
평 북	덕원, 고원	문천	이원	단천

자료 : 1906년안 :<地方制度改正하는 請議書>, 大韓帝國 內部, ≪地方制度≫, 1896;
1914년 시행 : 越智唯七, ≪新舊對照朝鮮全道府郡面里洞名一覽≫, 1917,
中央市場.

이 안을 보면 일부 변화는 있지만, * 표시된 부분에서 보는 바와 같이
1914년 행정구역 개편으로 사라지는 군들의 대부분은 1906년 <請議書>
에서 폐지군으로 나타난 군들이라는 알 수 있다. 이미 1906년에 통감부를
설치하자마자 지방사회의 해체를 위해 행정구역을 대폭 개편하려고 했다
는 것을 알 수 있는 것이다.

그러면 어떻게 해서 <請議書>의 안이 <勅令>으로 진행되는 과정에
서 대대적인 폐합안이 철회되었을까? 통감부가 1906년 4월 7일 지방제도

조사소를 설치했을 때는 이미 군 폐합을 방침으로 결정해 놓고 있었다는 사실을 "政府에서 地方官制를 改良하야 合郡하기로 議決하고 四月念間에는 實施한다는 說이 狼藉하더니"라고 한 <皇城新聞> 보도를 통해서 짐작할 수 있다.[54] 또한 이것을 4월 중에 실시하려고 했다는 것으로 보아 신속하게 처리하려고 했던 것 같다. 그런데 7월까지 직업을 마감하기로 한 지방조사가 예상보다 조사사무가 많아 1개월 연장하기로 하면서[55] 이러한 "合郡" 계획이 알려지자 반대 여론이 크게 일어났다. <皇城新聞>에서는 7월 23, 24일 연 이틀 동안 "合郡이 不當其時"라는 제목의 반대 논설을 실었다. 그 반대 이유를 보면 다음과 같다.

1. 국민의 地位制度가 아직 어두운 상태여서 合郡을 시행하면 移屬되는 군민들은 압제의 위협과 업신여김을 받을까 두려워하고, 병합하는 군민은 弊瘼이 얼마나 더하여질까 두려워하여 서로 시기·의심·질투·미워한다.

2. 각지 義擾土匪가 만연하여 진정되지 못하고 인심이 안정되지 못한 상태에서 작은 更張도 쉽지 않은데 13도 300여 주의 작은 것을 크게 하고 큰 것을 작게 하여 한 번에 大更張을 행하면 이로 인하여 浮言을 퍼뜨려 민심을 선동하면 소란이 일어날 수 있다.

3. 吏戶工刑의 서리들은 오직 稅米로써 살아가는데, 일시에 이러한 개정을 하면 이들이 어디로 가며, 民情의 擾亂이 이들로 말미암을 수 있다.

4. 목민관이 어려운 것은 관할 구역이 넓고, 吏胥子弟나 面長 執綱이 수령을 속이려 하기 때문인데, 군현을 통합하여 2등 계급, 3등 계급으로 하면 수만 家의 대읍을 초보자의 시험에 부치듯 할 것이다.

5. 1902년 2월 길주 성진의 합군으로 민요가 발생하여 결국 양군이 이듬해 분리되었는데 이 사이에 상부 관리들이 다수의 뇌물을 삼켰던 일이 있었는데, 合郡논의가 얼마 되지 않아 향읍의 閒雜之輩가 吏民과 한 패

---

54) ≪皇城新聞≫, 1906. 4. 10.
55) 위 신문, 1906. 7. 23.

가 되어 군민대표를 칭하고 뇌물을 싸갖고 서울에 출몰하여 본군이 타
군에 예속되지 않게 뒷줄 대기를 구하는 일이 또한 많이 있고 정계 협잡
배의 소문이 많이 있다. 따라서 중앙과 지방에 내실이 갖추어진 수삼 년
이후라야 그러한 개정이 가능한 것이다.[56]

　이러한 보도가 나가자 7월 23일 伊藤 통감관저에서 참정대신 이하 각부
대신이 회동한 자리에서 伊藤은 合郡은 시기가 적절하지 않으므로 잠시
정지하라고 '지시'했다.[57] 그리하여 내부는 7월 25일 민심을 진정시키기
위하여 다음과 같은 훈령을 13도에 내렸다.

　　近以 地方合郡等說로 傳說浪藉하야 爲郡守者는 皆懷患失하고, 所屬 吏
屬은 慮絶科賴에 煽動浮言하야 以致民心滋惑하니 誠極駭歎이라 大抵合郡
事件은自政府로 初無定說이거늘 今此訛說이 從何傳播인지 現玆外郡 形便
은 人志가 未定이거늘 以其無據로 煽惑奧情이기로 玆庸發訓하노니 到卽另
飭管下 各郡하야 傳爲字牧者로 安心察職하고 吏屬及庶民으로 開悟安業게
함이 爲宜事라 하얏더라[58]

　즉, 지방의 군을 합친다는 설로 소문이 낭자하여 군수는 자리 없어질까
걱정하고, 吏屬들은 급료가 끊어질까 동요하여 뜬소문으로 선동하여 민심
에까지 큰 영향을 미치고 있으니, 극히 해괴하고 한탄할 만한 일이다. 대저
合郡은 사실무근으로, 이에 훈령을 발하니 도착 즉시 관하 각 군에 내려 보
내 군수는 안심하고 직무를 살피고, 이속과 서민은 깨달아 생업에 전념하
게 하라는 내용이다.
　이에 따라 지방제도조사소는 다시 2개월 업무기한을 연기하고[59] 9월 3

56) ≪皇城新聞≫1906.7. 23, 24, 논설.
57) 위 신문, 1906. 7. 25.
58) 위 신문, 1906. 7. 26.
59) 위 신문, 1906. 8. 22.

일 정부회의에서 각 군의 두입지와 비입지를 조사하여 경계를 정리하는 것으로 지방행정구역 개정 방향을 재조정한 것으로 보인다.

　　再昨日 上午 12시에 政府會議 案件이 如左하니 內部 所管 地方調査委員
　　會에서 地方制度 改正의 屬한 事案이니 各郡을 不均함은 此郡의 地段이 被
　　郡에 橫入함을 調査하여 地形을 隨하야 移付하기로 議決하였고[60]

　　통감부 시기 지방행정구역 개정 작업은 <請議書>의 합군 계획은 철회되고 종전의 345개 이전 府郡은 그대로 존치되게 되었다. 그 대신 비입지·두입지 정리를 강행하는 방향으로 이루어지게 되었다. 그리하여 <請議書>의 郡 폐합안은 1914년 조선총독부에 의해 시행되는 행정구역개편에서 시행되었는데, 두 내용을 비교하여 정리하면 <표 1 - 7>과 같다.[61]

　　이 표를 보면 일제는 대한제국 시기 345개 군을 220개로 줄이려고 하였으며, 부분적으로 군의 관할 道가 변경되거나 일부 군은 폐합철회 또는 신규 폐합이 되는 경우도 있었으나, 12府 220군 체제로 개편한 1914년의 조치는 220개 군으로 폐합하고자 했던 1906년의 <請議書>안이 그 원형을 이루고 있음을 알 수 있다. 이와 같이 일제는 한국통감부를 설치하여 내정간섭을 본격화하면서 제일 먼저 지방사회의 행정구역을 통폐합함으로써 지방사회의 농민적 질서를 해체하려 하였음을 불 수 있다.

---

60) 위 신문, 1906. 9. 5.

61) <請議書>에 나타난 道경계의 변경을 정리하면 다음과 같다.

<請議書>에 나타난 道경계의 변경(안)

道	郡	移屬道
慶南	昌寧, 靈山, 密陽, 蔚山, 彦陽, 梁山, 機張, 東來, 鬱島	慶北
江原	蔚珍, 平海	慶北
黃海	黃州	
平北	寧邊, 博川, 泰川, 龜城, 定州, 宣川, 郭山, 龍川, 鐵山, 義州	平南
平南	寧遠	平北
咸南	三水, 長津	平北

<표 1-7> 지방구역 정리 내용의 비교표

도 별	原府郡	請議書(1906년안)		1914년 시행(개편)			1906년 시행 勅令 제49호
		변경	증감	개편	내 용	비 고	
경기	39	23	- 16	22	2부 20군	한성부 포함	39
충북	18	11	- 7	10			18
충남	37	17	- 20	14			37
전북	28	16	- 12	15	1부 14군		28
전남	32	21	- 11	23	1부 22군		32
경북	52	31	- 21	24	1부 23군	11군 他道이관	41
경남	23	13	- 10	21	2부 19군[62]	도 경계 변경	32[64]
황해	22	17	- 5	17			23[65]
평남	34	22	- 12	16	2부 14군[63]	도 경계 변경	23
평북	13	13	0	20	1부 19군	도 경계 변경	21[66]
강원	24	16	- 8	21			26[67]
함남	12	9	- 3	17	1부 16군		14[68]
함북	11	11	0	12	1부 11군		11
계	345	220	- 125	232	12부 220군		345

자료 : 1906년안 :<地方制度改正하는 請議書>, 大韓帝國 內部, ≪地方制度≫.
비고 : 1896 ; 1906년 시행 : 칙령 제49호 <地方區域整理件>, ≪舊韓國官報≫; 1914년
    시행 : 越智唯七, ≪新舊對照朝鮮全道府郡面里洞名一覽≫, 1917, 中央市場

(4) 鄕長制 폐지

한편 1906년의 지방제도 개혁에서 1896년 13도 개정 때 군수 아래 鄕長
으로 존속해 왔던 조선시대 鄕廳의 잔영이 이때의 개혁으로 완전히 폐지

---

62) 낙동강 좌안 지역이 경남으로 도 관할이 환원됨으로써 경북에 속했던 <請議書>의 9군이
    경남으로 됨. 9군 중 3군이 폐합될 계획이었다.
63) 1906년부터 1911년까지 사이에 삼등, 함종, 은산, 자산이 폐합됨. (조선총독부, ≪地方行政
    區域名稱一覽≫참조.)
64) 도 경계변경으로 경북에서 9군이 환원됨.
65) 평남에서 1군(황주)이 환원됨.
66) 도 구역변경으로 평남에서 11군이 환원되고, 함남으로 2, 평남으로 1군이 환원됨.
67) 경북에서 울진, 평해 2군 환원.
68) 평북에서 삼수, 갑산 2군 환원.

되었다. 이는 칙령 제50호 <地方官 官制> 제27조에서 나타나는데, 鄕長에 관한 내용이 삭제되고, 郡主事로 대체되었으며, 郡主事가 "군수의 지휘를 받아 서무에 종사하며 군수가 유고시 그 직무를 서리"하도록 규정되었다.[69] 이로써 군의 수령에 대해 병렬적 위치를 가지고 있었던 留鄕所 - 京在所 - 鄕廳으로 존속해 왔던 재지세력의 향촌내 영향력은 관주도적 질서속에 완전히 흡수되어 군수의 수직적 관계 속에 편제되어 들어갔으며, 일제 식민지 체제의 官 一方的, 垂直的 지배질서는 지방사회의 목을 죄면서 한 걸음 더 다가서게 되었다.

이후 통감부는 다음해인 융희 원년(1907) 12월에, 한일 신협약 7개조에 입각한 보다 강한 체제 정비를 기도하여 각부 관제, 한성부 관제, 경시청 관제, 지방관 관제, 재부감독국 관제, 재무서 관제, 재판소 구성법 기타 관련 법령을 제정·개정함으로써 1910년부터 시작되는 본격적인 식민지 시대로 연결되는 지방제도의 기틀을 굳히게 되었다.[70]

2) 조선총독부하 1910년대 지방행정구역 개편

(1) 조사작업

1910년 8월 29일 강제로 조선의 국권을 빼앗은 일제는 식민지 지배체제를 수립하기 위해 일차적으로 구관습 및 제도 조사작업을 본격화했다. 병탄 한 달 후인 1910년 9월 30일 칙령 제 356호에 의해 조선총독부 내에 取調局이 설치되었다.[71] 취조국의 18가지 조사작업 가운데 토지제도·친족제도·面 및 洞의 제도와 같은, 식민지화에 최대의 장애가 될 조선 재래의 사회적 체계에 대한 것이 가장 우선순위에 놓여 있었다.[72] 그리하여 이듬

---

69) ≪舊韓國官報≫16, p. 821.
70) 孫禎睦, 1992, ≪韓國地方制度·自治史硏究≫(상), 一志社, p. 72.
71) <朝鮮總督府取調局官制>(칙령 제356호), 1910. 9. 30.
72) 조사항목은 다음과 같다. : 1. 土地制度, 2. 親族制度, 3. 面·洞制度, 4. 宗敎와 寺院制度,
   5. 書房과 鄕校制度, 6. 兩班에 관한 제도, 7. 四色黨派의 起因과 沿革 및 政治上·社會上

해 6월까지 面·洞에 관한 제도구관조사 대요, 사색제도, 사환미제도, 三神, 三國, 한사군, 二府, 고려 및 조선 지방제도의 연혁, 압록강 수리에 관한 조사를 완료했다.[73] 특히 <面 및 洞에 관한 制度舊慣調査>는

제1장 향청

제2장 면동에 관한 고대의 제도

제3장 근세의 면 및 동 제도관습

제4장 면동에 있어서의 자치적 사업

제5장 향약

등의 목차가 보여 주는 바와 같이 그들이 개편의 초점을 두고 있는 지방 사회 하부 조직 기구 및 관습에 대한 상세한 조사를 하였다. 그 중에 향청이 제1장에 놓인 것은 "향청은 군행정과 면동행정을 연계시키는 楔子 역할을 해 왔기 때문에 특히 조사의 首位에 놓았다"라 하고 있는 점에 유의할 필요가 있다.[74]

(2) 課稅地見取圖의 작성

1912년 3월 조선총독부는 府令 제20호로 <課稅地見取圖 작성의 건>을 발포하고 동년 4월 1일부터 시작하여 연말까지 경기, 충남, 전북, 전남, 경북, 경남, 황해, 평남의 8도 및 강원도, 평북, 함남, 함북 일부 지방까지 총 257부군 3,492면, 49,587里洞에 걸쳐 이 <見取圖>의 완성을 보았다. 이것은 부윤 또는 군수의 지휘하에 면에서 지세를 과하는 土地의 대략의 형태를 표시하는 略圖로서(위 령 제1조) 里洞당 2매를 작성하여 1매는 面에

의 勢力關係, 8. 四禮制度, 9. 常民의 生活常態, 10. 救貧制度, 11. 조선에서 이루어진 重要 舊法典의 飜譯, 12. 農家經濟, 13. 식민통치에 참고가 될만한 구미각국의 속령제도와 식민 제도 연구, 14. 舊法典調査局의 조사사항의 정리, 15. 지방제도, 16. 灌漑에 관한 舊慣 및 制度, 17. 鴨綠江 및 豆滿江에 관한 조사, 18. 조선어사전의 편찬.

73) 《每日申報》, 1911. 10. 14.

74) <면 및 동에 관한 제도구관조사>, 《朝鮮總督府月報》1-4, 1911. 9, 109면. 이 취조국은 1912년 4월 1일 폐지되고 그 업무는 참사관의 업무의 하나로 축소되었다.

보관하고 1매는 郡에 제출하도록 되어 있었다. 이 조사는 실수에 가까운 유조지 파악이 가능하게 되었다는 의의 외에도 이 과정에서 동과 리의 경계를 확정하게 되어 동리 경계확정의 선구적 의미를 갖게 되었다.[75] 동리의 경계가 파악됨으로써 1910년대 전국적인 행정구역개편의 선행작업으로서 큰 의미를 갖는다.

(3) 행정구역 개편

1910년 이후 각 군과 면의 경계 조정, 면내 동리의 명칭 및 경계의 변경이 시작되어 1910년대 후반까지 지속되었다. 그 중 전국적인 행정구역 개편이 1914년 3월부터 4월 1일 사이에 이루어졌다. 이는 1913년 12월 29일 총독부령 제111호 <道의 置管轄區域 및 府郡의 名稱位置管轄區域>에 의해 이루어지게 되었는데, 이 조치는 앞에서 보았듯이 道 이하의 단위에 대해서는 항상 부분적인 개혁에 그쳤던 종래의 지방행정구역 개편수준을 획기적으로 뛰어 넘어 거의 전면적인 재편이라고 할 수 있었다. 이에 따라 345개 군에서 그 사이에 약간의 변화를 거쳐 된 12부 317군 가운데 전체의 37%인 1부, 121군이 폐합되고 새로 1부, 24군이 신설되어 12부, 220군이 되었으며, 4,322개면이 2,521면으로 되었다. 여기서 그치지 않고 1910년부터 1910년대 후반에 이르는 기간 동안, 자치적인 지역 단위로서 존재해 왔던 洞·里를 대폭 폐합함으로써 1910년도에 68,819개였던 동리를 1916년도에는 28,383개, 1918년도에 28,277개 동리로 줄임으로써 58.9%의 동리가 폐합되어 전통적인 지방사회의 기저를 흔들어 놓게 되었다. 이를 표로 나타내면 다음과 같다. 또한 그 명칭도 洞·里와 같이 불려졌던 坪, 城, 院, 岱, 村, 浦, 員, 山, 谷, 橋, 庄 등과 西水羅, 中味老, 鐵柱, 天宜水, 開拓 등을 토지조사와 더불어 동 또는 리로 획일화시킴으로써[76] 洞·里이외의 지역의 역사적 유래를 가진 다양한 명칭들이 모두 소멸되게 되었다.[77] 또한

---

75) 宮嶋博史, ≪朝鮮土地調査事業史の硏究≫, p. 455.
76) <土地調査例規>제3집, p. 293.

동·이장을 폐하고 새로이 區長을 두었다.[78] 구장은 종래의 동·이장에 상당하는 무급의 면행정 보조요원이었다.[79]

<표 1 - 8> 1910년대 지방행정구역 개편 상황

년도	府		郡		面		洞 里(町)	
	수	지수	수	지수	수	지수	수	지수
1910	12	100	317	100	4,351	100	68,819	100
1914	12	100	220	69.4	2,521	57.9	48,543	70.5
1918	12	100	220	69.4	2,509	57.7	28,277	41.1

자료 : ≪朝鮮總督府統計年報≫(1918)

그런데 동리의 폐합과정에서 <표1 - 8>에서 58.9%의 동리가 폐합되었다는 것을 표면적인 이야기일 뿐이다. 세부적으로 들여다보면 변동의 폭이 동·리 단위로 내려 갈수록 컸을 뿐 아니라 겉으로 드러나는 폐지율과는 전혀 달리 전면적인 면 단위 이하의 이합집산을 통해 향촌사회의 전통적인 결속력을 해체하려 했음을 알 수 있다. 두 가지 사례를 통해 이 시기의 행정구역 폐합실상을 보기로 하자.

㉮ 충청남도 서산군과 당진군의 경우

서산군과 당진군의 경우를 보면, 통합된 서산군에는 46개 면이 있었다. 이것이 19개로 되면서 약 60%의 면이 없어졌다. 당진군의 경우 30개의 면이 9개 면으로 되어 70%의 면들이 없어졌다. 그런데 여기서 그치지 않고, 좀더 주목을 요하는 부분이 있다. 서산군의 경우 46개 구 면 가운데 면리 통폐합을 거치는 과정에서 변화를 겪지 않은 면은 단 3개 면이었다. 나머지 43개면은 최고 4개에서 두개 면까지가 한 면으로 폐합되었다. 다시 말

---

77) 宮嶋博史, 위 책, pp. 509~510.
78) ≪齋藤 實 文書≫3, p. 42.
79) 조선총독부, 1917, ≪面制說明書≫, p. 15

하면, 변화를 겪지 않은 면은 6.5%에 불과했고, 93.5% 의 면이 통폐합 과정에서 변화를 겪은 것이다.

당진군의 경우에는 이보다 더하여 최고 5개부터 2개까지 면이 하나로 폐합되면서 변화를 겪지 않은 면이 하나도 없이 100% 변화를 겪었다.

<표1-9> 1914년 서산군과 당진군의 행정구역 통폐합 상황

면폐합	서산군			당진군			비 고
	폐합 전	폐합 후	%	폐합 전	폐합 후	%	
5→1				5	1		
4→1	12	3		8	2		
3→1	15	5		15	5		
2→1	16	8		2	1		
1→1	3	3					
계	46	19	41.3	30	9	30	

자료 : ≪新舊對照 朝鮮全道府郡面里洞名稱一覽≫, 중앙시장, 1917.

여기서 이 행정구역 대개편 과정에서 서안과 당진군을 통털어 변화를 겪지 않은 서산·당진 지역 28개 面 중 성연면, 남면와 대호지면 3개 면 뿐이었다. 이중 3·1운동이 전주민적 차원에서 일어났던 대호지면이 행정구역 통폐합 때 변화를 겪지 않은 것은 대호지만이 깊숙이 들어와 대호지면이 삼각형을 이루면서 남쪽의 밑면만 육지에 면하고, 다른 세 면이 다 바다로 떨어져 있기 때문에 다른 면과 통폐합할 수 없었던 지리적인 특성 때문이었다.

동리 단위는 대호지면의 경우에서 보면 3-4개 동리가 하나로 폐합되었는데, 그 상황은 <표1-10>과 같다. 여기서도 22개 동리 중에서 거의 변화를 겪지 않은 것은 출포리로서 동리 일부만 조금리에 떼어 준 것 뿐이며, 나머지 95%인 21개 동리는 떼고 붙이고 하는 과정을 겪었다. 폐합 이전의 동리야 말로 진정한 의미의 향촌 공동체의 기본단위였는데 일제의 의도는 그 결속력을 해체하는데 놓여 있었던 것이다.

<표1 - 10> 1914 - 1918년 대호지면내 동리 개편 상황

폐합 이전	폐합된 이후	비 고
해미군 서면	서산군 대호지면	
상촌동		
고치리	두산리	
하두리 일부		
사기소리		
성포리 일부	사성리	
조금진리 일부		
하도리 일부		
상도리		
전동		
애동	도이리	
하도리 일부		
하두리 일부		
적서리	적서리	
성포리 일부		
정곡리		
상장지리	장정리	
하장지리		
경치리 일부		
조금진리 일부	조금리	면소재지
출포리 일부		
마사리		
송천리		
승선동	마중리	
중리		
정천리 일부		
폐합 이전	폐합된 이후	비 고
해미군 서면	서산군 대호지면	

폐합 이전	폐합된 이후	비 고
해미군 서면	서산군 대호지면	
산촌리	송전리	
창리		
정천리 일부		
출포리 일부	출포리	

자료 : 1917, ≪新舊對照 朝鮮全道府郡面里洞名稱一覽≫, 중앙시장

㉯ 경상북도 고령군의 경우

고령군의 경우 26면 208개 동리가 있었다. 이것이 1912년도에는 면 단위의 폐합만 이루어져 16면으로, 1914년에 다시 9면(－65.4%)으로 되었다. 208개의 동리는 1914년에 가서 이루어졌는데, 97동리로 폐합되어 53%의 동리가 폐합되었다.

<표1－11> 1914년 고령군의 동리 폐합

면 \ 폐합양상	폐합 전	폐합 후	%	면별 상황									비 고
				고령	덕곡	운수	성산	개진	다산	우곡	송천	쌍동	
1동→1동	22	22		3		1	4	3	2	4	1	4	
2동→1동	90	45		7	8	2	4	6	5	8	3	2	
3동→1동	72	24		2	1	5	5	2	3	1	2	3	
4동→1동	24	6		1	2	2					1		
계	208	97	46.6	13	11	10	13	11	10	13	7	9	

자료 : ≪新舊對照 朝鮮全道府郡面洞名稱一覽≫, 중앙시장, 1917.

위에서 보면 고령군의 경우 208개 동리가 97개로 줄여 46.6%가 됨으로서 53.4%의 동리가 줄었다고 하나 전혀 변화를 겪지 않은 동리는 22개뿐이며, 2개 동→1개 동이 90개, 3개 동→1개 동이 72개, 4개 동→1개 동이

24개 동으로 89.4% 동리가 폐합을 겪었다. 따라서 일제의 지방행정구역 통폐합으로 70 - 90%의 동리가 이합집산을 겪게 되었던 것이다. 이보다 약간 앞서 1913년 12월 28일 행정구역에 맞추어 헌병 및 경찰의 관할구역도 재편했다.

(4) 面制의 시행

1906년 개화파 정권이 10년전의 <鄕會條規>·<鄕約辦務規程>을 부활시켜 향촌자치를 통한 향촌사회 안정을 기하고자 하였으나 일제의 반대로 실현되지 못하게 되었다. 이때 鄕廳의 잔영인 鄕長制마저 폐지됨으로써 조선사회에서 제도로서의 향촌자치제가 사라지게 되고 지방사회는 官權의 일방적 통제를 받는 방향으로 나아가게 되었다는 점에 대해서는 앞에서 언급하였다. 이러한 방향에서 국권병탄 직후부터 일제에 의해 추진된 것이 面制의 실시였다.

총독부 관제를 발포한 이틀 후인 1910년 9월 30일 조선총독부는 지방관 관제를 발포하였는데 이때 지방관 관제의 중점이 면 기능의 강화에 놓여 있었다.[80] 면을 지방행정의 말단기구로 만들어 기능을 강화함으로써 종래의 동리 중심의 자치적 향촌사회를 관 일방의 일원적이고도 수직적인 구조로 재편하고자 한 것이다. 이를 위하여 단계적인 조치를 취해 갔다.[81] 1914년 경 府郡面 통합을 계기로 이전의 신분적 경제적으로 열악했던 면장의 97%를 교체하고 덕망·자산·세력을 기준으로 면내 영향력 있는 인사를 면장으로 임명하여 식민지 통치상의 동반자로 끌어 들이는 동시에 이·동을 폐합하여 향촌 최하부 자율적인 기반까지 흔들어 놓음으로써 지방사회에서의 식민지 통치를 관철시키려고 하였다. 1917년 6월 면제와 면제시

---

80) 朝鮮總督府, ≪施政30年史≫, p. 8.
81) 1910년 11월 10일 총독부령 제8호로<면에 관한 규정>을 발포하여 면 통치에 대한 원칙을 정하고, 면장은 도장관이 임명하여 判任官 대우를 보장하게 되었다. 또 1913년 3월<면 경비 부담방법>, 1914년 2월<면 경비지출표준>을 공포하여 물질적으로 보장하였다.

행규칙이 공포되고 동년 10월 1일부터 시행됨으로써 면은 식민지 말단 행정기구로서 법적으로 확립되게 되었다. 이렇게 하여 자치적 洞·里는 사무面에 흡수 되었는데 그것은 농민에 대한 일제 식민지 통치자의 直接的 支配體制의 수립 바로 그것을 의미하는 것이었다.

3) 한국인의 반응

1914년 1월 9일 조선총독부 내부부에서는 각도에 전문을 보내 府郡 폐합 발표에 대하여 인심의 경향을 조사보고토록 하였다.[82] 이에 응한 각도의 보고가 기층의 민심을 얼마나 반영하고 있는지 의문이지만, 일부 지방에서는 이에 대한 문제를 제기하고 있는데서 행정구역 개편에 따른 불만이 이 시기에 표출되고 있었음을 알 수 있다. 각 군수들은 민심의 동요를 막기 위해 1월 초에 각 면장을 소집하여 군면 폐합의 취지를 설명하며 동요를 차단하려 하였다. 그 결과 대부분 민심의 동요가 없다고 보고하고 있으나, 이에 반발도 없지 않았다. 경기도 적성군의 경우 문산과 거리가 가깝고 모든 물자수급을 문산포에 의존하고 있는데, 하등의 관계가 없고 군청과의 거리가 더 먼 연천에 폐합시킨 것에 대한 반발이 있었다.[83]

경상북도의 경우 예안군내 한두 면에서는 군수에게 면의 존치를 희망하는 의사를 제출하는 등 반발이 있었다.[84] 경기도에서는 남양군에서 1914년 1월 22일 이 폐군발표가 남양군에 알려지자 남양군이 비교적 큰 郡인데가 산업도 상당히 발전하였는데 타군에 병합되었다는 데 대해 민심이 동요하였다. 유지 2~3인이 이에 탄원서를 작성하여 군청에서 면장을 소집한 기회를 타서 각 면장에게 연서를 받아 달라고 군수에게 요구하였다. 군수가 이를 설유하여 제지하였으나 듣지 않고 연서운동을 계속하자 경찰관헌에 연락하여 제지시켰다.[85] 군수와 경찰관헌은 부군폐합과 관련하여 불

---

82) 조선총독부, 1914, <면 폐합관계서류>(각 도 가 2) M/F 86-7-4-9
83) 조선총독부, 1914, <면 폐합관계서류>, p. 111.
84) 조선총독부, 1914, 위 자료, p. 85.

만이 야기되지 않도록 군참사, 각 면이장, 기타 유지 2백 수십인을 남양공립보통학교 교정에 모아놓고 설명회를 개최하기도 하였다.[86]

충남 강경에서는 군이 폐합되어 논산으로 관할구역이 바뀌는 데 대해 강경 상인들을 중심으로 강력한 반발이 일어났다. 이들은 "신설 군의 위치는 강경이 되어야 하고, 명칭도 강경군으로 개정되어야 한다."고 결의서를 올리고, 실행위원 30명을 구성하여 1914년 1월 2일 강경시민대회를 개최하기도 하였다.[87] 강경의 경우 일본 상인들의 반발도 컸던 것으로 보인다. 일본인 총대는 조선총독 앞으로 진정서를 올리기도 하였다.[88]

전라남도 광주군에 속하여 있던 하갈전면의 金成玉 외 313명은 <下葛田面各里人民等報書>를 내고 타군에 이속시킨 것에 항의하였다.[89] 또한 광주군 대치면 주민들은 1월 15일 <願書>를 내고 면 移屬에 항의하였다.[90]

이와 같이 재편체제 하에 지방에 대한 관 일방적인 지배는 한국인들의 怨聲의 대상이 되었다. 3·1운동 후 일제가 조사한 불평사항과 희망사항을 보면 그와 같은 원성이 나타나 있다; ① 일본인은 理非의 여하에 불구하고 즉시 구타하는 버릇이 있다. ② 양반, 유생에 하등의 특권이 없음을 불쾌하게 생각한다. ③ 각종의 행정 시설이 번잡한 일 ④ 산업의 장려는 民意에 반하고 또한 강제적인 점. ⑤ 諸稅 징수의 부담이 과중하고, 또 무엇에나 세를 과하는 그 고통은 오히려 한국시대의 폭정보다 못하다. ⑥ 賦役이 과중한 것.[91] ⑦ 인민의 권리를 무시하고 갖가지 공사를 하는 일. 관에서 멋대로 인민의 토지를 도로로 만들고 사후에 강제적으로 기부시키는 따위.

---

85) 군 폐지에 이의를 제기한 사람들은 군청으로 인하여 읍내 영업에 큰 이해관계를 갖고 있는 사람들이었고, 그밖에 일반인들도 얼마간 동요가 있었음이 행간에 나타난다.(조선총독부, 1914, 위 자료, p. 105.)

86) 조선총독부, 1914, 위 자료, p. 106.

87) 조선총독부, 1914, 위 자료, p. 393.

88) 조선총독부, 1914, 위 자료, pp. 403~410.

89) 조선총독부, 1914, 위 자료, p. 560.

90) 조선총독부, 1914, 위 자료, pp. 563~4.

91) 조선헌병대사령부, 1919, <조선소요사건상황>, ≪독립운동사자료집≫6, p. 759.

⑧ 공동묘지는 고래의 관습을 돌보지 않고 규칙을 발표하여 여행하였기 때문에 심적인 불평이 적지 않고 자연히 원망하는 자가 있게 되었다.[92] ⑨ 행정관리는 조선인을 대하는 데 있어 압박으로써 임하고 오만, 불친절하며, 어쩌다 상응되는 사정에 대하여 의견을 말해도 흘려듣고 상관에 전달하지 않는다. 따라서 下情上達이 전혀 불가능하여 민정을 開陳할 길이 없다. ⑩ 산업 장려에 대한 불평은 민도 상황을 자세히 알지 못하고 일의 성공을 서두른 결과 일률적으로 명령을 내리기 때문에 인민의 고통이 심하다. 토지 없는 자에 뽕나무 묘목을 강제로 분배하고 대금을 받아내기 때문에 인민은 이것을 땔감으로 하여 대금을 지불하며, 혹은 죽은 묘목을 분배하고 대금을 독촉하거나, 가마니 제조를 강제하여 한 戶 당 1개월에 몇 매씩 만들어 내라고 엄명하여 독촉하기 때문에 인민 중 자기가 만들지 못하는 자는 부득이 매월 타인으로부터 구입하여 提納하고 있다. 이런 일을 호소해도 관리는 조선인의 말을 흘려듣는다. ⑪ 오늘날의 행정은 모두 규칙뿐으로, 무슨 일에나 규칙에 위반하지 않도록 주의할 필요가 있어 煩累를 느끼는 바 크다.[93]

그러나 여기에 한국인이 느끼는 모든 반응이 담겨 있는 것이라 보기 어렵다. 일제의 지방 관료들과 의견을 개진하도록 나올 수 있었던 사람들에 이미 한정된 사람들이기 때문이었다. 진정한 민중들의 반응은 3·1운동 그 자체를 통하여 나타낸 바로 그것이었다.

---

92) 조선헌병대사령부, 1919, 위 자료, p. 761
93) 조선헌병대사령부, 1919, 위 자료, p. 767.

제2장 1910년대 한국사회의 동향

1. 종교계와 청년학생층

1) 종교계

한국 민중들에게 망국 전후 시기는 불안에 떨어야 했던 때였다. 나라가 국민을 지켜 줄 힘이 없으니 민중들은 어디에서 생명과 안전을 찾아야 할지 모르는 상황이 되었다. 이 시기에 천도교와 기독교가 불안한 민심을 수렴하면서 급속히 세를 확장했다. 이것이 일제의 군사계엄체제하에서 3·1독립운동을 일으킬 수 있는 조직적 기반이 되었다. 다음에서 3·1운동 발발의 주도적 역할을 했던 천도교와 기독교의 1910년대 상황을 살펴보기로 한다.

(1) 천도교

崔濟愚에 의해 창도된 동학은 1894 - 5년간의 동학농민운동으로 입었던 혹심한 탄압을 받은 데다 1898년 2세 교주 최시형까지 처형되자 절대

절명의 위기를 맞았다. 3세 교주 손병희는 이를 수습하고, 내부적 결속을 다지며, 삼남지방과 서북지방에서의 활발한 포교를 통해 조직을 재건하는 한편 정부에 대해 동학의 認定과 政治改革을 위한 압력을 가하는 운동을 추진하였다.

이러한 노력으로 1900년~1905년간에는 특히 서북지방에서 教勢가 급성장하였는데, 1902년부터는 서북지방에 수백 개의 包가 성립하였으며, 1903년에는 평안도가 동학의 확고부동한 메카로 부상하였다고 할 정도가 되었다.[1]

손병희는 동학의 새로운 방향으로서 문명개화노선을 내세웠다. 그는 문명세계를 시찰하기 위해 교단을 박인호 등 측근에게 맡기고 10년 예정으로 외유를 떠나 1906년 귀국할 때까지 신분을 숨긴 채 일본에 체류하였다.[2] 이 기간 중에 1904년 국내에서 이용구 등을 내세워 진보회를 조직하여 지방에서 대한제국 정부에 대해 정치개혁의 압력을 가하고, 다른 한 편에서는 1904년 8월 송병준을 중심으로 일진회를 조직하여 중앙에서 정부를 압박하였다.[3] 그러나 동학 외곽단체들의 상소운동, 외세활용, 민회운동 등을 통한 동학 합법화와 문명개화론에 입각한 국정개혁 투쟁은 성공하지 못했다.

1905년 11월 5일 일진회는 대한제국의 외교권을 일본에 넘겨야 한다는 선언서를 발표하였다. 이에 전국 각지에서 의병이 일어나 동학교인들을 살해하였다. 손병희는 이용구를 불러 질책하고, 일반인들의 반동학 여론을 무마하며, 동학을 근대적 종교로 바꾸기 위해 1905년 12월 1일 천도교로 改創하고 이듬해 초에 귀국하였다.[4] 1906년 손병희의 천도교가 이용구 일파를 黜斥하자 이용구 일파는 1907년 侍天敎를 만들어 천도교로부터 따로 떨어져 나갔다. 이때 시천교에 가입한 수가 20만에 달하며, 전국 72개 대교구 중 서북지역 49개 대교구가 이탈해 나가고 삼남지방의 23개 대교

---

1) ≪天道敎創建史≫, 3, pp. 28 - 29.

2) 金正仁, 2002, <日帝 强占期 天道敎團의 民族運動 연구>, 서울대 대학원 박사논문, p. 23.

3) 金正仁, 2002, 위 논문, p. 47.

4) 曺圭泰, 2001 일제의 한국강점과 동학계열의 변화, 한국사연구, 114,

구만 남는 사태로 인해 천도교의 교세는 큰 타격을 입었다.[5]

인적·물적 기반의 와해 직전까지 몰렸던 천도교는[6] 1910년 일진회가 <한일합방에 대한 성명서>를 내고 노골적인 부일단체로 나타나자, 일진회 회원들이 일진회를 탈퇴하여 다시 천도교로 입교하는 반전현상이 일어나 서북지역에서 천도교 교세 만회로 이어졌다.[7] 천도교의 정치지향성은 정향을 찾지 못하던 최린 같은 지식인들을 끌어들였다. '亡國民'이 된 민중들도 천도교에 폭발적으로 입교하였다.[8] 1910년도에 입교자가 27,760호였던 천도교는 이듬해 1월부터 2월까지 12,581호, 3월과 4월에 13,519호가 입교함으로써 4개월 만에 전년도 입교자 수를 능가했으며, 5월에는 한 달에 14,107호가 입교했다.[9] 특히 서북지방의 교세가 급속도로 발전했으며, 1911년 초 교세확장 포상에서 46개 교구 중 31개 교구가 서북지방에 위치하고 있었다. 다음 표는 그 상황을 보여 준다.

<표 2 - 1>1911년 천도교 新布德 우수(致賀)地域

지방	1등	2등	3등
경기	남양	진위 여주 파주 강화 이천	
충북			
충남		홍주 연산	
전북		김제 익산 순창	
전남		장흥 순천 남원	
강원	이천	평강 금화	
황해	서흥	옹진 문화 수안 재령 봉산	곡산
평남	중화	평양 용강	
평북	의주	태천 곽산 용천 벽동 위원 박천	영변 운산 구성 창성 정주 가산(박천?)
함남	북청	덕원	홍원

5) 金正仁, 2002, <日帝 强占期 天道教團의 民族運動 연구>, 서울대 대학원 박사논문, p. 51
6) 위와 같음.
7) 金正仁, 2002, 위 논문, p. 58
8) 위와 같음.
9) 위와 같음.

지방	1등	2등	3등
함북			
	풍천	원은산(평남?) 錦城(강원 금화?)	

자료 : ≪天道敎月報≫, 1911. 3

위의 표를 보면 남한에서는 경기도, 북한지역에서는 황해도와 평안북도가 두드러졌는데 특히 평안북도 지역은 1, 2, 3위를 다 배출하면서 1위에 의주, 2위에 태천 등 6군, 3위는 영변 등 6군을 배출하여 단연 추종을 불허하는 상황이었다.

여기서 천도교의 확장과 3·1운동과 어떤 관계가 있는지 잠깐 보기로 하자. 경기도 지역 1위는 남양교구인데, 남양교구가 있는 장안면과 우정면의 천도교인이 중심이 된 주민들은 주재소를 불태우고, 면사무소 두 개소를 파괴하며, 시위군중에 발포하여 사상자가 생기자 일본 순사를 처단하는 격렬한 시위운동을 하여 일본군의 혹심한 탄압을 받았던 곳이다.

강원도 1위 지역인 이천교구 지역은 4월 4부터 4월 7일까지 천도교인이 주도하는 가운데 시위운동이 일어났는데, 4월 5일의 영양면 支下里 시위와 4월 7일 邑內面 시위는 비록 시위규모는 60명 정도로 크지 않았지만, 헌병 주재소를 습격하는 등 격렬한 시위를 전개하였다.[10]

황해도에서 2위 지역인 수안은 천도교인 200명이 수안헌병주재소에 3차에 걸쳐 쇄도하여 헌병들의 철수를 요구하다 일제사격을 받아 9명이 현장에서 순국하였으며, 민족대표들에 대한 재판에서 전국 3대 "폭동"의 하나로 지목되었다.[11]

평안북도 의주는 3월 1일부터 1,600명이 시위운동에 들어갔으며, 4월 초까지 천도교인과 기독교인이 합세하여 전국에서 가장 치열하게 시위운동을 벌인 곳이다.[12] 의주군 옥상면 주민 2천 명은 4월 2일 면사무소로 쇄

10) 國史編纂委員會, ≪韓國獨立運動史≫2, 1968, p. 282.
11) 독립운동사편찬위원회, 1972, ≪독립운동사자료집≫5, (3·1운동 재판기록), p. 13.
12) 독립운동사편찬위원회, 1971, ≪독립운동사≫2, (3·1운동사) 상, pp. 461 - 466.

도하여 한국이 독립선언하였으니 면사무소를 인도하라고 요구하여 면사무소를 10여일 동안 접수하여 황해도 수안, 경기도 안성군 원곡·양성면과 더불어 전국 3대 "폭동"의 하나로 꼽혔다.[13] 함경남도에서 1위 교구인 북청에서는 3월 8일부터 3월 19일까지 함경남도에서는 가장 많은 16건의 시위운동이 줄기차게 일어났는데, 이 시위는 거의 천도교인들이 주도하여 일어났다.[14] 이와 같이 이 시기 천도교의 확장은 3·1운동기에 시위운동으로 직결되어 나타난 것을 알 수 있다. 특히 천도교인들의 밀집지역에서 시위운동은 매우 공세적으로 일어나 일본 관공서의 철퇴요구 또는 파괴까지 함으로써 일본측에서 "폭동"으로 거론되었으며, 발포하여 시위주민을 살상하는 일본 순사를 처단하는 등 매우 공세적인 양상을 나타내었다.

이러한 급속한 교세 확장 상황에서 군 단위 교구를 관리 감독하기 위하여 1914년 7월 전국적으로 대교구를 설치했는데 이때 35개 대교구 중 20개가 서북지방에 위치하고 있었다.[15] 1910년대 초반의 급속한 상승세는 다소 둔화되기는 하였으나 1910년대 내 꾸준히 계속되었다.[16] 1910년대 천도교인수는 300만을 운위했으나, 1916년 7월의 천도교 발표에 근거한 통계는 만주지역을 포함하여 1,073,408명이었으며, 신한민보는 1918년 2월 통계로 1,082,936명인 것으로 발표했다.[17] 1916년도의 천도교는 197개 교회에 교인수는 828,494명이었는데, 이것은 단위 교회당 4,206명이 되며, 천도교회가 집중적으로 본포하고 있는 평안북도 지역을 제외하고 계산을 해 보더라도 176개 교회에 487,355명이므로 교회당 평균 2,769명이 있으므로 2년 뒤 기독교의 교회당 평균 교인수가 76.8명이었던데 비하여 보면 천도교의 힘이 36배나 강했음을 알 수 있다.

---

13) 독립운동사편찬위원회, 1972, 《독립운동사자료집》5, (3·1운동 재판기록), p. 13.
14) 國史編纂委員會, 1968, 《韓國獨立運動史》2, pp. 395 – 396.
15) 충북, 충남, 경상남북도, 함경북도의 경우 대교구가 1개씩이나, 경기 3곳. 전남, 강원, 함남이 각 3곳씩이며, 평남 6곳, 가장 많은 평북은 8곳이나 되었다. (金正仁, 위 논문, p. 59.)
16) 金正仁, 위 논문, p. 60.
17) 《新韓民報》, 1919. 5. 22, 金正仁, 위 논문, p. 60에서 재인용.

조선총독부의 출범과 더불어 종교단체와 학교를 제외한 모든 정치·사회·문화단체를 강제 해산시킨 일제는 천도교의 급속한 성장을 경계했다. 천도교를 순수한 '종교가 아닌 정치결사와 비슷한 단체로서 類似宗敎로 분류하고 종교단체를 관장하는 조선총독부 學務局이 아닌 警務局에서 <보안법>(1907)과 <集會取締에 관한 건>(1910)을 적용하여 감시와 탄압의 눈길을 떼지 않았다.[18]

그러나 손병희라는 지도자와 100만 교인, 중앙집권적 교권체제를 갖춘 천도교단은 민족진영의 주도세력으로 부상했다.[19] 천도교는 1910년대의 무단정치 하에서 합법적으로 가능한 학교교육운동으로 힘을 뻗어갔다. 손병희는 보성전문학교, 보성중학교, 보성소학교가 재정난에 빠지자 이를 인수하였으며(1910. 12) 동덕여학교, 문창학교, 보창학교, 대구의 명신여학교도 인수했다. 청주에 宗學學校를 설립하고, 서울과 대구의 여러 학교 경영에 관여했으며, 선천의 경우 지방교구에서 사립 普明學校를 직접 운영했다.[20] 천도교는 천도교가 직접 경영하거나 지원하는 학교라 하더라도 천도교 관련 종교교육을 실시하지 않았다.[21] 천도교는 이와 같이 종교적 성장과 학교교육사업을 통하여 민중들의 신망을 확보하고, 국내 민족운동 진영의 주도세력으로 부상하게 되었다.[22]

다음 표를 보면 천도교인들에 의한 서북지방의 시위운동이 어떻게 하여 신속하고도 강력하게 전개될 수 있었는지 그 이유를 알 수 있다. 전국에서 천도교의 교세가 가장 강했던 곳은 평안북도로서 교회수는 경기도의 23개에 비하여 2개 적은 21개이나 신도수는 341,139명으로 전국 신도의 41.2%가 평안북도에 있었다. 그 다음은 함경남도로 15개 교회에 118,149개였다.

---

18) 金正仁, p. 62, p. 64.
19) 金正仁, 위 논문, p. 64
20) 金正仁, 위 논문, p. 66.
21) 金正仁, 위 논문, p. 66
22) 金正仁, 위 논문, p. 67.

<표 2-2> 3·1운동기 천도교 교세와 시위지역

도	교회수(A)	신도수	평균	시위지역수(B)	B/A	시 위 지 역
경기	23	47,507	2,066	10	43.5	이천, 강화, 수원, 평택, 인천, 광주, 양주, 가평, 시흥, 부천
충북	9	12,238	1,360	7	77.8	청주, 영동, 진천, 괴산, 음성, 충주, 제천
충남	11	16,219	1,474	9	81.8	대전, 논산, 부여, 청양, 홍성, 예산, 서산, 아산, 공주
전북	18	68,905	3,828	7	38.9	전주, 임실, 남원, 순창, 정읍, 익산, 함열
전남	23	55,925	2,432	3	13.0	장흥, 완도, 진도
경북	5	3,603	721	2	40	김천, 경주
경남	8	7,714	964	7	87.5	언양, 부산, 마산, 진주, 고성, 함안, (영산)
황해	18	65,113	3,617	17	94.4	수안, 곡산, 장연, 안악, 은율, 황주, 겸이포, 신계, 재령, 송화, 평산, 금천, 사리원, 연백, 신천, 해주, 옹진
평남	20	15,451	773	14	70.0	평양, 성천, 양덕, 맹산, 덕천, 영원, 안주, 평원, 순천, 강서, 용강, 진남포, 중화, 강동
평북	21	341,139	16,244	15	71.4	의주, 용천, 철산, 선천, 정주, 영변, 태천, 운산, 구성, 삭주, 창성, 벽동, 초산, 위원, 강계
강원	18	47,173	2,621	13	72.2	평강, 철원, 금화, 화천, 양구, 회양, 통천, 춘천, 횡성, 홍천, 원주, 정선, 삼척
함남	16	118,149	7,384	11	68.8	함흥, 원산, 정평, 영흥, 홍원, 북청, 이원, 단천, 풍산, 갑산, 삼수
함북	7	29,358	4,194	4	57.1	길주, 경성, 부령, 성진
계	197	828,494	4,206	119	60.4	
	176	487,355	2,769			* 평북을 제외한 숫자의 경우

자료 : 천도교통계 : 1916. 7의 통계임, 白大鎭, <天道, 侍天 兩敎의 內部를 解剖하여 公平을 促함(二), 《半島時論》, 1918. 1, p. 54[23]) 천도교 시위 : 李炳憲, 《三一運動秘史》, 1959; 國史編纂委員會, 《韓國獨立運動史》2, 1968

위 표에서 천도교회수와 천도교인들의 시위지역수는 정확하게 대응할 수 없는 면이 있으나, 대략의 경향을 보기 위해 교회수와 시위지역 수 사이의 상관관계를 보면 전국 평균 교회수와 시위지역 수 사이에 60%의 평균치가 나온다. 이 중에서 전북(38.9) 전남(13.0), 경북(40)은 전국 평균치에 훨씬 미달하는 시위지역 수를 보이고 있다.[24] 경북지역의 경우 재지세력이 강한 데 비하여 천도교의 교세는 5개 교회 밖에 되지 않아 지역시위에 주도적 역할을 하기 어려웠을 수 있다. 경남지역의 시위참가 7개 지역은 언양시위를 제외하고는 천도교 단독시위보다 기독교, 재지유림들이 주도한 시위에 함께 참여한 정도가 대부분이었다.

전남북, 경남지방과, 함북을 제외한 황해부터 평남북, 함남지역의 70 - 90%의 교회수와 시위지역수 사이의 높은 연관성은 이 지역에서 천도교인들의 초기 적극적이며 공세적인 시위운동과 연결되고 있음을 보여준다. 이와같이 1910년대의 특히 서북이북 지방에서 천도교의 상황이 3·1운동 상황과 밀접하게 연관되어 있었다.

(2) 기독교

1904 - 5년 러일전쟁 발발을 전후하여 한국민들이 느낀 불안은 말할 수 없었다. 청일전쟁이 일어난지 불과 10년만에 또다시 국제전쟁이 한반도에서 일어났다. 불안한 현실로 인해 이민의 길을 선택한 사람들이 줄을 이었다. 1902년부터 시작된 하와이 이민이 계속되었고, 1905년에는 멕시코 이민자들 1,033명이 인천항을 떠났다. 한국인이 떠나간 자리에 일본 상인과 모리배들이 들어왔다. 스크랜튼 선교사는 이 상황을 다음과 같이 기록하였다.

---

23) 金正仁, 2002, <日帝 强占期 天道敎團의 民族運動 연구>, 서울대 대학원 박사논문, p. 60에서 재인용.
24) 전남북의 경우 단지 천도교인들은 동학농민운동 이후의 혹심한 탄압으로 인한 것인지, 일제의 警務權力의 경계정도가 심하였거나 식민화과정에서 향촌질서의 분해 정도가 심해서인지 등에 대해서는 다각적인 검토를 요한다.

이곳 분위기는 소요와 불안·불만과 미래에 대한 의구심으로 가득 차있다. 오늘 한국이 처한 정치적인 상황으로 볼 때 당연한 일이다. 어느 곳을 가든 걱정하는 사람들을 만나볼 수 있는데 그것은 본국 정부의 실정과 야심차게 달려드는 이웃나라의 침략에 대한 것들이다. 실망한 한국인들이 기대와 불안을 안고 하와이나 멕시코, 혹은 미국으로 떠나고 있는데 이들은 '엘도라도(El Dorado, 일확천금을 의미)를 찾거나 교육을 받기 위해 떠나고 있다. 이들이 실망하여 떠나간 한반도 빈 공간에 1천 명이 넘는 일본인들이 들어와 행운을 찾고 있다.[25]

정부나 지방관리의 횡포도 문제였다. 선교사들은 지방을 순회하면서 정부와 지방관리들에게 재산을 빼앗기고 "의지할 곳 도무지 없소"라며 선교사와 교회를 찾아오는 사람들을 수없이 만났다. <대한매일신보>는 당시의 상황을 '근일에 각 지방이 소요하매 백성들이 의뢰처가 없어서 예수교에 들어가는 자 많음으로 면면이 예배당이요, 동리마다 십자가라'[26]고 당시의 상황을 보도하였다. 이런 까닭으로 하여 지방에 따라서는 마을 주민이 집단적으로 개종하는 경우도 있었다.[27]

이 시기 일진회와 친일세력들이 마을을 돌며 자위단에 가입할 것을 강요한 것도 민중의 불안을 더하는 데 한 몫 했다. 1904년 8월 창설된 친일단체 일진회는 지방으로 조직을 확대해 가면서 지방 주민들에게 일진회 가입을 강요하고 있었다. 충남 목천에서 일진회원들의 행패사건을 보도한 ≪대한매일신보≫ 기사를 통해 그 일단을 볼 수 있다.

일진회 목천군 지회장이 거리를 다니며 재물을 토색하고 떼로 몰려가서 북면에 사는 이주사를 붙잡아 두드려 패서 금전과 미곡을 빼앗으니, 이주사가 분함을 이기지 못하여 칼로 목을 찔러 사경에 이르게 되었다. 이와 같이 일진회라

---

25) 현재의 조건, 한국의 감리교, 1905. 8. p. 130, 이덕주, 2000, ≪한국토착교회 형성사 연구≫, p. 169에서 재인용
26) <대한매일신보>, 1908. 1. 19
27) 이덕주, 위 책, p. 169~170.

칭하고 양민을 괴롭히며 재물을 늑탈하는 자들이 곳곳에 있으니, 경내가 시끄럽고 두려워하고 있다. 28)

1907년 의병운동이 격화되면서 일본인들과 친일세력들이 자위단을 조직하고, 지방경찰처럼 행세하면서 주민들에게 자위단 가입을 강요하기도 하였다. 주민들은 강요를 회피하기 위해 교회에 들어오는 경우도 있었다.

이렇게 되면서 교회는 자연히 친일세력인 일진회나 자위단과 마찰을 빚게 되었고, 기독교인들의 수난과 피해가 늘어나면서 기독교는 일반인들에게 항일민족운동의 구심점의 하나로 인식되어 가게 되었다.29) 이시기 교회의 폭발적 증가는 한국 기독교사 측면에서나 독립운동사 측면의 양측면에서 큰 의미가 있었다. 이 시기에 한국 개신교의 질적인 전환의 계기가 된 대대적인 영적 각성운동이 일어났을 뿐 아니라,30) 민족주의적인 기독교 지도자가 배출되기 시작한 계기가 되었다. 교인의 폭발적 증가에 따라 외국 선교사들과 한국인 지도자들 사이에서 일어난 위치와 역할 변화에 대해 스크랜튼은 다음과 같이 말했다.

　　목회의 일이 이미 우리 손에서 떠났다. 이제 선교의 일을 하는 사람들은 우리 선교부의 한인 조사들이다. 우리는 단지 그들의 하는 것을 감독할 뿐이다.31)

1907년부터 본격화된 개신교 대부흥운동의 결과 교인들은 더 순수해졌으며, 많은 젊은이들이 평생 목회의 길을 걷겠다고 나섰다. 현순·손정도·

---

28) <대한매일신보>, 1906. 6. 26.
29) 이덕주, 위 책, pp. 171~173.
30) 대부흥운동은 1903년 캐나다 선교사 로버트 에이 하디(Robert A. Hardie)가 있던 원산에서 시작되었다. 하디 목사를 비롯하여 그와 함께 하던 한국인 신도들의 개인적인 죄를 회중 앞에서 고백하기 시작했다. 이 불길은 평양과 서울 및 남한 지역으로 번졌다. 한국 기독교가 참된 신앙의 길로 접어들기 시작한 전환점이 되었으며, 신앙의 불이 타오르기 시작한 영적인 거듭남의 시간이었다.
31) ≪감리교연회록≫, 1907, p. 23.

이필주 등 독립운동에 깊이 참여한 한국인 목회자들이 이 과정에서 교인들의 정신적 지도자로 성장했다. 그들은 외국인 선교사들보다 민족의 문제에 좀더 예민한 관심을 가졌고, 신앙적 양심과 민족의 일원으로서의 양심을 일치시키고자 노력하였다. 교회는 큰 성장을 보게 되었다. 여기에 기독교가 3·1운동의 중요한 한 축을 담당하게 된 배경이 있었다. 교회의 이러한 변화는 한국 신도들이 식민지하의 현실 속에서 절망하지 않고, 자포자기 하지 않으며, 믿음과 소망을 갖고 인내하면서 3·1운동과 같은 더 근본적인 변화를 추구할 수 있는 준비를 하게 했다.

3월 중순 들어 3·1운동이 제2단계로 진입하는 데 있어 전환의 계기를 주며 공세적 시위운동을 주도하는 경남북 지방의 시위운동은 기독교인들의 선도 또는 유지층과의 협력에 의해 이루어 진 경우가 많았다. 이 지역 개별 교회의 설립상황을 <표2-3>을 통해 보면, 경북지역에서 1919년까지 설립된 203개 장로교회 중 76.8%인 156개가 1904년부터 1911년 사이에 설립되었다, 경남지역에서는 1919년까지 132개 교회 중 전체의 75%인 99개가 1905년부터 1910년 사이에 설립되었음을 볼 수 있다.[32]

<표2-3> 경남북지역 연도별 기독교(장로회) 설립 상황

연대	경북	경남	연대	경북	경남	연대	경북	경남
1890		1	1901	10	4	1911	17	
1891			1902	4		1912	1	6
1892			1903	3		1913	3	7
1893		1	1904	10	2	1914	4	1
1894			1905	18	11	1915	9	2
1895		1	1906	22	15	1916	5	1

32) 이 표의 통계는 1918년 또는 1919년의 《朝鮮總督府統計年報》(1918)이나 耶蘇敎 長監聯合協議會, <제3회 總會錄>(1919. 10)등의 통계자료와 수치가 맞지 않으나, 개별 교회가 설립되는 상황을 보기 위한 것이다. 경남지방 교회설립수치는 《朝鮮總督府 統計年報》(1918)의 통계수치와 크게 차이가 난다. 《統計年報》(1918)에는 경북 295개, 경남235개로 나타나기 때문에 경북은 92개, 경남은 103개의 차이가 있다.

연대	경북	경남	연대	경북	경남	연대	경북	경남
1896	1		1907	19	14	1917	4	
1897		3	1908	26	19	1918	1	1
1898		1	1909	30	22	1919	2	1
1899		1	1910	14	18			
1900						소계	46	19
소계	1	8	소계	156	105	합계	203	132

자료 : 한국기독교사연구소, 2002, ≪조선예수교장로회사기≫[33)]

3·1운동 직전인 1918년에 기독교 계통의 교회는 모두 3,154개였다. 이 가운데 장로교는 1,896개로 전체의 60.1%를 차지하고 있었으며, 미감리회와 남감리회를 합하여 감리교가 817개교로 전체의 25.9%였다. 3·1운동은 장로교와 감리교가 주도적으로 참여하였는데, 두 교단은 전체 기독교회의 86%를 차지하고 있었다. 기독교회 중에서 장로교와 감리교가 중심적인 역할을 하게 된 데에는 이러한 敎勢가 그 바탕에 있었다. 이들 두 교단의 도별 교세정도는 다음 <표 2 - 4>와 같다.[34)]

<표 2 - 4> 장로교와 감리교의 도별 통계(1918)

구분	장로교	감리교		계	순위
		미감리회	남감리회		
경기	104	209	85	398	1
충북	31	29		50	12
충남	29	77		106	11
전북	149	1		150	9
전남	154			154	8

---

33) 주) 본 통계 자료는 개별 교회 설립 기록을 정리하였기 때문에 ≪표2 - 4≫의 통계자료와는 맞지 않는다. 특히 경남 지방 교회설립 현황이해하다.

34) 민족대표 33인 가운데 기독교계 인사는 16명이며, 이 중 장로교인은 정주의 이승훈, 김병조, 이명룡, 평양의 길선주, 선천의 양전백, 의주의 유여대, 서울의 이갑성으로 7명, 감리교인은 평양의 신홍식, 서울의 박희도, 이필주, 신석구, 오화영, 김창준, 원산의 정춘수, 해주의 최성모, 기독교신보사의 박동완으로 9명, 양 교파 합계 16명이었다.

구분	장로교	감리교		계	순위
		미감리회	남감리회		
경북	295			205	6
경남	235			235	5
황해	229	106	30	365	2
평남	273	83		356	3
평북	241	19		260	4
강원	–	41	121	162	7
함남	114		16	130	10
함북	42			42	13
계	1896	565	252	2713	
1919 교회수*	1,935	689		2,624	
교인수	144,062	44,941		189,003	
교회당 교인	74.5	65.2		76.8	

자료 : ≪朝鮮總督府 統計年報≫(1918)
*1919 : 朝鮮耶蘇教 長監聯合協議會, <제3회 總會錄>, 1919. 10.

<표 2 – 4>를 보면 장로교·감리교의 개신교 분포 1위 지역은 398개의 경기도이며, 2위는 365개의 황해도, 3위는 356개의 평안남도이며, 평안북도가 260개 교회로 4위로서 경기도를 포함하여 황해, 평남북의 서북지역에 교세가 강하다는 것을 알 수 있다. 이 지역은 3·1일 독립선언과 더불어 초기에 시위운동이 적극적으로 일어났던 지역이다. 그 다음으로는 경남이 235개로 5위, 경북이 205개교로 6위를 차지하고 있다. 이 지역은 3월 18일을 전후하여 기독교계와 지역유지가 결속하여 대규모의 강력한 공세적인 시위가 일어났던 지역이다. 가장 미약한 지역은 함북이 42개로 13위, 그 다음이 충북(50), 충남(106)이 뒤따르는데, 충북과 충남은 12, 11위이나 그 수적 차이가 크다. 충북은 50개 인데 비하여 충남은 106개에 이르기 때문이다. 전북과 전남은 각각 8위와 9위이며 150개 이상의 교회를 가지고 있었음에도 3·1운동 때에는 전국에서 시위운동이 가장 미약했던 지역이었

다. 이것은 앞에서 천도교의 교회수와 시위지역수를 비교한 표에서도 같은 현상을 확인한 바 있다.

1919년 교회수가 표에 나타난 대로 장로교와 미감리회를 합하여 2,624개 교회로서 교인수는 189,003명이었다. 이것을 교회당 교인수로 나누어 보면 76.8명이었다. 이 숫자는 대도회지와 시골지역을 합한 평균치이므로 개신교도 대도회지 지역이 아닌 곳에서는 매우 취약한 교회들이 많았음을 말해 주는 것이다. 이것이 개신교가 도회지 지역 시위를 주도하고 제1의 단계인 초기 발발단계에서 마감하고 지방 주변 지역으로 퍼져나가는 데 큰 힘을 발휘할 수 없었던 요인이었으며, 경상도지역에서 제2의 단계를 준비하면서 개신교인들이 재지 유지층과 연결을 도모하게 되는 요인이었다.

경상남북도의 시위운동, 특히 경북지역 시위운동에서 기독교계의 역할이 컸던 것은 전국 5, 6위로서, 서북지방 3도와 서울을 포함하는 경기도를 제외하면 경남과 경북이 기독교 교회수가 가장 많았던 점과 연결된다. 경남북지역에서는 기독교인들이 지역 유지층인 유림들과 손을 잡고 3월 18일을 전후하여 대규모 공세적인 시위운동을 전개하여 3·1운동의 제2의 단계로 나아갔다.

경북지역에서 가장 치열한 운동을 전개했던 안동지역의 경우 1902년 하리교회, 국곡 교회를 시작으로 하여 장로파 기독교회가 들어오기 시작하였는데, 1919년까지 모두 22개 교회가 설립되어 경북에서 의성의 23개 교회를 이어 제2위의 교회수를 보일 만큼 특이하게 교회설립이 활발했다. 특히 1905년의 치열한 의병투쟁을 전개하여 일제의 탄압으로 큰 타격을 입은 이후 급증하여 1906년부터 1910년 사이에 전체의 82%인 18개가 설립되었다. 1908년에 설립된 梧垈敎會는 1919년 3·1운동 때 일본군의 탄압으로 인해 큰 피해를 입었는데,[35] 이 교회가 설립될 때 "완고한 逼迫으로 인하여 無限한 困苦를 당"하기도 하였다.[36] 본고에서 경북지역 시위운동

---

35) 한국기독교역사연구소, 2002, ≪조선예수교장로회 사기≫ 하, p. 222.
36) 한국기독교역사연구소, 2002, 위 책 상, p. 290.

상황을 살펴보는 안동지역 교회 설립상황을 연도별로 보면 다음과 같다.

<표 2 - 5>안동지역 개신교 수용 현황

설립연도	안 동	비 고
1902	하리, 국곡	
1906	녹전, 고창	
1907	신평리, 웅천, 홍안, 장사리	
1908	만촌리, 온혜, **오대**	
1909	소호리, 의일, 법상동, 구미, 매정, 수동	
1910	석동, 통교, 장수동	
1911	아곡	
1912	고천	
1915		

자료 : 한국기독교역사연구소, 2002, ≪조선예수교장로회 사기≫ 상, 하
비고 : 진한 글자는 3·1운동 때 피해교회

경남 함안지역은 경남에서 가장 일찍 기독교가 전파된 지역의 하나였다. 이 지역 기독교인들은 3월 초순부터 시위운동을 선도, 확산시켜 3월 19 - 20일의 함안읍내와 군북면의 대규모 공세적인 시위운동으로 연결되게 하였다.

이와같이 3·1운동은 초기 발발단계에서 종교적 세력이 강한 곳에서 시위운동이 활발하게 일어나 점차 경남북 유림들의 고장에서 지역 유림세력과 결합하여 더욱 공세적인 대규모 시위운동을 전개해 간 배경을 1910년대 종교계 상황을 통해 알 수 있었다. 3·1운동 입감자 통계에서 경상도 지역 종교인의 수자가 높은 것은 바로 이와 같은 점을 반영한다.

<표2 - 6> 3·1운동 입감자 도별 종교인 통계

도	경기	충북	충남	강원	전북	전남	경북	경남	황해	평남	평북	함남	함북	계
종교인	103	0	3	1	3	5	32	43	19	26	24	11	0	267

자료 : 近藤釼劒一, ≪万歲騷擾事件≫(1), pp. 223~227.

2) 靑年學生層

(1) 교육구국운동과 日帝의 식민지 교육

1919년 1월 22일 광무황제 고종의 급서 발표가 있은 2 - 3일 후 기독교 청년회(YMCA) 간사인 박희도가 입회원 모집을 위하여 김원벽 등 전문학교 대표급 학생들을 서울 시내 관수동 중국요리점 大觀園에 초대하여 친목회를 열었다. 이 모임에서 보성법률상업전문학교 출신인 朱翼은 "신문을 보고 지금은 세계정세가 변하였으니 우리도 독립운동을 할 시기가 되었다"고 하며 학생층의 독립운동 논의에 불을 붙였다.[36] 이를 계기로 독립운동을 위해 다음과 같이 학생 독립운동 지도부를 구성하기에 이르렀다. (밑줄은 대표자)

보성법률상업전문학교 康基德, 韓昌桓

연희전문학교 金元璧

세브란스연합의학전문학교 金文珍, 李容卨

경성전수학교 全性得, 尹滋瑛

경성의학전문학교 金炯璣, 韓偉健

경성공업전문학교 金大羽[37]

2월 20일경 이들 학생지도부는 독자적인 <독립선언서>를 준비하기로 하고 그 기초를 朱翼이 담당하도록 하였다. 그 시기를 광무황제의 국장 전후로 정했다.[38] 광무황제의 돌연한 사망으로 초래된 국장이라는 계기는 독립운동의 절호의 기회였다. 이 즈음 3·1운동을 준비한 천도교·기독교 지도자로 구성된 민족대표측은 운동의 일원화 원칙을 내세우며 학생들에게 이에 합류하도록 설득하였다. 학생들은 이 제안을 받아들이면서 다른 한편에서는 독자적인 독립운동도 계속하기로 하였다.[39]

---

36) 李炳憲, 1959, ≪3·1運動秘史≫, 시사시보사출판국, p. 701.

37) 독립운동사편찬위원회, 1972, ≪독립운동사자료집≫5, (3·1운동 재판기록), p. 69.

38) 李炳憲, 위 책, p. 702 및 .≪독립운동사자료집≫5, p. 48.

39) 李容卨, 1956. <나의 3·1학생운동체험>, ≪새벽≫, 新年號.

3월 1일의 민족대표들이 서울 인사동의 태화관에서 독립선언식을 거행하고 체포되어 간 후 운동의 지도부가 없어져 이 시위운동을 확산시켜 갈 책임은 학생층의 어깨 위에 놓이게 되었다. 학생들은 이 역사적 책임을 기꺼이 받아들였다. 그 과정에서 많은 학생들이 체포와 구속, 옥고를 치루었다. 감옥 안이나 출옥 후 고문이나 고문의 후유증으로 생명을 잃는 경우도 있었다. 다른 많은 학생, 청년들은 3·1운동을 계기로 독립운동에 본격적으로 뛰어들기 위해 국내에 남아 활동하거나 압록강, 두만강을 건너 해외로 망명하였다.[40]

본고는 이러한 학생층의 3·1운동을 전반적으로 설명하고자 하는 목적의 글은 아니다.[41] 여기서는 3·1운동이 초기 시위운동을 주도했던 종교인들과 학생층으로부터 지방 민중으로 그 중심이 옮겨가게 된 과정을 이해하기 위해 3·1운동기에 학생층이 어떤 상황과 조건에 있었는지를 보고자 하는 것이다. 이런 바탕 위에서 제2장에서 학생층의 시위운동이 어떤 양상으로 전개되었는지, 어떤 한계가 있었고, 이를 극복하기 위해 어떤 방향으로 역할을 재정립해 감으로써 3·1운동의 발전 단계에서 어떤 위치를 차지하게 되었는지를 보게 될 것이다. 이를 위해 학생층의 형성 배경이 되는 한말 교육구국운동과 일제의 교육구국운동 탄압, 그 속에서 학생층의 의식의 성장과 지향의 단면들을 살펴보고자 한다.

---

40) 학생 지도자 중 김원벽·강기덕은 출옥후 국내에서 활동하였으며, 한위건·윤자영은 3·1운동 후 사회주의 활동가로 조선공산당 지도자, 중국에 망명하여 중국공산당 활동을 하였다. 이용설은 3·1운동 후 중국으로 망명하였다가 다시 미국으로 가서 노스웨스턴대 의과대학을 졸업하고 귀국하여 한국 의학(정형외과)계의 태두가 되었다. 님 웨일즈의 ≪아리랑≫ 주인공으로 유명한 혁명가인 김산(장지락)의 경우도 3·1운동 후 단신 만주로 가서 혁명가의 길로 들어섰다. 이런 예는 일일이 열거할 수 없을 정도로 많다.

41) 학생층의 3·1운동에 대해서는 국사편찬위원회, 1966·1967, ≪한국독립운동사≫ 2·3(3·1운동사), ≪독립운동사≫ 9 (학생독립운동사), 金成植, 1974; ≪日帝下 韓國學生獨立運動史≫, 正音社, 김호일, 2005 ≪한국근대학생운동사≫, 선인, 참고.

㉑ 한말의 교육구국운동

1905년 11월 을사늑약으로 국가존망의 위기의식이 팽배해지자 교육구국운동이 확산되어 갔다. ≪大韓每日申報≫, ≪皇城新聞≫, ≪萬歲報≫ 등의 신문들은 기사와 논설을 통해 의무교육론을 제기했고, 1906년 10월 대한자강회의 <의무교육실시건의서>와 <의무교육조례대요> 등이 중추원 의결을 거쳐 각의에서 통과되었다.[42]

國民教育會, 興士團, 西友學會, 畿湖興學會, 大韓協會 등의 단체와 학회들은 설립목적이 근대교육의 시행에 있거나 이를 중요한 사업의 하나로 추진하였다. 이들 단체들은 지회설치를 통하여 운동을 다른 지역으로 확산하고자 하였다. 군수를 비롯한 지방유지들이 이런 학회의 지회원으로 참여하였다. 교육기관을 설립하는 것이 군수들의 재임 중 중요한 치적으로 되는 경우도 많았다. 지방자치단체였던 한성부민회는 주민부담의 사립학교를 설립하거나 기존 사립학교를 의무학교로 전환하여 의무교육을 시행하였다.[43] 도산 안창호는 대성학교를 설립하였으며, 민간 독립운동 조직인 新民會는 강화도에 보창학교를 설립하고, 각 동리에 지교를 설치하였다. 이 운동에 가장 열성을 기울였던 이동휘는 16개 면, 114개 동을 56개 학구로 나누어 보창학교 支校와 진명학교, 창화학교, 공화학교를 설립하는 등 의무교육을 확산하였다.[44] 이동휘는 자신의 출신지가 있는 함경도 일대를 순회하면서 열정적인 강연을 통해 가는 곳마다 학회와 학교를 설립하였다.[45] 이에 따라 개성·금천·장단·풍덕·안악·충주·함흥 등지의 유지들도 지교를 설립하였다. 이리하여 보창학교 지교는 각지에 100여 교나 설립되었다.[46]

---

42) 이때의 의무교육은 주민들이 학교의 경비를 부담하여 운영하며, 만 7세에서 15세까지 기간 동안 자녀들의 취학의 의무를 학부모가 지는 것이었다. 김형목외, 2005, <보통학교의 시대적 배경>, ≪한국근대초등교육의 발전≫, 교육과학사, pp. 12 - 13.

43) ≪기호흥학회월보≫4, p. 42, 5, 45 - 46, 김형목, 위 글, p. 16에서 재인용.

44) ≪大韓每日申報≫1908. 2. 25; 3. 18.

45) ≪大韓每日申報≫, 1908. 1. 9.

시대의 불안을 타고 기독교가 급속하게 확산되면서 지역 교회에서도 학교를 세웠다.[47) 경남 함안군 칠북면 이령리의 이령교회에서 세운 경명의숙, 이 교회가 창녕군 영산면으로 퍼져나가 영산에 설립된 경명학교 등이 단적인 예이다. 이들 교회와 학교 출신자들이 후에 지역의 3·1운동을 주도했다. 감리교회는 각 교회와 학당에 부속학교를 세워 이화와 배재학당의 예비학교와 선교의 전초기지로 삼았다. 이화학당 재학 중 학비를 지원받은 학생들은 졸업하여 이화학당이나 부속 보통여학교에서 의무적으로 교사로 일정기간 봉사해야 했다.[48)

각처에 書堂·私塾·義塾과 더불어 1906년부터 1910년 기간 중에 1,000여 개의 야학이 설립되었다. 야학에서는 주로 한글·한자·서간문·이과·역사·지리 등의 초등과정의 교육이 시행되었다.[49) 勞動夜學·女子夜學도 설립되어 여성교육도 시작되었다. 병합 전까지 여학교는 200여교에 달했다.[50) 각종 학회나 지방자치제를 표방한 民會·鄕會·民議所·農務會 등에서도 지방자치를 실시하는 준비단계로서 사립학교를 설립하고 근대교육 보급에 노력하였다. 이렇게 하여 병합 전까지 설립된 사립학교는 6,000여 교

46) 김방, 1990, <이동휘연구>, ≪국사관논총≫ 18, pp. 61~66 ; 반병율, <이동휘의 한말 민족운동>, ≪한국사연구≫ 87, pp. 168~183.

47) 경북지역에서는 1908년에만 영천 평천교회에서 양덕학교, 신녕교회에서 홍화학교, 김천 유성교회에서 광륜학교, 월명교회에서 창성학교, 대양교회에서 영흥학교, 복전교회에서 계명학교, 전지교회에서 진신학교, 칠곡 진평학교에서 광명학교, 의성의 비봉교회에서 계신학교, 경산의 자인교회에서 덕숭학교, 영천의 우천교회에서 진흥학교, 1909년도에 와서 김천 동부동 교회에서 영흥학교, 1910년 의성 삼산교회에서 계명학교, 안동 신평교회에서 광신학교, 봉화 문촌교회에서 문창학교, 1915년 경산 삼산교회에서 계동학교, 안동 녹전교회에서 설립한 학교, 1916년 연일 조사교회에서 진명학교를 설립하였다. (한국기독교역사연구소, 2002, ≪조선예수교장로회 사기≫ 상, 하)

48) 이화백년사편찬위원회, ≪梨花百年史≫, 1994. pp. 103 - 106. 이런 부속여학교로서 서대문여학교, 아오개 여학교, 공옥여학교 등이 있었다. 1912년 감리교 연회록에는 서울에만 46개의 부속학교가 있었으며, 1915년의 이화부속여학교는 15개교 1,800명의 학생이 있었다. 이런 부속학교들은 1910년 이후 일제의 탄압에 의해 점차 사라져 갔다.

49) 김형목외, 2005, <보통학교의 시대적 배경>, ≪한국근대초등교육의 발전≫, 교육과학사, pp. 21.

50) ≪大韓每日申報≫, 1910. 2. 1.

나 되었다.[51] 이러한 교육구국의 노력을 통하여 주로 도회지를 중심으로 '학생층'이 형성되게 되었다.

㉯ 일제의 교육탄압

일제의 武斷體制 즉, 長期軍事戒嚴體制, 사업의 수탈성, 시행과정의 폭력성은 교육면에 있어서도 마찬가지였다. 다음에서 각각의 부면에 대해 간략히 살펴보고자 한다.

무단성

일제는 1910년부터 3·1운동에 이르기까지 10년간 초등과정의 보통학교 교사들에게까지 제복과 제모에 칼까지 차게 하여, 교육현장을 공포분위기로 만들었다. 조회시에는 금태 두른 모자를 쓰고 다리보다 긴 칼을 찬 교사들이 앞에 늘어선 가운데 조회를 하기 때문에 마치 觀兵式을 하는 것 같았다.[52] 염상섭의 소설 ≪萬歲前≫에서 이 상황을 다음과 같이 그렸다.

> 소학교 선생님이 세이버(환도)를 차고 교단에 오르는 나라가 있는 것을 보셨습니까? 나는 그런 나라의 백성이외다. ....이제 구주(歐洲)의 천지는 참혹한 피비린내가 걷히고 휴전조약(베르사이유조약)이 성립되었다 하지 아니합니까? 부질없는 총칼을 거두고 제법 인류의 신생을 생각하는 것 같습니다. 그러나 이 땅의 소학교 교원의 허리에서 그 장난감 칼을 떼어 놓을 날은 언제일지 숨이 막힙니다.[53]

어린 학생들은 각종 행사 때마다 일본 국왕이 제정했다고 하는 <교육에 관한 勅語>를 암송하도록 강요받았다.[54] 이런 분위기 속에서 학생들

---

51) 김형목외, 위 글, p. 28.
52) 경기백년사편찬위원회, 2000, ≪京畿百年史≫, p. 95.
53) 김태웅, 2006, ≪우리학생들이 나아가누나≫, 서해문집, pp. 127 - 128에서 재인용
54) ≪朝鮮日報≫, 1990. 3. 1<정복희 증언>. <교육에 관한 勅語>는 1890년에 발표되었다.

은 학교의 무단적인 분위기와 일방적이고 획일적인 규율에 대해 무의식적
인 반발의 정신이 배양되었다.[55]

수탈성

1906년 8월 <보통학교령>에 의해 종래 소학교로 해왔던 초등교육기
관을 보통학교로 바꾸었다.[56] 소학교를 '보통학교'라 개칭한 표면적인 이
유는 조선이 전통적으로 보통교육을 중시하였기 때문이라 하였다 하 지만
여기에는 식민지 교육의 본질적인 의도가 숨겨져 있었다.[57] 기획자 幣原
坦이 보통학교는 "상급학교의 예비학교가 아니며, 대다수의 조선인들은
보통학교를 졸업하여 대체로 교육을 완료하는 차제이다."고 한 말이 중등
및 고등교육을 억제하고 초등교육을 종결교육으로 위치 지으려 했던 식민
지 교육정책의 본질을 드러내고 있었다.[58]

1911년 10월 20일 조선총독부는 <보통학교규칙>(조선총독부령 제11
호)을 발하여 수업료를 징수할 수 있도록 하고, 10월 28일 <공립보통학교
비용령>(조선총독부령 제12호)을 통해 병합을 계기로 한국인들에게 준
'臨時恩賜金' 이자[59], 향교재산 수입, 기본재산 수입, 수업료, 기부금, 국
고보조금 및 지방비 보조금 등으로 학교비용을 조달하도록 만들었다.
1912년도의 공립보통학교 재원 세입 중 재산수입의 비중이 42.3%였으나,
3·1운동 직후인 1920년에는 24.4%로 감소하고, 그 대신 한국인에게 부과
한 부과금이 1912년의 1.5%에서 53.7%로 급증하였다.[60] 식민지 보통교

1911년 10월 24일 조선총독에게 공식적으로 하달되어 조선총독부 식민지 교육의 이념적 기
회가 되었다.

55) 孫宇聲 회고담(경성제1고보 1921년졸업) , 2000, ≪京畿百年史≫, p. 96.

56) '보통학교'라는 용어는 일본인으로 대한제국 학부 참여관으로 고용된 幣原坦이 고안자
였다.

57) 幣原坦. <朝鮮敎育改良案>, 오성철, 2000, ≪식민지초등교육의 형성≫, 교육과학사, p. 20.

58) 오성철, 위 책, p. 21.

59) 총액은 17,398,000圓이었는데, 그 이자의 60%는 授産에, 30%는 교육에, 나머지 10%는 구
제사업에 쓰게 되어 있었다.

육의 제반 부담을 주민들에게 떠넘긴 것이다.

졸업생들에게는 상급학교 진학 보다는 식민지 체제의 하층 使役員으로 일하기를 노골적으로 권유하였다.[61] 일본인 교사들은 학생들의 이상을 꺾어 보려는 비열한 술책을 썼으며, 이는 총독부 당국의 愚民化政策의 일면을 반영하는 것이었다.[62]

1912년의 초등교육을 받는 한국인 학생수는 인구 만 명당 28명이었으나, 일본인 학생은 898명으로 한국인의 32배에 달하였다. 1920년에는 한국인은 인구 1만 명당 약 64명으로 증가하지만, 일본인 학생은 1,265명으로 한국인의 20배에 달하였다. 중등교육의 경우 민족차별은 더욱 심했다. 한국인 중등교육 학생수는 1912년에는 인구 만 명당 2명에 불과하였는데, 일본인 학생수는 65명으로 32배이며 1920년에는 이것이 한국인 약 4명에 일본인은 169명으로 한국인의 44배가 되어 그 격차가 더욱 커졌음을 보여준다.[63]

폭력성

학교의 운영과 교육 현장에는 총독부의 각종 법령과 규칙으로 통제와 탄압의 손길이 깊숙이 뻗쳐 왔다. 1895년 7월 <소학교령>에 의해 설립된 관공립 소학교들은 1906년 8월 <보통학교령>에 의해 보통학교로 전환되었다. 일제는 1908년 8월 <사립학교령>을 발포하여 사립학교의 설립

---

60) 오성철, 2000, ≪식민지초등교육의 형성≫, 교육과학사, p. 102.
61) 관립학교였던 경성고등보통학교를 1914년 졸업한 金俊淵은 이 학교를 졸업한 후 이긍종·민태원 등 동창들과 함께 운동장에서 놀고 있을 때 교장실에서 부르기에 3인이 가 보니 上田駿一郎 校諭가 그들에게 일본 유학을 포기하고 판임관 견습시험을 보라고 권고했다. 이들이 법학을 공부하여 변호사가 되고자 한다고 하자 上田은 동경제대에 들어가려고 준비하는 동안 질서가 잡혀 변호사들이 할 일이 없게 되어 살아갈 수 없게 되니 일본에 가서 공부하려는 계획을 단념하는 것이 상책이라고 했다.(경기백년사편찬위원회, 2000, ≪경기백년사≫, 고등학교동창회, p. 98.)
62) 위 책, p. 97.
63) 오성철, 위 책, p. 129.

인가와 운영에 관한 통제를 강화했다.[64] 또한 <기부금품모집취체규칙>, <교과용도서 검정규칙> 등으로 재정적 규제와 교육내용에서 민족정신과 민족의식 교육을 억압, 봉쇄하고자 하였다. 일제의 탄압과 사립학교 자체의 재정적 취약성, 사립학교 설립운동을 추진하던 학회와 계몽단체들이 일제에 포섭되어 가면서 설립된지 1 - 2년만에 사립학교의 폐교가 잇달았다.[65] 일제는 사립학교들의 취약한 재정문제를 파고들면서 탄압과 회유를 병행하였다. 학교를 종교학교와 정치학교로 구분하고 민족의식을 북돋우고 군사훈련과 유사한 교육을 하는 학교들은 탄압하였다. 식민지 체제에 순응하는 사립학교에는 보조금을 지원하고, 영세한 학교는 통폐합하였으며, 1911년에 와서 교육여건을 갖춘 사립학교는 공립학교로 전환시켰다. 이어서 1910년 8월 국권병탄에 의해 교육은 완전히 식민주의 체제에 의해 통제·탄압당하여 많은 사립학교들이 학교문을 닫아야 하는 굴욕과 고통을 겪게 되었다.[66]

<표 2 - 7>은 일제의 보통학교 중심의 교육정책과 사립학교 탄압의 시책이 빚어낸 1910년대 학교와 학생층의 변화를 보여준다. 이 표를 보면 세가지 사실을 주목하게 된다. 하나는 일제의 식민지 교육정책에 의한 교육현실의 변화상이다. 일본 식민지 당국에 의해 공립보통학교가 교육의 근간을 이루면서 그 수가 1910년의 128개교에서 1919년에는 535개교로 4.2배 급증한 것이다. 여기에는 한말 이래의 사립학교들을 각종의 압력을 통해 공립으로 전환시킨 것이 상당수 포함되어 있다. 그 다음으로 식민지 지배의 하층 인력으로서 초보적인 실업교육을 위한 간이실업학교가 17개교에서 66개교로 대폭 증가한 것을 볼 수 있다.

---

64) 대한제국, ≪관보≫, 1908. 9. 1.
65) ≪大韓每日申報≫, 1910. 1. 14.
66) 김형목외, 2005, <보통학교의 시대적 배경>, ≪한국근대초등교육의 발전≫, 교육과학사, pp. 32.

<표 2 - 7> 1910년대 주요 교육기관의 변천

구 분		학 교 수			학 생 수		
		1910	1919	증감(%)	1910	1919	증감(%)
공립보통교		128	535	418	16,941	76,918	454
사립보통교		43	33	77	2,960	3,295	110
사립고보		2[67)	7	350	277	893	320
관립고보		7[68)	5	70	1,078	1,247	120
여자고보		2*	6	300	95*	224	236
간이실업(공)		17*	66	388	479*	956	200
실업학교		19	22	116	791	1,455	184
전문학교		3[69)	3	0	267	237	89
사립각종	일반	1302	430	33	36,815	20,079	55
종교		778	260	33	15,274	14,896	98
소 계		2,301	1,367	59	74,977	120,200	160
서 당		16,540*	24,030	145	141,604*	275,920	194

자료 : ≪朝鮮總督府 統計年報≫, 1910, 1911, 1919년도
비고 : *1911년 수치임

　다른 한편 일제의 각종 탄압정책에 의해 사립각종학교가 일반학교 1,302개교에서 430개교로, 종교학교 또한 778개교에서 260개교로 각각 1/3로 대폭 축소된 것을 볼 수 있다.

　1910년대 또 하나의 주목할 특징은 1911년 서당수가 16,540개였던 것이 1919년에 24,030개로 45%이상 증가하고. 서당 학생수도 141,604명이던 것이 275,920명으로 94%, 즉 거의 배가 증가하였으며, 이 수치는 학교

67) 사립고등보통학교로 함흥고등보통학교와 숙명고등여학교의 2개가 있었다.

68) 1910년 3월 말 당시 고등정도 제학교로서 서울에 성균관, 법학교, 한성사범학교, 한성고등학교, 한성외국어학교, 한성고등여학교 그리고 평양고등학교가 있었다.

69) 1910년도는 1911년부터 그 이후와 학제가 다르고, 학제가 같은 1911년 통계를 비교기준으로 삼을 때 1910년에서 1911년 사이의 변화가 잡히지 않기 때문에 1910년을 기준으로 할 수밖에 없다. 전문학교 부문은 이 시기 관립 농림학교, 관립공업전습소, 관립의학강습소로서 잡는다.

교육 수혜자 수의 2.3배에 이른다는 것이다. 또한 전체 학동 396,120명 중 서당에 다니는 학생수가 275,920명으로서 62%나 되었다. 이것은 일제에 의한 신식학교 즉, 무단성, 약탈성, 폭력성을 특성으로 하는 보통학교에 대해 대다수 한국인들이 거부했다는 의미를 갖는다. 따라서 보통학교에 대한 거부와 서당교육에 몰리는 현상은 조선총독부의 식민지 노예교육에 대한 저항이었다. 1910년대 군사계엄체제하 한국인들이 보통학교에 대해 어떻게 인식하고 있었는지의 일단을 보여주는 다음의 회고담이 있다.

> <숨어라 숨어라! 순검 잡으러 올라!> 순사나 헌병 보조원들의 제 키 만이나 한 장검이 동리 밧게만 번쩍여도 이런 탐보가 각 서당에 쫙 퍼진다. 그럴 때마다 서당에서는 일대 소동이 일어나며 통감, 동몽선습 자리들이 저마다 피난처를 찾노라고 괭이 맛난 쥐가 담구멍 찾듯 쌀쌀댄다. 장검을 앞세운 면서기, 구장, 군청 고원가튼 사람들이 시시로 서당을 습격하야 잡히는 대로 아이들을 끄을고 가는 까닭이다. 머리깎기는 죽기보다 실코 학교에 다니면 나종 일본 병정으로 뽑혀간다는 바람에 학교라면 금망 경풍을 하얏다.[70]

즉 이 당시 식민지 교육을 진전시키기 위해 보통학교 학생들을 확보책으로 관권을 동원하여 강제적인 방법을 사용했고, 이에 대하여 보통학교에 다니면 일본 병정이 되어야 한다는 소문을 퍼뜨려 보통학교 다니는 것을 극력 거부했던 상황을 보여 준다. 그 소문 자체의 사실 여부보다 그러한 소문을 퍼뜨려 학동들을 보통학교에 보내지 않으려 했던 한국인들의 정서에서 보통학교를 식민지 통치의 압제장치로 인식했으며, 식민지 교육 체제에 대한 한국인들의 강한 불신을 읽을 수 있는 것이다.[71]

---

70) 朴露兒, <나의 십세 전후>(1), ≪東亞日報≫, 1930. 4. 2.
71) 오성철, 2000, ≪식민지초등교육의 형성≫, 교육과학사, p. 23.

(2) 학교와 학생층

㉮ 1919년 당시의 학교와 학생층 규모

학생들이 일제하에서 하나의 독립운동 세력으로서 그 역할을 수행할 수 있게 위해서는 하나의 사회세력으로서 그들 자신의 힘을 인식할 수 있을 만한 일 이상의 수가 전제되어야 할 것이다. 이런 면에서 3·1운동 당시의 각급 학교의 규모와 학급 구성이 어떠했는지 살펴볼 필요가 있다. 이를 보기 위해 1919년 3월 당시의 한국인을 위한 학교 상황을 살펴보고자 한다.

보통학교

1919년 당시 전국의 보통학교는 570개로 관립보통학교 2개, 공립보통학교 535개 그리고 사립보통학교 33개였다. 이중에서 평균 8학급의 경성고등보통학교 부속 보통학교와 5학급의 경성여자고등보통학교 부속 보통학교의 2개의 관립학교를 제외하면 99. 7%의 공사립 보통학교들이 한학년에 1학급 밖에 안 되는 소규모 학교였다. 4년제인 보통학교의 학교당 전체 학생수는 관립학교가 209.5명, 공립학교 143.8명, 사립학교가 99.8명등으로 대부분 100명 남짓한 규모였으며, 학급당 평균 37. 4명의 학생들로되어 있다.

<표 2 - 8> 3·1운동기 보통학교 학생현황(1919)

구분	구분	학 교			학 생				
		학교	학급	평균	남	여	계	학급당	학교당
보통 학교	관립	2	13	6.5	285	134	285	32.2	209.5
	공립	535	2,035	3.8	68,628	8,290	76,918	37.8	143.8
	사립	33	109	3.3	2,403	892	3,295	30.2	99.8
	계	570	2,157	3.8	71,316	9,316	80,632	37.4	141.5

자료 : 朝鮮總督府, ≪朝鮮總督府統計年報≫ 1919.

고등보통학교 이상의 학교

특히 3·1운동에서 운동을 주도할 만한 연령층에 있었던 고등보통학교, 실업학교, 전문학교의 학교와 학생수를 보면 <표 2 - 9>와 같다. 이를 보면 학생층의 87.5%가 사립각종학교 학생들로서 약 35,000명 정도이며, 관공립 및 사립 고등보통학교 이상 전문학교 학생들은 12.5%로서 전체 숫자는 5천 명 남짓하였다. 그러므로 학생수 자체가 매우 적었다는 것을 알 수 있다.

<표 2 - 9>중등 이상 학교와 학생수(1919)

구 분		학교수	비율	학생수	비율	비 고
관립고보		5		1,247		京城, 平壤, 大邱, 咸興, 全州
사립고보		7		893		養正, 培材, 普成, 徽文, 松都, 東萊, 光成
관립여자고보		2		220		京城, 平壤
사립여자고보		4		257		淑明, 眞明, 梨花, 好壽敦
간이실업(공)		66		956		
실업학교		22		1,455		경성의학,
전문학교		3		237		경성공업, 수원농림
소 계		109	13.6	5,012	12.5	
사립각종	일반	430		20,079		
	종교	260		14,896		
소 계		690	86.4	34,975	87.5	
계		799	100	39,987	100	

자료 : 朝鮮總督府, ≪朝鮮總督府統計年報≫ 1919.

관립남자고보는 京城, 平壤, 大邱, 咸興, 全州高等普通學校의 5개교로서 학교당 평균 249.4명의 학생수를 가졌다. 이것은 남자고보가 4학년 과정이므로 한 학년당 62명 정도, 즉 한 반에 30명 정도의 학급이 2개인 규모였다. 관립여자고보는 경성과 평양의 2개교로서 3년제 本科와 技藝科로 나누어져 있는데 본과는 전교 평균 89. 5명의 학생에 학급당 29.8명이었다.

사립남자고보는 서울의 養正, 培材, 普成, 徽文 개성의 松都, 동래의 東萊, 평양 光成의 7개교로서 한 학년 평균 1개의 학급에 학급당 30.8명으로 이루어져 있었다. 휘문고보가 학생수 224명으로 가장 큰 규모의 것이었다.

사립여자고보는 서울의 淑明, 眞明, 梨花와 개성의 好壽敦의 4개 교로서, 1개교당 전교생이 평균 64.3명에 불과했으며, 1학급당 평균 15.1명 규모였다. 유관순이 다니고 있었던 이화여자고보는 호수돈 다음으로 큰 학교였는데, 본과 각 학년에 1개 학급씩이며, 전교생은 70명에 불과하였다.

실업학교는 농업학교와, 상업학교 또는 상업과와 공업과가 함께 있는 상공학교로 나누어지는데, 1919년 3월 당시 농업학교는 17개교로서 서울 공립농업학교를 비롯하여 청주, 공주, 전주, 군산, 광주, 대구, 진주, 해주, 평양, 안주, 의주, 영변, 춘천, 함흥, 북청, 鏡城에 각각 있었다. 1교당 2학급 규모의 2년제였다. 학생수는 1학교당 46.5명, 1학급당 23명이었다.

상업(상공)학교는 5개교로서 인천공립상업학교를 비롯, 개성, 부산, 진남포(상공), 선린등이 있었고, 진남포학교에는 상업부 3학급에 공업부 6학급의 상공학교였고, 선린상업학교는 제2부 학교였다. 5개교는 1교당 4개 학급 규모였으며, 학생은 1교당 평균 99명이었고, 1학급당 25명, 학제는 3년제였다.

사립각종 학교는 일반학교와 종교학교로 대별되는데 1919년 3월말 당시 일반학교 430개교, 종교학교 260개교로 합계 690개교였는데 위 표에서 보면 사립 각종학교의 규모는 학교당 2~3개 학급이고, 학생수는 학교당 50명 내외였음을 알 수 있다. 교사는 91%가 한국인이었다. 여기서도 학교의 규모가 아주 작다는 것을 볼 수 있다.

전문학교는 일인 93명, 조선인 141명의 학생이 있었던 경성의학전문학교, 조선인 48명, 일인 4명의 학생이 있었던 경성공업전문학교와 2년제로서 조선인 49명, 일인 18명이 있은 그 부속 공업 전습소, 그리고 48명의 본과 학생수를 가진 수원농림전문학교등이 있었다.[72)

이상에서 본 사실들은 이 시기의 학교와 학생층을 한 학년에 수백 명의 학생이 있어 한 학교에 1천 수백에서 2천 명 가까운 학생이 있는 오늘날의 학교와 학생층과는 비교할 수 없이 수적으로 빈약한 상태에 있었다.

지방의 학교상황

이러한 학교들은 전국에 걸쳐 산재되어 있었다. 학교의 도별 분포를 보면 다음과 같다.

<표 2 - 10> 도별 3·1운동 당시의 학교 현황(1919년 3월말)

도별	보통학교				고보	여고보	실업학교					전수	전문	합계	사립각종			서당
	관립	공립	사립	계			농업	상업	상공	간이	계				일반	종교	계	
경기	2	7	8	80	6	5	1	3	—	13	17	1	3	112	53	39	92	2,481
충북	—	30	—	30	—	—	1	—	—	1	2	—	—	32	7	4	11	968
충남	—	47	—	47	—	—	1	—	—	6	7	—	—	54	7	8	15	1,437
전북	—	45	—	45	—	—	2	—	—	10	12	—	—	57	5	13	18	1,539
전남	—	42	3	45	1	—	—	—	—	7	8	—	—	54	4	8	12	2,417
경북	—	55	—	55	1	—	1	—	—	4	5	—	—	61	12	19	31	1,770
경남	—	43	3	46	1	—	1	1	—	4	6	—	—	53	26	10	36	1,854
황해	—	31	3	34	—	—	1	—	—	4	5	—	—	39	21	31	52	967
평남	—	43	—	43	2	1	2	—	1	2	5	—	—	51	51	77	128	825
평북	—	45	1	46	—	—	2	—	—	3	5	—	—	51	67	29	96	108
강원	—	33	—	33	—	—	1	—	—	5	6	—	—	39	17	7	24	187
함남	—	27	10	37	1	—	2	—	—	4	6	—	—	44	117	12	129	1,976
함북	—	24	5	29	—	—	1	—	—	3	4	—	—	33	43	3	46	501
총계	2	533	33	570	12	6	17	4	1	66	88	1	3	680	430	260	690	24,030

자료 : ≪朝鮮總督府 統計年報≫(1919)

570개의 관공사립 보통학교는 전국 220군으로 나누어 보면 1군당 평균

---

72) 수원농림전문학교는 1915년, 그밖에 경성의학 및 공업전문학교는 1916년에 세워졌다.

2.6개교였고, 각종 사립학교의 경우 1군당 3.1개교였다. 그 밖에 서울을 제외하면 고동보통학교는 각 도에 하나 또는 없는 도도 있을 정도였으며, 한 道에 3 - 10개씩 있었던 간이실업학교를 제외하면 각도에 농업학교가 1 - 2개교씩 있는 정도였다. 그런데 사립 각종 학교는 지역에 따라 분포가 편재되어 있었다. 전체 690개교 가운데 경기지역을 포함하는 황해 이북지역에 92%인 543개교가 분포되어 있었다.

이상의 자료를 통하여 3·1운동기에 학교의 상황은 오늘날과는 판이하게 달라서 학교의 규모가 매우 작았고, 학생층도 수적으로 매우 적었으며, 지역적으로 편중되어 있었다는 것을 알 수 있다. 이것이 학생들의 열성과 의지에도 불구하고 3·1운동을 학생층이 선도해 나가는 데 제약이 되었던 요소였다.

㉯ 민족정신교육의 단면들

1910년대의 삼엄한 상황속에서도 민족정신교육을 위한 時·空間은 완전히 압살된 것은 아니었고, 그럴 수도 없었다. 어느 사회든지 권력이 인간을 완전히 통제한다는 것은 불가능한 일이다. 다음의 몇 가지 예를 통해 이 시기 민족정신교육의 단면들을 볼 수 있다.

천도교에서 운영한 보성고등보통학교에는 한글학자 周時經 선생이 1914년까지 교사로 있었다. 주시경 선생은 외국지리 교사였는데, 강의 중에 학생들에게 애국심을 가르쳤다. 졸업생의 회고에 따르면 주시경 선생은 排日 뿐 아니라 排美·排英까지 가르쳤고, 중국과 영국의 아편전쟁을 예로 들면서 서양 사람들을 믿을 수 없다고 하며, 우리가 힘을 스스로 길러야 한다고 가르쳤다.[73] 또한 주시경 선생은 일요일이면 오후 2시부터 강당에서 쩽쩽한 음성으로 한글 강의를 하였다. 강당은 1학년 교실로도 쓰는 학교에서 제일 넓은 건물이었다. 한글 강의에는 보성고보 뿐 아니고 다른 학

---

73) 보성80년사편찬위원회, 1986, ≪普成80年史≫, p. 188.(崔承萬 회고)

생들도 모여 강당이 꽉 찼다. 오후 2시쯤부터 시작한 한글강의가 5시까지 혹은 더 늦게도 이어졌다.[74] 이러한 예는 1910년대 무단체제 속에서도 교육의 시공간에서는 민족정신, 민족주의 교육이 이루어졌음을 보여 주는 예이다. 이러한 과외의 열정과 노력은 학생들에게 비상한 관심을 불러일으키면서 민족의식을 불러일으키고 다지는데 크게 기여하였다는 것은 3·1운동 때의 학생들의 역할에서 짐작하기에 어렵지 않다.

학생들에게 체력단련과 극기심 훈련도 이루어졌다. 보성고보의 경우 1학년 학생들이 경주로 수학여행을 가는데 대구에서 기차를 내려 경주까지 걸어서 갔다. 그 거리는 대구에서 영천까지 90리(36km), 영천에서 경주까지 90리(36km)였는데, 아침부터 길을 걷기 시작하여 길에서 아침 겸 점심으로 송편 몇 개를 주고는 계속 걷게 했다. 도중에 영천 장터 근처에 있는 폭 100m쯤 되는 큰 내를 건널 때는 교사가 앞장을 서고, 앞에서 학생 하나가 북을 치며, 학생들은 북소리에 맞추어 대열을 지어 옷을 입은 채로 내를 건넜다. 교사는 내를 건넌 뒤 젖은 옷을 벗기고 체조를 시켰다.[75] 이러한 학교교육을 받은 졸업생 또는 재학생들이 3·1운동 준비와 전개에 중요한 축을 이루게 된 것은 전혀 이상한 일이 아닌 것이다.

창녕군 영산면의 신식교육은 1908년 4월 15일 이 지역에 私立慶明校가 세워져 시작되었다. 이것이 1911년 7월 1일 사립영산보통학교로 되었다가[76] 1913년 3월 23일 4년제 영산공립보통학교로 인가받았다.[77] 이 학교

---

74) ≪普成80年史≫, 1986, p. 187.(崔承萬 회고)

75) 장터에 모인 사람들이 이 광경을 보고, 보성학교 좋다고 이듬해부터 경상도지역에서 보성학교에 대거 지원자가 몰려오게 되었다.(<沈命求(1911-1915 재학), <永川시내를 건너던 서울학생>, ≪普成80年史≫, 1986, p. 188.)

76) 이때부터 식민지 초등교육기관이 되어, 일인 교장 東一하에서 학생들은 日語·修身·作文·算術과 군대식 교련을 배웠으며 ≪日語精選大解≫를 낭송·암기하는 데 주력했다. 이들 학생들은 졸업 후에는 면서기 같은 하급 공무원으로 진출했으며, 당시 지역사회에서는 일본말을 아는 이들 교사와 학생들을 "개화꾼"으로 불렀다 한다.(朴濟勳, 1968, <開校 당시의 모교와 영산지방>, 영산국민학교, ≪靈山-開校60周年記念誌≫, pp. 29~31.)

77) 이 학교는 경명학교 수료생을 4학년으로 받아 이듬해인 1914년 3월, 8명의 제1회 졸업생을

에는 김봉표라는 평양 출신의 교사가 있어 학생들에게 민족사상을 고취시키며 체조시간에 간혹 영산 읍내 남산에 데리고 올라가서 상급생들에게 "무쇠 팔뚝 돌주먹 소년 남아야 애국의 정신을 분발하여라" 하는 소년 행진곡을 가르쳤다 한다.[78]

경남 함안군 여항면 동명학교 교사였던 朴健秉은 강원도 철원 출신으로 함안군에 와서 사립 동명학교 교사로 민족의식 교육에 힘썼다. 3월 19일 함안읍내 시위에 주도자로 참여하고 고향 철원으로 피신하여 그해 8월 11일 철원군 동송면 도피안사에서 대한독립애국단 결성에 참여하고 학무과장을 맡았으며, 그 후 중국으로 망명하여 대한민국임시정부 의정원 강원도 대표로 활동한 독립운동가였다. 이런 인물들이 사립학교 교원으로 있었으므로 학생들의 독립정신을 배양할 수 있었던 것이다.

㉯ 청년학생의 조직과 의식

3·1운동 이전부터 학교의 학생들은 출신지방 학생 친목회 형태로부터 출신학교 동문회 등과 같은 학생 친목단체들이 있었다. 다음은 1910년대 학생들의 친목단체들이다.

<표 2 - 11> 1900년대 이후 학생단체 현황

No	모 임 명	창 립	모 임 성 격	비 고
1	서북학생친목회	1906. 4.	함경남북도와 평안남북도 학생에 의하여 조직된 친목과 상부를 목적으로 하는 단체이며 동회(同會)의 주최로 강연회, 토론회도 열었다.	
2	徽文義塾 文友會	1910. 3.	동교 출신과 재학생의 친목을 목적	
3	교우장려회	1908. 1.	함경남북도 학생이 주동이 된 단체	

내면서 계속해서 3·1운동 때까지 제2회(1915) 14명, 제3회(1916) 13명, 제4회(1917) 17명, 제5회(1918) 19명 등 93명의 졸업생을 냈는데, 이들 가운데 특히 1~4회 졸업생들이 3·1운동을 비롯한 그 후 1920년대의 농민운동·사회운동에서 지도적 역할을 했다.
78) 河鳳柱, 曺星國, 1979, ≪烽火 - 靈山 3·1獨立運動小史≫, p. 83.

No	모 임 명	창 립	모 임 성 격	비 고
4	개성학생친목회	1909. 12.	개성군 출신 학생의 단체	
5	보성전문친목회	1906. 11.	보성동창생 단체	
6	교남학생친목회	1908. 4.	경상남북도 학생의 단체였고 연 2회 (춘·추)의 총회 개최	
7	호남학생친목회	1908. 7.	전라남북도 출신 학생의 단체	
8	경신학생청년회	1914. 3.	동창생 중심의 단체였고 1913년 3월 경신졸업동문회 설립	
9	호서학생친목회	1908. 7.	충청남북도 학생 중심 단체	
10	학생청년회	1910. 11.	중앙기독교청년회관	
11	정신여학교동창회	1914. 3.	1919년 김마리아를 중심으로 하는 대한애국부인회의 본원적 단체	
12	안악학생친목회	1916. 5.	황해도 출신 학생의 단체	

자료 : 독립운동사편찬위원회, ≪독립운동사≫9(학생운동사) ; 細井肇, ≪朝鮮問 題 の根本解決≫, 1921년, pp. 444~447.

　이상의 학생 단체들은 이념성이나 전국적 조직으로서의 모습은 전혀 아 닙니다. 서울에 있는 지방학생들의 재경향우회 성격의 친목단체 또는 출신 학교 동문회였다. 여기에 각 교회를 중심으로 한 학생모임과 위 표 10의 기 독교청년회관(YMCA)의 학생조직이 있었다. 이런 단체가 비록 이념성을 보이지 않는다 할지라도, 또한 시대가 군사계엄체제 하였다 할지라도 청 년기의 理想과 열정을 일신의 안녕과 눈앞의 이기적인 목적에만 가두어 둘 수는 없었을 것이다. 이런 모임을 통하여 학교간의 정보교환과 연계망 의 형성은 기회가 오면 언제든지 독립운동의 연결망으로 전환될 수 있는 것이었다. 그 한 예로 1919년 3월 시기에 서울 화천정 126 吳翰泳의 집에 는 4 - 5명의 하숙생이 있었다. 이들 학생들은 세브란스 의학전문학교 학 생들이었고, 대구와 경남지역의 부산(영주동 교회) 창원(마천리교회, 1905 년 설립), 김해(읍내교회, 1898)의 예수교 장로파 교회로 서로 연결되어 있

었다. 그 집 하숙생은 민족대표의 일원과 긴밀하게 연락하는 가운데 3·1운
동의 지방 확산에 중요한 역할을 하였다.

<표 2 - 12> 吳翰泳 집(경성부 화천정 126)의 하숙생들

성 명	나이	원주소	학 교	활 동	종 교	자 료
金成國	29	부산부 영주동 30	세브란스 의전	이갑성의 부탁을 받고 원산의 정춘수에 독립선언서 전달, 강기덕에게 선언서 전달	예수교 장로파	한민19, p. 48 자5, 107
金文珍	23	경북 대구부 남산정 5	세브란스 의전 3년 생	전문학교 대표자로 全性得· 金文珍· 康基德· 金元璧· 李容卨· 韓偉鍵등과 3·1운동 계획, 추진, 선언서 전파	대구남산 교회로 추정79)	한민17, p. 137, 140
裵東奭	29	김해군 김해면 동상동 901	세브란스 의전	이갑성의 부탁을 받고 2월 26일 마산방문, 지도자접촉	예수교 장로파	한민18, p. 60 자5, 108
李宏祥	27	창원군 웅동면 마천리 74	세브란스 의전 1년생	이갑성의 부탁을 받고 3월 1일 마산에 선언서 전달	예수교 장로파	한민15, p. 56. 자5, 108

자료 : 한민: 국사편찬위원회, ≪한민족독립운동사자료집≫, 17 - 19; 자5: ≪독립운동사자
료집≫5, (3·1운동 재판기록)

이와 같은 친목조직 외에 독립운동을 위한 재학생들과 졸업생들의 비밀
조직들이 있었다.

---

79) 1896년 6월 20일 경북 대구부 남산정 5번지에서 金德卿의 장남으로 태어났다. 대구의 사립
계남학교와 사립계성학교를 졸업하고 1916년 4월 세브란스연합의학교 입학했다. 1919년
3·1운동 때 주요 학생 지도자로 활동했으나, 그에 대한 기록은 보이지 않는다. 그의 학적부가
남아있는데, 거기에는 "1919년 일로 被嫌隱身하였다가 1920년에 무죄(?)"로 되어 있는 것으
로 보아 1년 정도 숨어 있다가 이듬해 학교로 돌아온 것으로 보이며, 1921년 6월 22일 세브란
스 의전을 졸업했다. 세브란스의전 시절 그의 보증인이 李甲成이었다. 1925년 11월 7일 함북
성진 제동병원에 근무 중 대구에 왔다가 돌연 사망하였다.

No	학 교	조직명	조직상황	비 고
1	평양숭의 여학교	松竹決死隊 [80]	1913년 여성 독립운 동 요원의 양성과 해 외 독립운동 지원	1916년에는 지방조직 확대, 일 제말기에는 일본, 하와이, 미본 토까지 확대
2	평양대성 학교	기성볼단	1914. 5. 대성학교 재 학생, 졸업생 등이 조 직한 비밀결사	해외 무관학교 입학, 국권회복 투쟁역량 강화. 1915. 3 탄로, 피체
3	京城高普 부설교원 양성소	조선물산장려계	1915년 3월 4학년에 재학중이던 (李用雨 등 동기 학생 6명이 발기, 조직확대	1917. 3. 5. 보안법 위반으로 역 원과 계원 130여명 송치. 최남 선, 金性洙, 朴重華, 柳瑾, 金枓 奉, 安在鴻 등도 포함. 그 밖의 계원은 대부분 현직 보통학교 교원
4	平壤崇實 學校	조선학생국민회	독립 쟁취를 위한 목 적으로 1917년 3월에 결성된 비밀 결사	裵敏洙, 金炳斗, 李輔植, 金錫 憲, 崔遠亨, 李秉均, 朴仁實, 盧 善敬, 薛命和, 李守鉉[이상 숭 실학교], 金智洙[연희전문], 吳 炳燮[평양신학교], 趙玉肖[군 산永明學校]. 이상의 학생층과 기타 인사 11명은 1918년 2월 9일 일경에 포착되어 이들 중 12명이 송치되었다.

자료 : ≪독립운동사≫9, (학생운동) ; 국사편찬위원회, ≪한국사≫47.

1910년대 학생들도 동맹휴교를 벌이기도 하였다. 1916년 4월 보성고보 를 졸업한 崔承萬은 보성고등보통학교 재학 시절의 동맹휴학에 얽힌 일화 를 다음과 같이 말하였다.

---

80) ≪숭의60년사≫, pp. 123~135.

우리들의 재학시절에도 동맹휴학을 더러 하였는데, 한번은 반에서 무슨 일인가로 동맹휴학을 결의한 일이 있었다. 그러나 가만히 생각하니, 그 동맹휴학의 결의가 부당하다는 생각이 들었다. 그래서 나는 혼자 반대한다는 의견을 말하였다. 반에서도 제일 작은 축에 끼는 내가 혼자 반대하자, 특히 커다란 주동학생들이 말을 듣지 않으면 죽여버릴 테니까 찬성하라는 강요를 하였다.[81]

이 일화는 1910년대 학생들도 3·1운동 이후와 마찬가지로 동맹휴교를 하는 등 집단행동을 했다는 것을 말해주며, 학생들 사이에서 주도적인 학생들이 일방의 의사를 강제할 정도로 결집력을 갖고 있었음을 말해 주는 예라 할 것이다.

일제의 무단적 학교분위기 속에서도 어린 학생들의 마음속에는 독립에의 의지와 열정이 타오르고 있었다. 님 웨일즈의 ≪아리랑≫에서 김산은 자신이 3·1운동에 직접 참여하고, 그후 독립운동가이자 혁명가의 길로 걷게 했던 1910년대 학생시절의 경험을 다음과 같이 말했다.

우리 어린이들의 귀에도 이따금씩 가까운 만주국경에서 일어나는 흥미있는 사건에 관한 소식이 들려온다.

"이틀 전에 10인조가 들어와서 왜놈을 여섯 놈이나 죽였대. 우리 편은 한 명밖에 죽지 않았대. 나머지는 국경을 넘어 멀리 사라져버렸대."

한 소년이 말을 꺼냈다.

다른 소년이 우리 모두에게 비밀을 지킬 것을 약속받은 후에 말을 받았다.

"우리 형도 지난주에 집에 와서 우리와 함께 지냈어. 다른 투사 다섯 명과 함께 돌아와서 평양 근처에서 왜놈 보초들에게 총을 쏘았어. 그리고 나서 하루 종일 논 속에 숨어 있었기 때문에 왜놈들에게 붙들리지 않았다."

영웅에 대한 존경심으로 우리들의 마음은 불타올랐다. 그래서 이 다음에 어른이 되면 독립군에 가담해서 침략자 왜놈들을 기습공격하기 위해 공격대를 이끌고 압록강을 넘어오겠다고 새로이 결의를 다지곤 했다.[82]

81) 普成80年史編纂委員會, 1986, ≪普成80年史≫, p. 189.

학생들 중에는 일제의 식민정책에 반발하여 자진 퇴학하고 독립운동의 길로 들어서는 학생들도 있었다. 鐵驥 李範奭이 그런 경우였다. 그는 당시를 다음과 같이 회고했다.

나는 보통학교를 졸업했을 때 전 강원도에서 세 명 뽑는 최고 우등생으로 선발되어 당시 총독이던 데라우치(寺內)의 총독상을 타고 지금 경기고등학교의 전신인 경성고등보통학교에 무시험으로 입학했다. … 나는 중학생이 되자 남에게 빼앗긴 내 나라에 대한 생각으로 밤을 새울 때가 많아졌다. … 경기 3학년 여름방학에 한강 마포 쪽으로 수영하러 갔다가 나는 내 역사의 전환을 가져다 줄 인물 한 사람과 우연한 해후(邂逅)를 하게 되었다. 그는 여운형씨였다. … 잠간 여름휴가를 끝내고 여운형씨가 다시 압록강을 건너 대륙으로 향하자 나는 몇 날 밤을 뜬눈으로 새웠다. 그리고 나는 드디어 결심하였다. 학업을 버리고 독립운동에 뛰어들기로. 그리하여 마침내 나는 출분(出奔)하였다. 목적지는 멀고 먼 상하이(上海). 나는 그 광활한 천지에서 오로지 여운형 씨의 이름 하나만을 유일한 길잡이로 삼으며 조국을 떠났다.[83]

김산과 이범석처럼 이 시기 청년 학생들은 일제 식민지 현실 속에서 시대적·민족적 고민을 하고 있었으며, 마침내 3·1운동이 일어나자 민족적 울분과 독립의 열망을 폭발적으로 펼치게 되었던 것이다.

2. 쌀값 폭등과 집단적 저항 움직임 대두

1917년 후반에서 3·1운동으로 이어지는 1919년 초의 시기는 우리 민족이 고난의 에스컬레이터를 탄 시기였다. 3·1운동은 그 頂点에서 일어났다. 이 시기 일본의 식민지 정책은 자국의 이익을 위해 한국인을 희생시키는 제국주의의 본질을 드러내었고 식민지지배의 모순과 수탈성이 민중의 삶

---

82) 님 웨일즈, 1998 ≪아리랑≫, 동녘, p. 54.
83) 李範奭, 1971, ≪우둥불≫, 思想社, pp. 138~140.

에 직접적으로 영향을 미침으로써 한국인들의 분노와 조직적 저항을 분출시킨 3·1운동을 예고한 시기이기도 하였다. 1917년은 이러한 과정의 시발점이 된 해였다.[84]

1) 貿穀熱과 쌀값 폭등

1914년 이래 3년간 쌀값은 안정을 유지하고 있었다. 이 기간 중의 精米상품의 전국 평균가는 1석에 12원에서 16·7원 사이에서 형성되었다. 이러한 쌀값 안정은 1914년도의 벼농사가 12,159,080석의 수확으로 공전의 풍년을 기록했기 때문이었다. 이러한 풍작과 미가 하락은 小農·細民의 生活안정에 도움이 되었다.[85] 그러나 1917년 들어 조선미는 제1차대전 특수상황에서 급속히 축적된 일본의 잉여자본의 투기 대상이 되어 이 시기 미가등귀는 "수급의 원칙을 떠난 인위적인 시세다"[86]라는 데 문제가 있었다.

1917년 5월에 이미 "쌀값이 너무 올라 못 살겠소" 하는 일반 세민의 부르짖음이 드높았는데, 이때로부터 3·1운동이 일어날 때까지 급격하고도 지속적으로 쌀값이 올랐다. 이 해의 쌀값의 추세를 표로 나타내 보면 다음과 같다.

---

84) 3·1운동에 이르는 1910년대 후반기의 한국 민중이 처했던 상황에 대한 연구로, 토지·임야·어업권·수탈에 반대하는 민중투쟁의 중요성을 지적한 김용덕, <일제의 경제적 수탈과 민요 (1910 - 1918)>(≪歷史學報≫41,42, 1969)와 吉岡吉典, 1968, <植民地朝鮮における 1918年 -米騷動と朝鮮-」,(≪歷史評論≫216,)을 들 수 있다. 전자는 구체적 양상을 밝히지는 못하고 1912년부터 1917년까지의 7개의 민요의 존재를 확인하는 정도에서 그치고 있다. 후자는 1918년 일본의 '미소동'과 때를 같이하여 일어난 한국에서의 노동자 파업과 '미소동'을 밝히고 있어 3·1운동 직전의 요동하고 있던 사회상황을 아는 데 도움이 된다.

85) ≪每日申報≫1914. 12. 18(2).

86) ≪每日申報≫1917. 5. 29(2).

<표 2-14> 1917년도 쌀값 추세

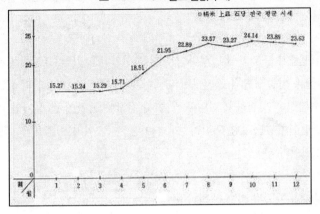

자료: ≪朝鮮總督府統計年報≫(1917), p. 285.

이 표를 보면 1917년 4월까지 1석당 15원대의 쌀값이 5월 들어서 뛰기 시작하여 10월에 이르면 24원 14전까지 계속 오르고 있는 것을 볼 수 있다. 1917년 7월 19일자 사회면에는 "物價騰貴ᄂᆞᆫ 何處신지"라는 제하의 기사에 이 시기의 물가와 중류이하 생활자의 비참한 생활상에 대해 다음과 같이 보도하고 있다.

쌀갑슨 전에 업시 고등ᄒ고 졔반 물죵이 한아도 고등치 안이흔 것이 업셔셔 월급이나 일급으로 지ᄂᆡ이ᄂᆞᆫ 사룸은 죽을 디경이다 ᄒᆞᄂᆞᆫ 말은 요ᄉ이 언ᄋ 곳에셔던지 듯ᄂᆞᆫ 말이라…무곡인가 미두인가 ᄒ셔 막대흔 리익을 엇엇다ᄂᆞᆫ 즈들이 원망스룹다. 년젼에도 요ᄉ이갓치 쌀갑이 고등한 찌가 잇셧지만은 그 찌에ᄂᆞᆫ 쌀갑만 오르고 다른 물건 갑은 그디로 잇셧ᄂᆞᆫ고로 그런디로 지ᄂᆡ여 갓지만은 이번에ᄂᆞᆫ 쌀갑 뿐 안이라 일용물죵이 한아도 지지 안씨다고 아쥬 닷흠질을 하면서 올라가서 나무, 슛, 어육, 우육 치소 죵류에 이르기씨지 무셔웁게 고등ᄒ야…… ᄒ다 못ᄒ야 나막신 갑신지 오르고 더일 즁디흔 목죵류로 말ᄒ면 또한 말홀 슈 없는 형편이라 만히 쓰이ᄂᆞᆫ 옥양목, 양목, 광목은 틀님업ᄂᆞᆫ 갑졀이 되고 모시, 광당포, 도루마 등도 거의 삼활[割] 이상이 틀녀… 일용싱활에

안이 쓸 수 업눈 물건이 알들이 살들이 모죠리 쌍그리 야속ㅎ게도 올라서 정말
무셔운 셰샹이 되얏다.[87]

이러한 물가 등귀가 국민생활의 근저를 위협하고 있었으며,[88] 경제계의
이상현상과 민중생활의 근저까지 위협하게 된 것은 각종 상인의 買占惜賣
로 인한 것임을 지적하고 있었다.[89] 이해 쌀값은 햅쌀이 날 시기인 10월에
가서도 떨어지기는커녕 오히려 "개벽 이래 처음"이라며 舊升 한 되에 39
전으로 뛰었다.[90]

2) 일본의 한국쌀 비밀 매점

1917년부터 조성된 민생의 위기상황은 1918년에 들어와 완화되기는 커
녕 더 한층 파국적인 상황으로 치달았다. 1917년도 후반기에 精米 기준으
로 석당 22·3圓대로 등귀했던 것이 1918년도 전반기에는 26~28원대로
등귀했고, 이것이 8월에 접어들면서 그 전달에 비해 한 달 사이에 10圓이
오르는 최악의 쌀값 폭등상황이 조성되었다. 그러나 사태는 여기서 그치
지 않았다. 1918년 하반기에 들어서자 38~39원대로, 다시 1919년 1월에
는 40원대를 돌파했다. 그리고도 사태는 진정되기는 커녕 여기서 더 나아
가 3·1운동 직전의 1919년 2월에는 1석당 43원 57전을 돌파했으며, 언론
에서는 "사람을 죽일" 시세라고 표현했다.[91] 따라서 3·1운동의 직전에는
쌀 시세가 1910년 병탄 이래 최고 최악의 상황에 있었던 것이다. 다음의
도표에서 3·1운동의 발발 시점까지 민생을 파탄으로 몰고 간 쌀값의 추세
를 확인할 수 있다.

---

87) ≪每日申報≫1917. 7. 19(3).
88) ≪每日申報≫1917. 9.5(1).
89) 위와 같음.
90) ≪每日申報≫1917. 10. 7(3).
91) ≪每日申報≫1919. 2. 4(3).

특히 1918년 7월 이후 쌀값이 급격한 폭등추세를 보여주고 있는데 전년도인 1917년 이래로 민간인의 貿穀問題와 더불어 일본정부가 자국의 米價調節을 위해 조선을 희생양으로 삼고 있음이 그 원인이었다.

제1차 세계대전 동안 일본 자본주의가 급속히 발전하여 농·공간의 불균등 발전과 농업인구의 도시 유출이 심화되자 증대하는 노동자 계층을 위한 식량을 공급할 수 없게 되어 구조적으로 고미가 현상을 수반할 수밖에 없었다.[92] 일본 정부는 1917년 폭리단속령·물가조정령을 발포하고 1918년 2월 23일에 농상무성령 제22호(1914)의 소위 <전시 수출 제한령>을 개정하여 米·小麥·小麥粉을 추가함으로써 쌀 등의 식량 수출을 금지시켰다.[93]

<표 2-15> 1918.1~1919.2 쌀값의 추세

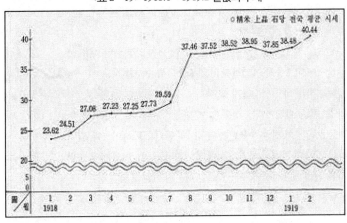

자료: ≪朝鮮總督府 統計年報≫(1918~1919).

그러나 구조적 高米價는 해소되지 않고 마침내 일본에서 '미소동'이라

---

92) 河合化男, 1983, <産米增植計劃과 植民地農業의 전개>, ≪韓國近代史硏究≫, 사계절, pp. 375~6.

93) ≪每日申報≫1918. 2. 27(3).

는 민중소요가 일어났다.

일본정부는 자국의 식량 위기 타개를 위해 한국에 있는 쌀을 일본으로 '移出'해 오기 위해 鈴木商店과 三井物産·湯淺商店 등을 지정 상점으로 정하고, 이들을 통해 한국 쌀을 비밀리에 '移入'하게 하였다. 바로 이러한 일본 정부차원의 한국쌀 매점과 일본에의 반출기도 때문에 이 시기에 한국의 쌀값이 대폭등하게 된 것이다. 鈴木상점의 경우 일본 정부는 다음과 같이 한국쌀 매입명령을 내렸다.

매입명령
覺
1. 鈴木商店은 약 20만석의 조선미를 매입할 것.
2. 鈴木商店이 조선미의 매입과 매도에 의해 만일 손실을 입을 때에는 정부가
   그것을 보상하고 이익을 낳을 경우 정부가 그것을 취득함.
3. 매수는 산지 시가에 의해 할 것.
   단 매수의 등귀를 가져올 경우 1석 50전까지 인상을 인정함.
4. 산지에서 폭등을 야기하지 않도록 충분히 주의할 것.
5. 定期市場에서 매수하게 할 것.
6. 조선미의 매출가격은 정부가 지정함.
7. 鈴木商店의 취급 수수료는 외국미의 반액으로 하여 추후 협의 할 것.
8. 본 각서에 기재된 이외의 사항에 대해서는 외국미의 예를 준함.
9. 본 건에 대해서는 정부가 발표할 때까지 비밀을 지킬 것.[94]

이 명령에 따라 鈴木商店은 大阪市의 米商인 小西辰次郎을 매개하여 부산·군산·인천에서 한국쌀의 매수를 시행했다. 서울에 지점이 있는 鈴木商店이 굳이 다른 사업자인 小西를 개입시킨 것은 정부 명령에도 있는 것처럼 비밀을 유지하여 한국인을 자극하지 않는 가운데 일을 추진하기 위해서였다.[95] 이러한 상황에 의해 7월에서 8월의 한 달 사이에 精米 上品의

---

94) 農商務省食糧局, 1968, 《大正以後=於ケル米價と米量調節》 吉岡吉典, p. 42에서 재인용.

서울 시세가 무려 10圓 가까이 폭등했으며, 전국 평균으로도 7원 87전이
올랐다. 이 때문에 다음 기사에서 보는 바와 같이 중류 이하 서민생활은 공
황에 빠졌다.

　　쌀갑이 고등홈을 인흐야 즁류 이하의 가뎡에서 일상의 싱활에 딕하야 비상
　　흔 공황 즁에 잇슴은 우리의 됴석으로 만히 목격흐는 바[96]

3) 민생의 피폐상

　1917년 이후 한국 서민들의 생활은 제1차 세계대전의 영향으로 일반 물
가가 폭등한데다가 貿穀熱로 인해 1917년 이래 쌀값 폭등세가 지속되자
서민들의 생활은 일대 慘狀을 연출하였다. 서민 생황상의 곤란은 1917년
쌀값 등귀가 시작되면서부터 신문지면에 나타나기 시작하였다. 전남 무안
군 비금면 도초도 주민 40여 명은 찰흙을 떡가루같이 만들어 물에 넣었다
가 가라앉은 것에 黍粟가루 같은 것을 섞어 쪄서 먹든지 물을 끓여 먹었다
고 한다.[97] 강원도 산간 빈민들은 곡가 폭등으로 인해 생활난에 부딪히자,
울진·평해·홍천·정선 등지에서는 익지도 않은 보리를 가져다가 가루를 만
들어 물에 조금씩 타서 마셨고 그 중에는 풀뿌리 나무껍질로써 간신히 연
명하는 사람이 많아 자연히 영양이 불량하여 노동을 할 수 없는 상황이었
다.[98] 전라북도 동부 산협 주민들이 麥糧이 떨어지고 穀價는 치솟자 기아
를 면치 못하다가 산에 총생하는 대밭에서 죽실을 따서 죽을 쑤어먹고 지
냈다.[99] 전라남도 광주에서는 굶어 배회하던 중에 네 명이 굶어 죽어 사체
를 면장에게 인도하였다.[100] 걸식에 지친 여인이 죽은 자기 아이를 땅에

---

　95) 吉岡吉典, 1968, p. 42.
　96) ≪每日申報≫, 1918. 8. 2(3).
　97) ≪每日申報≫1917. 6. 15(3).
　98) ≪每日申報≫1917. 7. 4(3).
　99) ≪每日申報≫1917. 7. 19(3).
100) ≪每日申報≫1917. 8. 2(3).

파묻은 일도 있었다.[101] 생활난으로 음독했다느니[102] 또는 생활난으로 우물에 빠져 죽었다느니, 생활난으로 아이를 길에 내버리는 일이 많다는 등의 이야기들이 줄을 이었다.[103]

4) 미소동과 집단적 저항 움직임

小西 일파의 매점이 주원인이 된 쌀값의 이상 폭등과 일본의 쌀소동으로 위기의식을 느낀 식민지 당국은 1918년 8월 17일 경성부, 경성상업회의소, 本町(명동)·종로 경찰서, ≪조선신문≫, ≪경성일보≫ 및 ≪每日申報≫와 기타 관계 인사가 모인 가운데 '영세민 구제를 목적으로 한' 구제회를 설립했다.

빈민구조 중 쌀 염매는 신승 1되에 대해 보통 시세보다 10전 가량 싸게 받기로 하고, 판매 방법은 시중에 9곳의 염매소를 설치하여 표를 가지고 오는 사람에게 팔되, 표는 신승으로 한 되, 두 되, 닷 되의 세 종류가 있고,[104] 쌀을 살 사람은 돈을 가지고 염매소에 와서 돈을 내고 원하는 양의 표를 사서 그것을 내고 쌀과 바꾸어 가는 방식으로 8월 18일부터 시작되었다.

지방에서도 구제회가 조직되었다. 인천에서는 8월14일부터 쌀 염매를 시작했다.[105] 평양에서는 平壤箕城茶話會가 중심이 되어 구제회를 조직했다.[106] 대구에서는 18일부터,[107] 전주에서는 8월 20일부터[108], 마산에서는 23일부터[109] 米廉賣所를 시작했다. 서울에서 쌀염매 이틀째인 8월 19

---

101) ≪每日申報≫1917. 9. 11(3).

102) ≪每日申報≫1917. 8. 3(3).

103) ≪每日申報≫1917. 8. 5(3).

104) 5승권은 곧 중지되었다.

105) ≪每日申報≫ 1918. 8. 16(3).

106) ≪每日申報≫ 1918. 8. 18(3).

107) ≪每日申報≫ 1918. 8. 23(3).

108) ≪每日申報≫ 1918. 8. 22(3).

109) ≪每日申報≫ 1918. 8. 25(3).

일에 14,766명이 몰려 총 247석 3두의 쌀이 공급되었다.[110)

1918년 8월 28일 경성구제회 쌀염매소의 하나인 종로소학교 판매소에는 여느 날과 마찬가지로 일천여 명의 궁민들이 염매 쌀을 사기 위해 줄을 지어 서 있었다. 오후 2시 가량 되기까지 7~800명이 차례로 쌀을 사 가지고 가서 당일 쌀이 다 팔리게 되었다. 계원과 경찰이 차례를 기다리고 있던 군중에게 다가가 쌀이 다 떨어졌음을 알리고 돌아가라고 지시하였다.

수 백 명의 사람들이 다만 몇 푼이라도 싸게 파는 쌀을 사기 위해 종일 줄지어 기다리고 있는데, 쌀이 다 팔렸다고 집으로 돌아가라고 했다. 한 노파가 이에 항의하자 경찰은 노파를 떠밀어 쓰러뜨려 기절시켰다.[111) 그러자 흥분한 군중이 순사보 하나를 에워싸며 위협하고 다른 경관이 이를 말리면서 군중과 경찰 사이에 싸움이 벌어졌다. 이에 경관들이 종로경찰서에 구원요청을 하여 서장 神崎警視 이하 다수의 경찰관이 출동하였다. 약 2백 명의 군중이 몰려다니며 격렬하게 항의를 하다 경찰관이 증파되자 일단 진정되었다.

그러나 이 소동을 보고 군중은 1천여 명으로 불었다. 군중 가운데 한성기독교 청년회원 3명이 단상에 올라가 군중을 향해 격렬한 성토 연설을 하였다. 그러자 진정하였던 군중이 분기충천하여 다시 격렬한 행동에 들어갔다. 여기에 밖으로부터 "구름같이" 모여든 군중도 참가하여 학교 담장을 무너뜨려 그 흙과 돌을 경관과 학교 건물을 향해 던져 학교 유리창을 다 부수고 군중의 일부는 건물 안으로 들어가 유리창과 기물을 파괴하였다.[112) 이날 밤에는 인파로 인해 교통이 어려울 정도로 사람들이 거리에 나와 낮

---

110) ≪每日申報≫ 1918. 8. 21(3).

111) 소요의 발단이 되었던 노파는 권농동에 사는 이순우의 아내 김씨로서 당연 54세였다. 김씨가 들이밀리는 군중으로 인하여 업드러져 절식되었다는 것은 상식적으로 이해되지 않는 부분이면 구타 등 가혹행위가 있었을 것으로 보인다.(≪每日申報≫1918. 8. 31.(3) 및 吉岡吉典, 앞의 책, p. 40 참조).

112) ≪每日申報≫ 1918. 8. 30.(3) ; 세 청년은(吉岡吉典, 앞의 책, p. 40)≪京城日報≫에서 한성기독교 청년회 청년들이라고 했다.

에 있었던 일을 이야기하며 예민한 관심을 나타내 보였다.

당일의 종로 큰 길과 기타 면동안 등디는 사람으로 길이 막혀 교통이 어려
스며 구석구석에서 모다 그 이약이들 쁜만 흐야 민심이 즈못 불온흐엿는 듸113)

이날의 소요로 종로경찰서에 구금된 사람이 8월 29일 정오까지 109명
이나 되었다.114)

이 종로소학교의 미염매소 소동에서 제국주의에 희생되어 최소한의 생
존권마저 최악의 상태까지 내몰리며 삶을 유린당한 한국인들의 심중에 이
글거리고 있던 일제에 대한 분노를 볼 수 있다.115) 이 외에도 쌀값 폭등으
로 빚어진 생활난에서 촉발된 많은 민중들의 집단 항거가 전국 곳곳에서
일어나고 있었다. 8월 22일 목포에서는 백 수십인이 쌀집을 습격한 사건이
일어났다. 이것은 鐵道工夫들에게 쌀을 외상 판매하고 있던 목포 남교동
白在玉 米商店이 쌀값이 폭등하자 외상 판매에서 현금 판매로 바꾼데다가
다른 쌀집은 1승 35~36전에 판매하는데 이 집은 37전에 판매하는 것은
부당하다고 하여 철도 공부들이 들고 일어난 것이었다.116) 부산·서울·원
산 등지에서는 대중의 궐기를 호소하는 전단이 뿌려지기도 하였다.117)

1917년부터 민생이 악화되자 이런 집단적 저항의 움직임은 貿穀商·日
本人·植民地 官權에 대한 강렬한 반감과 그에 따른 저항으로 표출되고 있
었다.

---

113) ≪每日申報≫1918. 8. 30(3).
114) 이중 30여 명이 경성지방법원 예심에 회부되어 10월 3일 판결이 있었다. 그 결과 梁春心(징역 8월),
李根榮(징역 4월), 朴重然(징역 3월, 3년간 집행유예)이 가장 무거운 처벌을 받았고, 그밖에 韓基
天 등 22명은 태 90부터 40도 또는 벌금 30원의 처분을 받았다. (≪每日申報≫1918. 10. 6.)
115) 吉岡吉典, 앞의 책, p. 41 참조.
116) 吉岡吉典, 앞의 책, p. 41.
117) 위와 같음 :≪每日申報≫1918. 9. 6(3). 원산 매일신문사 뒤 전신주에 "원산에는 200명의
노동자가 있은 즉 쌀값이 등귀한 오늘날에 의논할 필요가 있으니 오일 오정리로 모이라"라
는 掛榜을 붙인 혐의자가 9월 4일 체포되었는데, 4명 모두 일인으로 축항인부였다 한다.

1917년 8월 전라남도 영광군 영광면 비석등리에서는 주민들이 관내의 쌀을 빼내어 가고 있던 무곡상을 밟아 죽이려고 했다.[118] 그 즈음 일본인과의 마찰이 집단 싸움으로 번진 예도 있었다. 시흥군 신동면 잠실리에서는 수십 호의 일본인 농민들과 한국인 사이에 분쟁이 일어났다. 이 싸움으로 쌍방간에 다수의 부상자가 있었다. 영등포경찰서에서 다수의 경관이 출동하여 양편을 뜯어 말려 각기 돌아가게 했다.[119]

1917년 11월 29일 강원도 이천·평강에서는 주민 45명이 소요를 일으켜 순사를 상하게 하고, 진압하려던 경관에게 맹렬한 저항을 하여 일제사격을 받아 3명이 죽고 소요자 전원이 체포된 사건이 일어났다. 만장면 인원리는 온 동리에 인가가 4집 뿐이고 부근은 극히 궁벽한 산지인 곳이다. 이곳에 元孝珍(43), 元泰鎬(38), 崔淳岩(35), 洪龍昇(43)등 네 가족이 화전 경작으로 생활이 곤궁했던 까닭에 별천지라 일컫는 충청남도 계룡산에 이사하여 살자고 서로 의논하고 11월 29일에 출발하기로 결정하였다. 그러자 동리 이장이 아직 내지 못한 호세를 바치라고 독촉하였다. 이에 원태호가 길이 두 자가 넘는 칼로 이장을 찔러 상처를 내었다. 도주한 이들은 평강군 대민리 주민 약 40명으로 집단을 만들어 백포의 기치를 앞세우고 낫과 몽둥이로 무장하고 이들은 진압하러 온 순사들을 쫓았다. 그 지도자는 큰 칼을 들고 일대의 선두에 서서 경찰대를 마주 향하여 나아가 달려들려하자 경찰은 일제 사격을 가하여 우두머리 3명을 사살했다. 이에 당황하여 맹렬한 형세가 꺾이는 틈을 타 경찰이 저항대의 뒤를 돌아 도망가는 남자 네 명 여자 한 명을 체포하고 이후 나흘 되던 날까지 30명을 체포하였다.[120] 생존의 길을 찾아 헤매는 사람들과 호세를 독촉하는 이장을 비롯한 식민지 관권과의 충돌이 전투적 상황까지 간 경우이다.

---

118) ≪每日申報≫ 1917. 8. 9(3).
119) ≪每日申報≫ 1917. 8. 19(3).
120) ≪每日申報≫ 1917. 12. 13(3). 이들은 몸이 신선으로 변하여<'우화이등선'(羽化而登 仙)> 무기가 저들을 상하게 하지 못할 것이라고 믿었다 한다.

1918년 3월 13일 강원도 철원군 마장면 석교리 주민 수백 명이 면사무소를 습격하였다. 이것은 면장 李輔憲의 부정행위를 징계하기 위해 일어난 사건으로 석교 헌병출장소원이 해산을 명하고 진무하려 했으나 더욱 격앙하여 면장을 집 밖으로 잡아내어 때리고 다시 맹렬한 기세로 헌병출장소를 습격하려 하였다. 이에 경보를 받은 철원분대원이 출동하고 안협 분견소에서도 헌병이 와서 간신히 해산시켰고 주모자로 마장면 당포리의 崔炳權(40)외 12명을 체포하였다.121) 이 사건은 일제가 지방통제를 위해 새롭게 강화한 面체제와 주민간의 충돌 사례이다.

이 해 3월 17일에는 전라북도 남원군 금지면 석귀리에서 樵軍 대표자 7명을 연행하는 데 항의하여 주민 400명이 관권에 저항한 사건이 일어났다. 근처 주민 200명은 전례와 같이 곡성군 곡성면 신기리 柳根伯외 6명의 소유의 산림에 들어가 벌목을 했는데 이를 발견한 산림 소유자가 벌목행위를 금하려 했으나 듣지 않으므로 곡성경찰서에 제제를 요청했다. 곡성경찰서에서는 순사보 한 명을 보내 나무꾼들을 설유하여 해산시키고 대표자 7명을 경찰서까지 연행하자 이에 항의하여 그 근처의 금지면 사람 200명에 해산된 200명까지 합세하여 함께 놓아 달라고 강청하였다. 순사보가 응하지 않자 '소동'을 일으키고 돌팔매질을 하는 등 폭행하여 순사보와 산림임자 한 명이 열흘의 치료를 요하는 부상을 입었다. 곡성경찰서에서 순사부장 이하 순사보 3명, 남원분대 관하 옹정리 출장소 헌병이 출동하여 소동을 진정시키고 주모자 7명을 옹정리 헌병 출장소에 연행했으며 남원 군수와 헌병 분대장이 그곳에 출장하여 조사를 하였다.122)

같은 해 5월 28일 강원도 춘천군 서하면 사무소에 그 면의 안보리 농민 350여명이 몰려가 화전을 금지하는 산림산야 경작제한령에 항의하는 시위를 일으켰다. 이들 주민들은 화전으로 생활하고 있어 안보리에서 이 제한령을 실시할 경우 생계에 적잖은 타격을 받을 예상하고 5월 21일 동리민

---

121) ≪每日申報≫ 1918. 3. 21(3).
122) ≪每日申報≫ 1918. 3. 23(3).

73명의 명의로 제한령 실시를 유예 해달라는 청원서를 춘천경찰서 덕주원 주재소에 제출하였는데 그 청원을 들어 주지 않는다고 면사무소를 엄습한 것이었다.123)

일반물가와 더불어 쌀값의 폭등으로 가장 경제적 타격을 크게 받은 층은 봉급생활자였다. 이런 사정은 이 시기에 노동자들의 동맹파업 또는 임금투쟁이 급증하고 있는 데서도 나타난다. 즉 1916년도 동맹파업은 8건에 한국인 참가인원이 362명이었던 것이 1917년도에는 같은 8건에 1,128명, 1918년도에 가서는 50건에 4,443명으로 급증하고 있는 것이 그것이다.124)

1918년 8월 5일 오전 10시경 쌀값 폭등으로 살 수 없게 된 각 운송점의 한국인 짐꾼들 3~400명이 부산역 앞에 모여 크게 시위를 하고 동맹파업에 들어갔다.125) 1918년 8월 13일 경성전기회사의 차장·운전수들도 임금 인상과 휴일보장 등을 요구하며 동맹파업을 단행했다. 회사측은 안남미를 많이 사서 싸게 공급하겠다는 것으로 대응하며 노동자들의 요구를 거절하다126) 결국 완강한 노동자들이 요구앞에 일부 들어주며 타협하였다.127)

8월 11일에는 동아연초회사 장곡천정 분공장에서 소년 직공들의 임금 인상 운동이 일어났다.128) 1918년 9월 1일 경상남도 고성군 동해면 내산리에서 임금 인상을 요구하는 한국인 어부와 고용주 편을 드는 일본인 어부 사이에 싸움이 벌여져 한국인 어부 400여명이 패싸움에 가담하고 부상자가 십여명이나 발생하는 사태도 일어났다. 129)

이와 같이 일본인의 미곡투기에다 일본 정부까지 나서서 한국 쌀을 일본으로 반출하여 자국의 쌀 소동을 해결하고자한 것이 한국 쌀값의 폭등

---

123) ≪每日申報≫ 1918. 6. 1(3).
124) 박경식, 1986, ≪일본제국주의의 조선지배≫청아출판사, p. 135.
125) ≪每日申報≫ 1918. 8. 10(3).
126) ≪每日申報≫ 1918. 8. 15(3).
127) ≪每日申報≫ 1918. 8. 15(3).
128) ≪每日申報≫1918. 8. 14(3).
129) ≪每日申報≫1918. 9. 4(3).

사태에 기름을 끼얹는 격이 되었다. 이에 따라 일본 당국과 일본인에 대한 한국 민중들의 집단적 저항이 잇달았다. 위에서 본 1917 ~ 1918년 시기의 한국인의 집단적 저항 움직임이 보여주는 바는 민중들의 상황이 성냥만 그어대면 폭발할 수 있는 상태였으며, 3·1운동과 같은 대내적인 항일독립 운동을 예고하고 있었다는 것이다.

제3장 3·1운동의 발발과 확산

1. 3·1운동의 발발

1) 광무황제의 急逝와 독살설

1919년 1월 21일 오전 1시 35분 광무황제가 뇌일혈을 일으켜 그날 오전 6시에 서거했다.[1] 조선총독부는 이를 하루를 늦추어 22일 오전 6시에 서 거했다고 공식 발표했다.

> 李太王殿下御容體
>
> 李太王殿下는 昨21日 午前 1시 35분에 腦溢血症을 起하사 容體가 漸漸 險惡하여 동 6시 35분에 전혀 중태에 陷重하사 동 22일 오전 6시에 逐히 薨去 하시니라.[2]

---

1) 朝鮮王朝實錄(순종부록), 1919. 1. 21.조 및 宇都宮太郎關係資料硏究會, ≪日本陸軍と アジア政策, 陸軍大將 宇都宮太郎日記≫, 岩波書店, 2007, p.206.

일제에 의해 강제 양위를 당하고 절치부심하던 황제의 갑작스런 죽음은 한국민들에게 큰 충격을 주었다. 일제 헌병대사령부의 보고에서 조차 "1월 22일 '돌연히' 李太王 승하의 소식이 발표되자, 상하 모두 그 급격한 訃音에 놀라지 않는 사람이 없었다."3) (경기) 라든가 "이에 돌연히 이태왕 전하 승하의 보가 전해지자 상하 일반이 경악하였고……"4) (충북)라고 하는 데에서 보듯이 급작스런 광무황제의 승하 소식에 일반은 큰 충격을 받았다.

10년 전 경술국치 때 부친 柳道發의 殉節을 지켜보아야 했던 안동의 柳臣榮(1853~1919)은 광무황제의 서거 소식을 듣고 스스로 목숨을 끊었다.5)

황제의 서거 소식이 알려지자 덕수궁 앞으로 애도의 인파가 몰려들기 시작하였다. 많은 사람들이 겹겹이 모여 문 앞에 펼쳐 깐 공석에서 하늘에 사무치게 통곡하는 소리가 아침부터 저녁까지 계속되었다. 여인들도 다수 와서 공석에 엎드려 호곡하며 일어날 줄을 몰랐다. 각 조합기생들도 떼를 지어 와서 통곡하며 再拜를 하였다.6) 지방에서는 고을마다 주민들은 흰 갓을 쓰고 양반·유생 주도하에 황제의 죽음을 추도하는 望哭式을 행하였다. 경북지방 1부 23군에서만 230개소에서 망곡식이 거행되었다고 하는 것을 보면 한 郡당 10개소에서 추모 행사를 벌였던 것을 알 수 있다.

이 시기 황제의 장례식 도중에 소요가 일어날지 모른다는 이야기들로 술렁거리고 있었다. 윤치호는 1919년 1월 26일 일기에 이렇게 기록했다. "지금 조선인들은 복받치는 설움을 이기지 못하고 옷소매를 적셔가면서

---

2) ≪朝鮮總督府官報≫, 1919. 1. 23. (호외), p.3
3) <조선소요사건상황>, 독립운동사편찬위원회, ≪독립운동사자료집≫6, p.472.
4) 위 책, p.473.
5) 그가 남긴 유서가 독립기념관에 소장되어 있는데, 이 유서에서 당시 우리 국민들이 느낀 충격과 민족적 슬픔의 일단을 엿볼 수 있다; "나라가 없으나 임금은 있어 복국(나라를 되찾는 것: 필자) 될까 기다렸더니 시방은 상황 돌아감이 쓸 데 없으니 어찌 사노. 이러므로 인산날로 죽기 작정하니 세상은 하직이로다. (독립기념관 소장 자료 <유신영 유서>, No. 3018.)
6) ≪每日新報≫1919. 1. 24.

고종황제를 위해 폭동을 일으키려 하고 있다."[7]

　지방의 경우 3·1운동 발발원인으로서 많이 거론되는 미국 윌슨 대통령
이 제기한 전후 처리 14개 조 중에 포함된 민족자결주의의 영향보다 광무
황제의 급서로 인한 영향이 3·1운동 발발에 더 강력한 요인으로 작용한 것
이다. 더구나 광무황제가 갑작스럽게 서거한 충격위에 일제에 의해 독살
되었다는 소문은 불에 기름을 끼얹은 격이 되었다.[8]

　　3월 1일까지의 기간에 민족자결이나 일본 유학생들의 활동이 민심에 변화를
　　준 바가 있지만 일부 경미한 정도에 그쳤으나 이태왕의 암살설·독살설 등 유언
　　비어가 점차 퍼지게 되자 애도 복상의 徵狀도 현저해지고, 또 그 수가 많아져,
　　한 때는 어떤 喪章이든 붙이지 않은 자가 없는 듯한 상황에 이르렀다.(충남)[9]

　망국의 한과 설움이 이 풍문에 의해 증폭되었으며 한국민의 비극적 운
명을 황제가 대변하는 느낌이 아닐 수 없었다. 광무황제는 서거 바로 직전
까지 건강했는데 갑자기 서거했다는 사실이 이런 의혹을 불러일으키기에
충분했다. ≪每日申報≫기사에서도 발병 그날까지 건강에는 전혀 문제가
없었으며, 몸 움직임이 전날과 다름이 없었고, 1월 20일 아침에서 囑託醫
安商浩와 典醫 金瀁培의 건강검진을 받았을 때도 별다른 이상을 발견하지
못했다는 것이다.[10]

　'독살설'은 일반에게 퍼져 나갔다. 황실의 典醫 한상학과 종친 윤덕영이
식혜에 뭔가를 타서 광무황제를 독살했다는 것이다. 시종하던 두 궁녀도
그 직후 독살되었다는 풍문도 나돌았다.[11] 윤치호 일기는 다음과 같은 이

7) 김상태 편역, 2001, ≪윤치호 일기≫역사비평사, p. 69.
8) 민족자결주의의 영향에 관해서는 신용하, <3·1운동의 민족 主體性과 민족자결주의>, ≪韓
　國 思想≫15, 1977 ; 이만열, 1992, <민족운동과 민족자결주의>, ≪한민족독립운동사≫
　11, 국사편찬위원회 참조.
9) <朝鮮騷擾事件狀況>독립운동사편찬위원회, ≪독립운동사자료집≫6, p. 476.
10) ≪每日新報≫, 1919. 1. 23.
11) ≪每日申報≫는 1919. 3. 16자에서 함구를 위한 두 궁녀 독살설에 대한 해명 기사를 실었다.

야기를 기록하고 있다.

한일합방으로 자작작위를 받았던 민영휘는 광무황제의 사망 소식을 듣고 궁으로 달려갔다. 그가 달려갔을 때 이미 황제는 전신이 마비되어 입도 뻥긋하지 못했다. 황제는 養胃湯 한 사발을 먹고 난 후 한 시간도 못되어 현기증과 위통을 호소했다. 황제는 죽어가면서 민영휘의 두 손을 어찌나 세게 움켜쥐었던지 환관인 나세환이 두 사람의 손을 푸느라 무척 애를 먹었다.12)

33인 민족대표의 한 사람이며 1918년 초부터 민중봉기를 주장해왔던 李鍾一은 광무황제의 급서로 인한 민심의 급변을 읽고 3·1운동의 대중화를 확신하고 있었다.

어제 고종이 일본에 의해 독살당하다. 이것은 무엇보다도 대한인의 울분을 터뜨리게 하는 일대 요건이 아닐 수 없다. 우리의 민중시위 구국운동은 이제 진정한 민중운동으로 성숙될 것이다. 왜냐하면 그동안 몇몇 국민을 만나니 전부 [고종황제 독살]로 격분 절치부심하고 있기 때문이다. 이제야말로 우리의 숙원이던 민족주의 운동은 본격화될 것이다. 이 운동에 아니 참여할 자 있겠는가.13)

3월 3일이 국장일로 결정되자,14) 2월 하순부터 황제의 국장을 참관하기 위해 지방에서 상경하는 사람들이 줄을 이었다. 그 전년도 같은 시기에 기차를 타고 남대문 역에서 내린 乘客이 일일 평균 1천 5백~6백 명에 지나

여기에 거론된 두 궁녀는 덕수궁 보기내인 박완기(62세, 高陽郡 恩平面 구기동 21통 7戶 거주)와 창덕궁 침방내인 김춘형(79세, 水下洞 26거주)이다. 전자는 2월 1일 폐결핵으로 사망했고, 후자는 감기와 소화불량 등으로 1월 23일 사망했는데 이들 두 궁녀는 황제에 근접할 수 없었다고 해명했다. 이는 그러한 의혹이 유포되고 있었으며, 이는 두 궁녀가 사망한 사실이 있다는 점을 인정한 것이다.

12) ≪윤치호 일기≫ 1919. 2. 11, pp. 72~73.

13) <默菴 李鍾一선생 비망록(4)>, ≪한국사상≫19, 1982. p. 226.

14) 광무황제의 장례식은 사망 42일째 되는 날이다. 40일을 전후하여 종친들의 택일에 의해 결정되었다. 조선총독부에서는 이보다 앞당겨 하기를 원했다.

지 않았는데, 이 때에 와서는 매일 평균 2천 명이요, 2월 26일에는 3천 여명으로 배가 늘었다. 2월 27일에는 평일보다 4천여 명이 늘어 6천 명이 상경하였다. 멀리는 경남·전남지방으로부터 양반·유생·기타 지방 유력자들이 줄을 이어 상경하였다. 기차를 탈 수 없는 사람들은 육로로 밤길을 걸어서 간 사람도 적지 않았다. 교통이 불편한 지역에서는 오륙 명씩, 십여 명씩 단체로, 아니면 배로 가기도 하였다. 국어학자 이희승은 당시 이십대 초반 청년으로서 3월 3일 있을 광무황제의 국장을 보기 위해 서울에 모여든 지방 사람들에 대해 다음과 같이 기록했다.

며칠 전부터 전국 각지에서 남녀노소의 구별 없이, 因山을 구경하기 위하여 서울로 올라오는 사람이 어마어마하게 많았다. 이러한 인산은 그 의의와 행렬도 굉장하려니와 일반 국민은 한 평생 이러한 기회를 얻기란 수월한 일이 아니었다. 그러므로 누구든지 이러한 구경은 불가불 한 번 하여 두어야 하겠다는 생각을 가지고 있었다. 그리하여, 극빈자가 아닌 이상, 서울로 오지 않는 사람이 별로 없었다.

필자의 가족도 상경한다는 통지를 받고, 서울역에 마중을 나갔던 일이 있었다. 이 때에 직접 본 광경이지만, 서울로 밀려드는 승객을 운반하기 위하여 임시열차가 뻔들이로 도착하였으며, 서울 역 출구에서는 인파가 마치 폭포수 모양으로 줄을 대서 쏟아져 나오는 것이었다.

서울 시내에서는 이 많은 사람들을 수용할 길이 없어, 여관들은 물론 초만원이요, 연줄이 닿는 친지의 내방으로 인하여 누구의 가정에서나 손님 사태로 정신을 차릴 수 없는 지경이었다. 그러고도, 시내의 대소 도로의 노면에는 노숙하는 사람들이 또한 굉장히 많았었다.

당시에는 국상 중이라, 남자는 白笠에 흰 두루마기를 입었으며, 여자들도 흰 저고리 흰 치마로 차리었으므로, 어디를 가나 인파를 이룬 곳은 순백 일색이었다. 그 광경은 萬頃蒼波가 아니라 실로 萬頃白波의 장관이었다. 기회는 대단히 좋았었다. 밖으로부터 민족자결의 선풍이 불어왔고, 안에서는 서울이 생긴 이래 처음으로 많은 군중이 모여들어 있었으므로, 어떠한 운동이나 거사를 하

기에는 천재일우의 절호한 기회였던 것이었다.[15]

이상에서 보는 바와 같이 광무황제의 서거는 망국의 비애와 함께 일제에 대한 公憤의 共感帶가 형성되어 민중시위운동을 뒷받침하게 했던 것이다. 또한 광무황제의 급서와 독살설은 무엇보다도 민족대표들의 중앙 3·1운동 주도체가 가진 조직적 역량이 미치는 범위를 넘어서 지방으로 확산되는 데 결정적인 역할을 한 것이다. 인산 참여자들이 서울 시위를 직접 목격하고 귀향함으로써 독립선언서와 더불어 서울에서 맛본 감격과 흥분을 지방으로 직접 전달할 수 있도록 했기 때문이었다. 이들은 서울의 만세시위운동을 목격하고, 독립선언서·독립신문 등의 유인물을 주의 깊게 간직하여 귀향했으며, 혹은 우편으로 친지들에게 보내기도 하였다.

국장 전날 경성에서 독립소요사건이 발발하여 많은 불온 인쇄물이 살포됨으로써, 그 중 호기심에 찬 자들이 몰래 이것을 주워 두루마기 속에 꿰매 넣어 가지고 돌아오기도 하고 혹은 우편으로 친지에 보낸 자들도 있었다.[16]

2) 3·1운동의 발발과 민족대표의 대중화 노력

(1) 3·1운동의 발발

3·1운동이 발발, 성공하기에는 두 가지 불리한 여건을 안고 있었다. 첫째는 일본 제국주의의 강고한 지배체제가 있었다. 3·1운동이 발발한 시점은 일본 제국주의의 강력한 지배체제가 완성된 시점이라는 점이다. 조선총독부의 무단지배체제, 토지조사사업의 완성, 지방행정구역 개편과 조선면제의 시행, 식민지 무역관계를 핵으로 하는 경제적 종속이 이 시기에 완

---

15) 이희승, 1969, <내가 겪은 삼일운동>, 동아일보사, ≪삼일운동 50주년 기념논집≫, p. 399
    - 400.
16) <조선소요사건상황>, ≪독립운동사자료집≫6, 독립운동사편찬위원회, 1973, p.474.

성되어 있었고, 일제는 제1차 세계대전의 연합국 측에 가담하여 승전국의 일원으로서 국제적 입지가 강화되었으며, 전쟁 특수경기로 단숨에 항상적인 재정적자 상태를 탈피하여 일본 자본주의체제를 완성했다.

둘째는 우리 독립운동의 기반이 타격을 입고 있었던 시점이었다. 제1차 세계대전의 발발은 연해주와 만주에서 한국 독립운동가들이 추진했던 국외 독립운동기지 건설 계획에 큰 타격을 주었다. 러시아와 중국이 일본과 협력하여 한국의 독립운동을 탄압했다. 어렵게 건설했던 우리 독립운동의 기반은 현지 관헌의 탄압을 받아 거의 파괴당하고 해외 독립운동가들은 뿔뿔이 흩어져야 했다.[17] 이런 조건 하에서 국내의 민족대표들은 보수성 강한 한국사회에서 신흥종교의 지도자로서 전국적으로 대중을 동원할 수 있는 위상이 부족했다.

그럼에도 불구하고 3·1운동이 발발할 수 있었던 것은 중앙 지도층의 주체적 역량 이외에 앞에서 본 바와 같은 제1차 세계대전 종전기의 세계정세의 대변화, 광무황제의 급서와 국장례를 앞두고 망국의 한과 비애의 정서가 팽배한 時利, 수만의 지방인사가 광무황제의 인산에 참여하기 위해 상경함으로써 서울의 시위를 지방으로 확산하는 조직적인 기능을 대신하거나 보완해 주었기 때문이었다. 여기에 지방사회 민중들은 1918년 8월부터 초래되기 시작하여 1919년 3월에 절정에 달한 米價의 暴騰으로 식민지 지배의 모순을 허기진 배와 피폐해진 생활로 절감하여 민중 봉기 분위기가 조성되고 있었으며,[18] 조선 전래의 자치적인 향촌사회는 헌병경찰제, 면리 통폐합과 조선면제의 시행, 각종 법령과 규칙의 강제를 통해 식민지 권력의 직접적 통제하에 놓이게 됨으로써 주로 농민인 향촌민들은 일제의 압제를 벗어나기 위해 또한 그것을 파괴하기 위해 중앙의 독립운동계획에

---

17) 尹炳奭, 1996, <1910년대 한국독립운동 試論>, ≪근대한국 民族運動의 思潮≫, 集文堂 참조.
18) 이정은, 1990, 「<매일신보>에 나타난 3·1운동 직전의 사회상황」, ≪한국독립운동사연구≫ 4 참조.

호응하여 참여하게 된 것이다.[19]

이미 쌀값 폭등으로 인한 굶주림, 관 일방적·직접적 규제에 의한 생활상의 압박 등으로 식민지 지배의 모순이 극대화된 시기에 한국민중들은 제1차 세계대전 이후 해방·독립의 새 시대의 전망과, 광무황제(고종) 급서로 촉발된 망국의 비애감, 전국에서 몰려든 국장 참배객으로 인해 조직적 한계의 보완, 불만 당기면 폭발할 수 있는 상황에 있었다.

(2) 민족대표의 대중화 노력

민족대표들은 일제 무단통치하에서 매우 제한된 수단과 동원력을 가지고 3·1운동을 촉발시켰다. 민족대표의 역할에 대해 긍정론과 부정론이 있어 왔고, 대중과 격리된 요리집 태화관에서 독립선언을 한 후 경무총감부로 체포되어 들어감으로써 운동의 지도를 "放棄" 한 것이 아니냐는 비판도 없지 않지만, 그러나 민족대표들이 시위운동의 대중화를 위해 다음과 같은 역할을 하였다.

① 민족대표들은 운동의 폭발력을 강화하기 위해 각기 개별적으로추진하던 천도교·기독교를 연대하고, 여기에 불교계, 또한 이와 별도로 추진하던 학생층을 합류시켜 독립운동을 일원화하였다.
② 민족대표들은 운동의 초기 계획단계부터 이 운동의 3대 원칙의 하나로 대중화할 것을 표방하였다.
③ 독립선언서에 자유·정의와 인도·인류평등의 고원한 이상주의를 담았다. 그럼으로써 군중들의 모든 상이한 목표들을 하나의 더 큰 이상적인 목표로 귀결시켜 운동에 결속감과 방향을 부여하였다. 군중과 고원한 이상주의의 관계는 엘리아스 카네티의 군중에 관한 다음과 같은 통찰을 참고할 필요가 있다.

---

19) 이정은, 1992, 「日帝의 地方統治體制 수립과 그 성격」, ≪한국독립운동사연구≫6, 참조.

군중은 하나의 방향을 필요로 한다. 군중은 항상 움직이고 있고, 그 구성원 전체에게 공통인 이 방향은 평등의 감정을 강화시킨다. 개개 구성원의 외부에 있으면서 전원에게 공통인 이 목표는 군중 자체에 치명적인 모든 상이한 개인적인 목표들을 없애 버린다. 군중의 존속을 위해서는 방향이 필수적인 요소이다.[20]

④ 이를 위해 시위 일자를 광무황제의 국장 이틀 전인 3월 1일로 결정하였다. 이는 수만 명의 지방 국장 배관 인사들이 참여할 것이며, 광무황제에 대한 애도의 정서를 독립운동과 결부시켜 운동을 폭발시킬 수 있을 것을 예상한 선택이었다. 이 결정은 3·1운동의 대중화에 결정적으로 중요한 의미를 지녔다. 그 결정은 민족대표들이 이 운동을 대중화시키고자 하는 의도를 가지고 내렸으며, 이는 최린의 다음 진술에서도 확인된다.

시기적으로 "李太王의 국장 전에 발표하는 것이 좋을 것이라고 해서 三月 一日 서울 중앙에 있기 때문에 국장 때문에 시골 사람들도 다수가 들어가므로 많은 사람들에게 알리는 데 형편이 좋을 것으로 생각하여 그곳을 골랐(다)[21]

⑤ 그들은 사전에 독립선언서를 2만 매 이상 인쇄하여 조직적으로 지방에 전달함으로써 동시다발의 시위운동을 준비하였다.

⑥ 그들은 각기의 종교조직 또는 학생 조직을 통하여 사전에 시위운동을 조직화하였고, 실제로 시위운동을 현장에서 지도하기 위해 어떤 민족대표는 3월 1일 지역에 머물러 있었다.[22]

⑦ 그들은 독립선언과 더불어, 이와 동시에 <조선독립신문> 1만매를 별도로 간행하여 배포하였다. 이것은 이후 나타난 수십 종의 지하 신문·격문류의 효시가 되어 항일 독립을 위한 시위운동을 대중화하는

---

20) 엘리아스 카네티, 洪甲淳 역, ≪군중과 권력≫, 대일서관, p. 25.
21) (최린, 신문조서), 國史編纂委員會, ≪韓民族獨立運動史資料集≫, 11, 1990, p. 22.
22) 민족대표의 일원인 유여대는 의주에 남아 현지 시위를 직접 주도하였다.

데 큰 역할을 하였다.

⑧ 민족대표들의 독립선언은 3·1운동의 전개과정에서 이후 각 지방에서 벌어진 시위운동의 대중화 과정에서 시위운동의 한 패턴으로 작용하였다. 경남 창녕군 영산면의 경우 23인의 청년들은 영산지방 대표를 표방하며, 결사대를 조직하고 "조선민족대표 33인의 독립선언서에 의하여 …… 영산지방 대표 24명(1명은 탈락)은 독립운동을 전개한다."고 서약한 후 독립선언서를 발표하고 시위행진을 하였다.23) 이것은 민족대표의 독립선언의 패턴을 그대로 이어받아 지방에서 시위운동을 주도하는 전형적인 한 예이다. 대부분의 지방에서 시위 양상의 온건성과 급진성의 차이에 불구하고 독립선언, 독립만세, 선언서 배포, 가두시위의 형태를 따랐다.

⑨ 민족대표의 비폭력 평화 시위의 원칙은 대중이 쉽게 동조하여 광범한 참여를 이끌어 낼 수 있게 하였다. 이에 따라 만세시위운동이라는 이전에 없었던 새로운 방식, 즉 불특정 대중이 참여하는 가운데 시가지나 읍내, 동리, 장터 등지를 행진하며 집단의 의사를 표명하는 대중시위운동 방식이 전국에서 일어났다. 갈브레이드는 "비폭력적 저항은 그것과 대립되는 권력구조를 마비시키고 혼란시켰다."고 하며 폭력적 지배에 대한 폭력적 저항의 대칭평형적 대응과는 달리 폭력적 지배에 대한 비폭력적 저항의 비대칭적 대응의 효과를 말하였다.24) 1919년의 3·1운동이야말로 이러한 비대칭적 대응의 세계적인 성공사례라 할 수 있다.

이와 같이 민족대표들은 그들이 직접 진두에 서서 운동을 지도·지휘하지는 않았을지라도, "독립에의 의지를 표명"하는 운동의 방향을 제시하고, 이를 확산하는 사전 연락과 조직화 작업을 하였으며, 그들이 체포되어 감

---

23) 이정은, 1988, <창녕군 영산의 3·1운동>, ≪한국독립운동사연구≫2, p. 147~148.
24) 갈브레이드, 박현채 역, ≪권력의 해부≫, 한벗, 1984 참조

으로써 대중들에게 더욱 비장한 결심을 이끌어 내어 대중적 참여가 가능하게 하였다.

2. 시위운동의 전국확산

1) 전국 시위운동 개관

서울에서 만세시위운동이 시작된 3월 1일 평안남도 평양·진남포·안주와 평안북도 의주·선천, 함경남도 원산 등 경기도를 포함하여 4개 道 7개 도시에서 독립선언과 시위운동이 일어났다. 이미 천도교와 기독교 지도자들에 의해 사전에 조직화되었기 때문이었다. 3월 2일에는 함흥·해주·수안·황주·중화·강서·대동 등지에서 일어났고, 뒤이어 3월 3일에는 예산·개성·사리원·수안(제2차)·송림·곡산·통천·옥구·성천·양덕·용천 등지에서 일어났다.

이렇게 전국적으로 퍼져나간 3·1운동은 최소한 4월 말까지 두 달 이상 계속되었다. 이 두 달 동안 일제측의 축소된 통계자료를 기초로 하더라도 모두 1,180회의 시위가 확인된다.[25] 3월 1일부터 4월 16일까지는 매일 일어났으며, 첫날부터 4월 11일까지는 매일 10회 내외의 시위가 계속되었다. 시위운동의 정점을 이룬 3월 27일부터 4월 3일에 이르는 기간에는 하루 50회에서 60여회에 이르는 시위가 일어났다. 적어도 30회 이상 일어난 날만 15일이나 되었다.

참여인원으로 보면, 수십만이 참여한 서울을 비롯하여, 의주 30,000여 명, 강화읍 약 20,000여 명, 합천 삼가 10,000여 명, 선천 8,000여 명, 삭주

---

25) 國史編纂委員會, 1968, ≪韓國獨立運動史≫(二), pp. 257~401. 각도별 운동일람에서 통계화함. 3·1운동의 시위 및 피해 통계자료는 한국에서는 박은식의 ≪獨立運動之血史≫의 통계를 주로 인용한다. 이는 시위회수, 피해자 수 등에서 가장 큰 수를 제시하기 때문이다. 그러나 이 통계는 김병조의 ≪독립운동사략≫과 비교해 보면, 같은 근원의 자료를 활용한 것으로 보이는데 부분적으로 인위적인 과장이 있는 것 같다.

군 대관 8,000여 명, 선천읍 6,000여 명, 순천읍 5,000여 명, 명천군 화대 5,000여 명 등 대규모의 시위가 일어났다.

시위운동은 다양한 형태로 전개되었는데 시가지 대로상의 만세시위, 시골 장터에서 행한 장터 만세시위, 야간 산상의 봉화시위, 한 장소에서의 1회성 만세시위, 같은 장소에서 몇 차례 거듭된 연속성 만세시위, 인근 지역을 찾아다니며 행한 만세꾼들에 의한 순회 시위, 지역과 지역이 태극기를 이어 받으며 행한 릴레이 시위, 일제의 총칼에 목숨을 잃은 사람의 시신을 떠메고 행한 상여시위, 상점 문을 걸어 잠근 상인들의 철시시위, 학생들의 동맹휴학 시위, 노동자들의 파업시위, 광부들의 순사주재소 습격시위, 어린이 시위, 거지들의 시위, 기생들의 시위 등 남녀노소, 빈부귀천을 가리지 않고 전계층이 다양한 형태로 만세시위에 참여하였다.

이렇게 행한 총 시위 회수는 2,000회 이상, 연인원 200만명 이상이 참여한 것으로 추산되었다. 3월부터 4월까지 전 기간을 통하여 가장 시위 회수가 많았던 지역은 경기도로 282회의 시위가 전개되었다. 그 다음으로 황해도가 124회, 경상남도가 118회, 평안북도가 115회로 2, 3, 4위였다.

전국 12개 府와 220개 郡, 합계 232개 부·군에서 독립만세시위 발발 사실이 확인되지 않은 지역이 9개 군이다. 시위가 일어난 것이 확인되지 않는 군 단위지역으로는 다음 <표 3 - 1>과 같다. 이들 군 지역에서도 시위운동이 계획되기는 했으나 사전에 계획이 탄로 나서 검속당한 관계로 일어나지 못한 경우가 많다. 시위 규모가 작거나 일제 관헌의 파악이 미치지 않아 일제 보고에 시위기록 사실이 남아 있지 않거나 우리 자체의 기록이나 증언을 확보하지 못한 경우도 있다.

<표 3 - 1> ·3·1운동 발발 및 미발지역 현황

도	경기	충북	충남	전북	전남	강원	경북	경남	황해	평남	평북	함남	함북	계
府郡	23	10	14	14	23	21	24	21	17	16	20	17	12	232

도	경기	충북	충남	전북	전남	강원	경북	경남	황해	평남	평북	함남	함북	계
발발	23	10	13	14	19	20	21	21	17	16	19	15	10	223
미발	0	0	1	0	1	1	1	0	0	0	1	2	2	9
미발 지역			보령		고흥	인제	울릉				박천	안변 문천	종성 경원	
비고		단양								개천 26)				

자료 : 國史編纂委員會, 《韓國獨立運動史》(二), 1968, pp. 257~ 401. 각도별운동일람

충북 단양에서는 3월 4일부터 대강면 장정리 뒷산에서 수십 명이 만세를 부르고 3월 6일 단양읍내로 시위대열이 진행하다가 경찰에 제지당하고 주도자들이 체포되었다. 충남 보령에서는 4월 17일 배재학당 학생 李鍾淵 등이 산위 2개처에 태극기를 게양하였고, 4월 10일 청소면에서 김사구·강영국 등 8인이 모여 주포면 보령리 진두산 위에서 횃불시위를 한 후 시위운동을 계획하다 체포되었다.[27] 경북 울릉군의 경우는 시위운동 관련 사실이 확인되지 않는다. 강원도 인제군에서는 3월 29일 시위운동이 계획되었는데 3월 27일 계획이 탄로나서 주동인물들이 체포되었다. 전남 고흥에서는 4월 14일 기독교인이 중심이 되어 <조선독립고흥단> 명의로 시위운동을 계획했으나, 이날 비가 쏟아져서 사람들이 모일 수 없게 되었고, 곧 주도자들이 경찰에 체포되었다.[28]

평안남도 개천의 경우 한국이나 일본측 자료에 3·1운동 사실을 확인할 수 있는 기록이 없으나, 개천군 출신 인사들의 증언을 통해 4월 21일 시위운동이 일어났음이 확인할 수 있다. 평안북도 박천군은 3월 1일 광무황제 망곡식을 거행하였음에도 3·1독립운동이 시작되었음을 연락받지 못하여

26) 독립운동사편찬위원회 1971 《독립운동사》2, , p. 429.
27) 독립운동사편찬위원회, 위 책 3, p. 132.
28) 독립운동사편찬위원회, 위 책 3, p. 600.

망곡식으로 그치고 말았다.

함경남도 안변에서는 3월 3일 金源夏가 독립선언문을 만들어 시위운동을 준비하다 발각되어 체포됨으로써 일어나지 못했다. 이 선언서는 성진에까지 전달되어 그곳 시위발발에 영향을 주었다. 문천군은 3·1운동에 관한 자료를 찾을 수 없으며[29] 함경북도 종성군과 경원군에서도 3·1운동 사실이 자료상 확인되지 않는다.

대부분의 시위는 평화적으로 진행되었다. 맨손의 우리 민중은 손에손에 태극기를 흔들며 만세를 외치고 장터와 읍내 또는 시가를 행진하는 것이 대부분이었다. 그러나 서북지방과 경기도 남부 지역, 경남·북 산간지역과 해변지역 일대는 지역의 종교조직 또는 향촌 공동체적 유대를 활용하여 조직적이며 적극적으로 일본 관공서를 몰아내고, 완전독립을 쟁취하고자 하는 독립전쟁과 같은 양상도 나타났다. 3월 2일 황해도 수안의 천도교인을 중심으로 한 450~500명의 시위대는 수안 헌병분견소를 찾아가 "이제 조선은 독립이 되었으니 일인들은 떠나라"고 요구하였다. 평안남도 성천에서도 천도교인이 중심이 된 시위대 1,000여 명이 헌병분견소로 몰려가 식민지 통치를 규탄하였다. 4월 1일 경기도 안성군 원곡면·양성면에서 순사주재소를 방화하고, 면사무소·우편소와 일본인 상점들을 파괴한 시위와, 화성군 우정면 장안면에서 면사무소와 일본 경찰관 주재소를 파괴·방화하고 총기로 인명을 살상한 순사를 처단한 일들은 대표적인 공세적 시위운동이었다. 이들 지역에서는 일본 군대가 진입할 때 맞서 싸울 준비로서 동리 산위에 돌무더기를 쌓고 항전 준비를 하기도 하였다. 상해 임시정부의 ≪독립신문≫에서는 이 시기 시위대를 "독립군"이라 불렀다.

2) 시위운동의 전개양상

주간단위로 시위 회수를 보면 제1주(3.1~3.7)는 147회, 제2주(3. 8~3.14)

---

29) 독립운동사편찬위원회, 1971, ≪독립운동사≫2, p. 677.

는 129회, 제3주(3.15~3.21)는 126회, 제4주(3. 22~3.28)는 224회 제5주
(3.29~4.4)는 327회, 제6주(4.5~4.11)는 167회, 제7주(4. 12~4.18)는 30회,
제8주(4.19~4.25)는 8회, 제9주(4.26~4.30)는 10회이다. 시위운동의 진행
은 제1주에 서울과 경기도 일원, 평안남북도와 황해도, 함경남도 등 중부 이
북지방에서 대거 일어났다. 충청북도에서는 첫째주와 둘째주까지 미동도
하지 않았다. 경상북도와 함경북도도 첫째주에는 움직임이 없었다. 충청남
도와 전라남북도, 경상남도, 강원도에서는 일부 움직임만 있었다.

<표 3 - 2> 지역별 시위운동 전개양상

지역별		3.1 - 14	3.15 - 28	3.29 - 4.11	4.12 - 4. 30	계
중부	서울	11	52	0	1	64
	경기	13	97	107	1	218
	충남	11	15	53	1	80
	강원	7	6	52	7	72
	충북	0	7	40	4	51
북부	평남	71	3	10	1	85
	황해	28	22	68	6	124
	평북	45	12	58	0	115
	함남	41	30	2	0	73
	함북	12	15	14	2	43
남부	경북	9	31	18	3	61
	경남	10	44	54	10	118
	전북	8	14	12	1	35
	전남	10	12	16	3	41
합 계		276	360	504	40	1,180

자료 : 國史編纂委員會, ≪韓國獨立運動史≫(二), 1968, pp. 257~401. 각 도별 운동일람

제2주차에서는 충청남도와 경상북도에서 시위운동이 일어나기 시작하
였고, 이에 반하여 치열하게 첫주에 전개되었던 평안남도 지방은 2째주 중

반부터 시위발생이 뚝 끊어져 4째주까지 소강상태가 지속되었고, 그후의 시위도 하루 1~2회로 아주 미약한 상태로 운동이 쇠퇴하고 말았다. 함경북도는 2주차에 들어와 일일 2~3회의 시위를 보이면서 다소 활발한 상태를 보이다가 2주가 지나면서 곧 쇠퇴기에 접어들었다.

제3주차에 들어와서는 3월 18일을 전후하여 경상남·북도에서 강력한 공세적 시위운동이 전개되었다. 제4주 후반부터 시위운동은 절정을 향해 치달았다. 4주 후반 즉 3월 28일부터 절정기에 들어섰다고 보아야 한다. 이를 이어 5주와 6주 기간 중에 이남 지방에서는 경기도가 가장 치열함으로 보였고, 충남과 충북, 경남과 강원도에서 치열하게 이어갔다. 이북지방에서는 황해도와 평안북도에서 다시 치열한 시위운동이 전개되었다. 4월 12일 이후인 제7주차부터는 급속히 소강상태에 들어가 운동이 쇠퇴했다. 이후 4월 말까지 시위회수는 40회에 불과하고, 주로 경남, 충북, 강원도와 황해도 산간지역에서 산발적으로 이어졌다.

이러한 시위의 전개양상을 <표 3 - 2> 에서와 같이 두 주 단위로 구분하여 보면 좀더 확연히 전개상의 특징을 볼 수 있다. 운동의 첫 두주의 시발기에는 평안남도가 71건으로 가장 활발한 시위운동이 전개되었다. 그 다음으로 평안북도가 45건, 함경남도가 41건, 황해도가 28건으로 단연 중부 이북 지방에서 치열함을 보였다. 그 다음으로 서울을 포함한 경기도가 24건으로 5위를 이었다. 물론 이것은 3월 1일과 3월 5일 서울의 시위가 수십만에서 수만 의 대규모 시위가 있었다는 것을 감안하지 않은 시위회수로써 셈한 것이다.[30) 시발기의 시위는 대체로 서울과 종교조직이나 학생조직을 통하여 직간접으로 연결된 경우가 많은 것이 특징이다. 이 기간의 시위는 대개 평화적인 양상으로 전개되었으나, 평안남도, 황해도, 평안북도의 경우는 시발기부터 일제 관헌의 철퇴를 요구하는 등 매우 공세적인 시위가 전개되었다. 그러나 이 시기는 일제의 무단적인 발포로 인한 인명

---

30) 3월 1일의 서울 시위는 수십만의 시위이나 1회로 할 수 없어 자료근거의 표시대로 편의상 대한문앞, 본정, 마포종점의 3회로 잡았다.

손상으로 촉발된 공세적인 시위가 많았다.

　3월 15일부터 3월 28일까지 그 다음 두 주 동안은 전환기로서 경기도가 149회로 가장 치열함을 보여 주었다. 경상남도가 44건으로 2위, 함경남도가 32건으로 3위, 경상북도가 31건으로 4위, 황해도가 22건으로 5위가 되었다. 이 기간에는 종교조직 등으로 서울과 직접적으로 연결된 시위보다 서울에 광무황제의 인산에 참여하고 돌아온 지역 인사들이 자체적으로 시위운동을 조직화하여 일으킨 시위들이 본격적으로 일어나기 시작한 기간이다. 경기도가 첫 두 주간에 서울을 포함하여 24건이던 것이 140건으로 급격히 증가한 것, 경상남북도가 시위 건수 면에서 2위와 4위로 부상한 것이 그것이다. 시위운동은 이제 지방민에 의해 자발적으로 조직화되어 일제 관공서에 쇄도하고 파괴하는 등의 공세적인 시위가 본격적으로 불타오르기 시작한 것이다. 이런 현상은 3·1운동의 새로운 국면을 말해 주는 것이며 그래서 전환기로부를 수 있다. 첫주에 가장 선봉을 달렸던 평안남도 지역이 전환기에 와서는 일제의 강력한 탄압에 직면하여 잠복하였다. 이 두 주간 평안남도는 3건에 불과하였다. 평안북도도 12건으로 줄어들었다. 황해도는 첫 두 주의 28건이 22건으로 다소 감소하였지만 지속되었다 할 수 있다.

　3월 29일부터 4월 11일 사이의 두 주 동안은 3·1운동이 절정에 달한 기간이었다. 시위의 중심은 서울 인근의 경기도 지역에서 107회로 가장 치열하게 전개되었다. 그 다음으로 68건의 시위가 일어난 황해도였으며, 평안북도가 58건으로 그 다음을 이었다. 경남지방은 두 번째 기간에 이어 54건으로 치열한 시위가 계속되었고, 충남지역(53건)과 강원도(52건)에서도 치열하게 시위운동이 전개되었다. 이 시기에는 경기도와 충청남도 지역 등지에서 전주민적 시위운동이 일어나 일제를 지역에서 구축하고자 하는 운동들이 일어나 운동의 성격과 양상이 다시 한 단계 강화되었으며, 일제와의 전면적인 투쟁의 성격을 띠었다.

　4월 12일 이후는 퇴조기로서 총 41건의 시위가 일어났는데, 앞 기간의

1/10에도 미치지 못하는 회수이며, 급격하고도 뚜렷하게 시위운동이 쇠퇴하고 있음을 볼 수 있다. 그중에서 경남지역은 3월 29일까지 시위가 산발적으로나마 계속되어 그 기간 중 오랫동안, 가장 많은 (9건)의 시위가 있었다.

제4장 종교계와 청년학생층의 시위운동

1. 종교계의 시위운동

첫 두주 동안(3. 1~3. 14)의 시발기의 시위는 단연 서울과 서북지방이 중심이 되었다. 시발기 시위의 특징을 보기 위해 첫 주(3. 1~3. 7)에 일어난 시위상황을 <표 4 - 1>로 정리하였다. 이 표를 보면 이 시기에 시위가 일어났던 곳으로 서울이외의 다른 지역은 대개 각 도의 도청 소재지나 주요 도시가 대부분이었고, 그렇지 않으면 천도교나 기독교회가 있는 곳에서 일어났다. 시위 주도층은 천도교인 또는 기독교인이었으며, 여기에 학생들이 참여하였다. 시위의 규모는 종교적 세력의 크기에 따라 많은 곳은 6천명의 군중이 모인 곳도 있었고, 적은 곳은 100명~500명도 있었다.

이들 지역은 개성과 의주를 제외하면 첫 주에 강력한 시위를 하고는 곧 쇠퇴기에 들어가 전혀 다시 일어나지 못하는 곳이 많음을 알 수 있다. 시위에 대해 일본측이 신속하고 강력하게 대응하여 수십 명에서 100여명, 서울에서는 600명의 일본군이 출동하여 삼엄한 경계를 펴고 시위 참여자에 대한 수색과 체포를 하자 시위가 계속되지 못하였다.

서울에서는 3월 5일 학생단 시위 이후 한동안 소강상태를 면치 못했다가 3월 22일 이후 한 주 동안 활발한 시위가 다시 일어났다가 전국에서 시위운동이 가장 많이 그리고 격렬하게 전개되었던 3월 하순에 와서는 완전히 시위가 소멸되었다. 시위 양상은 대체로 민족대표의 <선언서>의 공약 3장의 비폭력·평화시위 '규범'에 따랐다.

그러나 황해도 수안, 평안남도 안주·강서, 평안북도 선천 등지에서는 관공서에 쇄도, 습격하는 강력한 공세적인 시위운동이 일어났다. 수안에서는 헌병대의 철수를 요구했고, 다른 곳에서는 유치인의 구출을 위해서였다. 초기부터 나라가 독립선언을 하였으므로 일제 관헌은 철수하라고 요구한 수안군의 시위는 일제 지배를 근본적으로 부정했던 까닭에 일본군의 발포로 9명이 사망하였고, 민족대표 재판과정에서도 내란을 일으키려 했다는 근거로써 3대 지방시위운동의 하나로 거론되었다. 따라서 공세적 시위는 단지 일제의 주도자 구금이나 유혈진압에 항의하는 데서 비롯된 것만 아니라 초기 시위부터 일제의 철퇴를 요구하는 강력한 정면도전의 시위운동도 있었던 것이다. 따라서 3·1운동의 근본적인

<표 4-1> 3월 첫주 주요시위와 그 이후 상황

도별	지역	제1주 운동 상황	그 후 전개상황					일제의 대응
			제2주	제3주	제4주	제5주	제6주	
경기	서울	학생과 시민, 上京人 수십만이 시위	△	×	○	×	×	일병 600명 출동 저지 130명 체포
	개성	기독교계 학생중심, 주재소 습격	×	×	×	○	○	일병 27명 출동 저지

도별	지역	제1주 운동 상황	그 후 전개상황					일제의 대응
			제2주	제3주	제4주	제5주	제6주	
황해	수안	천도교인 주도, 헌병분대 습격	△	△	×	×	×	일병 30명 출동, 발포로 9명 사망, 부상 18명
	옹진	기독교인, 천도교인 50~100명의 소규모 시위	△	×	×	×	×	약간 명 체포
평남	평양	천도교인, 기독교인, 학생 평화시위, 3월 5일 이후 시위 쇠퇴	×	×	×	×	×	일병 110명 출동
	진남포	기독교인과 천도교인 시위주도	×	×	×	×	×	일병 출동, 발포로 2명 사명, 6명 부상
	안주	천도교인 기독교인 주도 3천 명 시위, 유치인 탈환코자 헌병분대 습격	×	×	△	△	×	일병출동 발포, 부상 8명
	강서	기독교인, 천도교인 주도로 4천~3천명 시위, 헌병 주재소 습격	△	△	×	×	×	발포로 1명 사망 1명 부상 23명 체포
평북	선천	천도교인, 기독교인, 학생들 3~6천명이 경찰서 쇄도	△	×	×	×	×	일병 발포로 18명 부상
	의주	기독교인 중심 500~1,600명 시위	△	○	△	○	△	일병 11~22명 출동
함남	원산	기독교인 중심 2,500명 시위	×	×	×	×	×	3월 1일 이후 중단됨
	함흥	기독교인과 학생 100~400명 시위	○	△	×	×	△	일병 100명 또는 2개 소대 출동

자료 : 국사편찬위원회, 『韓國獨立運動史』2, 1968, <道別 運動一覽>
비고 : ×불발, △ 미약(3회 이하), ○ 강력(4회 이상)

성격이 처음부터 나타나고 있었던 것이다. 다만 그 관건은 일제에 대항하는 시위대의 의식과 응집력이었던 것으로 보인다.

3월 초 종교계가 중심이 되어 일어난 시위운동의 개략을 보면 다음과 같다. 황해도의 독립만세시위는 3월 2일 황주 읍내에서 300명의 천도교인과 기독교인의 시위운동을 시작으로 본격적인 시위운동이 퍼져나가기 시작하였다. 3월 2일의 황주시위는 시가행진을 하다가 시위군중이 황주경찰서에 쇄도하여 유리창을 전부 부숨으로써 치열한 항일의식을 보여주었다.[1] 재령군에서는 3월 9일 기독교인과 천도교인이 중심이 되어 읍내에서 2,000명이 시위를 벌인데 이어 10일에는 재령 內宗에서 4,500명의 대규모 시위운동이 일어났고,[2] 옹진·재령·서흥·수안·황주군에서는 3월 10일경까지 크고 작은 시위운동이 계속되었다.

해주에서는 3월 1일 선언서가 배포 된 후 3월 10일 천도교인·기독교인·학생이 중심이 된 400명의 시위운동이 있은 이후 11일 청단, 14일 읍내, 17일 청룡면 등 시위가 이어졌다.[3]

평안남도 안주군에서는 3월 1일 오후 5시 장로교 동예배당 청년들을 중심으로 300명이 읍내에 모여 <독립선언서>를 배포하며 독립선포식을 열었다. 3월 2일 읍내에서 3,000명의 시위운동이, 3일에도 천도교인이 주도하는 가운데 다시 2,000명이 시위운동을 하였다. 이날의 시위는 전날까지 구금된 시위주도자를 탈환하고자 헌병분견대를 습격하였다.[4]

중화군에서는 3월 2일 祥原·新邑에서 천도교인을 중심으로 시위가 시작되어 경찰관주재소의 철퇴를 요구하였다. 경찰이 이들을 해산시키려 하자 군중들은 저들을 주재소 안에 몰아넣고 총기와 탄약을 빼앗았으며, 출동한 중화경찰서장을 포박하여 대치하였다. 3월 3일 예수교인을 중심으로

---

1) 獨立運動史編纂委員會, 1971, ≪獨立運動史≫(2), pp. 255~256; 國史編纂委員會, 1968, ≪韓國獨立運動史≫(二), p. 343
2) 獨立運動史編纂委員會, 1971, ≪獨立運動史≫(2), pp. 278~281
3) 위 책, pp. 226~227.
4) 위 책, pp. 423~427.

다시 시가행진을 벌이며 주재소에 쇄도하여 구금된 인사들을 탈환하려 하였다. 일본군은 경찰서장을 탈환하려고 하여 시위대와 일군경 사이에 백병전이 벌어졌다. 3일 또한 중화읍내에서 예수교인과 천도교인이 제휴하여 수백명이 시위운동을 벌였으며, 3월 10일 읍내 장터에서 제2차 시위운동을 전개하였다. 3월 28일과 4월 16일 당정면 적선리, 두정리에서 그리고 4월 5일 간동면 간동장터에서 천도교인과 기독교인 400여 명이 시위운동을 벌인 끝에 해산하였다.5)

강서군에서는 3월 2일 증산면 집용리 교회에서 예배를 끝내고 밖으로 나와 인근 주민들과 합세하여 만세를 부르며 증산읍내로 진입을 시도하다가 일본 경찰의 제지를 받고 해산하였다. 3월 3일 읍내에서 4,000명이 집결하였다. 기독교측과 천도교측이 사전에 조직적으로 주민들을 참여시켰다. 일본 헌병들이 시위대를 향하여 실탄사격을 가해 수명이 죽거나 부상당하였다. 그러나 시위대는 흩어지지 않고 투석으로 맞서며 주재소에 불을 지르고, 계속 총을 쏘며 피신하는 헌병주재소장 佐藤과 헌병 보조원 3명을 붙잡아 살해하고 붙잡혀 있던 동지들을 구해내었다. 이 과정에서 13명이 죽고 60여 명이 부상을 당하였다. 3월 6일 함종에서는 천도교인이 중심이 되어 2,500명이 시위운동을 벌였다. 3월 8일에도 300명이 제2차 시위를 벌였다.6)

순천군에서는 3월 3일과 4일 慈山에서 천도교인이 중심이 된 시위운동이 있었는데 특히 3월 4일의 시위는 1,500명이 시위운동을 벌였다. 읍내에서도 3월 4일에 천도교당에 수백 명이 집합하여 태극기를 올리고 경고문을 배포하였으며, 해산하면서 독립만세를 부르며 시위를 전개하였다. 3월 5일 신창면 장날을 기하여 기독교인이 중심이된 1천 명의 시위군중이 독립선포식을 거행하고, 시가행진을 하였다. 일본 헌병이 시위대에 폭행을 가하며 저지하였다. 3월 6일 시위대가 다시 헌병주재소에 쇄도하였으며, 3

5) 위 책, pp. 384~385.
6) 위 책, pp. 406~418.

월 7일 천도교인과 기독교인이 합세하여 5,000명의 시위대가 시위운동을 벌였다.[7]

성천군에서는 3월 4일 읍내 천도교구당에 군내 천도교인 4천명이 총집합하여 <독립선언서>를 낭독하고 태극기를 들고 일본 헌병대 앞으로 나아갔다. 일본 헌병과 조선인 보조원이 시위대를 향하여 무차별 발포를 하여 30명이 숨지고 38명이 부상당하였으며 300명이 구금당하였다. 3월 5일에는 붙잡힌 300명이 시위운동을 했으며, 3월 7일에도 읍내에서 시위운동이 있었다.[8]

덕천군의 3월 5일 시위운동은 천도교구당 앞에서 독립선언식을 하고 헌병대·우편국이 있는 하석리 방면으로 시가행진을 하는데, 헌병대가 출동, 저지하려다 세불리하므로 시위대를 향하여 실탄사격을 하여 사망 20명, 중상 50명의 인명피해를 내었다.[9]

맹산군에서는 3월 6일 천도교인 30명이 시위를 벌였으며, 3월 9일 다시 천도교인 수십 명이 시위운동을 전개하였다. 3월 10일 다시 약 100명이 시위를 벌이자 헌병분견대가 주도자를 붙잡아 고문을 가했다. 이에 시위대는 헌병분견소에 쇄도하여 저들의 석방을 요구하였다. 이에 분견소에서 시위대를 뜰안에 들어오게 한 다음 군중을 포위하고 총을 난사하여 50여 명이 죽고, 겨우 3명만 탈출할 수 있었다.[10]

평안북도 선천군에서는 3월 1일 신성중학교 학생들과 천도교인, 기독교인이 앞장서 천남동 시장에서 1천여 장꾼들과 함께 독립선언식을 거행하고 시가행진을 하였다. 선천수비대가 일경과 함께 시위대를 저지하여 충돌이 일어나자 일본군은 발포를 하여 12명이 부상을 입었다. 3월 3일 다시 1,300명이 읍내에서 시위운동을 벌였으며, 4일에는 다시 6,000명이 집결

---

7) 위 책, p. 393.
8) 위 책, pp. 390~392.
9) 위 책, pp. 432~433.
10) 위 책, pp. 431~432.

한 가운데 만세시위를 벌이며 경찰관주재소를 습격하였다. 3월 5일에는 군내 삼봉, 운종면 신미도, 수청면 가물남, 심천면 고군영 등지에서 시위운동이 일어났다. 그 중에서 신미도 시위는 주민들이 헌병주재소를 점거하고 면사무소를 인수하여 약 20일 동안 자치적인 행정사무를 집행한 특징이 있다.[11]

의주군은 전국에서도 가장 치열하게 시위운동을 전개한 곳의 하나다. 이곳은 민족대표의 한 사람인 유여대 목사가 직접 운동을 지도하였다. 3월 1일 읍내 서부교회 앞에 양실학교 학생과 교직원, 가족, 주변 지역 기독교인들이 총 집결하여 독립선언식을 거행하고 시가행진을 하였다. 이날 1,600명이 모인 가운데 주야 2차에 걸쳐 시위운동을 펼쳤다. 3월 2일과 3월 5일 읍내에서 계속 시위운동이 벌어졌다. 2일의 시위부터는 천도교측에서도 가세하였다. 읍내 지역의 시위는 이후 3월 27일 3,000명의 시위, 4월 7일에도 300명의 시위로 계속 이어갔다. 읍내 이외의 지역에서도 크고 작은 시위운동이 끊임없이 이어졌다.

철산군에서는 3월 5일 車輦館에서 기독교인이 중심이 되어 3,000명이 시위를 벌였으며, 3월 7일 철산 읍내에서 다시 3,000명의 시위군중이 기독교 교회당에 집결하여 만세시위를 전개하였다. 일본군 철도원호대가 행렬의 뒤에서 총격을 가해 9명이 죽고 40~50명이 부상당하였다.[12]

정주군에서는 3월 7일 고읍, 3월 8일 읍내에서 각각 시위운동이 있었고, 3월 11일 동주면에서 면사무소를 습격하는 시위가 있었다. 본격적인 시위는 3월 31일 읍내에서 기독교인과 천도교인이 합세하여 4,000명의 군중이 <독립선언서>를 뿌리고 시가를 행진하며 독립만세를 외쳤다. 시위대를 향하여 칼과 쇠갈구리를 휘두르며, 무차별 사격을 가해 수십 명이 죽고 70명을 구금하였다. 일제는 인명살상에 그치지 않고 4월 2일 새벽 천도교 정주교구당에 방화하여 전소시키고, 이날 밤 다시 정주 용동 오산학교와 기

---

11) 위 책, pp. 449~452
12) 獨立運動史編纂委員會, 1971, ≪獨立運動史≫(2), pp. 440~442.

숙사, 용동교회에 방화하여 이 또한 전소시켰다.13)

삭주군에서는 3월 10일 읍내에서 시위운동이 시작되어 3월 31일에는 천도교인과 기독교인이 합세하여 2,000명의 대규모 시위가 벌어졌고, 4월 2일에도 읍내에서 1,500명, 4월 4일에는 500명이 시위운동을 벌였다.14)

함경남도 함흥군에서는 3월 3일 함흥 장날을 거사일로 잡고 기독교계 지도자들과 함흥고등보통학교 등 학생대표들을 중심으로 준비를 하고 있던 중 3월 2일 읍내에서 일반 시민들이 산발적인 시위운동을 시작하였다. 3월 3일 새벽 함흥 전역에 경찰이 비상선을 치고 예비검속을 하여 시위를 준비하던 기독교계 지도자와 학생대표들이 모두 구금되었다. 구금된 이들이 고문을 받는 중에도 독립만세를 외치자 철장속에서의 만세함성이 시민들의 가슴을 울렸다. 이에 학생·시민 1,000여 명이 독립만세를 부르며 거리를 누볐다. 함흥 읍내의 시위운동은 이렇게 하여 3월 4일 전 시가가 철시하고 200명의 기독교인과 학생들이 시위를 벌였다.15)

정평군에서는 3월 7일 읍내 풍남리에 200명이 집결하여 만세시위를 벌였다. 3월 14일과 15일에도 읍내에서 시위운동을 벌였는데. 기독교인들이 주도하였다. 3월 8일에는 춘유면 기독교인들의 시위 움직임이 있었고, 다시 3월 13일 신하리 장날을 기해 300명의 춘유면 기독교인이 중심이 되어 헌병주재소와 일본인 철도숙사를 습격하였다. 일병의 발포로 10여 명의 사상자가 생겼다. 3월 14일 선덕면 선덕장터에 500명의 시위군중이 모여 독립만세를 고창하며, 헌병주재소를 습격하였다. 3월 16일과 17일 고산면 풍송리에서 일단의 시위군중이 주재소 앞에서 시위운동을 벌인 뒤 해산하였다. 풍송리 시위는 3월 20일까지 5일간이나 계속되었다.16)

북청군 최초의 시위는 3월 8일 천도교인과 학생들이 중심이 되어 250명

---

13) 위 책, pp. 449~452.
14) 獨立運動史編纂委員會, 1971, ≪獨立運動史≫(2), pp. 467~468.
15) 위 책, pp. 682~698.
16) 위 책, pp. 686~692.

이 시위운동을 벌였고, 3월 11일 360명이 읍내 천도교당앞에 모인 가운데 제2차 시위운동을 전개하였다. 일경은 예비검속을 통하여 주도자들을 구금하고, 읍내외를 차단하였으나 읍외 사람들은 남문과 서문 밖에서, 읍내 사람들은 성안에서 상호 호응하여 독립만세를 부르며 시위운동을 펼쳤다. 3월 14일에도 읍내에서 100명의 천도교인이 중심이 되어 시위운동이 있었다. 3월 12일 평산면에서는 100명의 사립학교 학생이 중심이 되어 시위를 벌였으며, 12일과 13일 및 16일에 걸쳐 신창면 신창리에서 100~150명이 시위운동을 벌였다. 3월 14일에는 양천면에서 천도교인 80명이, 3월 15일 양화면에서 사립학교 학생 중심의 80명의 시위가, 3월 16일 창성리에서 천도교인 150명이, 3월 17일에는 거산면 주민 300명이 헌병주재소를 습격하였다. 17일과 18일에 걸쳐 上車書面에서 천도교인 150명이 방촌시장에서 만세시위를 전개하였다.17)

이원군에서는 3월 10일과 11일 읍내에서 300명의 군중이 만세시위를 벌였다. 이들 시위는 李道在 등 지사와 천도교 지도자들이 '조선독립이원지단'을 결성하고 선도하였다. 3월 14일과 18일·20일에도 읍내 시위가 있었는데, 3월 20일의 시위는 천도교인들이 중심이 되어 1,500명이 헌병분견대를 습격하는 등 치열한 양상을 나타내었다. 3월 15일에는 천도교인 중심의 300명 시위운동이 있었다.18)

단천군의 만세시위는 3월 10일 300명의 천도교인이 교당에 모여 敎祖 순도 기념식을 거행하고 <독립선언서>를 낭독한 후 1,000명의 주민들과 함께 시가행진에 돌입함으로써 시작되었다. 저지하는 헌병의 칼에 서봉화가 쓰러지자 격분한 군중들은 헌병주재소에 쇄도하였다. 수세에 몰린 헌병대는 군중을 향하여 마구 사격을 가하여 7명이 사망하고, 8명이 부상당하였다.19)

---

17) 위 책, pp. 704~713.
18) 위 책, pp. 716~717.
19) 위 책, pp. 720~723.

고원군에서는 3월 3일 향교에서 광무(고종)황제 추도식을 베풀고 3월 6일 천도교인을 중심으로 읍내에서 시위운동을 벌였다. 3월 19일 기독교인들이 읍내 하시장에 100여 명이 모여 시위운동을 전개하였다.[20]

풍산군에서는 3월 14일 풍산 천도교당에서 1,000명의 시위군중들이 독립기원 기도와 연설을 듣고 있던 중 출동한 일본 경찰이 이들을 강제 해산시키려 하였다. 이에 군중들은 일제의 만행을 규탄하며 독립만세를 외쳤다. 헌병들이 칼과 몽둥이로 군중을 해산시키려 하자 시위군중은 헌병분견소로 쳐들어가 기물을 부수고 병기를 탈취하려 하였다. 이때 초소에서 일제 사격을 가해 2명이 숨지고 10명이 부상을 입었다.[21]

갑산군에서는 3월 15일 천도교 교당에 200여 명의 교인들이 모여 시위행진을 시작하였다. 시위군중은 1,000명으로 불어났고, 시위대는 헌병의 제지를 뚫고 군청을 습격하였다.[22]

홍원군에서는 3월 16일 홍원장날을 기해 천도교인이 중심이 되어 700명이 시위운동을 벌였다. 이튿날에도 1,000명의 시위군중이 읍내에서 시위운동을 전개하였다.[23]

성진군은 함경북도 독립만세 시위운동의 시발이었다. 3월 10일 그레이슨(具禮善) 목사의 제동병원 앞에 旭町교회 교인을 비롯한 주민들 수백 명이 모여 <독립선언문>을 낭독하고 시가행진에 돌입하였다. 제지하는 일본 군경과 시위대 사이에 투석전이 벌어졌고, 나남에서 기병 14명이 증원되어 시위대를 해산시켰다. 이날 臨溟에서도 밤 11시 경 기독교인을 중심으로 300명이 시위운동을 벌였다. 3월 11일 이른 아침부터 일본인 소방대들이 도끼와 경찰용 총을 들고 한국인 거리를 돌아다니며 닥치는 대로 도끼로 찍고 총을 쏘아 죽거나 부상을 입는 사람들이 속출하였다. 오전 10시

20) 위 책, pp. 679~681.
21) 獨立運動史編纂委員會, 1971, ≪獨立運動史≫(2), pp. 731~732.
22) 위 책, pp. 726~728.
23) 위 책, 1971, ≪獨立運動史≫(2), p. 701.

경 기독교인 700명이 재동병원 앞에 집결하여 시위운동을 재개하였다. 일본 군경과 소방대 약 100명이 동원되어 발포로 1명이 죽고 9명이 부상당하였으며, 54명이 구금되었다. 이날 학서면 천도교인 100명이 시위운동을 벌였다.[24]

길주군에서는 천도교 지도자들이 중심이 되어 3월 12일 길주 장날을 기하여 1천여 장꾼들과 더불어 <독립선언서>를 낭독하고 만세시위운동을 전개하였다. 일병 30명이 출동하여 총칼로 시위대를 저지하였다.[25]

경성군에서는 3월 15일 전날 예비검속으로 시위를 계획했던 천도교인 중심의 주동인물 대부분이 체포되었음에도 불구하고 500여 주민들은 輪城 거리에 모여 시위운동에 들어갔다. 일본군 60명이 출동하여 경계를 펴고 있던 터라 104명이 체포되고 시위대는 해산하였다. 해산한 주민들은 500명이 참여한 가운데 저녁 8시 경 시위운동을 재개하였다. 일본 군경이 총칼로 이들을 다시 해산시켰다.[26]

회령군에서는 3월 19일부터 일제의 주밀한 경계에도 불구하고 각종 격문과 <독립선언서>들이 거리에 나붙기 시작하였다. 3월 25일 회령교회 崔景在 장로 등이 교인 30여 명과 함께 우편국 앞에서 시위운동을 시작하자 졸업식에 가던 보통학교 학생들과 교사와 학부형들도 이에 합류하여 순식간에 수백 명의 시위대열을 이루었다.[27]

이상의 3월 1~2주 종교계와 학생층이 주도한 시위운동을 정리하면 대체로 다음과 같은 특성을 나타낸다.

① 시발기의 시위는 대체로 민족대표 공약3장의 평화시위 '규범'에 따른 시위가 많았다.

---

24) 위 책, pp. 762~769.
25) 위 책, pp. 756~761.
26) 위 책, pp. 746~749.
27) 위 책, pp. 777~778.

② 그러나 서북지방의 종교적 응집력이 강한 지역의 경우 공세적 시위
가 나타났고, 일제 관헌의 철수를 요구하며 식민지 통치를 전면 거
부하는 양상도 나타났다.

③ 시위의 주도층은 서울의 경우 학생층이었고, 지방의 경우 주로 종교
인이었다.

④ 시위는 첫 주에 집중적으로 일어났고, 그 후 강력한 탄압에 직면하자
급속히 쇠퇴하여 침묵에 빠지거나 산발적으로 미약한 정도로 이어
졌다.

⑤ 시위는 교단을 통한 사전 연락, 선언서의 전달 등 서울과 연결에 의해
이루어졌다.

⑥ 시위의 규모는 지역에 따라 수천 명 규모의 군중집회로부터 수십명,
백여 명까지 교세와 지역여건에 따라 달랐다.

⑦ 일제 관헌 철수 등 강력하고 급진적인 요구로 인해 유혈탄압이 초래
되어 초기부터 사상자가 발생한 곳도 있었다.

⑧ 이 단계에서는 지역유지들이 시위 계획이나 진행과정에 참여하지 않
았다.

2. 사례검토 I - 1 : 평양과 수안시위

3·1운동은 종교계와 학생층이 시위운동의 문을 열었다. 특히 종교계는
교단조직을 이용하여 사전에 선언서를 전달하고 서울의 독립선언에 발맞
추어 조기에 시위운동에 돌입하는 데 큰 역할을 하였다. 지방에서 학생층
은 종교계의 주도하에 참여하는 양상이 많았다. 3월 초 종교계의 시위운동
은 종교 회중을 시위군중으로 전환시켜 시위운동에 돌입하였는데, 일제
탄압의 강도와 운동의 강도가 밀접하게 관련되어 있었다. 평양과 수안 시
위는 종교계 시위운동으로서 3월 초 서북지방 시위운동의 대표적인 경우

이다. 이 두 시위는 도시형과 농촌형, 평화형과 공세형으로서 대조를 이룬다. 이러한 차이는 지역적 배경, 주도층과 교인들의 성격, 일제의 탄압능력과 강도 등이 관련되었다.

1) 평양시위

평양 시위운동은 3월초 종교계 주도의 시위운동으로 대표적인 것이다. 평양은 평안감영의 소재지로서 서북지방의 수도와 같은 곳이었으며, 기독교를 비롯한 한국의 신문화, 신교육이 서울 다음으로 빨리 들어와 뿌리를 내린 곳이다.[28] 또한 평양은 이승훈이 서북지방 3·1운동을 준비하면서 가장 중시한 지역의 하나로, 이곳 기휼병원에 병을 칭탁하고 1주일간 입원하여 있으면서 3·1운동 준비를 위한 연락과 협의를 한 바 있었다. 일제도 평양의 중요성 때문에 이곳에 조선주차군 사령부의 여단사령부와 보병 제77연대를 두고 있었으며, 해군 광업부도 두고 있었다.[29]

평양의 만세시위는 3곳에서 각기 집회를 시작하여 시내에서 합류하였다. 하나는 평양에서 제일 큰 교회였던 장로교의 장대현교회 앞마당과 숭덕학교 교정에 모인 장로교인 중심의 집회였다. 다음은 광성학교 근처 감리교 남산현 교회 뜰안에 모인 감리교 중심의 집회였으며 그리고 나머지 하나는 설암리 구대성학교 뒷자리인 천도교 교구당에서 모인 천도교인의 집회가 그것이었다.[30]

3월 1일 서울보다 1시간 빠른 오후 1시 장대현교회 종소리를 신호로 하여 광무황제 봉도식을 명목으로 장로교의 집회가 시작되었다. 식장인 숭덕학교 교정에 모여든 사람은 1천여 명을 넘었다. 봉도식은 찬송과 기도로써 간단히 조의를 표한 뒤 갑자기 대형 태극기를 단상에 게양하고 都寅權이 단상에 올라 이제부터 조선독립선포식을 거행하겠다고 취지를 설명하

---

28) 독립운동사편찬위원회, ≪독립운동사≫2 (3·1운동사) 상, 1969, p. 359.

29) 위와 같음.

30) 위 책, p. 361.

였다. 목사 丁一善이 독립선언서를 낭독하고 목사 姜奎燦이 연설을 했다. 애국가 봉창이 이어지자 장내는 감격과 흥분의 도가니가 되었다. 숭덕학교 교사 황찬영과 윤원상이 태극기를 군중들에게 나누어 주자, 만세소리가 하늘을 찌를 듯 하였다. 평양 경찰서 경찰관들이 제지하였으나 군중은 장대현 언덕길을 따라 종로로 진출하였다. 시민들이 호응하였고, 상인들은 철시하였다.

설암리 천도교도 그 시각 광무황제 봉도식을 구실로 집회를 열었다. 이 때 장대현 교회 장로교인들이 내려와 천도교 교구당 앞에서 장로교인과 천도교인들이 합세하여 시위에 들어갔다.

같은 시각 감리교 남산현 교회에서도 장로교회와 마찬가지 형식으로 광무황제의 봉도식이라 칭하고 집회를 열어 周基元 목사가 연설을 하고, 朴錫薰 목사가 독립선언서를 낭독하였다. 이어 독립만세를 부르며 시가행진에 들어가 평양의 영창여관 앞과 남대문 경찰서 앞에서 장로교, 천도교측과 합세하였다.

3월 2일 대검거 선풍이 불어 3월 8일까지 검거가 계속되었다.[31] 그럼에도 불구하고 평양시내에서는 시민들의 자발적인 만세시위가 매일같이 계속되어 3월 9일까지 이어졌다. 일제는 3월 1일 보병 1개 중대를 출동시키고, 다음날에는 진남포 등 주변 지역에 병력을 파견하는 한편, 시내 요소에 경계망을 펴고 검문검색을 강화했다. 3월 3일에는 여학생들이 일제의 저지망을 뚫고 시내진출에 성공하자 시민들이 이에 합세하여 시내는 만세소리로 뒤덮였다.

3월 4일 오전 11시 숭실대학, 숭실중학교, 숭의여학교, 광성학교, 관립 평양고등보통학교 학생들이 각기 연락을 취하여 자기 학교 안과 주변에서 만세시위를 벌였다.[32]

평양은 3월 1일부터 3월 5일까지 단 5일간의 시위운동으로 막을 내렸

31) 위 책, p. 365.
32) 위 책, p. 371.

다. 평안남도 16개 府郡 가운데 가장 조기에 종식된 지역이었다. 초기 평양 시위에서 볼 수 있는 것은 시위의 주체가 장로교, 감리교, 천도교인에 각급 학교 학생들이었으며, 지도자는 이들 종교의 지역 지도자들이었다. 이들 이 만세시위를 선도하자 교회의 회중은 시위군중으로 전환되었다. 이들이 시위행진을 시작하자 평양 시민들이 이에 합세하여 세가 커졌다. 그러나 일제는 110명의 무장 병력을 동원하였다. 시위운동 발발과 더불어 곧바로 닥친 일제 군경의 삼엄한 무력시위와 검문검색, 관련자 체포, 구금 등으로 운동의 지속과 발전을 기할 수 없었다. 절대적 무력 앞에 저항의 위력은 상호간의 힘 자체의 크기에 의해 승부 날 수 밖에 없었다. 이에 따라 시위운 동은 일제의 장악력이 약한 지방사회에서 그 힘을 발휘하게 되었다.

2) 수안시위

황해도 수안은 민족대표 재판과정에서 경기도 안성군 원곡·양성, 평안 북도 의주군 옥상면과 더불어 3·1운동의 3대 공세적 시위지역의 하나로 거론된 지역이었다.[33] 이 지역 시위운동은 천도교가 주도하였다.

수안군에 동학이 처음 전파된 것은 1893년 烈菴 金成根이 입도한 기록 이 천도교 창건록에 나오는 것으로 보아 동학혁명운동 이전에 들어온 것 을 알 수 있다.[34] 1904년 갑진개혁운동 때 장암 吳榮昌 연원과 泓菴 羅仁 協 연원의 지도 아래 여러 지역에서 대대적인 대회를 하였는데, 3·1운동 당시 수안 교구장을 지낸 安鳳河 등 17명이 성천, 강동, 삼동, 중화, 평양 등지에까지 가서 개회에 참석하였다는 것을 보면 이 교인들이 매우 열성 적이었음을 알 수 있다. [35]

수안에 천도교가 대대적으로 포교된 것은 1902년부터 1903년 사이로서 이때 교인 집은 3백호를 넘었다. 그러나 1909년 10월에는 그 수가 줄어 교

---

33) 독립운동사편찬위원회, 1972, ≪獨立運動史資料集≫5, 3·1運動 裁判記錄, p. 13.
34) 삼암, <수안교구의 만세운동>, ≪신인간≫, 1989, 3. p. 62.
35) 위 글, p. 63.

인의 호수는 234호이며, 교인 수는 970명이었다. 이용구가 시천교로 분열되어 나갈 때 여기에 직접 관련되지는 않았으나 교인수가 1호당 5명을 계산할 때 1,500여명 이상에서 그 영향으로 교세가 후퇴한 것이었다. 1919년 당시에는 교인 호수가 300호, 교인수는 1,500명 정도로 회복되었다.[36)]

교인들은 도동면, 율계면, 공동면, 수구면, 천곡면에 비교적 많았고, 나머지는 대포면, 연암면, 오동면, 대천면, 소내면, 동부면, 서부면, 수안면 등에 몇 십호씩 있었다.[37)]

3월 1일 저녁 서울 천도교 중앙총부부터 독립선언서가 전달되었다. 독립선언서는 곡산 천도교인 이경섭이 2월 28일 서울의 이종일로부터 받은 1천 장 중 서흥 교구와 해주교구에 보낼 750장을 수안과 곡산으로 750장을 전했다. 이중 수안교구는 150장을 교구장 안봉하가 전달받았는데,[38)] 이경섭은 선언서를 전달하면서 독립만세시위를 빨리 거행하라고 전하였다.[39)]

교구장 이하 수안 교구 간부들은 3월 2일 시일식을 마치고 교구실에서 비밀모임을 가져 그 이튿날인 3월 3일 만세시위를 하기로 결정하였다. 이 계획이 헌병대에 알려져 안봉하 교구장 등 몇 사람이 헌병대에 체포, 구금되었다.[40)]

체포를 면한 이영철, 홍석정, 한청일 등은 독립선언서를 배포하면서 동원에 나섰다. 3월 3일 오전 6시 이른 새벽 북쪽으로부터 공포면, 연암면, 도소면, 율계면, 동쪽으로부터 천곡면, 동북쪽 수구면, 남쪽 대성면에서, 그리고 수안면에서 중견 천도교인들이 수십 리를 걸어서 130~140명이 모여들었다.

이영철이 선두에 서고, 한청일과 홍석정은 중앙에서 2개의 큰 태극기를

---

36) 위 글, pp. 63~64.
37) 위 글, p. 64.
38) 독립운동사편찬위원회, ≪獨立運動史資料集≫, 5, (≪자료집≫5로 약함), p. 664.
39) 삼암, <수안교구의 만세운동>, pp. 64~65.
40) 위 글, p. 65. 및 ≪자료집≫ 5, p. 664.

높이 세우고 140명의 교인들이 만세를 부르며 금융조합 앞을 지나 헌병분견대 쪽으로 향했다. 이영철은 금융조합 앞에서 군중들을 향하여 "우리는 오늘로써 일본의 통치를 벗어나 자유민이 되고 조선독립의 목적을 이룰 것인 즉, 일동은 독립만세를 부르고 수안 헌병대를 퇴거시켜야 한다."고 연설을 하였다 이에 군중이 오전 6시 반경 헌병대 앞으로 몰려들어 독립만세를 부르고 "우리는 이미 조선의 독립을 선언했으니 속히 이곳을 우리에게 명도할 것. 만일에 이에 불응하면 지방으로부터 계속 재습할 천도교인들이 늘어나 끝까지 이의 관철을 요구할 것"이라고 강하게 요구하였다.41) 일본 헌병 분대장 吉野匡과 보조원들은 어쩔 줄 몰라 하다 결국 서울 본부에서 연락이 오는 대로 곧 물러가겠다고 서약하였다.42) 시위대는 환성을 올리며 시가지를 돌아 교구로 돌아와 승리의 개가를 올렸다.

각처에서 시위행렬이 교구를 향해 모여 들었다. 대천면 시리원 전실의 이동욱을 비롯한 교인들은 오전 10시경 사창리에서 남정리 헌병 주재소의 저지를 뚫고 달려와 백 수십 명의 시위대열의 선봉에 서서 다시 헌병 분견대에 몰려가서 "조선을 독립되었으니 너희들은 빨리 나가라."고 요구하였다. 헌병들은 무단 발포를 하여 시위군중을 해산시켰다. 오후 1시경 흩어졌던 교인들 150~160명이 다시 헌병대 앞에 모여들어 헌병의 만행에 항의하고 체포된 사람의 석방을 요구하였다. 일부 시위대가 장애물을 제거하고 헌병대 진입을 시도하자 헌병들은 다시 일제 사격을 가했다. 일제의 발표로 말미암아 즉사자 9명, 중상자가 18명이 났으며 총 70명이 검거되어 최고 2년의 형을 받았다.43)

수안군의 사례는 제1의 단계에서도 종교조직이 미리 독립운동의 준비를 갖추고 선언서의 도착을 기다리고 있었고, 지역의 강한 천도교 조직성을 활용하여 교인들을 동원함으로써 비록 매회 150여 명 내외로 그 시위군

---

41) ≪자료집≫5, p. 665.
42) 삼암, <수안교구의 만세운동>, pp. 66.
43) 위 글, pp. 67~68.

중의 규모는 적었지만, 헌병분대의 철수를 요구하며, 일제의 권력에 정면 도전함으로써 일제에 의해 3·1운동의 3대 항쟁으로 거론되게 하였던 것이다. 이와 같이 처음부터 지배하는 자와 저항하는 자의 힘과 조건여하에 따라 시위 양상이 달라질 수 있음을 보여 주었다.

3. 청년 학생층의 시위운동과 선전활동

1) 청년학생층의 시위운동

1919년 1월 하순 천도교·기독교·불교 등 종교계 인사들이 독립운동 계획을 추진해 가고 있을 때 서울의 보성법률상업전문학교 강기덕, 연희전문학교 김원벽 등이 학생층의 구심체를 형성하면서 별도의 학생단 독립운동을 추진하고 있었다. 신문지상에 민족자결주의에 관한 보도와 동경 유학생들의 독립선언에 자극을 받은 것이었다.[44] 이 사실을 알게 된 종교인 측은 학생들과 교섭하여 연합전선을 펴 통일적인 민족항쟁을 벌이기로 하였다. 이에 따라 학생측은 독립선언서의 사전 배포, 특히 이를 서울 지역 학교 및 시내에 배포하고, 3월 1일 각 학교 학생들을 탑골공원에 집결시켜, 독립만세 시위운동이 크게 일어나는 데에 일익을 담당하였다.

1919년 3월 1일 태화관과 탑골공원에서 이원적으로 벌어진 독립선포식은 3·1운동의 운명 그 자체를 예고하는 것이었다. 민족대표들이 태화관에서 독립선언식을 끝내고 일경에 끌려갔을 때 민족대표를 기다리며 탑골공원에 모여있던 수천의 학생 시민들은 독자적인 독립선언식을 거행하였다. 그리하여 운동은 중앙의 주도체가 없이 산위에서 굴러 내리는 돌처럼 누구의 손에 의해서라고 말할 수 없이 각계각층의 각종 수단 방법을 통해 전국으로 파급되어 갔다. 학생층은 3월 1일 서울 시내의 시위운동에 적극적

---

44) 조선헌병대사령부, ≪소요사건의 개황≫, pp. 9 - 17 및 張道斌, ≪3·1독립운동사≫, pp. 29 - 30 참조.

으로 참여하여 선도하였다. 그후 3월 5일 학생들은 서울에서 광무황제 국장을 拜觀하고 돌아가는 지방인사들의 시위참여와 시위운동의 지방확산을 겨냥하여 학생단 독자적으로 약 1만 명이 참가한 대규모 시위를 남대문역에서 시작하여 서울 시내 전역에서 전개하였다.

3·1운동에 학생층이 적극 참여 하였다고 해서 학생층이 전국에 걸쳐 3·1운동을 일방적으로 주도했던 것으로 생각해서는 안된다. 학생층이 그들 스스로의 힘을 의식할 수 있을 만큼 意識의 면이나 수적인 면에서 역량이 형성되어 있는 서울, 대구와 같은 도회지에서는 학생층이 독자적으로 운동을 조직화하고, 선전활동과 같은 일정 이상의 역할을 하였다. 그러나 학생층이 미약한 그 밖의 비도시 지역이나 종교 교단의 조직력이 강한 지역에서는 양상이 달랐다. 학생층이 미약한 비도시 지역에서 학생층은 운동을 주도하기보다 운동을 권유받는 상황이었고,[45] 종교세력이 강한 서북지방 같은 곳에서는 종교 지도자나 교사들의 지도하에 참여하는 양상이었다. 지방의 학생 시위 상황을 정리해 보면 다음과 같다.

(1) 경기지역

전국에서 가장 치열하게 전개된 지역의 하나인 경기지역에서의 학생층의 역할은 일반 청장년층의 역할에 묻힐 수밖에 없었다. 학생들이 주도한 시위는 규모를 정확히 알 수 없을 만큼 사실상 미약한 것이었다고 할 수 있다. 그러나 3월 3일과 4일의 대규모 시위를 일으킨 개성에서는 송도고보와 호수돈 여학교 학생들의 활약이 두드러졌다. 특히 송도고보생 유흥준과 개성학당 생도 임병구를 중심으로 일단의 학생들을 조직하여 「朝鮮獨立開城會」를 조직하는 움직임을 보였다.[46]

---

45) 지방의 경우 학생층이 시위운동을 주도하거나 적극적으로 참여한 예가 많으나 영덕군의 경우 사립학교 학생들이 전혀 참여하지 않았을 뿐 아니라 시위군중들이 보통학교와 심상고등소학교로 몰려가 교사와 학생들에게 만세운동에 참여할 것을 요구했지만 군중을 피해 도망간 예도 있다. (심상훈, <영덕지역 3·1운동의 성격>, ≪安東史學≫ 7, 2002, p. 107.)

학생층의 참여 양상은 경기도 안성군 원곡·양성 시위의 예에서 대체적인 경향을 볼 수 있다. 3월 31일 지방 중장년층 주민에 의한 조직적인 대규모 공세적인 시위가 일어나기 전인 3월 11일 보통학교 학생들이 교정에서 만세를 고창하고 교정에서 시위를 벌였다. 그러나 시위는 학교교정을 벗어나지 못했다.[47)]

(2) 충청지역

충청도 지역 시위에서 학생층 역할의 예로서 4월 1일 병천 아우내 장터 시위가 있기 이전에 3월 14일 목천보통학교에서 시위가 있었다. 경기도의 양성 보통학교 3월 11일 학생시위처럼 이것은 학생층이 지역 주민의 결속력과 접맥되지 않은 채 서울에서 온 전파자와 지방의 학생층이 연결되어 일어났다. 이와같은 시위는 대개 규모가 작고, 그 파급력역시 제한적이었다.

유관순의 역할로 많이 알려져 있는, 3,000명이 참여한 병천시위는 유관순 단독의 힘으로 이룩된 것은 아니었다. 유관순의 아버지 유중권, 숙부 유중무, 같은 동리의 조병옥의 부친인 유인원 등 부모세대의 지역 유지들이 앞장섰기 때문에 가능하게 된 일이었다.[48)]

충청도 지역 시위는 대부분 농민들의 시위였고, 그럴 수밖에 없었다. 그것은 학생세력이 미약했던 데서 오는 것이었다. 그러한 사정을 보여 주는 예의 하나로 2월 28일부터 3월 8일까지 국장 배관차 상경하여 서울에 체류하면서 독립운동을 목격하고 공주로 내려가 공주지역 학생들의 분발을 촉구한 아산군 송악면의 박장래(21)는 예수교 부설학교생 안기수 및 동교 졸업생 신의득에게 "경성 등 각 지방에서는 학생들이 주동이 되어 조선독립운동을 하고 있으나 공주의 학생들은 무슨 까닭에 독립시위운동을 하고 있지 않느냐?"라고 꾸짖었다.[49)] 공주시위는 4월 1일 영명학교 교사와 기

46) ≪재판기록≫, p. 516.
47) 李廷銀, <安城郡 元谷·陽城의 3·1運動>, ≪한국독립운동사연구≫1, 1987, p. 156.
48) 이정은, 2004, ≪유관순 - 불꽃같은 삶, 영원한 빛≫, 독립기념관 한국독립운동사연구소 참조

독교 목사의 주도로 이루어졌다.[50]

(3) 경북지역

대구는 서울과 마찬가지로 종교인과 학생층이 주도적인 역할을 한 지역이다. 학생들은 3월 8일과 9일 독립만세 시위를 벌인 뒤 일부는 지방으로 시위 전파를 위해 내려가고[51] 일부는 선전운동, 관공리 사퇴권고, 상인폐점을 권고하는 운동으로 나아갔다.[52] 4월 17일 대구와 김천 시위를 위해 활동하던 계성학교 생도 金壽吉, 李鍾植과 왜관의 李榮玉, 李命鍵(무직), 최재화가 대구에서 비밀결사인 慧星團을 조직했다.[53]

(4) 경남지역

경남지방 시위는 전통적인 재지 세력이 강고하게 남아있었던 서부 내륙의 진주, 합천과 같은 데서는 재지 세력에 의해 여러 면이 연대하여 대규모의 공세적인 시위가 격렬하게 일어난 반면[54], 부산 동래, 마산, 울산, 밀양, 김해 등 동남부 해안 또는 대규모 농업지역, 창녕군 영산과 같은 상업 중심지역에서는 학생, 교사가 중심이 된 중소규모, 평화시위를 특징으로 한다.[55] 지역 여건에 따라 시위운동의 주체와 시위양상이 다르게 나타남을 경남지역에서 뚜렷이 보여준다.[56]

---

49) ≪재판기록≫, p. 1191.

50) ≪재판기록≫, p. 1138 참조.

51) 계성학교 생도 김수길이 3월 8일 대구시위에 참여하고 김천으로가 <경고문>을 기초하고 3월 11일 시위를 계획한 것이 본보기이다. (≪재판기록≫, p. 1454)

52) ≪재판기록≫, p. 1275~7 참조.

53) ≪재판기록≫, p. 1449 및 박걸순, 1988, <3·1運動期 國內 秘密結社運動에 대한 試論>, ≪한국독립운동사연구≫2, pp. 185~187.

54) 이정은, 1989, <경남 합천의 3·1운동>, ≪한국독립운동사연구≫3.

55) 이정은, 1988, <창녕군 영산의 3·1운동>, 위 책 2.

56) 이정은, <3·1運動의 地方擴散과 性格>, 서울대학교 대학원 석사논문, 1991 , 제3장 1절「주체적 역량형성과 지역 조건」 참조.

(5) 전라도지역

전북지역에서는 시위와 관련하여 3월 23일 밤 군산보통학교 방화사건
이 일어났다. 이것은 보통학교 학생 문종묵과 더불어 군산 시위운동을 주
도했던 이남률(무직)과 학교 고용인 김수남이 "조선독립을 위해서는 학교
를 불태워버리는 것이 가장 좋은 방법"이라고 하며 방화하였다.[57] 교사 학
생이 주도한 시위가 노동자 등 일반 민중층과 접맥될 때 올 수 있는 폭발성
을 이 예에서 볼 수 있다.

전라도 지역은 학생수가 적은데 비하여 주로 학생들이 3·1운동에 앞장
선 것이 두드러진 특징이다. 3·1운동 입감자의 계급·계층별 구성을 보면
농민의 입감자 구성비율이 전국평균 58.4%, 지식인 청년학생의 전국평균
이 20.8%인데 비해 전남지역은 우리나라 최대의 농업지대임에도 불구하
고 농민의 비율은 32.3%이고 대신 지식인 청년학생 비율은 43.1%이었다.
이것은 서울을 포함한 경기지역 입감자 30.1%보다 더 높아서, 비율로 보
아서는 전국에서 가장 높다. 2위 지역이 전북 지역으로 30.5%, 3위가 경기
지역이다.[58] 이것은 앞에서 도별 학교 현황에서 본 바와 같이 한말 이래 국
권회복운동의 기지가 되어 왔던 사립 각종학교의 경우 경기지역이 92개교
(일반 53, 종교 39), 황해도가 52개교(일반 31, 종교 21), 평남이 128개교
(일반 51, 종교 77), 평북이 96개교(일반67, 종교 27)인데 비하여 전남은 12
개교(일반 4, 종교 8), 전북은 18개교(일반 5, 종교 13)에 불과하다는 점을
고려할 때 특이한 현상이 아닐 수 없다.[59] 이러한 현상은 지역의 역사적 경
험도 3·1운동 발발의 주요 변수라는 것을 말해 준다 하겠다. 전라도 지역
은 동학농민운동과 의병운동으로 혹심한 탄압을 경험하면서 3·1운동 때에

---

57) ≪재판기록≫, pp. 1503~1505 참조.
58) 近藤釼一, ≪萬才騷擾事件≫(1), p. 223~227.
59) 이것은 동학·의병전쟁으로 이 지역이 입은 타격과, 대규모 농업지역으로 식민지 침투가 컸던
   데서 오는 지역공동체적 유대의 해체 정도가 심했음과 관련된 것으로 보인다. 이런 지역에서
   는 도회지 지역에서와 마찬가지로 재지 세력에 의한 저항보다는 종교·학생층과 같은 지역공
   동체적 관계에서 분화되어 나온 계층에 의해 운동이 주도되는 특성을 보여준다.

는 젊은 학생층 외에 시위운동에 나설 수 없었던 것으로 생각된다. 대개 3·1운동에서는 한말의 동학이나 의병운동에서 많은 피해를 당하지 않고 역량을 보존해 온 지역에서 적극적인 시위운동을 했던 것으로 보인다.

(6) 서북지방

황해도 이북의 서북지방 3·1운동은 종교단체 지도자, 학교교사들 연령적으로 중장년층이 주도하였으며 시위의 성격도 대규모 공세적인 성격을 띠었다. 그러니 만큼 학생들이 시위운동의 주도적 위치에 있었다고 할 수 없다. 이 지역 시위의 공세적 면모는 수안군 수안면 시위에서 대표적으로 나타나는데, 이 시위의 주도자 중 하나인 천도교 교구실 소사 이영철은 "오늘로써 우리는 일본의 통치를 벗어나 자유민이 되고 조선국의 독립의 목적을 이룰 것인 즉, 일동 독립만세를 부르며 수안 헌병대로 하여금 퇴거를 명하지 않을 수 없다"고 연설하고 일동과 함께 헌병대의 퇴거를 요구하였다.[60] 학생들이 참여한 시위도 대체로 학생들이 주도했다기보다 종교인이 선도했거나 교사가 주도한 시위에 학생들이 참여한 것이었다.

이상에서 볼 때 학생들의 3·1운동은 서울, 대구 등 대도시 지역에서는 주도적인 면이 있었으나 3월 중순 이후 지방 시위에서는 종교인과 유지층의 주도에 부수되어 참여하는 양상을 보여준다. 이는 이 당시 학생층의 수적 한계가 크게 작용했다고 생각된다. 그러나 이 시기 각급 학교의 퇴학생 수가 급증한 것을 보면 청년학생들은 시위운동이나 선전활동으로 말미암아 쫓기는 몸이 되거나 독립운동을 위하여 중국 등지로 망명하는 학생들의 상황을 반영하고 있다고 생각된다.

---

60) ≪재판기록≫, p. 664.

<표 4 - 2> 각급 학교별 퇴학자 수

연도 구분	1915	1916	1917	1918	1915~1 8평균(A)	1919 (B)	증감(%) B/A	비고
공립보통교	15,470	14,495	19,875	21,917	17,939	26,272	146.5	
사립보통교	475	423	460	922[61]	570	999	175.3	
관립고보	99	134	165	224	155.5	541	347.9	
관립여고보	97	106	132	79	103.5	133	128.5	본과 + 기예과
사립고보	94	126	698	519	359.3	961	267.5	
사립여고보	23	43	26	52	36	102	283.3	본과 + 기예과
실업학교	237	237	298	336	277	447	196.9	
간이실업학교	747	753	874	684	764.5	512	67	
경성전수학교	10	11	8	10	9.8	35	357.1	조선인만
경성의학전문		22	21	1	14.7	79	537.4	
경성공업전문		5	7	5	5.7	48	842.1	
- 부속공업전습 소		33	38	22	31	49	158.1	
계	17,252	16,388	22,602	24,771	20,258.8	30,178	149	
지 수	100	95	131	143.6	117.4	174.9		

자료 :《朝鮮總督府 統計年報》 1915 - 1919

위의 각급학교 퇴학자 표를 보면 1915년에서 1918년까지 평균 퇴학자
는 2만 명 내외였고, 1915년을 100으로 했을 때 4년간의 평균은 117.4였
다. 서민들의 삶이 악화되기 시작한 1917년 이후 퇴학자가 증가하여
131~143.6가 되었다. 그러나 1919년의 퇴학자는 4년 평균보다 1만 명 가
량이 더 많으며, 1915년보다 1.7배가 증가했다. 이것은 3·1운동의 여파로
학생들이 구금, 피신, 망명, 사망과 부상 또는 고문의 후유증 등으로 학업
을 계속할 수 없었던 학생들이 폭증했다는 것을 말해 준다. 특히 중등이상
의 학교 학생들인 관립고보가 약 3.5배, 사립고보가 약 2.7배, 사립 여고보

---

61) 1915 - 17년 사이에는 423~475명 사이였으나 1918년 922명, 1919년 999명으로 급증했다.
1918년도의 퇴학자 급증에는 1918년 중반부터의 쌀파동으로 인한 생활난, 유행성 독감 피해
등이 작용했던 것으로 보인다.

가 2.8배, 실업학교가 약2배, 경성전수학교 3.6배, 경성의학전문학교 5.4배, 경성공업전문학교 8.4배가 중등학생 이상 전문학교급 학생으로 갈수록 3·1운동으로 학업을 계속할 수 없었던 학생이 많았음을 보여 준다.

2) 청년학생들의 宣傳活動

(1) 3·5 학생단 시위 이후의 서울 상황

서울지역 시위는 3월 1일과 3월 5일의 학생단 시위 이후에는 더 이상 대규모 시위가 이루어지지 못했다. 3월 8일 용산 인쇄국 노동자 200명의 파업, 3월 9일 철도국, 동아연초회사, 경성전기회사 직공 차장들의 파업, 상인들의 철시로 이어졌으나 이후 10일간 시위는 일제의 무자비한 탄압으로 인하여 잠잠해졌다,[62] 이후 3월 하순에 접어들면서 다시 점차 활기를 되찾아 갔지만 점차 고립분산적인 양상을 나타내고 있었다.

이러한 고립분산성의 한계를 극복하려는 노력이 ① 학생중심의 운동에서 노동자, 상인으로 운동 참여층을 확산시키고자 하거나 ② 假政府 수립과 같은, 독립운동의 구심체를 수립하려는 움직임으로 나타나게 되었다. 이것은 당시의 학생운동이 가진 한계를 절감한 데서 온 모색으로 보인다. 그러한 것을 보여 주는 자료가 다음의 것이다.

3월 9일 서울 수송동 중동학교 앞에서 학생 李永俊(19)은 성명 미상인에게서 <경고문> 약 30매를 받아 경찰관 사이에서 독립운동자를 구하고자 부내 蛤洞 부근 민가에 투입하고 1매를 고양군 용강면 공덕리에서 헌병 보조원 李用頊에게 교부하였는데, 그 내용은 다음과 같다.

---

62) 고 이희승 박사의 회고에 의하면, 일제는 시위를 진압하기 위하여 순경이나 헌병이 아니라 일본인 "노가다패(土方, 요즘 깡패와 같은 것)"를 동원하여 불시 습격을 감행하게 하였는데, 그들이 들고 다니는 몽둥이에 못을 몇 개씩 박아 그것으로 마구 후려 갈겼다. 그리하여 이 몽둥이에 얻어 맞기만 하면 골통이건 어깨건 팔때기든지 등덜미든지 못에 찔려서 큰 상처가 생기곤 하였다.....이러한 엄중하고 악독한 탄압으로 인하여 서울의 만세운동은 3월 1일과 같은 성황을 재현시킬 수 없었다고 하였다.(이희승, 1969, <내가 겪은 三·一運動>, ≪三一運動50周年紀念論集≫, p. 404.

이번 우리들 학생만으로서 소요를 피우기 시작하였으나 힘이 부족하여 각 계층의 조선인이 공동으로 독립운동을 하기로 되어 드디어 명일은 그 협의를 하게 되어 있는데 당신도 조선인이라면 이 때에 독립운동에 참가하라.[63]

3월 17일경 휘문고보 생도 鄭志鉉이 평양 조선약학교 생도 金公瑀에게 <노동회보> 11매를 제공하면서, "경성에서 학생이 주동하여 조선독립운동을 개시하였으나 힘이 미약하여 이 기회에 노동자 계급의 지원을 받지 않으면 당초의 목적을 달성하기 어려우니 이로부터 이 <노동회보>란 유인물을 각 곳 노동자에게 배부하여 이들에게 독립운동을 권유하라"라는 취지의 권유를 했다.

<노동회보>의 내용은 "노동자는 조선독립운동에 종사하기 바란다." 는 것으로 김공우는 3월 21, 22일 종림동 및 화천정 부근의 노동자들을 모아 이 대회에 참여하여 그곳에 모인 수백 명과 함께 의주통에서 아현고개로 행진하는 시위운동을 하였다.[64]

한편 운동의 구심체의 필요성 또한 인식되고 있었다. 그것은 3월 중순경부터 韓南洙(38, 전남 광주, 농업), 김사국, 홍면희 등이 국민대회를 추진함에 있어 다음과 같이 말한 데서 알 수 있다.

3월 1일 이후 조선 전도에 봉기한 독립운동은 그 동안 하등의 연락관계가 없어 소기의 효과를 올릴 수 없다 하여 이에 국민대회를 조직하고 각개 독립운동자를 망라하여 조선 가정부를 수립함으로써 계통적 독립운동을 하려고…[65]

즉 고립분산적인 시위운동의 한계를 극복하고자 각 독립운동자를 망라한 구심점으로서의 가정부 수립이 추진되었던 것이다.

---

63) ≪재판기록≫, p. 276.
64) ≪재판기록≫, p. 223
65) ≪재판기록≫, p. 78.

(2) 청년 학생층의 宣傳活動

이러한 과정에서 학생들은 운동을 더 넓게, 더 강하게, 더 지속적으로 전
개하는 수단의 하나로 선전활동에 주목하게 되었다. 또한 일체의 보도가
통제된 가운데 국제정세의 변천과 일제의 탄압으로 인한 희생자가 속출함
에 따른 국내외 소식을 전할 필요성 또한 절실했던 것도 이유가 되었다.[66]

3·1운동 발발 이후 그해 8월까지 총 76종의 유인물이 확인된다. 여기에
는 1회적인 <경고문> 또는 <격문>과 같은 것이 있는가 하면 <조선독
립신문>(3월~8월?), <국민신보>(4월 중순~8월 하순) <자유민보> 및
<혁신공보>(4월~10월)와 같이 수개월에 걸쳐 비밀리에 발간된 지하신
문도 있었다.[67] 이러한 유인물들 모두가 학생층의 선전물인 것은 아니나
운동을 전파·확산함에 있어 학생들의 역할은 가장 두드러졌다고 하는 데
는 이론의 여지가 없을 것이다.

㉮ 지하신문의 발간

<조선독립신문>은 독립선언서의 취지를 국내에 널리 보도하고 한국
민에 대하여 독립사상을 고취하며, 시위운동을 선전하기 위하여 발간된
지하신문이다.[68] 1919년 2월 28일 이종일이 발의하여 보성전문학교 교장
이자 보성사 사장인 尹益善 명의로 발행된 이 신문은 이종린이 원고를 작
성하고 이종일이 보성사에서 1만 매를 인쇄하였다.[69] 처음에는 천도교에
서 3·1운동 발발과 더불어 발간하였는데, 발행자들이 체포되어 가자 발행
인을 릴레이식으로 이어가며 수 개월간 지속되었다.[70]

---

66) 이희승, 앞의 책, p. 404.
67) 3·1운동기 지하신문 유인물에 대해서는 윤병석, <3·1운동 중의 '독립신문'류>, ≪증보 3·1
운동사≫, 국학자료원, 2004. 국가보훈처, ≪3·1運動 獨立宣言書와 檄文≫, 2002 참조.
68) ≪재판기록≫, p. 147.
69) ≪재판기록≫ p. 164에는 1만 5천매로 되어 있다.
70) 1919년 8월 21일 제43호까지 확인할 수 있다. 이것은 출판정보센터 대표 金煉吉씨가 1985년
제40, 41 및 43호를 입수하여 보관하고 있다.(≪서울신문≫, 1985. 3. 1)

<제1호>는 이종린이 반포 책임을 맡아 고용인 임준식에게 명하여 3월 1일 오후 2시 탑골공원에 가서 반포하게 했다.[71] <제1호>의 내용은 1) 손병희 등 33인의 민족대표가 3월 1일 태화관에서 조선독립선언서를 발표하고 종로경찰서에 구인되었다는 것, 2) 최후의 일인까지 난폭한 행동을 자제하라, 3) 이날 제씨의 구인과 동시에 전 국민이 제씨의 소지를 관철하기 위해 일제히 호응한다고 함으로써 독립선언의 사실을 알리며 평화적 시위로써 전 국민이 궐기할 것을 촉구하는 내용이었다.[72]

그 후 이종린이 경성서적조합 서기인 張憬鍵에게 등사판으로 계속 인쇄하도록 의뢰하여, 3월 2일부터 7일까지 이종린이 <제2호~4호> 원고를 작성하고 張憬鍵(25)이 林承玉(26, 경성전수 2년), 金榮洮(21, 경성전수2년)와 제2호 5, 6백매를 인쇄하고 3호와 4호는 단독으로 원고에 따라 장종건이 약 5~6백 매씩 인쇄하였다.[73]

<조선독립신문> 발간과 동시에 그날 오후 6시 윤익선이 체포되고, 피신하여 경성서적조합 사무소에서 등사판으로 2호부터 4호까지 신문을 속간했던 이종린 또한 3월 10일 일경에 붙잡혀 가자 장종건은 崔致煥(23, 경성전수 1), 林承玉(26, 경성전수 2) 崔基星, 姜泰斗 등과 협의 후 3월 13일

---

71) ≪재판기록≫, p. 148.

72) 朝鮮獨立新聞 社長 尹益善
　　朝鮮民族代表 孫秉熙 金秉祚氏外 三十一人이 朝鮮建國 四千二百五十
　　二年 三月 一日 下午 二時에 朝鮮獨立宣言書를 京城太華館內에서 發表
　　하얏난대 同代表諸氏난 鍾路警察署에 拘引되얏다더라
　　代表諸氏의 信託 朝鮮民族代表 諸氏난 最後의 一言으로 同志에게
　　告하야曰 吾儕난 朝鮮을 爲하야 生命을 犧牲으로 貢하노니
　　吾神聖兄弟난 吾儕의 素志를 貫徹하야 何年何日까진던지 我二千萬民族이 最後一人
　　이 殘餘하더래도 決斷코 亂暴의 行動이라던지 破壞의 行動을 勿行 할 지어다. 一人이라
　　도 亂暴의 破壞의 行動이 有하면 是난 永千古不可救의 朝鮮을 作할지니 千萬 注意하고
　　千萬 保重할지어다
　　全國民響應 同日 諸氏拘引되난 同時에 全國民이 諸氏의 素志를 貫徹하기爲하야 一齊
　　響應한다더라
　　朝鮮建國四千二百五十二年 三月 一日

73) ≪재판기록≫, p. 148.

174 3·1 운동의 지방시위에 관한 연구

장종건이 원고 써서 <제5호> 700매를 등사하여 서울시내에 배포하였다.[74] 3월 15 - 16일경 장종건은 타인이 작성한 원고로 <제6호>를 900매 가량 인쇄, 배포하였다.[75] 여기서 주목되는 것은 민족자결주의에 대한 새로운 해석이다.

조선을 점령한 일은 조선인 전체에 대한 전승한 결과가 아니고 국적의 손에서 횡령한 것이다. 조선은 즉 조선민족의 조선이므로 조선을 조선민족이 자유 독립시킴은 민족자결주의에 의하여 정당한 것[76]

즉 민족자결주의가 외세의존적인 의미의 것이 아니라 "조선민족의 조선이므로 조선민족이 스스로 독립을 쟁취함은 정당하다"는 논리를 전개하고 있는 것이다.

이어 장종건은 동부 견지동 주막 이인영의 집에서 <제7호> 원고를 작성하여 최기성에게 주어 수백 매 등사하여 발간, 배포하였다.[77]

여기서 당시 이러한 비밀 발간물을 간행하는 일의 어려움이 어떠하였는가를 잠시 보기로 하자. 당시 京城紐織株式會社 사원 있으면서 3·1운동에 참여하였던 李熙昇박사의 회고를 보면, 첫째 등사판을 구하는 것부터가 어려운 일이었다.

이 謄寫版을 求하는 것이 또한 問題였다. 지금의 韓國商業銀行 本店建物 맞은편에 堀井謄寫版 專門商店이 있었는데, 한국사람이 이것을 사러 가면, 물건은 물건대로 팔아먹은 다음에, 번번히 警察에 密告하는 버릇이 있었다. 그리하여 동지 중에는 謄寫版을 사고 警察에 붙잡힌 이가 한 두 사람이 아니었다.[78]

---

74) 위 책, p. 149.
75) 위 책, p. 152.
76) 위 책, p. 166.
77) 위 책 p. 152.

둘째는 등사 장소가 문제였다. 인쇄처를 한 군데에서 오래 계속할 수 없었다.

그리고 신문을 인쇄하는 처소도 한군데 오래 있을 수는 없었다. 때에 따라 적당한 곳을 물색하여 이리 저리 전전 옮겨 다니는 것이었다. 일시는 (매국원흉) 이병무의 저택 뒷방에서 이 작업을 한 일도 있었다. … 상당히 오랜 기간 이 집에서 작업하였으나, 나중에는 일경이 접근하려는 눈치를 채고 또 다른 곳으로 옮겼었다.[79]

이러한 신문의 뉴스원은

1) 상해지방에서 어떤 루트를 거쳐 들어오는 <독립신문>이 주였다.

2) 해외에 있는 사람들과 연락하여 여러 가지 방법으로 뉴스 재료를 수입하였다. 예를 들면 "滿洲등지에서 發行되는 日文新聞 같은 것에 어떠한 藥品의 液體로 글씨를 써서 이것을 보내 오면, 우리는 받아서 이 新聞을 화롯불에 쬐면 어떤 색깔의 글씨가 나타나는 것이었다."[80]

신문의 배포는 밤에 몇 사람이 나누어 가지고 구역을 정하여 배달하였다. 이희승의 경우 다동, 당주동, 적선동 등지로 돌아다니며 집을 보아서 또는 행인의 눈을 피해 대문 틈으로 집어 넣는 것이다.[81] 그런데 당시 서울 시내에서 이러한 신문을 제작하는 그룹은 수십 개나 되었으며 발각되어 잡힌 사람도 많았다.[82]

3월 하순 <제9호 및 부록>을 발간하고는 장종건이 붙잡혀가자 <조선독립신문>의 발간은 그 바턴이 이제 학생들의 손에 넘어 갔다. 보성고보 4학년 張彩極, 3학년 李鐵, 1학년 한창식, 김홍식, 세브란스 의전 李容尚

---

78) 이희승, 1969, <내가 겪은 3·1運動>, 《三·一運動50周年紀念論集》. 東亞日報社. p. 405.
79) 위와 같음.
80) 위와 같음.
81) 위와 같음.
82) 위와 같음.

등은 "시내에 하등 통일성 없이 간행되고 있는 <독립신문>기타를 통일하여 간행하기 위하여 李容尙, 金裕寅, 한창식은 간부가 되어 원고 제작 기타를, 김홍식은 인쇄 배포를, 장채극, 이철은 원고 담당자와 김홍식 사이의 원고 수수를 담당하기로 하고 4월 초부터 제17호를 시작으로 하여 매일 또는 격일 또는 4, 5일만에 한 번씩 인쇄 발행하여 23호에 이르렀다.[83] 이 신문의 원고는 趙敏彦이 제공하고 서울 시내 각 곳에서 대규모로 다수 인쇄 발행한다는 계획하에 진행되었다.[84] 이 함경북도 경성군 주북면 출신으로 귀향해 있던 보등고보 4년생 全玉玦이 상경하여 합류하자 이들은 인쇄 발행 담당자로서 김홍식 외 각 중등학교 대표인 경신학교 康禹烈, 중앙학교 崔錫仁, 배재고보 金炳鎬를 인쇄 배포에 참여 시켰다.[85] 그리하여 4월 26일까지 24 - 27호까지의 원고를 조민언에게서 받아 가지고 인쇄 담당자에게 교부, 인쇄하여 시내 각 곳에 배포하였다.[86]

또한 이들 장채극, 전옥결, 이철은 4월 중순부터 김사국, 김유인의 권유를 받아 국민대회의 실행 방면의 담당을 맡아 4월 17, 8일경 <임시정부 선포문>, <임시정부령 제1호·제2호>를 번각 배포하기 위해 중동학교 고등과생인 尹佐珍에게 의뢰하여 그의 소유 등사판으로 위 2종의 인쇄물을 1장에 정리하여 약 1,500매 등사하고 4월 23일 이를 서울 四大門으로부터 시내에 배포하였다.[87]

<조선독립신문>이 언제까지 발간되었는지 정확히 알 수 없으나, 그해 8월 하순까지는 계속되었으며, 일제 무단통치하에 금단시 되어 왔던 민족 언론 활동에 하나의 신기원을 이루었다. 이후 <國民會報>, <新朝鮮新

83) ≪재판기록≫, p. 78.
84) 위와 같음.
85) 위와 같음.
86) 위와 같음. <조선독립신문>은 6월 22일까지 제36호를 발간하고 8월 12일에는 제40호, 8월 15일에는 제41호, 20일에는 제42호를, 8월 21일에는 제43호를 발간하였고 8월 29일에는 國恥 특집호도 내 놓았다. (鄭晋錫, ≪韓國言論史硏究≫, 1983, p. 112)
87) ≪재판기록≫, p. 81.

聞>88), <自由民報>89), <國民新報>, <국민신문>등이 잇달아 나오게
되었다.

<國民會報>는 고보 3년생인 최윤창이 3월 5일 성명 미상의 사람에게
서 받은 것을 등사기를 사서 50여 통 등사하여 서대문 밖에 배포하였다.90)
<新朝鮮新聞>(또는 新朝鮮新報)는 3월 2일 전남 광주에서 상경하여 3월
5일 학생단 시위에 참여한 예수교 장로파 전도사 崔興琮(39세)이 인력거를
타고 시위군중에게 배포한 것이다. <自由民報>는 중앙학교 4학년 崔碩
寅, 柳淵和, 경신학교 중등과 4학년 金昌珍, 경성고보 2학년 全景錫, 중등
야학교 초등과생 姜鳳錫, 무직 白光弼, 李運衡 등이 제작했다. 유연화가 논
설과 배포를, 최석인이 기타 기사를 작성했으며, 1,000매 씩 등사판으로
등사하였다.91)

裵雲成, 金海龍이 4월경부터 10월에 걸쳐 <자유민보>와 <혁신공보>
를 발간했다. 내용은 "조선민족 독립운동에 찬동하여 함께 이를 원조하여
조선독립의 목적을 수행하라"는 취지로서 배운성 등이 보통학교 소사인
徐大順(26세, 京城 水下町)의 소사실에서 등사기로 <자유민보> 약 2,000
매, <혁신공보> 약 3천매를 인쇄하여 배포했다.92) 李日宣이 발간한 <국
민신보>는 4월 중순 제1호에서 8월의 제26호까지 간행되었고, 8월 28일
에는 국치기념 특별호도 발간했다.93) 이일선은 당시 26세로 남대문 세브
란스병원에 근무하면서 일부는 스스로 짓고 나머지는 그가 입수한 문서를
토대로 하여 각각 1회 300여 매씩 등사기로 인쇄하여 낮에 사람 왕래가 빈
번한 종로통이나 동대문 부근 각 민가에 배포하였다.94)

---

88) 위 책, pp. 74~75.
89) 위 책, p. 243.
90) 위 책, pp. 235~236.
91) ≪재판기록≫, p. 243.
92) 위 책, p. 265.
93) 위 책, p. 255.
94) 위와 같음.

서울에서 <조선독립신문>이 발간되어 전국에 배포되자 전남 광주에 서는 이를 본따 3월 13일 <조선독립신문>과 <광주신문>이 발간되었 다. 이것은 광주군 효천면 양림리 濟衆院 會計 黃尙鏑(29)가 제중원 간호원 과 제약사와 함께 제작한 것이다. 그는 3월 10일 金福鉉, 金剛 등이 조선독 립선언서를 배포하며 숭일학교, 소피아 여학교, 공주 농업학교 생도 및 기 타 찬동자 천 수백 명을 규합하여 독립운동을 위해 독립기·태극기 등을 휴 대하고 광주 시내를 누볐다. 이때 많은 군중이 광주경찰서로 연행되자 그 는 많은 한국인에게 독립사상을 고취함으로써 독립을 달성하겠다는 뜻을 품었다. 이를 위하여 윤익선 명의의 조선독립신문 제1호와 제2호를 보고 이를 모방하여 그의 별명인 黃松友 명의로 <조선독립신문>, <광주신 문>을 비밀리 300부(600매)를 등사판으로 출판하여 3월 18일 시내에 배 포하였다.[95] 3월 26일 개성군 진봉면의 李在祿(20세) 청년이 <대한제국 동포신문>, <대한제국신문>, <대한신문>등을 철필과 복사지로 수십 매 복사하여 동리 집집에다 뿌리고 이날 밤 이민 수십 명을 모아 만세시위 를 벌였다.[96] 대부분 이런 지하신문들은 국내외 독립운동 소식과 독립을 위하여 동포들의 분발을 촉구하고 격려하는 내용이었다.

㉯ 격문류를 통한 선전활동

경성고보 3년생이던 朴老英(20세)은 3월 6일 관훈동 경기공전 2학년 金 世龍의 집에 가서 그에게 "이달 3일경까지는 독립에 관한 선동적 격문이 발행되었으나 그 후는 그것을 반포함이 없다. 격문은 인심을 선동하기에 유력한 것이니 이를 발행하여 조선독립운동을 격렬하게 만들 것"을 의논 하여 이에 김세룡이 찬동했다. 원고는 한위건에게 작성하여 달라하여 박 노영, 김세룡, 박수찬은 인쇄를 맡고, 김세룡 박수찬은 발행을 담당하여 이 를 반포했다. 이들은 한위건이 제작한 <동포여 일어서라!>고 제한 문서

---

95) 위 책, pp. 518~19.
96) ≪재판기록≫, p. 543.

를 한양교회에서 사용하는 등사판을 빌려 3월 7일 한밤중부터 이튿날 8일 오후 1시까지 사이에 방재룡, 김한위와 함께 약 800매를 인쇄하고 박수찬 등은 밤을 타서 이를 배포했다.[97]

박노영 등은 이로 인해 구금되었던 것 같다. 바로 이때 격문류를 통한 시위운동의 촉진에 단연 두각을 나타낸 일단의 학생들이 있었으니 배재고보 張龍河 등이 그들이었다. 장용하는 무직인 李春鳳과 더불어 3월 7일 '조선은 독립할 수 있으니 일동은 분기하라'는 취지의 경고문 20여 매 복사하여 3월 7, 8일에 걸쳐 경성부내 각 집에 배포하였다. 그는 다시 <조선민족은 자신을 가지라>는 제목의 <조선독립신문 제16호> 및 <반도의 목탁> 이라는 제목 하에 4월까지 계속하여 격문을 찍어 배포하였다.

경성공전 2학년 梁在恂(22세)과 직물업자 金鎬俊(21세)이 3월 8일부터 11일 4일간 매일 김호준 집에서 제작 배포한 <覺醒號回報> 또한 이러한 활동의 대표적인 것의 하나이다. <覺醒號回報>제1호의 내용 조선의 독립은 누구도 방해할 수 없는 일로서 모든 동포는 이에 적극 참여하라는 내용이었다.

2천만 동포여! 이제야 깊은 밤의 꿈속에서 깨어났다. 10여년 간 고생하고 참은 번뇌는 지금 개방되었다. 조선독립은 세상의 공도요 인류사회의 정칙(正則)이다. 누가 감히 이를 방해할 것인가? 활발 용감한 우리 3천리 강산 2천만 동포여! 태극기를 손에 들고 활동하라. 늙은이와 어린이도 이끌고 조선독립운동에 출동하라. 가만히 있는 자는 천벌을 면할 수 없을 것이다.[98]

제3호, 제4호가 계속 80매 가량 배포되었는데, 제4호의 내용 속에는 천부인권으로서 자유의 원리와 천리에 부합하는 행동은 실패하더라도 고매한 절개로 영원히 남는다는 주장을 펴며 시위운동을 고무했다.

---

97) 위 책, p. 125, 169.
98) ≪재판기록≫, p. 168

자기가 나면서 받은 자유를 남에게 양도하고 노예가 된 자는 멸망하는 소이이다. 행동이 천리에 부합한다면 그 사업이 비록 실패한다 하더라도 강정(剛正)한 기개와 고매한 절개는 천지와 더불어 영원할 것이다. 제군은 생명을 안전하게 하려면 체면과 지위를 안전히 하여 각자 분발하라. 건국 4252년[99]

여기에 檀紀를 사용함으로써 또한 독립의식을 나타내었다. 이외에도 중앙학교 4학년 鄭敏英이 배포한 조선학생에 대한 압제를 고발하는 <우리동포여!>(3. 7)[100], 자치론을 배격하고 완전 독립을 주장하는 중앙학교 4학년 최석인 등의 <경고문>[101](3월 하순), 조선약학교생 姜日永, 金用熙 등의 상해동포와 호응하여 시위할 것을 촉구하는 <경고문>[102] (3.27~28경), 민족자결과 조선독립을 촉구하는 같은 중앙학교 최석인, 유연화 등의 <자유민보> 1~5호[103] (4월 1일~중순) 등의 격문이 잇달았다. 이중에서 최석인 등의 <경고문> 내용을 보면 자치론을 배격하고 완전 독립국 만이 우리의 목표임을 분명히 하는 것을 볼 수있다.

근래 조선인 유지자 사이에서 출판 언론 자유를 주고 조선에 대하여 식민지 이름을 삭제하고 대의사를 제국(일본) 의회에서 선출케 하며 헌병제도를 폐지할 것을 요구하여 이것이 채택되는 것으로 만족하는 자가 있으나, 우리들은 이들의 말에 현혹됨이 없이 단연코 이 기회에 조선을 일본통치 하에서 떠나 완전한 독립국이 되게 하지 않으면 안된다. 이를 위해서는 최후의 1인에 이르기까지 분투할 각오를 하지 않으면 안된다.[104]

이 밖에 예수교 전도사인 李秉周가 3월 4일 배재학당에서 각 전문학교

---

99) 위와 같음.
100) 위 책, p. 237.
101) 위 책, p. 243
102) 위 책, p. 78
103) 위 책, p. 243
104) 위 책, p. 243

학생 40명과 함께 회합하고 <조선국민학생단>, <불법행동 아닌가> 등의 제목으로 원고를 작성하여 수백 매씩 등사하여 시내에 배포하였다.[105]

학생, 기독교를 중심으로 한 종교 지도자, 교사들이 중심이 되어 일어난 3월 8일의 대구 만세시위 이후 대구를 비롯한 김천 등지의 운동은 학생들이 중심이 되어 宣傳運動, 官公吏 사퇴권고, 상인 철시 촉구의 방향으로 운동이 나아갔다. 이러한 방향의 운동을 지속적으로 추진하기 위하여 彗星團이라는 비밀결사를 조직하였다.[106]

3월 하순에 접어들면서 이러한 격문류의 발간이 지방의 일반인에게로 확산되어 갔다. 3월 22일 전북 금산군 근산면 상옥리의 김용술(21세 농업)과 衙仁里의 任勝煥(20, 농)은 3월 22일 <금산 경고>라는 제하에 "동포 청년은 이들 간흉한 적자의 행동을 본받지 말고 인도를 주장하여 압제정치하의 금수생활을 모면하고 독립적 자유활동을 하겠다는 뜻이 있는 동포는 오늘 하오 2시 반 장터로 나와 함께 행동하자"는 내용을 등사판으로 밀어서 장터로 나가 배부였다.[107]

경남 진주군 금곡면 동례리 면서기 김영재(40)와 근산면 가방리 농업 이교륜(23)은 3월 22일 진주면 문안동 여관 이치선의 집에서 독립운동을 촉구하는 <조선독립의 글>등의 문서를 작성 배포하였다.[108]

통영군 연초면 다공리 농민 권오진(21)은 <조선국민 독립단 경고문>을 50매 인쇄하여 3월 27일 통영 시중에 반포했다. 이 경고문에 <통영군 대한국 독립단> 명의로 되어 있었다.[109]

申泰允(36)은 곡성 보통학교 부훈도로서 3월 25일 자택에서 "아 곡성의 제군들이여, 뜻을 굽히지 말고, 오인도 대한인인 바에야 이 기회를 놓치지

---

105) 위 책, p. 117
106) 위 책, p. 456-458, ≪독립운동사≫제3권, 347-356면, 및 박걸순, <3·1運動期 國內 秘密 結社運動에 대한 試論>, ≪한국독립운동사연구≫2, 1988, pp. 185-187 참조
107) 위 책, p. 1514.
108) 위 책, p. 1248.
109) ≪재판기록≫, p. 1242.

말고 분기하라! 오인도 제군과 함께 궐기할 것이다."는 <격문>을 20매 작성, 배부하였다.110)

3) 학생층 주도 시위운동의 성격

3·1운동에 있어 학생층의 운동 전개과정은 1) 학생 민족독립운동의 계획, 2) 계획단계에서 민족대표와 합류, 운동의 단일화 이룩, 3) 3월 1일의 민족대표 계획변경으로 시민학생의 별도 시위운동 시작, 4) 학생단 시위의 조직과 전개, 5) 시위의 한계와 역량의 확대를 위해 대중(노동자, 상인)과 연계, 6) 선전활동, 7) 지방전파 및 지방시위 주도 등으로 이루어졌다. 학생 3·1운동은 대체로 이와 같이 초기 발발과정과 대중화과정의 사이에 놓여 있었다.

학생층의 시위운동은 초기 시발단계에서 서울에서부터 운동의 한계에 부딪히기 시작하였다. 운동의 조직적 기반이 약함으로 인하여 시위가 일회적, 단기간의 만세시위로 그치고 지속적인 저항으로 이어지지 못했다. 학생들은 그들의 힘을 조직화하여 3월 5일 학생단 시위를 이루어 냈지만 일제의 탄압과 휴교령 앞에서 계속할 수 없었다. 그들은 투쟁의 지속화라는 과제를 위해 대중과의 연결자 역할을 자임하면서 지하신문, 격문류를 발행, 배포하는 선전활동에 눈을 돌리지 않으면 안 되었다. 즉 운동 엘리트들이 대중의 힘을 깨닫게 된 것이다. 이러한 선전활동에서 주목되는 몇 가지 점을 정리하면 다음과 같다.

첫째, 3월 1일 천도교를 중심으로 한 민족대표 진영에서 운동의 대중화를 위해 계획한 <조선독립신문>을 발간했다. 이를 시작으로 지하신문 또는 격문류는 민족대표와 대중 사이의 간격을 이어주는 수단이 되었다. 또한 3월 5일의 서울 학생단 시위 이후 시위운동의 지속과 발전이 벽에 부딪히자 대중의 참여 없이는 운동의 지속이 어렵다는 것을 절감하면서 학생

---

110) 위 책, p. 1523.

층에 의해 선전활동이 지속되게 되었다. 이종린이 체포되자 장종건으로, 장종건을 뒤이어 보성고보생 장채극, 이철, 이용설 등으로 바턴이 이어졌고, 학생들은 인쇄와 배포 조직을 확충해 가며 이 일에 따르는 온갖 위험과 어려움을 극복해 가며 계속해 갔다. 누군가의 손에 의해 적어도 8월 하순의 제43호까지 계속되었던 것으로 확인되는 이 활동은 3·1운동 민족대표의 역할을 이어받아 운동 지도층과 대중을 연결하려는 방향과 그 노력의 하나로 주목되어야 하리라고 생각된다.

둘째, 바로 이 선전활동은 운동의 진행과정에서 학생 시위운동의 한계를 인식하고 대중의 존재를 새롭게 인식하였음을 반영한다. 그리하여 <조선독립신문> 제3호의 유생의 궐기 촉구[111], <노동회보>의 노동자 참여 촉구,[112] 심지어 헌병 보조원까지 조선인으로서 독립운동에 동참을 호소한 것이 그것이다.[113]

세째, 선전활동이 목표로 삼은 것 중에서 납세거부, 상인 철시 등 경제적 측면의 운동에 상당한 비중을 둔 점도 주목된다.[114] 이점은 이 학생 선전활동이 도시적 성격을 가진 점과 무관하지 않다.

네째, 이들 선전물 가운데 당시를 풍미했던 민족자결주의에 대하여 주체적 해석을 내리고 있는 것 또한 주목할 필요가 있다. 3월 15~16일경 발간된 <조선독립신문> 제6호에서 조선은 조선민족의 조선이므로 (열강의 원조에 의해서가 아니라 - 필자) 조선을 조선민족이 자유독립시키는 일은 민족자결주의에 의해 정당하다"는 데에서 그것이 발견된다.[115]

다섯째, 1920년대에 주요한 문제로 등장하는 자치론을 이 시기에 이미 배격하는 논의를 펴고 있는 중앙학교 최석인 등의 <경고문> 내용 또한

---

111) 위 책, 165면.
112) 위 책 223면.
113) 위 책, 276면.
114) <반도의 목탁> 제1호 : "조선인된자는 내지(일본)인에 대하여 세금을 바치지 말라"(위 책, p. 229).
115) 위 책, p. 166.

주목된다.116)

여섯째, 선전활동에 주로 학생들의 참여가 컸으나 종교인, 교사에 의한 것도 있었으며 3월 하순에 접어들면서 미곡상 마차꾼 및 지방상인, 농민, 면서기 등에 의해 이루어진 경우도 증가되어 갔다.

4. 사례검토 Ⅰ - 2 : 경남 창녕군 영산면 시위

1) 지역개관

영산은 대구와 마산의 중간에 위치하며 행정구역상으로 경상남도 창녕군 산하, 이 군의 남부에 있다. 고려시대에 오늘날의 靈山으로 명칭이 바뀌었고, 고종32년(1895) 靈山郡이 되었는데 1914년 일제의 행정구역 개편 때 창녕군 산하 면으로 되었다.117)

영산면에는 九翼·校·東·西·城內·新堤·月嶺·鳳岩·竹紗 등 9개 里가 있고 이 중 校·東·西·城內의 4개 里는 이전의 邑內로서 集村을 이루고 있다.

영산의 인구는 1930년도에 1,402호 7,218명이었던 것으로 보아118) 3·1운동 당시에도 약 1,400호, 7,000명가량이었을 것으로 추정된다. 또한 읍내 4개 리의 경우 약 3,000명이 살았을 것으로 생각된다. 주산업은 농업이나, 폐합전의 군소재지였고, 4개 부락의 집촌을 이루고 있으며, 낙동강 물길을 통한 경남 내륙과의 연결점을 형성하고 있어 일반 농촌지역에 비하여 상업의 비중이 높았다. 창녕군 내에서는 창녕장(3, 8일)과 영산장(5, 10일)이 가장 크고, 그밖에 남지(2, 7일), 마수원(2, 7일), 이방(4, 9일) 등지에 장이 섰으며, 영산에는 상설시장으로 어염전이 있었을 정도였다.119) 영산

---

116) 위 책, p. 243.
117) 昌寧郡誌編纂委員會, ≪昌寧郡誌≫, 1984, pp. 64~66.
118) 위의 책, pp. 532~533.
119) ≪昌寧郡誌≫ p. 504.

장은 영산현 또는 군 시절부터 인근 계성·장마·남지·길곡·부곡 등 창녕군 남부지역 상권의 중심이었고 영산 주민들의 상업활동 또한 활발했던 것으로 보인다.[120]

이곳에는 일제시대에 면사무소, 순사 주재소, 우편소, 연초 판매소, 금융조합 등의 관공서와 조직들이 있었다. 문화 교육 시설로는 校里에 영산향교가 있고 신식 교육기관으로 영산공립보통학교가 있었다.

1908년 4월 15일 세워진 私立慶明校는 1913년 3월 23일 4년제 영산공립보통학교로서 식민지 초등교육기관이 되었다. 일인 교장 東一하에서 학생들은 日語·修身·作文·算術과 군대식 교련을 배웠으며 ≪일어정선대해≫를 낭송·암기하는 데 주력했다. 이들 학생들은 졸업 후에는 면서기 같은 하급 관료로 진출했으며, 당시 지역사회에서는 일본말을 아는 이들 교사와 학생들을 "개화군"으로 불렀다.[121] 영산공립보통학교는 경명학교 수료생을 4학년으로 받았다. 이듬해인 1914년 3월 8명의 제1회 졸업생을 내면서 계속해서 3·1운동 때까지 제2회(1915) 14명, 제3회 (1916) 13명, 제4회 (1917) 17명, 제5회 (1918) 19명 등 93명의 졸업생을 냈다. 이들 가운데 특히 제1~4회 졸업생들이 3·1운동을 비롯한 그 후 1920년대의 농민운동·사회운동에서 지도적 역할을 했다.

일제의 침략에 대항하여 전국이 의병으로 들끓을 때 창녕지역에서는 이 방면에서 愼庵 盧應圭가 1896년 2월 진주에서 의병을 일으켜 진주성을 점령했고, 乙巳의병(1905) 때는 淡洲 盧昇容이 그의 스승 愼庵을 따라 기호지방으로가 崔益鉉 의병에 투신했지만[122] 영산면에서는 의병운동에 참여한 인사로 알려진 이가 없다.

기미년 당시 읍내 4개리의 최대 지주는 辛廷植으로, 천석꾼이었다고 하

---

120) 인근 의령·창녕·함안·밀양장에 영산사람 아니면 시장이 되지 않는다는 말이 있었다 한다.

121) 朴濟勳, 1968, <開校 당시의 모교와 영산지방>, 영산국민학교, ≪靈山—開校 60周年記念誌≫, pp. 29~31.

122) ≪昌寧郡誌≫ pp. 128~131.

고, 그밖에 500석을 가졌다는 구철서, 남재희, 황태수 등의 지주가 있었다.[123] 읍내 4개리 지역이 대규모 농장을 할만한 평야지역이 아닌 까닭에 이 지역을 중심으로 대규모 농장이 발달하지는 못했던 것 같다. 이 지역에 들어와 있었거나 토지를 소유하고 있었던 일인들은 다음 표<4-3>과 같다.

일본인 토지소유자들의 목록을 보면 우선 영산이라는 작은 지역에 東拓외에 28명의 일본인들이 토지를 소유하고 있는 것을 볼 수 있다. 일본인 토지는 모두 89,000여 평에 이르러 필자가 조사한 합천군 상백면(없음), 기회면(없음)과 대조를 이루며, 함안군 함안면(17명 24,722평), 안성군 원곡면(3인 14,611평) 등지와 비교할 때도 면적에서 약 4~6배 정도 많고, 토지소유자의 수도 1.6배에서 9배에 이른다는 것을 알 수 있다. 일인들이 소유했던 토지는 다른 지역의 큰 농장의 일부이거나 이 지역 관공리 또는 거주 영업인 소유의 소규모 토지가 많았던 것 같다.

읍내 4개리에 東拓이 16,115평의 토지를 갖고 있었고, 關口農場 땅이 12,362평, 迫間農場 땅이 5,603평, 松下定次郎 소유가 10,425평, 그리고 秦泉寺愰龜 농장의 일부도 이 지역에 있었다. 농장을 경영하는 이외의 일인들은 대개 보통학교 교장, 교사, 연초판매소장, 우편소장, 주재소 순사, 금융조합 이사, 연초조합 이사 등의 관공리가 대부분이었고, 과자점, 잡화점, 여관 등을 경영하는 민간인이 3명 있었다 한다. 이지역의 상업중심지적 성격에 의해 보통 면소재지에서 볼 수 없는 다양한 기관과 영업자들이 진출해 있었던 것을 볼 수 있다.

---

123) 읍내 4개리 대토지 소유자 상황을 보면 다음과 같다.

성 명	田	畓	垈	기 타	계	비 고
구철서	588	10,439	76		11,103	대구부　서천대전정
신정식	10,796	39,785	1,051	2,084	53,716	
남노희	5,816	8,271			14,087	서·죽사리만 조사
황태수	3,255	6,767			10,022	〃

<표 4-3> 영산지역 일인 토지 보유 상황

姓名	田	畓	垈	기타	계	비 고
東洋拓植(株)		16,115			16,115	주로 죽사리
關口良一	1,693	10,669			12,362	南旨
松下定治郎		469			469	밀양군 부곡면 가곡리
大原三用		156			156	서리
福本久三郎	1,445	1,734	67		3,246	성내리
八代谷粂吉			50		50	월령리
大倉琴二			44		44	
團酪角太郎	88		61		149	
山蘿林平	762		104		866	창녕읍 교하리
角南一郎			487	570	1,057	
霜降松次郎			644		644	
松井榮太郎	5,161	2,476	445	170	8,252	
片岡忠義	149		420		569	연초판매소장
加蔗平八郎	441		117		558	영상국교장
佐藤豊介	1,827	1,502	153		3,482	
奥田徹夫	1,095		98		1,193	과자가게
本村又雄	379				379	영산여관
廣瀬三郎	4,802	3,015	143		7,960	경북 자인군
官崎挪德			71		71	창녕읍 교하리
福齋祭一			191		191	
下材芳藏			16		16	
片脚利雄	1,008	1,449	37		2,494	성내리
北村芳吉			155		155	
林喜兵衛			149		149	서리
松下定治郎	10,225		200		10,425	
河合政之輞			16		16	남지
松原龜治郎	645	1,822			2,467	
迫間慊太郎		5,603			5,603	
秦泉寺愰龜	3,255	6,767			10,022	
계	32,975	51,777	3,668	740	89,160	

자료 : 昌寧郡所藏 ≪土地臺帳≫

2) 3·1운동의 전개

(1) 23인 결사대의 시위운동

영산의 3·1운동은 3월 13일에 일어나 그달 말까지 계속되었다. 경남지역에서는 함안군 칠북 이령리의 3월 9일 시위에 이어 가장 빠른 시위에 속한다. 시위는 23인 청년결사대의 시위와 이를 이어받은 보통학교 학생들의 시위의 두 단계로 나누어진다. 그 시위의 전개과정을 <판결문>과 영산3·1독립운동유족회에서 낸 ≪烽火 – 靈山3·1獨立運動小史≫를 중심으로 살펴보면 다음과 같다.

시위운동은 영산 출신으로 영산공립보통학교를 제1회로 나온 具中會(당시 21세, 천도교인)로 인해 비롯되었다.[124] 그는 서울 보성고등보통학교에 2학년으로 편입하여 1917년에 졸업한 후 서울에 머물고 있으면서 천도교계 인사들과 가까웠다. 그는 중앙의 3·1운동 준비 단계에서 접촉을 갖고 지방의 동시 호응을 위하여 고향에 내려와서 동지를 모으게 되었다. 그는 먼저 金秋銀, 張振秀의 찬동을 얻은 뒤 이들과 함께 영산 읍내 4개 리를 중심으로 그 주변 죽사리·桂城面 明里 등지에 사는 청년들로써 동지를 규합한 후 서울로 올라갔다. 그는 서울에서 최린을 비롯한 천도교 지도자와 학생대표들을 만나 이 고장의 상황을 이야기하고, 여러 가지 지시와 함께 경남 의령, 밀양, 창녕 등지에 독립선언문과 독립신문을 전달할 책임을 맡아 2월 23일 귀향했다.[125]

---

124) ≪烽火≫에는 具中會가 당시 보성고보 학생으로 되어 있으나 그는 1914년 2학년으로 편입, 1917년 3월에 그 학교를 졸업했다. (보성고보, <학적부>).

125) 그는 천도교인으로서 1917년 3월 보성고보 졸업 후 귀향하지 않고 서울 근교 시흥 부근에 있는 농장 등에서 寄食하며 지냈다고 하는 것으로 보아(具滋鎬 증언) 생업에 종사하기보다는 우국청년으로서 자신의 진도 모색과 더불어 여러 사람들과 접촉하는 생활을 했을 가능성이 있는 것으로 보인다. 또한 독립선언서는 일반적으로 2월 27일 인쇄된 것으로 이야기 되고 있으나 <默庵 李鍾一 備忘錄>, ≪韓國思想≫, 19, 1952)에 의하면 실은 2월 20일경부터 찍기 시작하여 2월 24·25일경 먼 지역 천도교 교구에 우선적으로 발송하였다는 것으로 보아 이때 창녕·밀양·의령지역에 전할 독립선언서를 받아 내려온 것이 아닌가 한다. 그렇다면 그의 귀향일자는 2월 24·25일경일 수가 있다.

이후 밀양, 의령지역과 연락을 통하고 500매 가량의 태극기와 큰 깃발
등을 준비했다.[126] 3월 11일 밤 이들은 具中會의 사랑에 모여 24명의 결사
대를 조직하고 다음과 같은 선서문과 서약서, 투쟁방법을 채택했다.

㉮ 결사대 명단

具中會	南慶圭	具判珍	權在守(點同)
金秋銀	李守哲	金贊善	金斗榮(杜榮)
張振秀	朴道文	徐點守	金今榮
河銀浩	林昌洙(秀)	具昌書(判執)	崔奉用
河靈圭	朴重文(勳)	張定秀	具南會
趙三準	李琪錫	辛泳洛	河贊源[127]

㉯ 선서문

一. 今日 吾等의 獨立運動은 오직 自主的 精神을 發揮할 것이요 결코 排
他的 感情으로 逸走하지 말 것.

二. 本運動은 秩序를 尊重하고 吾等의 主張과 態度를 公明正大하게 할
것.

三. 二千萬 生靈의 福祉와 祖國光復의 實現이 吾等의 一擧手一投足 에
있다는 大理想과 矜持를 가질 것.

朝鮮開國 四二五二年

己未 三月 十三日 陰二月 十二日

靈山地方 代表

㉰ 서약서

一. 朝鮮民族代表 三十三人의 獨立宣言書에 依하여 朝鮮開國 四二五二年 三
月十三日에 靈山 地方代表 二十四名은 獨立運動을 展開한다.

---

126) 金判國 증언.

127) 河鳳柱·曺星國, 1979, 앞의 책, p. 47; 독립운동사편찬위원회, 1972, 《독립운동사자료집》
5, (3·1운동 재판기록), p. 1226~1229

二. 今日 吾等의 獨立運動은 民族自決主義 原則下에 獨立主權國을 戰取한다.

三. 吾等의 獨立運動은 崇高한 精神과 決死的인 鬪爭으로써 寸步도 退步하지 말며 最後一人 最後一刻까지 繼續한다.

이의 目的을 達成하기 爲하여 決死隊를 組織하고 署名捺印함.

朝鮮開國 四二五二年 三月 十三日

(隊員 署名 捺印)

㉣ 투쟁 방법

① 당일은 왜경의 눈을 피하여 이곳 남산에서 開春會의 형식으로 일을 시작한다.

② 태극기는 具昌書의 책임 아래 제작하고 군물[農樂]은 趙三準이 준비하며 大旗는 李守哲이 책임 제작하여 숨겨 두고 일반 군중이 사용할 태극기도 비장한다.

③ 大旗는 결사선봉대의 도착과 함께 한길가에 세워 신호로 삼는다.

④ 시장 중앙에 壇을 모아서 군중을 모이게 한 다음 독립선언서와 선서문을 발표한다.

⑤ 결사대를 선두로 하여 시위행렬을 한다. 그러나 질서정연한 행동으로서 폭력 따위는 삼가 한다.

⑥ 두번째의 시위는 계속하여 昌寧으로 향한다.

⑦ 세번째의 시위는 南旨로 하되 이는 각 市日 마다 행한다.

3월 13일 오후 1시 개춘회를 표방하고 결사단원 중 하찬원을 제외한 23인이 남산에 모여[128] 이 운동에서 일보라도 퇴각하는 자는 다른 단원으로

---

128) 이들이 남산에서 일을 시작한 것은 남산이 동네 가까이 병풍처럼 있어서 전부터 보막이 사람 동원할 때나 잃은 물건을 찾을 때 그 위에서 洞丁이 소리를 외쳐 동리인에게 육성방송(?)을 했을 정도로 동리인의 이목을 모으기 좋았기 때문으로 보인다. (≪靈鷲說話≫, pp.

부터 생명을 빼앗긴다는 의미로 決死團員盟誓書에 서명했다.[129]

決死團員盟誓書(1919)

금일 吾等이 독립운동을 전개함은 조선 민족대표 33인 독립선언서를 절대 지지하고 중앙에 호응하여 완전한 독립 주권국을 戰取하자는 데 그 목적이 있는 것이다. 그러므로 오등은 정의를 위하여는 물불을 가리지 않을 것이며 대한 독립을 한사코 전취할 것을 맹세하고 이에 서명 날인 함.[130]

그 후 구중회가 독립선언서를 낭독하고, 미리 준비한 태극기를 휘두르며 농악대를 앞세우고 일제히 "대한독립만세!" "약소민족 해방 만세!"를 외쳤으며, 소년 전진가를 부르며 시위운동을 시작했다.

징과 북소리, 일경의 저지를 물리치는 와자지껄한 소동에 동민들이 모여들었고, 이 기회에 각각 가슴에 간직하였던 태극기를 동민에게 나누어주며 독립만세를 외쳤다. 시장터에 다다른 대원들은 준비된 단 위에 올라서서 온 시장의 군중을 향하여 다시 독립선언서와 결사대의 선서문을 낭독했다. 여기서 "대한독립만세"라고 쓴 旗 4~5십 개를 배부하고 이를 휘두르며 독립만세를 계속 외치면서 오후 6시까지 6~700명의 시위대가 영산면 읍내를 누비며 행진하다가 해가 저물어 해산을 선언했다. 그러나 흥분한 군중들은 해산을 거부했다. 대원들이 계속 해산을 종용하고 구중회가 독립에 대한 연설을 하여 군중을 간신히 진정시켜 돌려보낸 다음 결사대원들이 다음날 계획을 세우고 있을 때 창녕경찰서에서 일경들이 자동차 2대로 들이닥쳐 장진수, 남경명을 붙잡아 갔다. 나머지 대원들은 비밀 장

133~141 참조).

129) 이들이 거사 당일 다시 결사단원 맹세서에 서명하게 된 데에는 처음의 24인 결사대원 중의 하나였던 하찬원의 이탈 때문이었던 것으로 보인다. 하찬원은 처가가 있는 咸安으로 가 그곳 함안읍내시위 중에 총상을 입고 붙잡혀 2년 형을 살았다.

130) 獨立運動史編纂委員會, 1971, ≪獨立運動史≫(3), p. 229; 독립운동사편찬위원회, 1972, 위 책, p. 1228.

소로 피신하였다가 저녁 8시경 다시 남산에 모여 영산읍내 시위를 재개했다. 이때엔 장구가 동원되었는데, 만세소리와 장구소리에 영산주민들이 모여들어 군중시위로 번져 갔다.

시위대는 영산에서 12km 떨어진 창녕경찰서로 향했다. 그러나 영산에서 4km 떨어진 계성교에서 일경의 저지를 받아 해산당하고 구중회가 체포되었다.

이튿날인 3월 14일(음 2월 13일)은 창녕장날이었다. 오후 5시경 나머지 대원들은 장꾼으로 가장하고 일경과 군청 직원의 저지를 피하여 창녕에 집결하는 데 성공했다. 그러나 창녕에는 장꾼들의 모습이 눈에 띄지 않았다. 이날이 장날이었음에도 경찰서에서 미리 破市하여 두었기 때문이었다. 이들은 그럼에도 대한독립만세를 외치고 나섰다. 그러나 창녕 주민들의 반응은 냉담했다.[131] 전혀 그곳 주민들의 호응을 얻지 못한 상태에서 이들은 구금된 동지들의 석방을 요구하며 창녕경찰서로 돌입했다가 육탄전 끝에 뒷일을 위해 빠져 나온 3명을 제외한 나머지 대원 전원이 구금되고 말았다.[132]

(2) 학생대원의 시위운동

23인의 결사대가 다 붙잡혀 들어가자 영산 보통학교 학생들이 일제히 일어났다.[133] 이들은 영산의 보림이라는 곳에서 다음과 같은 강령을 채택하였다.

강령
① 영산보통학교 학생은 모두 참가한다.

131) 창녕은 영산과는 대조적으로 단결이 잘 안된다고 한다.
132) 나머지 3명도 곧 구금된 것으로 보인다. 독립운동사편찬위원회, 1972, 위 책, pp. 1226~1227.
133) 이때 영산보통학교에는 3월 25일경 4학년 21명이 졸업했고, 나머지 1학년 26명, 2학년 13명, 3학년 13명이 있었다.

② 운동의 지휘는 4학년이 맡는다.[134]

③ 다른 면과 긴밀하게 연락을 해서 영산장날에 모이는 군중으로 하여금 함
께 시위하도록 한다.[135]

또한 다음과 같은 내용의 결의문을 통과시키고 곧 동맹 휴학에 들어갔다.

① 우리들은 독립운동을 끝까지 할 것을 맹세하며 강금된 대원들을 구출하는
데 전력을 다 한다.

② 우리들은 결사대의 뒤를 이어 이 운동에 목숨을 내어 놓는다.

③ 우리의 운동을 방해하거나 우리를 배반하여 당국에 기밀사항을 밀고하는
반민족적인 분자가 있을 때는 이를 가차없이 몰아 내고 그들 분자와 통
하지 않는다.

④ 우리는 학교 수업을 거부하고 동맹휴학을 단행한다.[136]

이때의 영산보통학교에는 4학년 21명이 3월 25일경 졸업하여 나머지 1
학년 26명, 2학년 13명, 3학년 13명 등 모두 52명의 학생이 있었고, 시위는
4학년 올라갈 학생들이 주도한 것이었다.[137]

이날이 3월 26일(음 2월 25일)로 영산 장날이라 이들이 대열을 갖추어
보림에서 영산장터로 나아가자 장꾼들이 일제히 학생들의 시위에 합세하
여 그 기세가 치열하였다. 일부 군중들은 일본인 상점을 습격했다. 일경이
총칼을 휘두르며 공포를 쏘아 시위군중을 해산시키고 학생 5명을 잡아 갔
다. 많은 부상자가 생겼다. 시위대열이 무너지자 학생들은 다음날의 행동

---

134) 4학년 진급 예정자를 말함.

135) 河鳳柱·曺星國, 1979, 앞의 책, p. 54.

136) 위 책, p. 56.

137) 이들 주도학생들은 金桂運, 黃任權, 朴法容, 林鳳和, 黃點伊, 河浩龍, 姜用守(桂秀), 河
洛源, 劉甲龍, 辛學文, 河鳳柱, 金養元, 南斗業이 4학년 진급 예정의 학생들이었고, 그
밖에 郭任俊, 李基文, 車二水, 具玉敦, 郭二京, 禹元石, 奇二鳳, 河重浩, 金且守福이
주도적 역할을 했다.

을 위해 다음과 같이 계획하고 결의했다.

① 감금된 동지를 구출하기 위하여 내일 오전 9시 창녕에 간다.
② 왜경의 눈을 피하기 위하며 한두 사람씩 헤어져서 원(院)을 거쳐 명리 뒷산에 모인다.[138]
③ 명리 뒷산에서는 산을 타고 나가면서 신당(新堂)[139] 뒷고개를 빠져 큰 길로 창녕으로 향한다.
④ 창녕 입구에 이르면 <애국행진곡>을 부르며 태극기를 꺼내 들고 경찰서로 돌진한다.
⑤ 경찰서에 이르면 그곳을 포위하고 "대한독립만세"를 외치면서 "우리의 애국 청년을 석방하라"는 구호를 부르짖는다.
⑥ 왜경이 발포하는 한이 있더라도 목적을 이루지 않고서는 물러서지 않는다.
⑦ 하급생의 동원 연락은 황임권이 죽전(竹前)과 도천(都泉)방면을, 임봉화가 毛里와 於萬방면,[140] 이기문이 桂城 방면, 하봉주가 영산읍내를 각각 맡는다.[141]

　3월 27일, 전날의 결의대로 창녕으로 출발했으나 신당 뒷산을 빠져 나을 때 일경대에 맞부딪혀 매질을 당하고 창녕군수 嚴衡燮(1918～1920재직)의 회유 연설을 들은 뒤, 키가 큰 학생 4명이 붙들려가고[142] 나머지는 영산으로 도로 쫓겨 와 그중 기이봉, 박법용, 하봉주 세 사람은 영산주재소로 끌려가 주모자를 가려내기 위해 갖은 위협과 손가락 사이에 못을 끼워 비트는 고문을 받은 후 풀려났다.
　이날의 실패가 松原龜治郎이라는 일인의 밀고 때문이라는 것이 밝혀지

---

138) 계성면 명리.
139) 계성면 신당리.
140) 도전면 어만리.
141) 河鳳柱·曺星國, 1979, 앞의 책, p. 54.
142) 김계도, 이기문, 곽이경, 구옥돈.

자 학생들은 군중과 합세하여 그 집으로 밀어 닥쳤다. 그는 도망하고 일경이 다시 총칼로 군중을 해산시켰다.

강금되지 않은 주동 학생들은 흩어진 학생들을 다시 모아 30일 다시 창녕경찰서를 공격할 것을 결의하였으나 일제의 감시와 방해로 실패로 돌아갔다. 그래서 학생들은 전화선을 끊어 경찰본서와의 연락을 지연시키고 일경의 정보원 구실을 한 일인들을 습격하여 몰아내기로 하고 4隊를 편성하여 동시 다발의 공격을 가하기로 하였다.

다음날인 3월 31일 일부 학생으로 하여금 성내리 주변에서 만세를 부르게 하여 일경과 일군을 그곳에 몰리게 해 놓고 제 1대는 우편국을 습격하여 전화선을 절단했다. 제2대는 일인 部板의 집을, 제3대는 秦泉寺滉龜의 집을, 제4대는 奧田徹夫의 집을 공격하여 완전히 성공을 거두었다. 이렇게 그칠 줄 모르고 영산의 운동이 계속되자 탄압도 비례하여 일제 검거, 고문 등이 자행되었다. 굽힐 줄 모르던 이곳의 운동은 지도자를 잃고 계속되는 탄압으로 말미암아 수그러들지 않을 수 없었다.[143]

(3) 일제의 탄압

23인 결사대원은 1919년 5월 8일 부산지방법원 마산지원에서 주도자 구중회, 김추은, 장진수 세 사람은 징역 3년, 나머지 남경명·구남회·구판진·신암우·장정수·구판돈·하은호·서점수·김두영·조삼준은 징역 2년, 박중훈·김찬선·최봉용·이기석·권점동·하운규·김금영·이수철·임창수·박도문은 징역 1년이 구형되었으나 청소년이라는 점 때문에 정상이 참작되어 주도자 3명은 징역 10월의 실형을, 나머지는 8월, 6월에 집행유에 2년을 언도받았으나 검사의 공소 제기로 모두 실형을 받았다.[144]

---

143) 河鳳柱·曺星國, 앞의 책, pp.57~60.
144) 독립운동사편찬위원회, 1972, 앞 책, pp. 1226~1229. 일제의 고문이 얼마나 악랄했는가 하는 것은 형기를 마치고 나온 23인 결사대원이 그 이듬해, 또는 40전후를 넘기지 못하고 사망한 사례가 많은 것에서 알 수 있다. 임창수는 출옥 이듬해 사망하고, 김추은은 35세, 이기적

한편 보통학교 학생들에 의해 시위운동이 끈질기게 전개되자 특히 보통
학교 졸업반 학생에 대해서는 각별히 주시하여 그 이듬해에는 학적부에
操行이라는 행동상황 평가를 하고 있다. 이것이 학생 시위운동과 관련되
어 있다는 것은 1920년 이후 시위사태가 재발할 우려가 없다고 판단되자
그 후로는 다시 위와 같은 평가를 하지 않는 것에서 알 수 있다.[145]

3) 영산시위운동의 특징

(1) 지역의 특성

창녕군 영산은 4개 리의 집촌으로 낙동강 수운과 경남 중부 내륙을 잇는
상업이 발달한 지역이다. 여기에 東拓외에 28명의 일본인들이 영산이라는
작은 지역에 토지를 소유하고, 그 면적은 89,000여 평에 이르러 합천군 상
백면(없음), 기회면(없음)과 대조를 이른다. 함안군 함안면(17명 24,722평),
안성군 원곡면(3인 14,611평) 등지와 비교할 때도 면적에서 약 4~6배 정
도 많고, 토지소유자의 수도 전자의 1.6배 후자의 9배에 이른다. 즉 영산면
은 3월 하순, 4월 초순에 큰 시위운동을 벌였던 합천·함안·원곡 지역보다
일본 세력이 많이 침투해 있었던 지역이었다.

(2) 추진 주체의 성격

영산 3·1운동 주도자들은 영산의 3·1운동 이후 1920년대 거의 전 기간
을 통하여 청년운동, 소년운동, 농민운동 노동야학 등을 주도했다. 이들 23
인 결사대는 다음과 같다.

38세, 구창서(판돈)은 32세, 신영락은 40세, 최봉용 41세, 김창선 44세로 각각 사망했다.
145) 영산공립보통학교 <학적부>.

성 명	나이	직업	거주지	학력	천도교	형량	비고
구 중 회	21	농업	東里	보성고보	O	10월	
김 추 은	24	〃	竹紗里	경명학교	O	〃	
장 진 수	23	〃	東里	보(2회)	O	〃	
하 은 호	21	면서기	西面	보(3회)		8월	
조 삼 준	24	농업	城內里		O	〃	
남 경 명	23	이발직	竹紗里	경명학교		〃	
구 판 진	23	면서기	校里	보(2회)	O	〃	
서 점 수	17	무직	城內里	보(4회)	O	〃	
구창서(판돈)	20	농업	校里	보(2회)	O	〃	
장 정 수	17	〃	竹紗里	보(3회)		〃	
신영락(암우)	18	〃	東里	보(4회)	O	〃	
김두영(두영)	21	면서기	西里	보(3회)		〃	
구 남 회	18	무직	東里	보(2회)		〃	구중회의 제
하 영 규	27	어물상	〃		O	6월	
이 수 철	20	농업	〃			〃	
박 도 문	20	〃	西里	보(3회)		〃	
임 창 수	22	〃	桂城面 明里	보(4회)		〃	
박중문(훈)	28	소금장수	〃			〃	
이 기 석	26	농업	校里		O	〃	
김 찬 선	21	〃	東里		O	〃	
권재수(點同)	17	〃	城內里	보(4회)		〃	
김 금 영	18	〃	西里	〃		〃	김두영의
최 봉 용	18	〃	東里	〃		〃	제

자료 : 독립운동사편찬위원회, 1972, 앞 책, pp. 1226~1229; 영산공립보통학교,
    <학적부>(비고 : 보(2회) : 영산보통학교 2회 졸업)

이들 영산 3·1운동 23인 결사대는 17명이 경명학교 또는 영산공립보통
학교 졸업생으로 동리에서는 소위 "개화꾼"에 해당하는 청년들이 다수였
다. 이 중 11명이 기미년 당시에 천도교 신자였던 것으로 보인다.146) 이들
은 집촌을 이루고 있는 東·西·校·城內里와 인근의 竹紗里에 사는 청년들

---

146) 3·1운동 당시의 교인여부 추정 : 金判權·曺星國 증언.

이다. 연령은 17세부터 28세 사이로 평균은 21.7세이다. 이들 가운데 3인의 핵심 3인의 당시 경제적 배경을 보면 다음 <표4-5>와 같다.

이를 통해 볼 때 이 지역 3·1 운동의 주체는 20세 전후의 연령에 대체로 보통학교 또는 그 이상의 신교육을 받거나 천도교를 통한 사회·종교적 활동 경험을 가진 청년(장년)들로서, 경제적으로는 결코 有産階層이라 할 수 없는 상황에 있던 사람들이었다.

<표 4-5> 핵심 대원의 토지소유 상황(단위 : 평)

성 명	田	畓	기 타	비 고
具中會	1,309	1,336	잡(묘지) 20,140	부친 具宗書 소유
金秋銀	995	446	垈 46	
張振秀	642	1,326		

자료 : 창녕군청 소장 《土地臺帳》

이들과 천도교와의 관계에서 보면, 기미년 당시에는 경남지방 천도교의 교세가 미미했으며, 경남지방 3·1 운동에 있어서는 서북지방 등과는 달리 천도교가 "주요한 위치에 가담하지 않았다"는 사실이다.[147] 이런 예로 보아 영산의 시위운동은 천도교 주도의 운동이라고 하기 보다는 동리의 신지식층 청년들이 중심이 되어 주도한 것으로 보는 것이 더 타당할 것 같다.

이들의 직업 구성이 농업, 면서기, 이발, 소금장수, 어물상 등이 포함되어 있고 특히 면서기가 3명이나 포함되어 있는 데 이들이 독립운동에 주도자로 나선 점을 볼 때 이들 청년들이 갖고 있었던 민족의식과 일체감이 상당히 높았던 것으로 볼 수 있다. 또한 이천만 생령의 복지와 조국 광복의 실현이 그들의 일거수일투족에 달려 있다는 의식과 그들이 영산지방 대표

---

147) 삼천포의 경우 천도교도가 200여 명이 있었으나 일반인들로부터 고립되어 있어서 운동에 앞장선다고 해도 일반의 동조를 받기 어려운 상태에 있었고 한편 일제 관헌의 사찰을 받아 시위 기회를 놓쳤다.(조선헌병대사령부, <조선소요 사건상황>, 《독립운동사자료집》 제6집, p. 611.)

로 자임한 것에서 신교육을 받은 청년층들이 가진 엘리트 의식 또는 先覺
者 의식의 단면을 볼 수 있다.

한편 영산 3·1 운동의 주도자들이 가진 특징 중의 하나는 3·1 운동 이후
김추은·장진수·구창서 등은 농민운동·청년운동 지도자로서 또는 노동야
학회 운영자 등으로서 지역사회를 위해 일했다는 점이다.[148]

이 시위과정에 유지층이 참여하지 않았다. 대신 지역 내에서 선진적인
청년학생층이 지역사회의 "대표자"임을 자임하면서 시위운동을 주도하게
되었다. 영산사회는 이 때문에 지방사회 전체 역량을 동원하여 면사무소·
주재소를 공격하는 데까지 나아가지 못한 것으로 보인다.

(3) 의식

결사대원들의 선서문과 서약서를 토대로 영산 3·1 운동 주도자들이 가
졌던 이념을 살펴보자면 다음과 같은 점들을 지적해 볼 수 있다.

① 영산의 3·1 운동은 중앙과의 일정한 관련 하에 중앙의 운동을 지지하
면서 중앙의 평화시위라는 '규범'을 준수하며 일어난 것이다. 천도교
인 具中會가 서울의 천도교 지도자와 관련하에 고향에 내려와서 사전
조직을 결성하였고, 영산지방대표를 자임하며 이들의 <서약서>에
"朝鮮民族代表 33人의 獨立宣言書에 依하여 朝鮮開國 4252년 3月 13
日에 靈山地方 代表 24名은 獨立運動을 展開한다."고 밝혔다.
② 이들의 운동은 중앙에서의 사상적 기조를 수용하여 민족자결주의를

---

148) 구중회는 출옥 후 日本 早稻田大學 고등사범부 영문과를 1926년 졸업하고(이 시기에 영산
유학생모듬 회장이었다) 그해 4월 서울 보성중학교 敎諭로서 1932년 3월까지 봉직하다가
1932년 5월 만주 하얼빈으로 가 5년간 농장을 경영하는 한편 피난 동포 구제사업에 종사하
다 1937년 8월부터 중국 북부 및 중부를 여행한 후 1939년 5월 만주 北安省 海倫縣에서
水田을 경영하며 있다가 1943년 6월 귀국하였다. 해방후 마산중고등학교 초대 교장, 제헌
국회의원에 당선, 헌법기초위원으로 활동했고 6·25 사변 때 납북되었다. (국회도서관, M/F
<國會議員履歷書綴>)

근간으로 하고 있다. 즉 <서약서>제 2조에 "今日 吾等의 獨立運動은 民族自決主義原則下에"라고 하고 있는 데서 그것을 알 수 있다.

③ 시위의 방향으로서 <독립선언서> 공약 3장의 취지를 본받아 <선서문>에서 평화시위의 원칙을 밝혔다. 즉 "결코 排他的 感情으로 逸走하지 말 것"(제1조)이며 "本 運動은 秩序를 尊重하고 吾等의 主張과 態度를 公明正大하게 할 것"(제 2조) 그리고 <투쟁방법> 제 5조에 "결사대를 선두로 하여 시위 행렬을 한다. 그러나 질서정연한 행동으로써 폭력 따위는 삼가한다." 등에서 평화시위의 원칙을 밝히고 있다.

④ 이들이 목표로 한 것은 獨立主權國의 戰取였다. 이들이 중앙의 민족자결주의 이념에 입각하고 있으면서도 독립 청원이 아닌 독립 戰取를 표방하고 적극 투쟁을 선서하며 결사대를 조직하는 등 적극적인 모습을 보이고 있다. 그러나 중앙의 평화시위 '규범'에 충실히 따르려 함으로써 시위운동의 폭발성을 억제하였다.

(4) 시위 양상

먼저 24인 결사대 시위운동의 특징을 보면, ① 24인조 결사대의 조직, 장날 아닌 날의 영산거사에서 볼 수 있는 시위의 조직성 ② 평화시위 ③ 시위 과정에 각종 농악기-북·정·장구·고동-와 깃발의 동원에서 보이는 전통 민속놀이 진행형태를 취한 점 ④ 장날을 이용한 창녕·남지 등지의 확산을 의도함 ⑤ 밀양·의령 등지와 연계 또는 전파를 꾀했다는 점을 볼 수 있다.

뒤이어 전개된 보통학교 학생들의 끈질긴 시위운동은 3월 26일 영산 장날을 이용하여 이 지역 운동이 최고조에 오르게 하였으며 동시다발의 투쟁 전술을 시도하여 성공함으로써 점차 본격적 항일 투쟁으로서의 발전적인 모습을 보여 주었다. 즉 시위의 전개과정에서 보인 일인의 동향에서 민족적 모순이 지역사회 내부에서 부각되어 나타나기 시작했던 것이다.

영산시위는 조직성과 타지방으로 계획적 확산 양상을 보여 주었다. 그러나 영산지방이 갖고 있던 공동체적 유대·단결력으로 보아 좀더 과감한 시위형태가 가능했을 것으로 보이나 23인 결사대가 비폭력 평화시위라는 중앙의 '규범'을 충실히 따름으로써 민중 봉기의 폭발적 성향을 억제한 일면도 있다.

영산의 3·1 운동은 23인 결사대가 구금되고, 그들의 시위 후에도 보통학생들이 주도한 시위가 끈질기게 계속되어 본격적 공세적 항일투쟁으로서 모습을 보여 주려할 즈음에 역시 탄압을 받아 좌절되고 말았다.

(5) 독립운동사상의 위치

"선진적" 의식의 청년들이 중심이 된 영산의 운동은 3·1운동기에는 일제 지배체제의 군사계엄체제, 수탈성, 폭력성에 대해 큰 파괴력을 행사하지는 못하고 일제의 탄압 앞에서 진압되고 말았다. 그러나 그들의 운동은 1919년 3월로 끝나지 않았다. 靈山의 경우 신교육을 접하면서 싹트기 시작한 조그만 민족의식은 3·1운동을 거치면서 민족적 자각에 이르게 되었다. 이 민족적 자각은 그 후 1920년대 초에 들어서면서 3·1운동 주역들에 의해 청년운동·소년운동·천도교운동 등 농민·사회·문화운동으로 발전하였다. 이러한 자각은 민족 내부의 지주·소작간의 모순 앞에서 민중의 계급적 자각으로 이어져 영산소작인회를 조직하여 전국적으로 유명한 농민운동으로 나타났다.[149] 영산소작인회는 지역내 지주들의 횡포에 매우 효과적으로 대응하며 소작문제를 해결하였다. 1927년도의 川崎농장과 같은 수리조합을 통한 대규모 일제농업 침투와 수탈에 대항하여 소작인들을 단결시켜 농장측을 굴복시켰다. [150]

1920년대 중반까지 영산은 영산소작인회를 중심으로 경남 중부지역 농민운동의 중심적 역할을 하였다. 그러나 1920년대 후반 들어 일제의 농업개발이 낙동강변 남지로 중심이 옮겨가면서 영산소작인회에서 활동하는

---

149) ≪東亞日報≫, 1927. 10. 13. (4)
150) 이정은, 1988, <昌寧郡 靈山의 3·1운동>, ≪한국독립운동사연구≫2, p. 161.

李周穆이 사회주의 계통의 南旨正進團을 조직하여 분리해 나갔다. 이것이 낙동강변의 남지를 중심으로 한 창녕농민조합의 경남농민조합연맹 결성 운동으로 나아감으로써 일제 식민지 농업 수탈에 정면 도전하기에 이른다. 여기서 3·1 운동 이후 획득된 계급적 자각과 결집력이 항일운동으로 발전해가면서 사회주의운동이 분화되는 모습을 보여 주었다. 한국 민족운동의 궤적을 영산 지역사회가 보여주고 있는 것이다.[151]

---

151) 위 논문, 1988 참조.

제5장 향촌유지층 주도의 공세적 시위운동

1. 향촌유지층 주도의 공세적 시위운동

　종교계와 학생층이 시위운동의 문을 열어놓자 3월 18일을 전후하여 서울 경기와 경남북에서 새로운 주도층과 시위양상을 보이는 제2의 단계의 시위운동이 일어났다. 이 단계의 시위운동의 특성을 보기 위해 <표 5 - 1>을 통하여 경상북도 영덕군의 예를 보기로 하자. 영덕군의 시위운동은 종교계 주도의 제1단계식의 시위운동과 지역 유지층이 주도하는 제2단계식의 시위운동 양면이 같은 시기에 같은 군 내에서 일어났으며, 이것이 군 내의 지역 특성 차이에 따라 다르게 나타났다. 이는 지방사회의 3·1운동이 지역의 조건과 상황에 의해 다르게 나타나는 것을 보여 주는 좋은 예가 될 것이다.

<표 5 - 1> 영덕군의 주요시위 상황

군	구분	전개 상황				비고
		일시	장소	인원	운동 상황	
영덕	북부	3. 18	영해면	2,000	기독교인과 유림 중심, 주재소, 우편국 등 습격 파괴, 이튿날도 계속	포항 대구에서 일군 도착하자 해산
			병곡면	400	영해면 시위 참여자들이 기독교인 중심, 경관주재소 습격	일경의 출동으로 자진해산
		3. 19	창수면	400	오촌동, 상계동, 신기동 주민들이 곤봉 낫등으로 주재소 습격, 파괴	일본군 1개 분대가 도착 전에 해산
	남부	3. 18	영덕읍내	100	예수교 장로회 교인 50여명 이 중심이 되어 읍내시장에서 시위	일경출동으로 20여명 검거후 해산
		3. 19	지품면		기독교인 10여명 주재소 앞에서 시도하다 체포	경찰에 의해 차단, 해산
		3. 21			유림 60여 명이 동리에서 시위	출동순사에게 검거되고, 해산
		4. 4	남정		기독교인들과 청년유지들이 장터에서 만세시위	순사에 의해 검거 및 해산

자료 : 심상훈, <영덕지역 3·1운동의 성격>, ≪安東史學≫7, 2002.

　영덕군의 생활과 문화권은 구 도호부 관아가 있었던 寧海를 중심으로 하는 北部圈과 일제의 지방행정구역 개편으로 영해군을 흡수하여 군 소재지가 된 盈德을 중심으로 한 南部圈으로 대별된다. 이 두 지역에서 3월 18일 전후로 시위운동이 일어났다. 같은 군내 두지역의 시위 양상차이는 남과 북의 지역적 배경 차이를 반영하며, 이 차이는 또한 3·1운동의 시발기의 평화적 시위에서 공세적 시위가 확산되는 전체 추세의 변화와 맥을 같이 하는 것이다. 군 소재지인 영덕 읍내 3월 18일 시위는 예수교 장로교 계통의 신자들 50여 명이 중심이 되어 100여 명이 읍내 장터에서 평화적인 시위를 전개했다. 3월 19일 지품면 시위도 기독교인, 유림 양쪽 다 10명에서 60명 정도의 동리 시위에서 끝났다. 4월 4일의 남정 시위도 기독교인과 동리 청년 유지들이 주도하는 가운데 소규모 단순한 만세시위로 끝났다. 시위로 옥고를 치룬 사람은 영덕시위로 최고 2년형이 3명, 기타 8명이고, 지품에서는 최고 2년 미만이 5명이며, 남정에서는 1년 이하 2명이었다.[1] 이 남부지역은 비교적 유림 성격의 토착세력이 약한 지역이었다.

반면에 영해를 중심으로 한 북부지역은 기독교인이 토착 유림들과 연결되어 일어났다. 이들의 시위는 주민들을 조직적으로 동원하여 주재소를 비롯하여 우편소, 학교를 파괴하고 공문서를 파기하는 등 격렬한 형태로 전개되었다. 영해시위에서는 피살된 사람이 8명이며, 최고 7년 형을 받은 사람이 3명이나 되었고, 모두 51명이 실형을 받았다. 그밖에 집행유예 28명 등 총 91명이 고통을 받았다. 창수시위에서도 7년형이 1명에 1년 이상 실형 59명, 집행유에 16명 등 82명이 고통을 받았다. 참여자들의 연령도 20대에서 60대에 이르는 분포를 보이고 20·30대와 40대가 주도적으로 시위를 이끌어 갔다. 영해지역 유림들은 국권이 병탄되자 만주로 망명하여 독립운동기지 개척사업에 참여하였고, 독립운동의 주류에 참여해 갔다.[2]

이 지역에서 시위운동을 처음 계획한 것은 1900년대 초반에 이 지역에 들어온 기독교계 인사들이었다. 이들은 교회를 중심으로 시위를 준비하면서 유림세력과 연결하여 추진하였다. 영덕군 8개 시위 중 기독교인 독자 시위는 3곳이며 유림세력과 연합한 곳이 2곳이다. 이것은 이 지역 3·1운동 발발에 기독교의 역할이 컸음을 말해 준다. 다른 한편 종교세력이 시발기의 도회지 시위를 주도했을 뿐 아니라 지방에서도 시위운동을 계획하고 촉발시켰다. 여기에 지역의 유림세력이 연결되자 시위운동이 훨씬 강력하게 진행되는 있는 것을 볼 수 있다. 여기서 주목할 것은 재지 유림들이 시위운동에 합류함으로써 시위운동이 주재소, 면사무소같은 일제 관공서를 습격, 파괴하는 등 아주 강력한 공세적 양상을 보이는 것이다. 이것이 이

---

1) 심상훈, 2002, <영덕지역 3·1운동의 성격>, ≪安東史學≫7, p. 97.
2) 위와 같음.

단계의 시위운동에서 나타나는 중요한 특징이다. 영덕군의 북부지역이 그런 예를 보여 주고 있다. 이것은 시위양상이 지역적 배경과 참여층의 성격에 따라 달라졌다는 것을 보여주는 것이다.

안동지역은 전통적으로 토착세력이 강한 곳이다. 많은 종족마을이 형성되어 있었으며3) 이를 바탕으로 통혼권을 형성하여 친인척으로 연결되는 사회적 관계망이 강하게 존재했다. 1930년대 자료를 보면 안동지역의 30호 이상 종족마을은 안동군 19개 면에 걸쳐 88개나 되는데, 1개 면에 평균 4.6개가 있었다. 안동군내에서 大姓은 1,266호의 안동 권씨이며, 그 다음은 1,220호의 안동 김씨이다. 진성 이씨(528호), 진주 강씨(421호)도 400~500호 이상의 종족이다. 한 면에 가장 많이 모여 있는 성씨로서는 안동읍의 안동 김씨(556호)이다. 같은 읍내의 안동 권씨(457호)가 그 다음이며, 북후면의 진주 강씨(421호), 도산면의 진성 이씨(276호), 임동면의 진주 유씨(250호), 풍남면의 풍산 유씨(230호), 와룡면의 안동 권씨(206호) 등이 한 지역에 집중 분포하고 있다. 종족으로 이루어진 마을의 호수가 가장 많은 읍면은 안동읍(1,296호)이며, 그 다음은 와룡면(1,020호), 북후면(747호), 서후면(551호)이 뒤를 잇는다. 안동지역은 거의 '신앙'에 가까운 퇴계학통으로 연결되어 있으며 지역별로 자리잡은 큰 문중을 중심으로 각기 수준에 따라 혼인관계를 형성하고 있다.4) 따라서 안동지역은 안동이란 地緣과 퇴계라는 學緣과 婚脈이라는 血緣으로 묶여져 있는 특이한 사회였다.

안동이 지닌 경제적인 면에서 특징적인 사실은 <표 5 - 2>에서 보는 바와 같이 지주의 비율이 전국이나 경북지방 평균의 1/3에 불과하고 자작농의 비율도 전국 평균이 20.1%인데 비하여 안동군은 13.4%로 적었다. 그리고 자작 겸 소작의 비율이 48.9%로, 전국 평균 40.6보다 높았다. 이런 특성은 조선 후기에 안동유림이 중앙 정계에서 배제된 후 양반 문화를 이어

---

3) 일제하 안동지역의 동족마을 분포상황은 김희곤, ≪안동의 독립운동사≫, 안동시, 1999, p. 161 참조. 30호 이상의 동족마을이 88개로 각 면에 2 - 6개가 분포되어 있다.

4) 김희곤, 위 책, p. 160.

오면서 가세가 기세가 기운 경우가 많았음과, 안동 지역 자체가 넓은 평야 지대가 아니라 산곡간에 발달한 좁은 경지를 기반하고 있기 때문에 대지주는 드물고 산곡간에 자작 또는 자소작층이 종족 중심으로 마을을 이루어 살고 있었기 때문으로 보인다.[5]

<표 5 - 2> 안동지역 농가 구성의 비교

구분	전국평균		경상북도		안동군	
	호수	%	호수	%	호수	%
지주	66,391	2.5	7,455	2.4	173	0.8
자작농	530,195	20.1	43,998	13.9	2,833	13.4
자작 겸 소작농	1,073,360	40.6	160,363	50.8	10,328	48.9
소작농	971,208	36.8	103,634	32.9	7,784	36.9
계	2,641,154	100	315,450	100	21,118	100

자료 : 慶尙北道篇, ≪慶尙北道 統計年譜≫, 大邱印刷合資會社, 1919. pp. 220 - 222.

보수 유림지역으로서 안동지역은 한말 일제의 침략 앞에 격렬한 의병운동을 전개한 바 있다. 1895 - 1896년의 전기의병으로서 그 성격은 전형적인 衛正斥邪的 義兵運動이었다.

안동의병은 1894년 7월부터 9월 사이에 안동을 중심으로 한 경상도 북부지역과 충북 일부지역까지 퍼져나간 갑오의병으로 시작되었다. 이어 이듬해인 1895년 일제의 명성황후 시해사건과 단발령으로 촉발된 을미의병이 일어나 그 수가 1만을 헤아리게 되었다.[6] 1896년 1월 안동 관찰사 김석중이 수백 명의 관군을 거느리고 안동부를 다시 접수한 후 단발을 강제하자 의병장 권세연을 중심으로 의병항쟁이 일어났다. 반격에 나선 의병진의 기세에 눌려 관찰사 김석중이 서울로 달아나다 이강연 의병진에 의해 체포되어 처형될 정도로 이 지역의 의병항쟁은 강렬하였다.[7]

---

5) 물질적 생산보다 학문과 유교적 의례가 생활의 중심을 이루다 보니 경제면에서 하향평준화를 이루고 이를 통해 小農中心의 儒敎的 鄕村共同體를 이루어 간 것이 아닌가 생각된다.
6) 김희곤, 위 책, pp. 61 - 62.

이때의 안동의병의 진행과정을 보면 조선후기 향촌의 自治機構와 儒林의 연결망을 통해 거사를 추진한 것을 알 수 있다. 즉 1895년 음력 12월(양력 1896년 1월)의 乙未義兵때 안동유림들은 通文을 돌려 面會를 소집(1896. 1. 17 봉정사)하여 의병창의를 계획하였다. 다음날 1천 여 명이 참석하는 유림대회 성격의 鄕會를 열어 1월 20일 창의를 결의하였다. 여기는 문중 인사들이 망라되었고, 인근의 청장년들도 모두 참여하였다. 의병의 군자금을 모집하기 위해 2월 28일 鄕會를 열어 2천 냥을 모금했으며, 3월 4일 다시 아전들이 사무 보는 星廳에서 鄕會를 열어 안동일대 21개 면의 152개 문중과 향교와 서원, 사당 및 서당에 이르기까지 모두 의연금 기부 약속을 받았다. 이때 문중별로 적게는 2냥에서 많게는 1천 냥까지 할당되었으며, 각 문중과 향교, 서원에서 약속한 금액이 2만 냥을 넘었다.[8]

치열한 안동지역의 전기의병운동은 이 지역 인사들의 의식과 국권회복운동에서 한 분수령이 되었다. 전기의병에 참여했던 유림 인사들 중 일부는 상경하여 서울의 관인과 계몽적인 인사들과 교유를 시작하면서 사상적인 변화를 가져오게 되었다. 그런 인물 중에 얼마 후에 신민회가 추진한 서간도 개척에 나서는 이상룡, 유림들이 반대를 무릅쓰고 안동에 협동학교를 세워 국권회복운동을 전개한 김동삼·유인식 같은 인물들이 있었다.

이 시기에 전국에서 교육구국운동이 펼쳐졌고, 1904년 국민교육회를 시작으로 하여 1906년 서우학회와 한국흥학회(후에 서북학회로 통합), 1907년 호남학회와 호서학회, 1908년 기호흥학회, 관동학회, 교남학회·대동학회 등 학회운동이 전국적으로 전개되었다. 각 학회는 지방에 지회를 설립하고, 사립학교를 설립하거나 설립을 장려하였고, 교과서를 배포하였으며, 의무교육 실시를 정부에 건의하였다.

柳寅植은 1903년 서울로 가서 신채호·장지연·유근 등 혁신적 유림 인사들과 교유하면서 서울과 각지에서 일어나고 있는 국권회복운동의 새로운

---

7) 김희곤, 위 책, pp. 64 - 80 참조.
8) 김희곤, 위 책, pp. 68 - 70.

흐름을 알게 되었다. 그는 이듬해 안동에서 신식학교를 세우려 했으나 유림들의 반대로 뜻을 이룰 수 없었다. 1906년 광무황제가 興學詔勅을 발표하고, 경북 관찰사 申泰休가 興學勅令을 발표하는 것을 계기로 유인식은 다시 신식학교 설립을 추진하여 1907년 봄에 협동학교를 설립하였다.9) 이 협동학교는 경북 북부지역의 애국계몽운동의 효시가 되었으며, 신민회의 지역 거점이 되었다. 여기서 배출된 졸업생들이 후에 3·1운동을 주도하게 됨으로써 학교는 강제폐교 당하게 되었다.10)

한편 1910년 국권을 강탈당하는 경술국치를 당했을 때 안동지역에서는 권용학(1910. 9. 7), 이중언(1910. 10. 20), 이만도(1910. 10. 24), 유도발 (1910. 10. 26)등의 志士들이 잇달아 스스로 목숨을 끊어 순국함으로써 강제 병합조치에 항의하였다.

경술국치를 전후하여 신민회는 일제와의 전면전을 준비하기 위해 국외에 독립운동기기를 개척하여 결정적인 기회에 국내에 진공하여 독립전쟁을 전개한다는 독립운동 방략을 세웠다. 이에 따라 안동의 혁신유림인 이상룡·김동삼·김대락·유인식 등 100여 명이 가산을 처분하여 가족들을 이끌고 만주 요녕성 유하현 삼원보 추가가로 이주하여 耕學社를 조직하였다. 안동 출신의 이상룡은 경학사의 초대 부사장에, 유인식은 교무, 김동삼은 서무를 담당하는 등 핵심적인 역할을 하였다.11)

이상에서 보는 바와 같이 안동지역은 지역 전역에 발달한 종족마을의 지연·학연·혈연을 기반한 강한 결속력으로 강력한 의병운동과 애국계몽운동을 전개하였으며 보수유림 지사들은 일제 국권 강탈에 항의하여 자결

---

9) 이 일은 보수 유림층의 격렬한 반대를 초래했다. 설립자 柳寅植는 아버지 西坡 柳必永, 을미 의병 대장이며 스승인 拓菴 金道和, 을미의병 때 선성(예안) 의병대장 響山 李晩燾 등 집안 과 향촌 원로들의 결렬한 반대를 받았다.(조동걸, 2000, <백하 김대락의 망명일기(1911 - 1913)>, ≪안동사학≫5, pp. 148~149) 1910년 7월 예천의병이 협동학교를 습격하여 교감 김기수와 교사, 서기를 살해한 일까지 있었다.(김희곤, 위 책, p. 117)

10) 김희곤, 위 책, pp. 105 - 112.

11) 신용하, <1910년대 독립운동과 민족운동>, ≪日帝强占期 韓國民族運動史≫(상), 서울 대 출판부, 2001, pp. 141 - 142.

순국하였고, 혁신유림들은 사립학교 설립, 만주 독립운동기지 개척에 이르기까지 한국 독립운동의 주류에 진입해 갔다.

3·1운동 때는 안동면의 경우 송기식 등 유림이, 예안면은 진성 이씨 종중의 적극적인 참여 아래 면장이 시위운동에 앞장섰다. 임동면의 경우 전주 유씨들이 수곡동과 박공동에 종중마을을 이루고 있었고, 수곡동에 사립협동학교가 있어 3·1운동에 주요 역할을 하였다. 특히 3월 18일 밤부터 19일 새벽까지와 3월 23일 3천여 명이 벌인 안동읍내 시위, 21일의 임동·임하·길안의 면사무소와 주재소 공격시위 등 공세적 시위가 펼쳐졌다.

그러나 1896년 전기의병 때 일본군은 안동시가와 민가 1,000여호에 불을 질렀으며(4월 2일), 1907년에는 후기 의병을 지원하다 온혜의 진성 이씨 노송정 종가와 퇴계종가, 그 이듬해에는 마을 전체가 일본군의 방화로 불에 타는 등의 혹심한 피해를 입었다. 이런 까닭에 3·1운동 때에는 종가를 보호하기 위하여 독립운동을 자제하는 쪽과 적극적으로 만세시위에 참여하는 쪽으로 나뉘어졌다. 이때 새롭게 성장하고 있던 기독교인들이 안동 등지 시위를 계획하고, 단독 또는 유림과 연합하여 추진하였다. 기독교인들은 읍내지역에서 과수원, 철공소, 서점 등 상업적 농업이나 상공업에 종사하며, 신분적으로는 하층계급이었다.[12] 3·1운동은 이와 같이 안동과 같이 신분관념이 강한 사회에서도 신분의 벽을 허무는 계기를 주었다.

안동군의 3·1운동도 3월 17~23일에 집중적으로 일어났는데, 경상북도 24개 府郡 62회의 시위 중에서 13회의 시위를 벌임으로써 전체 경북 시위의 21%를 차지할 만큼 가장 많이, 그리고 이중 8회는 공세적 시위였을 만큼 가장 치열하게 일어난 곳이다.

---

12) 김희곤, 위 책, pp. 246~247.

<표 5 - 3> 안동군의 시위 전개양상

군	전 개 상 황				비 고
	일시	장소	인원	운 동 상 황	
안동	3. 17	예안면	1,500	인산참여 유림, 예안면장, 만촌교회 교인 중심, 구금자 탈환 위해 주재소 쇄도. 일부 600명은 다음날 안동시위 합세	일경의 저지로 해산
	3. 18	읍내	2,500	기독교인과 유림 중심 군청, 법원, 주재소 등에 투석	일군의 사격으로 해산
	3. 21	임동면	500	인산참여 유림인사, 기독교인 10여명 합세 주재소, 면사무소 파괴	새벽 2시에 해산 이후 일병출동
	3. 21	임하면	300	인산참여 유림인사 중심 밤9시 주재소, 면사무소 파괴	
	3. 23	읍내	2,000	안동군내 다른 면민 대거 참여 새벽 4시까지 전 군적 시위, 경찰서, 법원 파괴, 수비대에 투석대항	수비대 발포로 30여명 사망, 50여명 부상

자료 : 김희곤, ≪안동의 독립운동사≫, 안동시, 1999

안동지역에서 주목되는 점은 예안, 임동, 읍내 등지에서 기독교인과 유림이 합세하여 시위운동을 전개하고 있는 것이다. 그리고 시위운동의 양상이 주재소, 면사무소를 습격하는 등 매우 공세적인 강력한 시위를 벌이고 있는 것이다. 예안의 3월 17일 시위 계획은 기독교에 의해 추진되었고, 여기에 유림이 가세하면서 유림주도의 시위운동으로 되어갔다. 예안시위로 징역형을 받은 사람이 49명, 태형 1명, 재판을 받지 않고 태형을 받은 사람 9명을 합하여 모두 59명 중 36명이 향반 출신으로 시위의 주도세력이 유림임을 알 수 있다.[13]

3월 23일 안동 읍내의 2차 시위는 이 지역 시위 중 가장 강력한 형태의 시위운동으로 일제는 "시위폭동"이라고까지 표현하였는데, 이 시위는 기

13) 김희곤, ≪안동의 독립운동사≫, 안동시, 1999, p. 240.

독교인과 유림의 연합시위였다.[14] 즉 3월 중순의 대표적 시위지역인 안동에서 보는 바도 신흥종교인 기독교인들이 선도적인 역할을 하고 이들이 군내 광범위하게 분포하고 있는 종족마을의 유림세력과 연계, 합류함으로써 시위운동을 매우 강력한 공세적 시위로 발전시킨 것이다. 시위운동이 재지 유림세력과 결합할 때 강력한 공세적 시위로 나타나는 현상은 경상남도의 함안이나 합천의 경우도 마찬가지로서 3·1운동의 두 번째 단계의 두드러진 특징이었다.[15]

이와 유사한 시위로서 강원도 양양에서는 4월 4일부터 9일까지 읍내에서 4회, 물치·손양·車馬·其土門·西面 등에서 200~300명에서 1천 수백 명에 이르는 시위운동이 지속되었는데, 천도교인과 기독교인, 향촌 양반 유지들이 연합하여 운동을 추진한 시위였다. 이 까닭에 시위의 양상이 전주민적인 공세적인 시위운동으로 발전했다. 4월 1일 천안군 갈전면(현 병천면) 병천(아우내)시장에서 3,000명의 시위군중이 벌인 아우내 만세시위도 이 지역 기독교인과 유림 등 유지인사들이 협력하여 일으킨 것으로서 이 유형에 속하는 시위운동이었다.

이와 같은 향촌유지층 주도의 공세적 시위운동은 다음과 같은 특징을 나타내고 있다.

① 향촌유지층 주도의 공세적 시위운동이 일어난 지역은 종족마을이 발달된 지역이며, 경상북도 북부, 경상남도 서부 등 산곡간의 경지가 넓지 않은 곳으로, 비교적 일본의 침투가 적었던 지역이었다.
② 종교인, 학생층과 지역의 유지들이 결합하였다.
③ 농민층을 자발적으로 또는 조직적으로 이끌어 들여 대규모 시위를

---

14) 김희곤, ≪안동의 독립운동사≫, 안동시, 1999, p. 238.
15) 이정은, <경남 陜川의 3·1운동>, ≪한국독립운동사연구≫3. 1989; 李圭爽, ≪함안 항일독립운동사≫, 함안문화원, 1998; 박철규, 2005, <함안지역 3·1운동의 전개과정과 특징>, ≪지역과 역사≫, 16, 부경역사연구소

이루어냈다.

④ 중앙의 시위 비폭력·평화시위의 '규범'을 변형하면서 강력하게 공세적으로 시위운동을 전개하였다.

⑤ 시위의 목표는 일제의 관공서로서 면사무소, 주재소 등에 쇄도하여 투석 등으로 파괴 하고 서류를 훼기하며, 주재소를 공격하여 구금자를 구출한다.

⑥ 시위는 일제의 강력한 제재에 부딪혀 더 극단적인 투쟁으로 발전시키지는 못한다.

⑦ 일제의 무력탄압으로 시위대에 상당한 인명피해가 뒤따랐다. [16)

2. 사례검토 Ⅱ-1 : 경남 합천군 시위

1) 지역개관

이 지역은 동쪽으로는 낙동강이 흘러 창녕군과 경계를 이루고, 서·남·북은 1,430m의 가야산 줄기를 본맥으로 하여 매화산(954), 이상봉(1,046), 비봉산(1,125), 두무산(1,038), 오도산(1,134), 황매산(1,108) 등 높은 산들이 중첩하여 있고 이러한 산간지대를 황강이 곡류하면서 군의 중심부로 가로질러 낙동강에 합류하고 있다. 따라서 초계분지를 제외하면 평야가 별로 없으며, 산간 계곡을 따라 좁고 긴 경작지가 형성되어 있다. 이런 경작지는 대규모 농장에는 적합치 않지만 하천이나 계곡물을 이용하여 관개하기에 편한 까닭에 투害가 적고 河床이 낮아서 홍수 등 수해가 적을 뿐 아니라 避兵·避世에 유리한 곳이므로 재지 士族의 안정된 거주지로서 좋은 여건을 형성하고 있다.[17) 합천지역이 경북 안동·경남 거창 등지와 같이 유림의 본

16) Kim, Yong Jik, 위 논문, p. 159.
17) 李樹健, 1979, ≪嶺南士林派의 形成≫, 嶺南大出版部, pp. 152~153 참조.

거지가 될 수 있었던 지리적 여건은 위와 같은 점 때문이라 하겠다.

이곳은 南冥 曺植 선생의 영향이 강한 곳으로 文敎를 숭상하며 예의범절과 실천적 학풍을 중히 여겼고,[18] 임진왜란 때에는 남명의 문하에서 곽재우·정인홍 등의 의병장이 많이 배출되었던 것은 실천적인 남명학풍과 무관하지 않다.

합천지역은 앞서 말한 지리적 여건에 의해, 대부분 남인에 속했던 영남 유림 본거지의 하나가 되었다. 任宦의 길이 좁았던 남인들 중에서도 남명 문하의 서부 경남 48家는 鄭仁弘의 인조반정에 연루되면서 완전히 그 길이 막히고 말았다.[19] 거기다가 英祖가 즉위하게 되자 鄭希亮이 청주의 李麟佐와 손잡고 영조 4년(1728) 3월 반기를 들고 일어났을 때 합천의 대지주 曺聖佐·좌수 鄭商霖이 이를 지지·후원했다. 이 반란이 한 달 만에 실패로 끝난 여파로 이 지역은 반역향으로 낙인찍히게 되었다. 이러한 일련의 사건으로 이 지역 유림들은 중앙정계 진출길이 막히고, 향리에서 지방 토호로서 그 성격을 굳혀가게 되었다.

이와 같은 지리적·역사적 배경 하에서 합천지역은 유림이 매우 성한 곳이 되어 한말에는 유림 宗匠의 高足들이 많이 배출되었다. 이 지역에서 나온 학자들을 보면 다음과 같다.

蘆沙 奇正鎭 門下 : 老栢軒 鄭載圭·農山 鄭冕奎(상백)·是庵 李直鉉(초계)·安溪 金鍾禹 등이 있고 그 문하에 栗溪 鄭琦(대양)·松山 權載奎·鄭致圭(상백)·秋峯 南勝愚(대양) 등이 있다.

---

18) 南冥 曺植(1501～1572) 선생은 구삼가현 토동의 외가에서 태어나 그곳에서 18세까지 자랐으며, 그후 47세 때 다시 돌아와 60세까지 이곳에 자리잡고 雞伏堂과 雷龍亭을 지어 강학했다. 南冥의 학문은 經史뿐만 아니라 天文·地理·醫方·數學·弓馬·行陣·關防·鎭守에 이르기까지 광범했고, 실천궁행의 학풍을 이루었다. <舊三嘉邑誌>, 1908. ≪陜川郡誌≫, p. 310; 徐元燮·李鴻鎭, <南冥 曺植의 生涯와 文學>, ≪韓國의 哲學≫, 경북대 퇴계연구소. 1983, p. 109.

19) ≪慶尙南道誌≫, 1959, p. 725 및 李在喆, <18世紀 慶尙右道 士林과 鄭希亮亂>, ≪大丘史學≫31, 1987.

艮齋 田愚 門下 : 蒼樹 鄭衡圭(상백)
西山 金興洛 門下 : 弦齋 尹炳謨(가회)
俛宇 郭鍾錫 門下 : 重齋 金榥·希堂 金銖(합천)·謙山 文鏞

俛宇 郭鍾錫은 22세에 삼가현 神旨面(현 거창군 신원면)으로 와 2년 후 산곡 嶧洞에 繹古齋를 짓고 7년간 성리학을 연구했다.[20] 그밖에 많은 유림들이 祖先과 先賢의 追慕·講學之所로서 祠·亭·齋·書堂·精舍를 지어 지금도 각 동리에 많이 남아 있다.[21] 유림단 파리장서에 서명한 137인의 유림 중 이 지역 인사로 宋鎬完·宋鎬坤·朴翼熙·宋鎬基·宋在洛·文鏞(이상 대병면)·宋喆秀·金東壽(이상 합천면)·全錫九·金錫允이 있다.[22]

한말 의병운동이 일어났을 때 이곳 유림 가운데 蘆沙門下의 老栢軒 鄭載圭가 적극적인 참여를 시도했으나 거사에 이르지는 못했다. 1905년 乙巳條約이 늑결되자 그해 11월 趙鑛韶·鄭冕圭·權雲煥·陳樸·宋在洛·柳遠重·宋鎬完·鄭龍圭·柳稚均·崔德煥·鄭在鎬·南廷瑀·李敎文·鄭在爀·閔致德·金景文등 문인과 동지를 이끌고 崔益鉉이 있는 定山으로 달려갔으나 의병에 참여하지는 못한 일이 있었으며, 崔勉庵의 再起 소식에 다시 한번 참여를 시도하다가 勉庵이 대마도로 잡혀갔다는 소식에 단념하고 강학에만 전념하게 되었다.[23]

곽종석으로 대표되는 寒洲 李震相계열의 유림은 의병과 入山守舊 양쪽을 다 거부하고 국제사회에 호소하여 항일운동을 전개하는 특징을 보여주는 만큼 의병운동에 나서지 않았다.[24] 이 지역은 안동과 같이 의병운동으로 지역사회가 큰 타격을 입지 않았기 때문이 이때 보존된 힘을 3·1운동

---

20) 琴章泰·高光植, 1984, ≪儒學近百年≫, p. 468.
21) ≪陜川郡誌≫, pp. 658~691 참조. 郡誌에 나와 있는 이러한 건물을 보면 書院 5, 祠 125, 亭 248, 堂(書堂) 22, 精舍 10 등 모두 420채이다. 1개 면에 평균 23채가 있는 꼴이다.
22) 許善道, 위의 논문 및 李源鈞, 위의 논문.
23) 琴章泰·高光植, 1984, 앞의 책, pp. 326~27.
24) 국사편찬위원회, ≪한민족독립운동사≫ 1, pp. 329~332 참조.

때 쏟을 수 있었던 것 같다. 이 지역 유림 지도층은 3·1운동의 총 주도자로서 배후에서 지휘하며, 시위 준비과정에서 지역을 분담하여 주민을 동원하고, 인근 면과 연대하여 지역 연합 시위를 전개한 특징을 보여 주었다.

유림적 성격의 재지 유력층이 시위운동을 주도하게 된 데에는 이 지역이 갖고 있는 강고한 유림적 질서가 경제적 기반과 종족마을을 기초로 유지되어 왔다는 점과 지역사회 내에 거의 일제의 침투가 없고, 새로운 산업, 철도 등의 교통시설이 들어오지 않았다는 점도 주요 요소였다. 이 때문에 일제하에서도 전통적인 사회를 질적으로 변화시킬 요소가 적어 구래의 향촌질서가 온존되어 올 수 있었던 것으로 보인다. 이러한 특성이 강력한 추진주체가 형성될 수 있고, 이들이 주민에 대한 동원력을 갖고 거사를 추친했던 것으로 보인다.

향촌 질서 온존문제와 관련하여, 이 지역에 대한 일제의 식민지 침투상황을 보기 위해 합천지역 가운데서도 특히 3월 23일 13,000명의 삼가지역 연합시위를 벌인 백산·상백·가회면 각각의 중심지인 백산면 운곡리, 상백면 평구리, 가회면 덕촌리와 구평리의 ≪土地臺帳≫을 조사한 결과는 다음과 같다.

① 백산면 운곡리에는 일제시대 전기간을 통하여 일인 소유지가 없다.[25]

② 상백면 평구리의 일인 소유지는 다음과 같다.

<표 5 - 4> 합천군 상백면 평구리 일인 토지소유상황 (단위:坪)

성 명	田	畓	垈	雜	소유권 취득(거주지)
晴岡義勝	734				1943. 6. 19
	147				1942. 3. 20
和泉佳太郎			2,187	97	1930. 11. 26(진주)
高木二三				林野 3정보	1921. 3. 2
			366		1922. 9. 2
白川庄茂	490				1931. 9. 5

25) 陜川郡所藏, ≪土地臺帳≫(쌍백면 운곡리)

성 명	田	畓	垈	雜	소유권 취득(거주지)
梅津儀八		349			1933. 12. 15
朝田芳平		840			1926. 4. 22(삼가면 금리)
中田小市				10	1936. 3. 4
계	1,371	1,189	2,553	3,107	

자료 : 陜川郡廳所藏, ≪土地臺帳≫(상백면 평구리)

합천군 상백면 평구리의 경우 일인 토지 소유는 가장 빠른 것이 1921년
에 시작된다. 그러므로 3·1운동 당시까지는 이 지역에 일인의 토지소유가
없었다.

③ 가회면 德村里와 含芳里의 경우

<표 5-5> 가회면 덕촌·함방리의 일인 토지소유상황(단위:坪)

성 명	田	畓	垈	雜	소유권 취득(거주지)
中村嘉一		9,187			1931. 7. 29 (함방리 : 1,192평)
		460			1938.7.21
新宮領藤太郎	23		63		1929.7.13
長尾末賴		530			1933.6.1(함방리)
계	23	10,177	63		

자료 : 陜川郡所藏, ≪土地臺帳≫(삼가면 덕촌리, 함방리)

가회면 덕촌리, 함방리의 경우도 1920년대 후반에 들어와서야 일인의
토지 소유가 소수 생겨나고, 3·1운동 당시에는 일인의 토지 침투가 없었음
을 알 수 있다. 이상의 자료를 볼 때 이 지역에는 3·1운동 시기에는 일본인
의 이주가 없어 백산, 상백, 가회 지역사회는 재지 유력층을 중심으로 공동
체적 질서가 비교적 온존되어 온 지역이었다. 이러한 특성이 이 지역에서
의 그들이 가진 유교문화적 토양, 사회 경제적 기반과 더불어 시위운동의

강력한 주도층을 형성할 수 있었다.

2) 3·1운동의 전개

경상남도 합천군의 3·1운동은 지방의 3·1운동 가운데 가장 치열하게 전개된 시위운동의 하나로 3월 중순에 나타나는 공세적 시위운동의 중심지였던 경남지방에서 시위의 回數와 强度면에서 가장 강력한 시위운동지역이었다. 시위운동은 3월 18일 삼가시위를 시발로 하여 3월 19·20·22일의 대양면민이 주도한 합천읍내 시위, 3월 20일의 대병면 창리 시위, 3월 21일의 초계면 초계 시위 등장이 서는 날을 따라 이어졌다. 대병 시위와 초계 시위는 모인 군중이 3,000~4,000명에 이르는 대규모의 격렬한 시위였다. 이러한 시위운동의 열기는 3월 23일 다시 삼가장터에서 백산·상백·삼가·가회·대병·용주·대양면 및 의령군 대의면·산청군 생비량면 등에서 모인 13,000명의 시위로 그 절정에 달했다.

합천군내 여러 시위들은 그 규모가 컸을 뿐 아니라 시위양상에 있어서도, 일제 관공서의 파괴·방화 및 전선 절단 등 격렬한 것이었다. 군중은 주재소·면사무소 등 일제 관공서를 부수고 문서를 소각하고 전선을 절단하여 통신을 차단하였으며, 일군경의 무차별 사격과 탄압으로 많은 사상자가 났다. 그 외에도 이 지역에는 3월 22일의 묘산면 시위,26) 3월 28일의 야로읍내 시위, 3월 31일의 해인사 학생 시위 및 4월 3일의 가야면 梅岸里 시위 등 10개소에서 13회의 시위가 있었다.

특히 삼가시위의 경우는 여러 면이 연합시위를 전개한 양상을 보여 주고 있는 것도 주요 특색의 하나이다.27)

---

26) 묘산면 3·1운동 관련자료로 尹炳奭의 재판문서가 있다(국가기록원 문서번호 77 - 1801)
27) 증언을 해 주신 분은 다음과 같다.(1989. 8, 장소는 주소지)
    강동영(합천군 대양면 덕정리), 심수석(합천군 합천읍 합천농협지소, 沈載現의 子), 정문선(53, 합천군 대병면 회양리 895 - 5. 鄭時權의 子), 정호인(65, 합천군 초계면 대평리 403, 鄭點時의 子), 李相敦(63, 서울 서대문구 신촌, 李愿永의 子), 李華錫(83, 합천군 쌍백면 하신리), 鄭鎭圭(56, 합천군 쌍백면 평구리, 鄭演彪의 子), 鄭洛永(72, 합천군 쌍백면 평구리), 鄭

여기서는 합천군 내 시위 가운데서도 가장 규모가 크고 격렬했던 합천, 대양, 대병, 초계, 삼가 시위를 중심으로 시위양상과 특징을 살펴보려 한다.[28]

(1) 합천·대양 시위

합천·대양 시위는 대양면민이 중심이 되어 3월 19·20 및 22일까지 합천 읍내에서 전개한 시위운동이다. 합천면은 군소재지로 합천군 동서와 남북 교통이 교차하는 곳이어서 교통이 편리하고 물자의 집산지이다. 이곳에는 종족마을이 10곳 있고 그중 6곳이 합천 이씨의 종족마을이다.[29] 대양면은 황강을 사이에 두고 합천면 남쪽에 있으며 이곳에 있는 10곳의 종족마을 중 진양 강씨 곳이 4곳, 청송 심씨 곳이 3곳인데 이 두 성씨의 종족마을은 100세대 이상을 이루는 큰 마을이다.[30] 이곳에 있는 추모·강학을 위한 亭·齋 등의 記文 또는 樑頌의 撰者를 보면, 蘆沙 奇正鎭 문인인 老柏軒 鄭載圭(6), 是庵 李直鉉(6), 栗溪 鄭琦(3), 宜春 南勝愚(10) 등이 撰한 것이 25곳이나 되며 寒洲學派의 俛宇 郭鍾錫·重齋 金榥·希堂 金銖·晦堂 張錫英 등이 撰한 곳이 6곳에 불과하여[31] 이곳 유림의 학풍은 蘆沙 계통으로 추측해 본다. 특히 茂谷里에는 是庵 李直鉉에게서 배우고 是庵의 손녀를 부인으로 맞은 秋峯 南勝愚가 강학하던 嚴捷齋가 있고 蘆沙와 寒洲 문인 高足이 撰記 또는 撰樑頌한 齋가 7곳이나 되는 것으로 보아 특히 유림이 성했던 곳으로 보인다.

萬永(합천군 쌍백면 평구리), 鄭鉉孝(60, 합천군 쌍백면 평구리), 趙文聖(합천군 초계국민학교 교장), 尹漢承(57, 합천군 가회면 함방리 구평부락), 許宗禧(54, 합천군 가회면장), 鄭弘斗(79, 합천군 가회면 덕촌리 연동)

28) 시위과정에 대한 서술은 기존의 관계기록 즉 卞志燮, ≪慶南獨立運動小史≫(上)과≪陜川郡誌≫,李龍洛,≪三一運動實錄≫, 한국독립운동사편찬위원회, ≪독립운동사≫, 제3권, -3.1운동사(하)-를 참조하여 서술했다. 기존의 서술과 다른 내용은 본문 중에서나 주로 표시했다.

29) 善生永助, 1935, ≪朝鮮の聚落≫後篇, p. 531.

30) 위와 같음.

31) ≪陜川郡誌≫, pp. 658~691.

대양면 시위는 이곳 茂谷里 출신의 姜弘烈이 유학자인 부친과 함께 인산에 참여차 상경하였다가 독립선언서를 가지고 와서 합천지역에 전파하면서 시작되었다.[32] 姜弘烈은 당시 24세의 청년으로 한학을 배워 대병면에서 서당 훈장을 하고 있었는데,[33] 이곳의 시위는 그의 배후 주도하에 합천면의 朱擎天과 대양면 대목리 沈載祺·沈瑁煥·沈載仁 등 12동지가 大目里 伊溪에 있는 修巖亭에서 밀의를 거듭한 후 3월 19일 합천장날을 거사일로 정하고 준비를 했다.[34]

1919년 3월 19일 주도인물들은 준비된 태극기를 갖고 합천읍으로 잠입하여 오후 4시경 장꾼들이 가장 많이 모여들었을 때 장 복판에서 태극기를 군중에게 나누어 주고 대한독립만세를 선창했다. 이에 약 500명의 장꾼이 호응하여 만세를 부르며 시위대열을 지어 시장거리를 누볐다. 이때 일경 19명이 출동하여 심재기 외 16명을 붙잡고 나머지 군중은 해산되었다.

이튿날인 3월 20일 대양면민 200～300명은 다시 대목리 앞 馬亭부락에 모였다. 대목리의 沈孟權(22, 일명 載現)이 군중 앞에 나서, 소기의 목적을 달성하기 위해 결사대를 조직하자고 제의했다. 그리하여 그를 포함하여 孫得龍(24, 일명 龍伊; 대목리 음식점), 李龍善(38, 무곡리), 金永騏(48), 秋鏞滿(32), 李相字, 裵祥龍(28) 등 12명이 나서 결사대를 조직하고 소기의 목적에 헌신할 것을 서약하였다. 시위대는 결사대를 앞세우고 6km 떨어진 합천읍내로 들어가 각 면에서 모인 군중과 합세했다. 金永騏는, "나라 잃은 백성은 사람 아닌 닭과 개"같음을 역설하고, "조국 독립을 위하여 최후의 일인 최후의 일각까지 싸워야 한다"는 것을 눈물로 호소했다.

독립만세를 외치면서 읍내 거리를 시위한 후 오후 7시경 시위대는 합천경찰서로 쇄도하여 전날 구금한 심재기 등 17명을 석방하라고 요구하였다. 이때 합천경찰서 안에는 경찰서장 植村玄厚와 순사 1명, 순사보 4명이

---

32) 강동영씨 증언.
33) 강동영씨 증언.
34) 심수석씨 증언.

소방부 6명, 주민 2명의 지원을 받아 있었는데, 서장은 고압적 자세로 해산을 명하고 소방부와 더불어 시위대를 밀어내려고 하였다. 이에 시위군중은 깃대를 가지고 순사를 때리고 소방부와 맞붙는가 하면 담을 넘어 서내로 돌진하려 하였다. 일경이 공포를 쏘아 위협하였으나 군중은 물러서기는커녕 오히려 더 맹렬한 기세로 달려들었다. 이때 津村喜三郎·大久保喜久三·掠本作次 3명이 엽총을 발포하여 4명이 즉사하고 11명이 부상을 입었다. 일제의 기록에는 이틀 후인 3월 22일에도 경찰서 습격이 있었다.[35]

(2) 대병면 창리 시위

대병면은 합천군 서쪽 끝에 있어 함양·거창군과 접한다. 창리에 古縣市場이 서고 17개의 면내 종족마을은 南平 文氏(3곳), 恩律 宋氏(3곳), 安東 權氏(3곳), 八溪 鄭氏(2곳) 등의 종족마을을 이루고 있는데, 恩律 宋氏, 安東 權氏씨 종족부락은 100세대가 넘을 정도로 크다.[36] 이곳은 구삼가군에 속했었다.

대병면에 독립선언서가 전해진 경로는 적어도 3개 이상이 되는 것 같다. 첫째는 대병면 장단리의 鄭泰燮이 서울에서 선언서 500매를 가져와 합천군내에 배포했다는 것, 둘째 대병면 장대리 林尙鍾도 서울에서 독립선언서를 감추어 가지고 고향으로 왔다는 것, 세째, 대병면 李起馥이 군내 柏山面 李愿永에게서 선언서를 전해 받았다는 것 등이다.[37] 주목되는 점은 鄭泰燮·林尙鍾·李起馥 3인은 시위 준비과정에서 함께 참여하고 있음이 기록에 나타난다는 것이다.[38]

이곳에 선언서가 전달되자 權寧斗·權重璞·鄭時權·柳仁秀·權良熙·宋憲基·鄭泰燮·李起馥·權晋熙·林尙鍾 등 20여명의 인사들이 시위를 주도한 것

35) 金正明, 1967, ≪朝鮮獨立運動≫ I, p. 445.
36) 善生永助, 1935, 앞의 책, p. 531면 및 pp. 543∼556.
37) 卞志燮. 위의 책, p. 40.
38) <유인수 판결문>

으로 보인다. 柳仁秀의 판결문에 의하면, 1919년 3월 18일 이들 20여 명은 대병면 금곡리의 郭氏山亭에 모여 조선독립에 관한 시위운동 거행에 관해 협의하였다.

시위 준비에 관한 정문선(53) 씨의 증언에 따르면, 다음날 새벽 權良熙와 鄭時權 2명이 鄭時權의 사랑에서 태극기를 제작했다.[39] 이 태극기는 미리 동리민들에게 나누어 주어 품안에 품고 시위장소로 가도록 계획했다.

대병면은 1914년 행정구역 개편 전에는 古縣·大平·幷木의 3개面이 있었는데, 이 3개 지역을 나누어 古縣은 鄭時權·權良熙, 大平은 權重璞, 幷木은 宋氏 2명 (아마 그중 1명은 宋憲基가 아니었나 생각된다)이 책임을 맡아 대중동원을 위한 연락을 하였고, 3월 20일 주도자들은 大旗를 들고 병목, 대평으로 시위대를 마중 나가 인솔했는데 병목 시위대는 權良熙, 대평 시위대는 鄭時權이 했다 한다.

이렇게 하여 대병면 3개 방면에서 약 4,000명이 집결하여 창리 고현 시장으로 가는 중도에서 權寧斗가 독립선언서를 낭독하고 열변으로 군중을 고무하였다. 이어 주도자의 선창으로 독립만세를 부르며 시위에 들어가 시장으로 향하였다. 시위군중은 시장을 일주하고는 순사주재소를 포위하고 소내로 돌입하였다. 일경이 총을 겨누자 선두에 선 李秉權은 옷을 열어 젖히고 "자! 쏴 보라!"하며 돌진했다. 순사부장이 쏜 총알이 그의 귓가를 관통하여 유혈이 낭자하자 이를 본 군중은 격분하여 순사와 순사보를 반죽음이 되도록 두드려 눕힌 후 주재소 건물, 기구를 전부 파괴하고 문서류를 옥외로 끄집어내어 소각했다. 시위대는 다시 거기서 100m가량 떨어진 대병면 사무소로 달려가 건물·기구를 파괴한 후 서류·부책을 전부 밖에 내다 소각했다. 이때 수십 명의 일군이 총을 난사하고 총검을 휘두르며 들이닥쳤다. 시위대는 흩어지고 54명이 검거되었다. 鄭時權과 權良熙는 서울로 피신하여 옥고를 면했다.

---

39) 善生永助, ≪朝鮮の聚落≫後篇, 1935, p. 531.

(3) 초계면 초계 시위

3월 21일 일어난 초계 만세시위는 적어도 두 계통으로 거사가 추진된 것 같다.[40] 하나는 是庵의 조카이자 초계면 무릉리의 유지 李源華와 全夏善·成萬永·金德明 등에 의해 추진된 계통이며, 다른 하나는 초계면 대평리의 부호 盧浩容·부락의 학자요 선비인 李夢雨 그리고 행동대로서 鄭點時 이 세 사람이 중심이 되어 추진한 계통이다.

李源華 등의 추진과정에 대해 독립운동사편찬위원회, ≪독립운동사≫ 제3권의 서술을 옮겨 보면 다음과 같다.

> 이곳 초계면에도 3·1운동의 감격적 소식은 끊임없이 들려 왔다. 초계면 무릉리(武凌里)에 사는 이원화(李源華)·전하선(全夏善)·성만영(成萬永)·김덕명(金德明) 등은 전국의거에 발맞추어 이곳 초계면에서도 의거를 단행할 것을 모의하여 거사일을 3월 21일 초계리 시장 장날로 약정하고 동지를 규합하면서 모든 준비를 서둘렀다. 즉 이들은 이날의 대중 동원의 공작과 아울러 독립선언서·태극기 등을 만들어 물샐틈없는 준비를 갖추어 갔다.[41]

다른 한편 盧浩容·李夢雨는 당시 21~22세의 청년들로서, 협의하여 격문을 짓고, 3월 21일 초계장날을 거사일로 정한 뒤 노호용의 밀실에서 밤새 태극기를 만들었다. 당시 노호용의 집안은 초계 제일의 부호로서 2,000석의 자산가였다. 이들은 많은 태극기를 일일이 그리기 어려웠으므로 나무에 새겨 찍어 내어 노호용의 소작인 鄭點時가 동부 5개 면 즉 草溪·赤中·

---

40) 초계시위와 관련하여서는 4월 20일에 처음 일어났다고 하는 주장이 있으나 전후관계가 맞지 않아 납득하기에 어려움이 있다. 변지섭의 ≪慶南獨立運動小史≫(上)의 초계면 3·1운동에 대한 서술에는 4월 5, 6일경 昌原의 卞相泰가 草溪 武陵里 是庵 李直鉉을 심방하면서 是庵의 조카 李源華를 만나 3·1운동을 논의함으로써 4월 20일 이 지역 시위가 일어났다고 하고 있는데 초계시위는 3월 21일에 일어났던 까닭에 전후관계가 맞지 않다. (朝鮮騷擾事件經過槪覽表. 金正明, 앞의 책, p. 460; <朝鮮騷擾事件狀況>, ≪독립운동사자료집≫6, pp. 554~555 및 慶尙南道警察部, ≪高等警察關係摘錄≫, pp. 24~26 참조.)
41) 獨立運動史編纂委員會, 1971, ≪獨立運動史≫(3), p. 329.

靑德·雙册·德谷에 전달했다 한다.[42]

이 두 계통의 시위준비가 서로 긴밀한 협의하에 진행된 것인지 별개로 되었던 것인지 확인할 수가 없으나 양쪽 다 3월 21일 초계장날을 거사일로 잡았던 까닭에 이날 오후 1시경이 되자 초계 장터에는 약 4,000명의 군중이 모였다. 주도인물들은 준비한 독립선언서와 태극기를 군중에게 나누어 준 후 대한독립만세를 선창했다. 군중은 이에 호응, 만세를 연달아 부르며 시장을 누볐다. 한편 시위대는 일군과의 연락을 차단하기 위해 약 300명으로 별동대를 조직하여 초계 우편소를 습격하여 기물을 파괴하고 우편소 引入線을 끊고 실내선을 토막냈으며, 공중전화기를 부숴버렸다. 그런 후 초계 주재소로 쳐들어가 건물을 향해 투석하고 몽둥이 등으로 창문을 두드려 부수었다. 이때 순사가 공포를 쏘아 시위대를 해산시키려 하자 군중은 더욱 격분하여 순사 2명을 때려 눕혔다. 이때 합천경찰서에서 경찰 응원병이 달려와 총을 난사하고 총검을 휘둘러 金長培외 1명이 현장에서 순국하고 李源鐸 등 10명이 부상하는 가운데 시위대는 해산하지 않을 수 없었다. 오후 4시경 군중은 일단 해산하였으나 다시 의거를 감행하려는 기운이 짙어 이에 겁을 먹은 초계리 거주 일인 46명은 합천읍으로 피신하였다.

(4) 삼가 시위

3월 18일과 23일 두 번에 걸쳐 일어난 삼가 시위는 백산·상백면과 가회면이 중심이 되어 일어났다.

栢山과 上栢은 그 후 합쳐져서 오늘날의 雙栢面이 되었는데, 여기에는 11곳의 종족마을이 있고 이 가운데 大姓은 草溪 鄭氏, 金寧 金氏, 仁川 李氏이다.[43] 1989년 3월 현재 쌍백면에는 草溪 鄭氏 23.5%, 金寧 金氏 10.8%, 仁川 李氏 8%로 이 3성(姓)을 합치면 42.3%로서 주민의 거의 반에 이른다.[44] 초계 정씨의 경우 면내에서 44~45%까지 점했었다고 한다.[45]

---

42) 정호인씨 증언.
43) 善生永助, 1935, 《朝鮮の聚落》後篇 참조.

栢山面과 上栢面 지역의 3·1운동은 초계 정씨와 인천 이씨가 주도했다고 이야기되고 있다. 상백에서는 蘆沙 奇正鎭 문하 高足인 老栢軒 鄭載圭와 그의 從兄弟이자 同門인 鄭冕圭가 나왔고, 이들의 정신적 무게가 무겁게 드리운 곳이다. 노백헌(1843~1910)은 상백면 陸里 墨洞에서 태어나 22세에 蘆沙 문하에서 수학하고 그의 학통을 계승, 정립시키는 데 중요한 역할을 하였다.[46] 그는 寒洲 李震相을 비롯하여 그의 문하 許愈·郭鍾錫·李承熙 등 寒洲學派와 교류하고 金平黙·崔益鉉·柳基一 등 華西學派와도 교류하였으며,[47] 崔勉庵과 더불어 擧義하려 했던 사실은 앞서 언급한 바 있다. 陸里 墨洞에는 그의 만년에 지은 老栢書舍가 있다.[48]

佳會面은 산청군 신등면과 접하는 합천군 서부지역이며 북쪽의 대병면과 남쪽의 삼가면 사이에 있다. 합천과 삼가에는 있는 보통학교도 이곳에는 없었으며, 가회에는 場이 없어 12km 떨어진 삼가장을 이용했다. 이곳에는 南平 文씨와 金海 許씨가 大姓이다.

가회면의 3·1운동을 주도했다는 坡平 尹씨는 含芳里 龜坪부락에 모여 사는데, 임진왜란 때 의병장으로서 忘憂堂 郭再祐와 함께 활약하여 兵曹參判에 추증된 宣武一等功臣 龜山 尹鐸과 崇祿大夫 行議政府參贊 秋潭 尹銑의 후예들이다. 尹鐸의 강학지소로서 龜山書堂과 尹銑의 講學 및 俎豆之所로서 晦溪書堂과 龜陰齋가 이곳에 있다.[49]

---

44) 합천군 쌍백면사무소 현황 자료.

45) 정신규씨 증언.

46) 琴章泰·高光稙, 1984, 앞의 책, p. 321.

47) 위의 책, 326면.

48) 또한 이곳에는 族兄뻘 되는 老栢軒과 학문적 입장을 달리한 蒼樹 鄭衡圭(1880-1957)가 있었다. 그는 외가 친척인 三畏齋 權命熙의 권유로 20세 때부터 淵齋 宋秉璿과, 淵齋의 殉節 후 心石齋 宋秉珣 밑에서 수업했다. 1912년 心石齋마저 殉節하자 古群山島로 가서 艮齋 田愚 문하에 들어갔다. 그후 上栢面 평구리 갈마골의 慕遠齋에서 궁리와 강학으로 일생을 마쳤다. 그는 철저한 항일정신을 견지했고, ≪乙巳殉國諸公傳≫, ≪庚戌殉國諸公傳≫, ≪韓末殉國烈士諸公傳≫, ≪丁未 三密使傳≫을 저술했으며, 野史로서 ≪韓史抄輯≫을 남겼다. (琴章泰·高光稙, 1984, 앞의 책, pp 245~253.)

49) 善生永助, 1935, ≪朝鮮の聚落≫後篇, p. 531.

가회면은 상당히 부유한 고을이었던 것 같다. "합천군내 17개 면 재산을 다 합해도 가회면 재산보다 못하다"는 말이 있다. 가장 큰 부자는 德村里의 만석군 金洪錫이었고(실제는 6,000석 정도 되었다 한다) 이곳에는 150석 이상 되는 집이 30집이나 되었다 한다.[50]

상백·백산면에 독립선언서가 전달된 것은 상백면과 백산면이 별개로 이루어졌다. 상백면에는 이곳 출신으로 당시 서울에서 공부하고 있던 鄭鉉尙(1892~1967)이 서울에서 선언서를 가지고 내려와 伯兄 鄭鉉夏에게 전달하고 상경하였다. 백산면은 李愿永이[51] 3·1운동이 일어나자 3월 16 또는 17일에 독립선언서 4장을 신발 밑에 숨겨 가지고 백산면으로 내려와, 한 장은 下新里 숙실의 李啓燁(30)에게, 한 장은 상백면 평구리의 처남 鄭演彪(이명 邦直)에게, 또 한 장을 大幷面 3·1운동 주도자의 한 사람인 친구 李起馥에게 전했다.

가회면의 경우, 가회면 구평리의 한학자로서 西山 金興洛 문인인 弦齋 尹炳護(1859~1934)가 산청군 丹城의 金永淑과 상의하여 그들의 장자 尹圭炫과 金相峻을 서울로 보내 대중창기(大衆倡起)에 필요한 자료를 수집하여 오게 했다.[52] 그러나 그곳 인사들의 증언에 따르면 이곳 시위는 尹在鉉이 주도하였는데 그가 德材里 韓弼東과 함께 고종 因山에 참여하고 돌아와 시위를 주도했다는 것이다.[53]

상백과 백산지역은 이원적으로 독립선언서가 전달된 후 각기 은밀히 운동준비가 추진되는 과정에서 상백면의 鄭演彪가 양쪽으로부터 제의를 받

---

50) 정홍두옹 증언.
51) 李愿永은 號를 백두산 밑이라는 뜻으로 白下라 했다.[1] 후손의 증언에 의하면 그는 대병면 병목에서 한학을 배우고 서울로 갔으며, 오산학교를 졸업했다. 1919년 당시 그는 32세로서 부인과 아들 둘 딸 하나를 下新里 집에 두고 단신 서울에 머물며 독립운동에 투신해 있었다. (이상돈 증언)
52) 卞志燮, 위의 책, 17~18면.
53) 尹在鉉은 字 士彦, 號 康旅라 하고 秋潭 尹銑의 후손으로서 풍모가 빼어나고 학문과 才慧가 특출했으며, 500석의 재산을 가지고 3·1운동을 시작으로 하여 龜陰義塾을 통한 교육운동과 의열단 지원 등으로 일생을 裏面에서 독립운동으로 마친 인물이다.(정홍두·윤한승 증언)

게 되자 두 흐름을 일원화시키게 되었다. 상백면에서는 정연표가, 그리고 백산면에서는 이계엽이 면내 유지들의 후원하에 전면에 나서 시위준비를 주도했던 것으로 보인다. 이들은 상백면장 朴魯碩과 각 里·區長 및 有志를 회집하여 다음의 원칙을 정했다.

- 거사일은 3월 18일 삼가 장날로 정한다.
- 회집장소는 삼가 읍으로 가는 中途로 한다.
- 太極大旗는 각 동에 1개, 수기는 각자가 지참한다.

백산면에서는 태극대기와 수기 1,000여 개를 만들었으며 "기미 3·1운동 백산면 대표자 이계엽"이라고 쓴 長幅旗를 제작했다.

가회면에서는 덕촌리 만석군 金洪錫이 비밀리에 자금을 대어 尹在鉉의 서재에서 독립선언서를 인쇄했는데, 삯군을 대어 木濤字로 찍어냈다고 한다.[54] 깃발은 許鑴의 집에서 허장과 金台炫이 만들었고, 이들이 각 동네에 연락을 취했다. 쌍백지역과 가회는 당색이 달라서 지금까지도 만나면 서로 외면하는 상태라고 하는데, 민족적 거사를 앞두고는 긴밀한 연락관계가 형성되었다 한다.[55]

3월 18일 백산면 주민들은 운곡리 면사무소 앞에 모여 만세를 부른 후 오전 11시경 장꾼으로 가장하여 삼가로 내려가면서 중도리 상백면 시위대와 합류했다. 오후 1시경 상백면의 정연표를 비롯한 주도자들이 삼가시장 내 주점인 박홍대의 집에서 최종 회합을 가진 후 정연표·정각규 등이 선두에 서서 만세를 부르며 시위를 시작했다.[56] 이때 가회면의 韓弼東도 "朝鮮獨立旗"라고 쓴 紙旗를 흔들며 만세를 높이 불렀다. 그는 尹在鉉과 함께 서울의 고종 인산에 참여하고 와서 가회면 시위를 주도한 사람이다.[57] 이

---

54) 정홍두옹 증언.
55) 정홍두옹 증언.
56) <정방직 등 재판기록>
57) 정홍두·윤한승씨 증언.

사실은 3월 18일 시위부터도 가회면과 상백·백산지역이 함께 연합했음을
보여 주는 것이다. 시위는 오후 1시에 시작되었으나 본격적 시위는 오후 5
시경부터 오후 8시, 시위 주도자 鄭演彪·韓弼東·鄭恪圭·孔敏鎬 등이 체포
될 때까지 치열하게 계속되었다.이때 삼가 시장에는 3~400명이 모였다
하는데 일제 경찰보고에는 다음과 같이 언급되고 있다.

陝川郡 三嘉, 十八日 午後 五時 多數의 群衆이 三嘉市場에서 獨立萬歲를
高唱하고 現在도 騷擾를 하고 있으므로 陝川警察署長 以下가 急行하여 目下
鎭壓中[58]

陝川郡 三嘉, 三嘉의 騷擾는 十八日 午後 八時 首謀者 五名을 逮捕하고
鎭定시켰다.[59]

3월 18일의 삼가 장터 시위는 그날 저녁 8시경에야 합천에서 달려온 경
찰서장과 경찰 및 일본 재향군인에 의해 겨우 해산되었을 정도로 끈질기
게 전개되기는 했다. 그러나 3~400명 시위참여는 주도자들의 기대에 미
치지 못했던 것 같다. 이에 다음 삼가장이 서는 3월 23일에 다시 시위를 일
으킬 것을 계획하고 삼가면 대병면·용주면·백산면·상백면·가회면 등 합천
군 남부지역과 대양면·의령군 대의면·산청군 생비량면 등 인근 지역 면에
이르기까지 유지 자산가의 배후 지원하에 전 주민적 참여 권유와 조직적
동원이 이루어졌다.[60]
　주민 참여를 독려하기 위해 백산·상백지역에서는 吳永根·鄭文若·鄭喜永
등이 각촌에 다니며 촌민에 대해 삼가 장날 시위에 참여할 것을 권유하고,

明日 三嘉市場에 조선독립만세를 부르니 나오지 않는 자는 그 住家를 放火

58) 高警第7901호號)(1919.3.19), 국회도서관, ≪韓國民族運動史料≫3.1運動篇 其3, p. 95.
59) 高警 第7957號) 獨立運動에 관한 件(第21報) (1919. 3. 20), 위의 책, p. 100
60) ≪高等警察摘錄≫, p. 24 및≪陝川郡誌≫, pp. 631~640.

한다고 威喝的 선동을 하였(다)[61]]

가회면에서도 주민동원을 위해 주도자들이 마을마다 다니며, "부락 단위로 나온 사람 이름 적는다." "빠진 사람 여기 못살게 한다." "집을 두드려 부순다"하며 전 주민적으로 참여케 했다.[62] 시위 당일에는 농악대를 동원하여 부락마다 사람을 모아 5집 사는 동네도 빠지지 않고 다 나왔다 한다.[63] 쌍백·가회지역에서 "유지 재산가들이 앞장섰고, 부자 권한으로써 주민들을 동원했다"는 말을 많이 들을 수 있었다.[64]

3월 23일 이른 아침 백산면에서는 3,000명이 면사무소에 운집하여 만세를 높이 부른 후 면사무소를 밀어 전복시켜 불태웠다. 이어 3.5km 떨어진 상백면 평구리로 가서 그곳에 모여 있던 상백면민과 합세하여 4km거리의 삼가로 향했다. 이들은 가는 도중에 전주 2개를 쓰러뜨리고 3 - 4개는 밀어뜨려 초자를 부수고 전선을 절단했다. 3월 18일의 시위가 합천경찰서의 일경과 재향군인에 의해 진압되었던 데서 합천으로 통하는 통신을 차단했다.

각 면에서 모인 군중은 각각 7~800명씩으로 대오를 편성하고 각각 독립기에 대장의 성명을 서명하고 있었다. 여기서 이 시위의 조직적인 일면을 여실히 보여 준다.[65] 이와 같이 하여 삼가의 정금당 앞 광장에는 13,000 군중이 모여 일제에 대한 성토대회를 개최했다. 金典醫·鄭邦晰·金達熙·林鍾鳳이 차례로 등단하여 일제의 침략을 규탄했고, 한 연설이 끝날 때마다 농악대가 북과 징을 울렸으며 만세소리가 지축을 뒤흔들었다. 마지막 연사인 임종봉이 연설하는 중에 일경이 발포했다. 군중은 위축되지 않고 오히려 항의하며 포위해 있던 군경에 달려들었다. 이들은 주재소로 달아났다. 군중들은 곤봉·낫·호미 등을 들고 주재소 우편소로 쇄도했다. 여기에

---

61) <오영근 판결문>
62) 정홍두옹 증언.
63) 정홍두옹 증언.
64) 정만영·정현효·정홍두·정신규씨 증언.
65) 國史編纂委員會, 1968, ≪韓國獨立運動史≫ 2, p. 299.

일경이 무차별 총을 난사하여 13명이 즉사하고 30여명이 부상하는 참극이 벌어졌다.

일제의 무자비한 탄압 앞에 시위 군중은 해산하지 않을 수 없었지만, 이 지역 시위는 그것으로 끝나지는 않았다. 이날 상백면으로 돌아온 백산·상백 시위대는 吳永根·鄭喜永 등이 중심이 되어 수십 명이 오후 7시경 상백 면사무소로 가서 면사무소 집기와 문서들을 끄집어내어 불태우고 기둥을 절단했으며 유리창을 깨부수었다.[66] 3월 24일에는 진주에서 일군 응원병이 파견되었다. 그러나 3월 26일에도 "삼가부근(三嘉附近)이 불온(不穩)하여 응원대(應援隊)를 파견(派遣)하다"[67] 고 하는 일제관헌의 보고를 보면 그 후에도 이 지역의 항일의 기운은 좀체 수그러들지 않았던 것으로 보인다. 3월 31일 밤에는 삼가면에 가설한 진주 – 합천간 3등 도로상의 다리에 석유를 부어 교통을 두절시킨 일이 일어났다.[68]

3) 합천군 시위운동의 특징

(1) 지역특성

제1장의 지역개관에서 살펴본 바와 같이 합천지역은 경남 서부 산간지역에 있어 계곡을 따라 형성된 좁고 긴 경작지는 관개에 유리하고 홍수나 한해를 덜 탈 수 있으며 피병(避兵)·피세(避世)에 유리한 곳이었다. 그러므로 중앙정계로부터 철저히 소외당한 재지 사족들은 이 지역을 안정된 근거지로 삼고 토호로서 존재하게 되었다. 여기에 조선 후기에 오면서 동족의식의 발달과 당쟁의 격화로 배타적인 관념이 강한 유력한 同派·祠族의 일치단결을 공고히 하기 위해 발달했다고 하는 종족마을이 매우 발달한 현상이 이 지역에도 보이고 있다.[69]

---

66) <오영근 판결문>

67) 密受第 102 其 119(1919.3.26). 제82호, 국회도서관, 위의 책, p. 69.

68) 주 65)의 책 811, p. 812.

69) 善生永助, 위의 책, p. 454.

합천지역의 종족마을은 117곳으로서 이것은 경남지방에서는 진주의 216곳, 통영군의 122곳에 이어 세 번째이며, 전국 162개 군 가운에 17번째들 정도로 종족마을이 발달된 곳이었다.70) 따라서 이 지역은 大姓宗中이 움직이면 전 주민이 따라 움직일 수 있는 여건이 형성되어 있었다. 실제로 3·1운동에서 백산면의 仁川 李씨, 상백면의 草溪 鄭씨, 가회면의 坡平 尹씨, 대병면의 安東 權·恩律 宋씨, 대양면의 靑松 沈씨 등이 큰 역할을 했다.

여기에 南冥 曺植 선생이 끼친 實踐的 學風과 그들 祖先들의 임진왜란 의병 참여의 사실에서 구국을 위한 헌신의 정신적 맥을 이어 받았던 점도 있다.

이 지역사회에서 3·1운동 때까지 상백, 가회 등 시위운동을 주도했던 지역에 일인의 토지소유가 전혀 나타나지 않음으로써 전통적 향촌의 공동체적 유대가 식민지 상황에서 침해되거나 해체되지 않고 온존되어 올 수 있었다.

이런 지역적 여건 위에서 1910년 국권상실, 1919년 고종황제의 急逝와 독살설, 독립선언과 3·1운동의 발발은 이곳 사람들의 예민한 의리관념과 강렬한 항일의식에 비추어 남녀노유를 막론하고 분기치 않을 수 없는 상황이 되었으며, 마을 유림 지도층들은 전 주민과 더불어 상복에 백립을 쓰고 북쪽을 향해 망곡을 했던 지역이었다.71)

---

70) 위의 책. pp. 543~556.

71) 金正明, 1967, ≪朝鮮獨立運動≫ 1, - 民族主義運動篇 - 의 <朝鮮騷擾事件狀況>, p. 493에 당시의 경남지방의 상황으로서 다음과 같이 나와 있다. "그러나 고 이 태왕 전하 薨去가 일반의 주지하는 바가 되자 각 계급을 통하여 충심으로 애도하는 지성이 濃密함을 볼 수 있었다……3월 3일 고 이 태왕 전하의 국장 집행의 전날 이래 본도로부터 양반·유생 기타 지방 유력자로서 상경하는 자가 뒤를 이었고, 그렇지 않은 자는 각지마다 유력자가 주최가 되어 遙拜式을 거행했는데, 모두 참견자가 다수였으며, 정숙하고 성대히 거행되었다." 쌍백·가회지역에서도 망곡식에 대한 증언을 들을 수 있었다(이화석·정홍두 등).

(2) 추진 주체와 의식상의 특징

합천 읍내 시위를 주도한 대양면과 두 차례의 삼가 시위를 주도한 대병·
초계·삼가지역 3·1운동을 유림적 성격의 지역 유지층이 주도하였다는 이
유를 정리하면 다음과 같다.

첫째, 이 지역이 영남 유림의 淵藪였으며, 유림 사이에 학문과 道를 통한
교제와 교류가 이루어져 왔다.

둘째, 유력한 종족마을 출신자들이 시위를 주도하였다.

셋째, 지역 내 李愿永·尹在鉉·盧浩容 등의 지주와 유지·자산가의 주도
또는 지원 하에 이루어졌으며, 주도자·참여자 가운데 유림으로 파악할 수
있는 사람이 많다. 즉, 대양면의 주도자 沈載現, 대병면 鄭時權·權良熙, 宋
秉珣 문인 李秉樞, 파리장서 서명운동에 참여했던 尹中洙, 초계의 是庵 李
直鉉의 조카 李原華, 대평리 李夢雨, 백산면 秋灘 李廷鉉의 문인 李相東,
가회면의 尹在鉉 등이 그들이다. 그 밖에 鄭奎見도 3·1운동에 참여하고 3
주간 구류를 살았는데, 晚醒 朴致馥의 문인이었다.[72]

넷째, 그런 까닭에 추진과정에서 인근 面의 학문적 계통이 다른 지역과
는 연합시위를 추진하여, 사색당파 시기의 계통이 다른 "가회 – 쌍백은 연
합하나 삼가읍내의 경우 아전·상인들이 많으므로 '생명을 건 언약을 그들
과 맺을 수 없다'며 추진과정에서 배제시켰다는 말이 남아있는 점으로 보
아 추진 지도자들이 신분적 배경의 고려 하에서 연결이 이루어졌다.[73]

다섯째, 유림 유지층이 주도한 합천군의 시위운동에는 지주와 소작인의
관계가 시위운동에서 어떻게 나타났을까? 그 예를 3월 21일 일어난 초계
만세시위에서 찾아볼 수 있다. 3월 21일 합천군 초계면 시위운동은 대평리
의 부호 盧浩容·부락의 학자요 선비인 李夢雨 그리고 행동대로서 鄭點時
이 세 사람이 한 흐름의 중심이 되어 추진하였다. 이때 행동대 역할을 한
정점시는 노호용의 소작인이었다. 그는 3·1운동으로 붙잡혀 갔을 때 지주

---

72) ≪陜川郡誌≫, p. 504 및 정홍두옹 증언.
73) 정신규·정현효·정홍두옹 증언.

를 보호하고, 자신이 모든 죄를 쓰고 옥고를 치렀다.

유사한 여건과 문화를 갖고 있었던 안동지역과 비교해 보면, 안동지역은 1895년 을미의병 때에 전 군의 종족마을 등의 역량을 동원한 의병운동에 총력 투쟁을 전개한 후 유림세력이 보수유림과 개화유림으로 분화되었다. 이것이 지역내 교육구국운동을 위한 협동학교 설립 때에 부자와 사제관계까지 심각하게 손상되고 마침내 인명이 살상되는 충돌을 빚었던 데에서 보듯이 심각한 갈등을 보였다가, 3·1운동으로 합류되는 것을 보여 주었는데, 합천군의 경우 유림 내에 그러한 심각한 분화는 일어나지 않았던 것으로 보인다. 이원영 등 일부 인사들은 상경하여 신교육을 받고 개화적 인물이 되었던 경우도 없지 않았으나, 이 지역 유림들은 전통적 유림으로서 남아 있으면서 다만 서양세력을 禽獸로 보는 척사적인 극보수 계통은 아니었고, 세계열강의 존재를 인정하고 독립을 위해 도움과 협력을 얻으려는 혁신유림의 성격을 갖고 있었다. 따라서 3·1운동기 합천 유림들의 主意識은 광무황제의 급서와 因山에 따른 충군애국적 의식에서 독립만세 시위운동에 적극 참여한 것으로 생각된다.

이 지역 지도층의 의식을 볼 수 있는 사실로서 가회·초계·대병 3지역에서 3·1운동 이후 3·1운동의 추진자 또는 지역유지에 의해 신식교육기관을 설립하는 것이 공통적으로 나타난다는 점이다. 즉 가회의 尹在鉉에 의한 龜陰義塾, 초계의 盧浩容에 의한 正養義塾, 그리고 대병의 宋弼永·宋曹永·宋寬植 등이 1921년 4월경에 문을 연 三一義塾[74]이 그것이다. 자산가들이 3·1운동 후 신식교육의 필요성을 느껴 사재를 털고, 유지를 규합하여 교육사업을 전개한다는 것은 이들의 의식이 3·1운동을 계기로 크게 변했다는 것을 보여준다.[75]

---

74) 동아일보, 1921. 6. 1.(4) 3.

75) 합천지역에서 3.1운동이 가장 격렬하게 일어났던 대병·초계·가회·쌍백 4지역 가운데 3·1운동 후 위 3지역에서는 시위 주도자에 의해 또는 '3·1' 이라는 명칭으로 사립 신식교육기관이 등장하고 있다는 사실과 4지역 가운데 쌍백 지역에서는 이러한 움직임이 없었다는 사실도 비교 검토해 볼만한 일이다.

(3) 시위양상의 특징

㉮ 장소

합천군의 합천·대양, 대병, 초계 및 삼가 시위는 모두 그들 생활권 내의 장터에 집결하여 시위를 전개하였는데, 삼가 시위의 경우, 가회면에서는 약 12km, 대병면에서는 약 20km 이상의 거리에 있음에도 이런 곳에서도 삼가시위에 참여하였다. 이것은 이곳 시위가 갖고 있는 조직성·계획성과 시위의 강도높은 공세성을 보여 준다.

㉯ 시위양상

합천읍내와 대양면 시위는 결사대를 조직하여 시위를 선도하게 했던 독특한 것이었다. 나머지는 장터에서 대중 만세시위로 이루어졌다. 합천에서는 장날을 택하여 시위운동을 벌였으나, 지역에서 조직적으로 주민을 동원하여 시위운동을 강력하고 공세적으로 전개하였다.

합천군내 각 시위는 매우 격렬한 형태로 전개되었다. 대병면 창리 시위에서 시위대가 창리 주재소·면사무소를 습격·파괴·문서 소각을 했으며, 초계에서는 300여 명의 별동대가 주재소와 우편소를 습격, 파괴, 문서소각·전선 절단을 했고, 3월 23일의 삼가 시위를 시작하면서 백산 주민들이 백산면 사무소를 불태우고, 삼가로 오는 길가의 전선을 절단했으며, 시위 후 상백면사무소를 파괴했다. 주도자의 구금이나 공포 발사·총격으로 시위대를 자극하여 일어난 합천 경찰서·삼가 주재소 습격도 있기는 하지만, 합천군의 3·1운동은 처음부터 계획성과 조직성을 갖고 공세적인 시위로 일제에 대해 대항하려 했음을 보여 주는 것이다.

㉰ 연합시위

이 지역 시위에서 보여 주는 주요한 특징 중의 하나는 일제의 수직적 일원적 지배에 대해 수개 면이 수평적으로 연대하여 연합시위를 전개했다는 점이다. 이것은 3월 23일 삼가 시위에서 가장 극명하게 나타났다. 이렇게 이곳 시위가 연합시위의 양상으로 나타날 수 있었던 배경을 생각해 보면, 시위 장소인 초계나 삼가가 인근 수개 면의 유일한 장이었다는 점이 우선 눈에 띈다. 초계는 합천 동부 5개 면의 유일한 상업의 중심이었고 삼가는 군내 남서부 가회·삼가·백산·상백 및 산청군 생비량면·의령군 대의면 등 인근 지역상권의 중심이었다는 점이다. 이곳 시위가 지역 내 李愿永·尹在鉉·盧浩容 등의 지주와 유지·자산가의 주도 또는 지원 하에 이루어졌으며, 유림 사이에 학문과 道를 통한 교제와 교류가 이루어져 왔던 점, 그리고 무엇보다도 이곳 시위 주도자들이 대규모 항일 시위를 촉발하려 의도했다는 것이 크게 작용했다.

이곳 시위의 연합양상은 최초의 시위였던 3월 18일의 삼가시위에서부터 보인다. 3월 18일 시위 주도자로 구속되어 형을 받은 사람 가운데 쌍백의 鄭邦直(演彪)·鄭恰圭·孔敏鎬와 가회의 韓弼東이 함께 나타나는 것이 그것이다.

또한 상백·백산 – 대병 – 초계 사이의 연관이 다음과 같이 나타나고 있다.

첫째, 이원영(백산)의 경우 부친 李眞錫이 초계에서 서당 훈장을 했고, 이원영 본인은 대병변 병목에서 한학을 공부했다. 이원영의 자매 2명이 대병면의 宋氏家로 出嫁했다. 이원영은 대병면의 林尙鍾·李起馥 등과 절친한 사이였다. 이밖에 쌍백지역과 대병지역은 婚脈 등이 형성되어 가깝게 교류한 지역이었다는 점.

둘째, 상백면 시위를 주도한 정연표는 대양면 강홍열·박운표, 초계지역 적중면의 노기용, 대병면 권중박 등과 契를 만들어 3·1운동 4~5년 전부터 비밀회합을 가져 왔다는 점.

셋째, 강홍열(대양)은 대병에서 한문 사숙을 했다는 것.

넷째, 대양면 姜永善은 赤中面의 연락책임자로 일경과 격투 중 그를 살해하고 만주로 피신했다 하고, 대양의 車洪烈은 초계시위에서 크게 활약했으며, 같은 면의 韓佑相이 주민을 동원, 삼가시위에 참여하였다가 일정의 총탄에 맞아 순절했다는 점.

이런 기록 등을 통하여 볼 때 이들 시위주도자간에 횡적 연결의 가능성이 크고, 따라서 삼가·대병·대양·초계 등의 시위가 상호 연계된 모습을 볼 수 있다.

이상의 합천군 지역 만세시위운동의 특성을 정리하면 합천군은 전통적인 유림 세력이 강한 곳으로 출향 재경 인사들이 귀향하여 재향 인사들과 연결된 것과, 재향 인사들이 광무황제 국장에 참관하고 귀향한 것을 계기로 시작되었다. 이들 주도층은 종족마을과 학문적 상호연계관계에 기반한 지역사회의 공동체적 힘을 최대한 동원하여 가장 강력한 형태의 독립만세시위운동을 전개하였다. 이렇게 3·1운동을 전개한 합천군은 3·1운동 첫 2주간의 시위운동과 그 양상을 달리하는 새로운 운동양상이 대두되는 전환기 시위운동의 대표적인 지역이었으며, 경상남도 지역에서 가장 치열하게 시위운동을 전개한 지역이었다.

합천군 시위 단계에 와서는 시위는 지역내 유지층의 주도 또는 지원하에 전주민을 동원하고, 인근 수개 면을 연결하여 강력한 시위대를 조성할 수 있었기 때문에 시발기 서북지방에서 보여 주었던 것 같은 공세적 시위운동의 양상이 본격적으로 나타났다.

시위운동의 조직성은 3월 23일 삼가 시위 때 면 연합 시위를 벌이면서 각 면에서 모인 군중은 각각 7~800명씩으로 대오를 편성하고 각각 독립기에 대장의 성명을 서명하고 있었던 데서 나타난다.[76] 이와 같이 하여 삼가의 정금당 앞 광장에는 13,000 군중이 민족대표들이 설정한 평화시위의 '규범'을 과감히 탈피하여 면사무소, 주재소 등 일제 관공서에 대한 파괴, 공문서 훼기, 전선 절단 등으로 공격하였고, 단순히 독립을 호소하는 단계를 지나 일제에 대한 대항적 성격을 분명히 드러내었다.

---

76) 國史編纂委員會, 1968, ≪韓國獨立運動史≫ 2, p. 299.

3. 사례검토 Ⅱ - 2 : 경남 함안군 시위

1) 지역개관

경남 함안은 안동, 합천과 마찬가지로 서원을 통해 많은 유학자를 배출하여 유학이 번창한 지역이었다. 유림층이 지역의 중심세력으로서 함안의 전통문화를 이끌어 나간 주역이었고 개명한 유림들이 3·1운동에 참여하여 운동을 주도하였다.

1914년 행정구역 통폐합 이전에는 함안과 칠원으로 나누어져 있었던 함안에는 함안향교와 칠원향교 등과 17개의 서원이 소재하여 문향으로 이름을 떨치었다. 함안지역의 서원으로는 금천서원·덕암서원·도림서원·서산서원·송정서원·도암서원·신암서원·도계서원·운구서원·도남서원 등 10개가 존재하였고 칠원지역에는 태양서원·청계서원·덕연서원·덕원서원·상봉서원·기양서원·홍포서원 등 7개 서원이 있었다.

이러한 서원은 17세기 仁祖代 이후 집중적으로 증설되었는데, 이는 임진왜란 후 정인홍 등 남명의 문도들이 광해군의 등장과 함께 북인정권을 형성하였다가 인조반정으로 몰락한 것과 관련된다. 이들은 정권에서 배제되자 합천군과 마찬가지로 향촌 내에 서원을 설치하여 이를 기반으로 자신들의 세력을 강화하기 시작하였다. 이 때문에 서원이 비약적으로 늘어났던 것이다. 이와 동시에 유력한 토성 사족들을 중심으로 한 종족마을이 활성화되었다.

16세기 사족중심의 향촌지배체제가 구축되면서 유림층은 배타적인 향권을 장악하기 위해 鄕案을 작성하고 유력한 사족을 入錄하여 강하게 결속하였다. 1569년부터 1745년까지 37회 가량 이루어진 함주향안의 입록자를 성씨와 본관별로 구분하면 함안조씨 244명(30%), 재령 이씨 94명(11%), 성산 이씨 76명(9%), 순흥 안씨 76명(9%), 밀양 박씨 43명(5%), 여주 이씨 32명(4%), 인천 이씨 29명(4%), 광주 안씨 26명(3%), 창원황씨 26

명(3%) 등이었다.[77] 함안 향안 전체 입록자들 중에 70%가 함안지역의 조씨, 이씨, 안씨가 차지하고 있어 이들이 함안의 대표적인 사족이었다.

한말 함안군에서도 구국운동의 일환으로 학교설립운동이 일어났다. 이것은 교회와 지역유지들에 의해 추진되었다.[78] 1908년 조용찬이 함안면 함안교회에 安信學校를 설립하였다.[79] 咸化學校도 같은 해인 1908년 설립되었다.[80] 칠북면 이령리의 이령교회 장로 김세민은 1911년 경명학교를 설립하였다. 그 밖에 개량서당도 출현했으며, 燦明학교도 주야학으로 함께 열었다.[81]

학교설립운동에는 군수도 앞장섰으며 관내 사립학교들을 적극 지원하며, 중장기적 운영기금을 모으는 등 학교발전에 노력하였다.[82] 李泰樹라는 사람은 신학문에 대한 열망을 갖고 상경했으나 현실의 난관에 부딪히자 斷指를 한 일도 있었다.[83] 동명의숙 설립자인 趙性燁은 학교진흥을 위해 집안자제를 사범학교에 입학시켰다.[84]

함안에서 3·1운동이 일어나기 직전까지 운영된 대표적인 사립학교는 信昌夜學校(신창사숙)·보흥학교·찬명학교[85]·龜里학교[86]·동명학교[87] 등이 있었다. 동명학교 교사는 3월 19일 함안면 3·1운동 때 <독립선언서>를 낭독하는 등 주도적으로 3·1운동에 참여하였다.[88]

---

77) 지수걸, 근대 이행기 경남 함안지역의 사회이동 양상, 《한국독립운동사연구》 17, pp. 206-207.
78) 함안지역 애국계몽운동에 대해서는 김형목, 2006, <3·1운동 이전 함안지역 사회변동과 민족운동>, 《함안3·1운동사 연구》(연구용역보고서, 미간행)을 참조함
79) 이송희, <함안지역 3·1운동의 역사적 배경>, 《지역과 역사》16, 부경역사연구소, 2005, p. 48.
80) 《皇城新聞》 1908년 8월 20일 잡보 「咸化新校」, 9월 30일 잡보 「咸化進化」.
81) 《慶南日報》 1910년 11월 29일 잡보 「學校有人」.
82) 《皇城新聞》 1908년 9월 29일 잡보 「熱心贊成」.
83) 《大韓每日申報》 1907년 2월 10일 잡보 「斷指請願」.
84) 《慶南日報》 1910년 11월 9일 잡보 「趙氏熱心」.
85) 《慶南日報》 1911년 4월 17일 수문소록 「燦校進級式」, 5월 19일 잡보 「教育無形之財産」.
    趙性燁은 《朝鮮紳士寶鑑》(1913)에 등재된 인물이다.
86) 《慶南日報》 1919년 11월 7일 잡보 「教育熱心」.
87) 《慶南日報》 1910년 11월 13일 잡보 「苦心教育」.

이곳에 조직된 최초 애국계몽단체는 1909년 1~2월경 설립된 대한협회 함안지회와 무릉지회였다.[89] 이들 지회는 근대교육운동과 문화계몽운동을 주도하였다. 嶠南敎育會에도 함안지역 출신들이 참여했으나 함안지회는 조직되지 않았다. 國債報償運動은 1907년 3월 중순 安○中·安○中이 창원 이원종과 거창 최수교 등과 참여한 일이 있었다.[90] 이 때에는 개별적으로 참여한 것으로 보이는데 5월 중순에 가서는 향촌공동체에 기반을 둔 동리별로 의무금처럼 부과하여 거두었다.[91] 반면 의병운동은 거의 움직임이 없었다.

<표 5 - 6> 함안군의 개신교 설립상황

No	면	동리	교회명	설립일	비 고
1	군북면	사촌리	사촌교회	1897	
2	칠북면	이령리	이령교회	1899	
3	산인면	부봉리	부봉교회	1906	
4	법수면	백산리	백산리교회	1906	
5	함안면	봉성리	읍내교회	1906	
6	칠서면	계내리	계내리교회	1907	
7	법수면	륜외리	륜외리교회	1908	
8	여항면	외암리	외암리교회	1909	
9	군북면	덕대리	군북교회	1909	
10	칠원면	구성리	구성리교회	1909	
11	대산면	하기리	하기리교회	1909	

자료 : 한국기독교역사연구소, 2002, ≪조선예수교장로회사기≫(상·하)

유림의 고장 함안에 개신교가 설립된 것은 1897년 군북면 사촌리 장로교회가 최초이다. 경남에서는 부산, 울산에 이어 세 번째이며, 경남 내륙에

---

88) 도진순 외, ≪군북 3·1독립운동사≫, pp. 23~24.
89) 대한협회, ≪大韓協會會報≫11, 1909.2, p. 68.
90) (≪황성신문≫ 1907년 3월 18일 광고 「국채보상의무금집 송인원급액수」).
91) ≪皇城新聞≫1907. 9. 25~26일자 광고 「국채보상의무금집송인원급액수」.

서는 가장 빨랐다. 1919년까지 경남지역에 설립된 교회(장로교) 130개 중에서 함안 사촌리 교회는 첫 5개 교회의 하나였던 만큼 경남지역에서 매우 일찍 개신교회가 설립되었다고 할 수 있다.[92] 함안군에는 1906년~1907년과 1909년에 집중적으로 교회가 설립되었다. 1909년 이후에는 1919년 3·1운동 때까지 설립이 보이지 않는다. 함안군의 개신교 설립상황은 <표5-6>과 같다.

최초로 설립된 군북의 사촌리 교회의 설립과 관련하여 다음의 자료가 전한다.

> 1897년 함안군 舍村敎會(군북)가 성립하였다. 이전에 읍인 趙棟奎가 영국인 배설이 발행하는 대한매일신보에 게재한 요한복음 3장 16절의 설명을 열람하고, 심중에 이상한 감동이 되어 신약전서를 구하여 읽고 진리를 略解하여 인근 교회에 나간 즉 일반 교인이 흔연 영접함으로 도를 믿기로 결심하니 향리가 훼방하되 조금도 마음이 흔들리지 않고 매 주일 회당에서 그 자질과 신자의 도리를 강론하니 신자가 점진하는지라, 자기 소유의 답 2두락을 교회에 기부하여 기와 예배당을 신축하니, 당시 선교사는 孫安路요 조사는 韓敬然이더라.[93]

그런데 사촌리의 기독교회 설립은 한말 국가적 위기상황과 무관하지 않았다. 사촌리는 함안 조씨 중시조인 생육신 어계 조여의의 서산서원(서산정)이 있는 곳이고, 양반으로 자처하는 곳이다. 호주선교사들이 여러 차례 이 마을을 드나들었다. 그런데 당시 함안 조씨 문중 도유사로 있던 조동규는 문중으로 찾아온 선교사들을 만나서 기독교에 관한 이야기를 듣곤 했다. 하루는 선교사 아담슨(A. Adamson 孫安路)에게 그는 진지한 태도로 물

---

92) 20세기 이전에 경남도내에서 개신교가 설립된 부·군은 부산, 울산, 김해, 밀양, 창원 함안의 6곳으로서 경남 중동부지역에 치중되어 있는 것을 볼 수 있다. 이 중에서 함안만 유일하게 군북과 칠북 2곳에 설립되었다. 1893~1919년까지 경남지역 130개 교회 중 제1위는 19개가 설립된 동래, 2위는 13개가 설립된 창원, 3위는 11개가 설립된 함안, 의령, 김해군이다.
93) 한국기독교역사연구소, 2002.≪조선예수교장로회사기≫(상·하), p. 46.

었다. "우리가 예수를 믿으면 독립할 수 있겠소?" 그 때에 아담슨은 말문이 막혀 한참동안 침묵을 지키다가 대답하기를 "만일 한국사람 100만 명 정도만 예수교를 믿으면 독립은 저절로 될 것이요." 했다. 놀랍게도 조동규는 그날부터 즐기던 술, 담배를 끊고 교인이 될 것을 결심했다. 뿐만 아니라 자기 집안사람들에게도 강권하여 교인이 되게 했고, 당장에 예배당을 세우게 된 것이다.94)

칠북면 이령리 새말의 金聖牙는 남편 金基哲이 아들 하나를 두고 일찍 사망하여 혼자되었다. 그녀는 험한 세상에서 가족과 재산을 지키기 위해 고심하던 중 김해 김씨 종친회 일을 보며 부산의 기독교와 접촉했던 김수업이란 사람을 통해 예수교 장로회 김해읍내교회와 연결되어 1897년 5월부터 새말의 자신의 집 내실에서 예배를 보기 시작하였다. 1897년 10월 아들 김세민이 교회의 영수가 되었다. 아직 장로회가 성립되기 전이었기 때문이다. 1898년 10월 김세민의 아들 김정오가 유아세례를 받았고, 이듬해인 1899년 교회가 정식으로 설립되었다.95)

김세민은 인근 낙동강변 지역인 창원군 동면 본포교회, 창녕군 길곡면 오호리 교회, 영산면 영산교회를 설립하고 원근의 교인들과 혼맥을 형성해 갔다. 창원 본포교회는 그의 여동생 김화일이 시집가면서 세워진 교회이며, 딸 김복남은 김해교회를 설립한 배성두의 아들 배동석과 결혼하였고, 아들 김정오는 창녕군 영산교회 金海水와 결혼했다. 또한 1911년에 사립 徹明學校를 설립하여 이곳 자제들에게 신학문 교육을 하였으며, 이런 활동을 배경으로 김세민의 아들 김정오와 곽철환 등이 서울로 유학하게 되었다. 교회들은 대개 낙동강변이나 면 소재지에서 멀리 떨어진 변두리 지역에 설립되었다. 이러한 교회안의 혼맥이 후에 3·1운동으로 연결되었다.

함안지역을 대상으로 한 韓末 日帝初期 지역사회의 社會移動을 분석한 연구에 의하면96) 1910년대 지방체제 재편된 후 식민지 관료와 이를 둘러

94) 영남교회사편찬위원회, ≪韓國嶺南敎會史≫, 양서각, 1987, p. 141.
95) 한국기독교사연구소, 2000, ≪조선예수교사기≫(상), p. 58.

쌘 각종 관변단체(지방위원회·면협의회·도평의회), 자치기구(도회·부회·읍회·학교평의회), 공공조합(농회·산림조합·수리조합), 관민합동위원회(소작조정위원회·농촌진흥위원회·사상정화위원회) 임원들로써 有志집단이 형성되기 시작했음을 보여 준다.97)

이들 유지 구성원의 변화상을 보면 함안지역의 경우 대표적인 士族 성씨인 趙·李·安의 寡占狀態가 격심한 사회변동 속에서도 일제시기 내 꾸준히 지속되고 있다는 점이 확인된다. 함안지역 대표적인 吏族家系(함안 조씨·창원 구씨·진주 강씨)에 속하는 인물도 유지집단에 포섭되기는 했으나, 이들의 위세는 邑治인 함안면 인근지역을 크게 벗어나지 못했다. 따라서 읍치 지역인 함안면 지역을 제외하면 대부분의 面 지역은 同族的 기반이 강한 士族(혹은 常民化 한 사족=씨양반)들에 의해 주도되고 있었다. 특히 구한말까지 세력을 유지한 유력한 사족 가계의 인물들이 향리나 상·천민 출신자보다 관변단체 임원직인 '공직 進出'에 훨씬 더 유리한 입지를 가지고 있었다. 그 힘의 원천은 특별한 신분적 특권이나 전통적인 사회질서가 아니라 '토지재산'과 '사회활동능력', '당국신용'과 '사회인망' 등 이른바 '유지기반'이었다고 지적된다.98) 3·1운동 참여자들과 이들이 겹치지 않는 것을 보면, 함안의 유림세력은 일제하 관변 인사들과 이들 유지집단에 속하지 않은 지역인사들로 나뉘어 일부는 식민지 체제에 포섭되어 들어가고, 나머지 보수적 전통 유림세력들은 3·1운동 때 시위운동을 주도했던 것으로 보인다.

---

96) 지수걸, <近代 移行期 慶南 咸安地域의 社會移動 樣相>, ≪한국독립운동사연구≫ 17, 2001. 이밖에 함안지역 사회동향에 대한 연구로서 다음의 연구가 참고된다. : 이정희, <16,17 世紀 咸安·咸陽 在地士族의 동향>이화여대 석사학위 논문, 2994 ; 김동철, <19세기 말 咸安地方의 鄕戰>, ≪韓國文化硏究≫2, 1999 ; 장동표, <19세기말 咸安 鄕會의 기능과 성격>, ≪지역과 역사≫2, 1996 ; 오인표, <19세기 말엽 경상도 지역의 향촌사회 지배조직과 수령권>, ≪지역과 역사≫2, 1996.

97) 지수걸, 위 책, p. 203.

98) 지수걸, 위 책, p. 240.

2) 3·1운동의 전개

(1) 서울시위에 참여한 함안 학생들과 상경 인사들

3·1운동 당시 함안 출신 학생들이 서울에서 공부하고 있었다. 이들은 서울에서 3·1운동에 참여하였으며, 함안 인사들이 서울의 광무황제 국장 참관, 귀향 후 함안에서 시위운동을 벌인 일과 일정한 관련성을 갖고 있다. 이들이 서울 3·1운동 참여 사항은 다음 표와 같다.

<표 5 - 7> 서울 3·1운동에 참여한 함안 학생들

본 적	주 소	성 명	나이	소 속	처 분	비 고
경남 함안군 군북면 사촌리 680	경성부 연자동 8 吳鼎烈 방	趙鏞錫	24	경신학교 3년	징역6월에 집행유예3년	자5, 63, 96
함안군 함안면 봉성동 391	경성부계동 47 - 1成世麟방	韓鍾建	18	중앙학교 2년	징역6월에 집행유예3년	자5, 64, 90
경남 칠북면 이령리 453	경성 화천정 126 吳翰泳 방	金正悟	22	경성약학교 1년	면소방면	자5, 57

자료 : 독립운동사편찬위원회, 《독립운동사 자료집》5
버고 : 자5는 위 자료집이며, 숫자는 페이지 임.

이들에 대한 심문조서에는 함안의 고향사람들이 상경하였다가 3월 5일 돌아가게 되어 배웅하기 위해 정거장에 나갔다는 말이 공통적으로 나온다. 김정오에게는 2월 28일 아침 같은 고향 칠북면 사람 郭鍾轍[99]의 어머니 尹嶋伊가,[100] 3월 2일에는 부친 金世民이 국장에 참관하기 위해 서울에 왔

---

99) 곽종철(1878 - 1944)은 칠북면 이령리 185번지 영서마을 사람으로 천석꾼 집안이었다 한다.
3·1운동 이후에도 이령리에 살았으며, 재산관리와 과객접대 등으로 지냈으며, 아들 곽수영이 재산을 팔아 만주로 간 이후 재산이 기울었다 한다. (외손녀 조봉례 증언, 2006. 2. 11).
곽종철이 서울에서 학교에 다녔는지는 확실한 증언이 없다.
100) 金正悟 심문조서 <국사편찬위원회 편, 《한민족독립운동자료집》17 (3·1운동 7),pp.227~228>

다. 한종근에게는 어머니가 왔다. 이때 함안의 다른 국장 참관 인사들과 함께 왔을 가능성이 크다. 함안에서 서울의 국장에 참관하러 온 것으로 파악되는 인사들은 다음과 같다.

㉮ 이령리 사람들

김정오의 부친이자 이령리 교회 장로인 김세민은 3월 2일 이령리 주민을 이끌고 광무황제의 국장을 배관하기 위해 상경하였다. 이때 함께 상경한 사람이 13명이나 되었다. 이는 이 지역 시위운동이 사전에 계획되고 있었음을 보여준다. 13명은 김세민, 여봉준, 김주현, 윤기선, 황병민, 하갑수, 한세호, 정영실, 김홍찬, 김갑일, 황경수, 김차선, 안수원이며,101) 칠원면의 정영보도 상경하였다.102) 이들은 칠북면 이령리 시위를 주도하였다.

㉯ 함안면 사람들

한문교사 조한휘, 당시 함안면장의 아들 한종순103), 한문 교사 이찬영, 조병흠, 조문국, 박건병(강원도 철원출신, 동명학교 교사), 강기수(동명학교 교사), 한관열 등 인사들이 3월 1일 서울에 가서 서울에서 일어난 독립만세 시위와 3월 3일의 국장을 참관하고 3월 5일경 귀향하였다.104) 이들은 함안면과 군북면 시위를 주도하였다.

(2) 칠북면 이령리 연개장터 시위

㉮ 배동석의 이령리 내방

당시 28세(1891년생)의 세브란스의학전문학교 학생이었던 배동석은 김

---

101) 이령리 3·1운동 기념비
102) 이규석, 1998, ≪함안 항일독립운동사≫, 함안문화원, p. 295.
103) 함안경찰서 순사부장 大林福夫, <被告人 韓鍾憲 素行調書>, 3형제가 모두 3·1독립운동에 참여하였고, 체포된 2형제 외 장형은 도주 중이라고 되어 있다.
104) 이규석, 위 책, pp. 37.

해장로교회 창립자인 배성두의 아들이다.[105] 이령리 교회는 1897년 김해 장로교회에서 전교되었으며, 배동석은 이령교회의 장로 김세민의 첫째 딸이자 김정오의 누나인 金福南과 1913년 9월 20일 결혼하여 김정오와는 처남 매부간이었다. ≪獨立運動家功勳錄≫에는 배동석에 대해 다음과 같이 서술되어 있다.

> 김해(金海) 출생이다. 1906년 대구 계성학교에 재학 중, 항일운동을 하다가 체포되어 3개월 간 복역한 후 동교를 중퇴, 서울 경신학교를 졸업하였다. 목포에서 교직생활을 하다가 다시 체포되었으며, 석방된 후 국외로 탈출, 만주에서 김좌진(金佐鎭)과 함께 활동하였다.[106]

배동석은 2월 12일, 2월 24일 음악회를 칭하고 세브란스 연합의학전문학교 구내에서 김원벽, 김형기, 윤자영, 김문진, 한위건 등과 함께 독립운동을 논의한 핵심 학생대표였다. 1919년 2월 23일 민족대표의 일원인 이갑성이 경남지방 민족대표 추천을 위하여 마산 기독교계 학교인 사립창신학교 교사 임학찬과 상남장로교회 장로 이상소를 만나러 왔으나, 선언서에 첨부할 날인을 받지 못하고 돌아갔다. 이에 이갑성은 2월 24일 마산의 이상소, 임학찬 등을 잘 아는 배동석을 다시 보냈다.

배동석은 60세의 교회 장로인 이상소도 알고 있었고, 임학찬도 김해의 같은 동리 출신 친구였다. 배동석은 2월 25일 마산에 도착하여 임학찬이 하숙하고 있는 이상소 집으로 그를 찾았다. 2월 26일경에는 마산 창신학교로 와서 임학찬에게 독립선언서에 날인을 다시 부탁했다. 마산의 인사들은 독립선언서에 날인하기를 거절하고, 독립선언을 하게 되면 마산지역에

---

105) 배성두는 1894년 외국선교사가 김해 지역에 선교하기 전에 기독교 신앙을 받아들여 김해교회를 세웠다.

106) ≪독립운동가공훈록≫3(하), p. 1987, pp. 661 - 662. 그가 3·1운동으로 붙잡혔을 때 전과가 없는 것으로 된 것을 보면 그의 이전 활동에 대해서는 좀더 조사검토가 필요하다고 생각된다.

서도 이에 뒤따르겠다며 독립선언 후 선언서만 전달해 줄 것을 부탁했다.[107]

배동석이 소기의 성과를 얻지 못하고 상경한 후 3월 2일 같은 집 하숙생인 세브란스 의학전문학생 李宏祥이 서울에서 선언서를 가지고 마산으로 가 임학찬에게 독립선언서를 20~30매 전달하였다.[108]

배동석은 2월 25일 마산에 도착하여 이령리 처가에 들러서 자고 다음날 아침 일찍 마산으로 갔으며, 2월 26일은 마산의 임학찬 집에서 묵고 다음날 일을 본 후 다시 이령리 처가에 들러 하루밤을 지내고 2월 28일 서울로 떠났다. 이때 이령리 처가의 장인이자 교회 지도자인 김세민에게 독립운동 준비 소식을 전하며, 그 일대의 기독교를 통하여 시위운동에 참여할 것을 권유했던 것으로 보인다. 이에 따라 이령리에서는 2월 28일 독립운동을 위한 준비모임이 있었다고 한다.[109]

이와 같이 배동석은 서울에서 학생층의 주요 지도자로서, 그리고 민족 대표 진영과 긴밀한 관계 속에서 경남지역 인사들을 독립운동에 참여시키고, 시위운동을 함안을 비롯한 경남지역에 확산시키는 중요한 역할을 담당했다.[110] 또한 함안의 3·1운동 추진 인사들이 단순히 국장 배관차 상경

---

107) 국사편찬위원회 편, 《한민족독립운동자료집》 16(3·1운동 6), pp. 137.

108) 이후 배동석은 고향인 김해에서 시위운동을 전개하다 3월 30일 체포되어 서울에 압송되었다고 하나(박효생, 《김해교회 백년사-1894~1994-》, 1998, p. 76) 자료상으로 이 부분은 확인되지 않으며, 심문조서 및 판결문에는 단지 서울 시위와 마산 기독교계 지도자들을 접촉한 부분만 거론되고 있다. 만일 김해 시위 현장에서 체포되었다면 당연히 김해 시위주도 부분이 주요 심문 및 처벌사항이 되었을 것이다. 그러므로 배동석의 김해시위 부분에 대해서는 의문이 있으며, 앞으로 규명되어야 할 과제이다.

109) 김필오씨(함안군 칠북면, 김정오의 동생) 증언(2006. 2. 9, 칠북 자택)

110) 배동석은 1919년 11월 6일 경성지방법원에서 징역 1년 형을 받았으나, 이에 불복, 경성복심법원에 공소를 제기했다. 그러나 1920년 4월 27일 기각되고, 서대문 감옥에서 복역하다 고문의 후유증으로 중병을 얻었다. 그는 병보석으로 나와 치료 중 1924년 8월 29일 사망하였다. 그의 부인 金福南은 서대문감옥에서 고문으로 눈알이 둘 다 빠지고, 손톱, 발톱이 다 빠져서 나온 남편 배동석을 보고 충격을 받아 정신이상이 되어 다시 친정으로 돌아와야 했고, 일생 자신과 가족들이 고생하였다. (김필오씨 증언, 2005. 12. 7 칠북 자택)

하였다가 3·1운동 발발을 보고 귀향하여 시위운동을 일으킨 것이 아니라, 독립운동 준비단계에서부터 깊이 관여한 배동석에 의해 긴밀하게 연결되어 준비되었다는 점을 확인할 수 있다.

배동석이 이령리를 다녀간 뒤 김세민 장로는 3월 2일 13인의 이령리 주민을 대동하고 광무황제의 국장을 배관하기 위해 상경하였다. 이들은 서울에서 광무황제의 국장 뿐 아니라, 서울시내에서 벌어지고 있었던 독립만세 시위운동을 직접 목격하였다. 김정오는 일행과 함께 귀향하지 않고 3월 8일 고향으로 돌아왔다.[111]

㉯ 이령리 시위운동의 전개

3월 5일 이령리로 돌아온 김세민 등은 이튿날인 3월 6일 29명의 동리 인사들을 모아 이령리 교회에서 만세시위 준비모임을 갖고 3일 뒤인 3월 9일 연개장날에 만세시위를 벌이기로 결정하였으며, 그 대책위원으로 여봉준, 곽성복, 김주현과 3월 8일 서울에서 내려오는 김정오를 선임하여 준비를 맡겼다. 이 준비모임에 39명이 참석한 것으로 전한다.[112]

3월 9일 이령리 만세시위운동은 아직 문헌적 근거를 찾을 수 없으나 1976년에 주민들이 세운 3·1운동기념비에 새겨진 내용을 통해서 보면 다음과 같다. 3월 9일 정오 연개장터에 많은 군중이 모였다. 대회장인 김세민이 개회사를 하고, 이어 유관도가 격려 연설을 한 후, 김정오가 선언서를 낭독하였다. 이후 경명학교 학생들을 선두로 손에 태극기를 흔들고 독립만세를 외치면서 석양이 질 때까지 동리를 행진했다. 당시 참석한 사람들은 앞의 준비모임에 참석한 39명과 함께 36명의 명단이 확인되는 것으로 보아 약 100명 정도로 추산된다.

---

111) 金正悟 심문조서(국사편찬위원회 편, 위 책, pp. 227~228.)

112) 김두량, 김수감, 이만웅, 여경천, 곽진수, 손학봉, 김금석, 림경환, 엄태경, 김만옥, 김윤석, 김성추, 황출이, 배양전, 박기우, 구제남, 이명이, 황마리아, 이귀애, 김혜림, 이선옥, 김혜숙, 김장덕, 곽성복, 임순우, 엄또일, 윤봉수, 진익이, 김순(기념비 및 이규석, 위 책, p. 30)

이령리 시위에는 대산면 평림리의 권영수, 하기리의 김성근, 안효중, 최말종 등 대산면 하기리 교회와 평림교회 인사들도 연락을 받고 참여하였다.[113) 칠원면에서도 윤사문과 김두량을 통하여 칠원면 주도자 朴敬天, 鄭泳普 등의 인사들과 비밀연락을 통하고 있었다. 당시 이령리는 마산경찰서 칠원 주재소 관할이고 이령리와 칠원면사이에는 험한 산지로 막혀있어 경찰은 뒤늦게 이 사실을 알고 조사를 벌였다.

㉯ 이령리 연개장터 시위의 경남 3·1운동에서의 위치

이령리 시위는 결과적으로 역사적 문헌상에 자취를 남기지 않고 끝났다고 할 수 있다. 그런데 조선헌병대사령부, <조선소요사건상황>에 보면 흥미 있는 한 구절이 발견된다. 시위운동과 종교계의 관련성을 정리한 보고 자료의 경상남도 편에서 경남지방 3·1운동에 있어 기독교의 역할을 중시하는 보고를 하였다.

　관내에 있어서의 이번 소요와 종교와의 관계는 그 관련자가 가장 많고, 또한 각처의 소요에 거의 종교가 가담하지 않은 일이 없다고 해도 결코 과언이 아닐 것이다.
　그 중에서도 치열을 극한 것은 외국인이 경영하는 기독교를 수위(首位)로 하고, 다음이 불교와 천도교이다.[114)

이와 더불어 최초의 시위로 3월 11일의 부산 일신여학교 시위와 3월 초순의 경남지방 시위운동에서 기독교의 역할에 대해 다음과 같이 보고했다.

　그러던 중 뜻하지 않게 3월 11일 부산의 호주 장로파 부속 사립 일신(日新) 여학교 생도가 동교 교사의 선동에 의하여 망동을 야기하며, 점차 각지로 퍼져

---

113) 이규석, 위 책, p. 308.
114) 조선헌병대사령부, 1973, <조선소요사건상황>, 독립운동사편찬위원회, ≪獨立運動史資料集≫6, pp. 603~604.

갔으며 … 현재 관하 23개 대·서(隊·署) 중 진해서(鎭海署)를 제외하고는 모두 소요가 일어났는데, 기독교가 가입하지 않은 대·서는 겨우 3개소에 지나지 않는다.[115]

그리고 함안에 관하여는 다음과 같이 언급하고 있는 것에 주목할 필요가 있다.

3월 10일 경부터 함안군(咸安郡) 칠원(漆原) 기독교 신도들은 구마산의 신도와 기맥을 통하고, 장날을 이용하여 소요를 일으키려 하였다.

소관 주재소 경찰관은 이를 탐지하고, 주모자로 지목되는 자에 대하여 엄중한 설유를 가한 결과 무사할 수 있었다.[116]

여기서 생각해 볼 수 있는 것은,

첫째, 함안에서 구마산의 신도와 기맥을 통하고 있었던 기독교 신도들은 배동석을 통한 이령리교회 신자들이었다. 이령리 교회 신자들이 마산교회 신자들과 연결되는 과정에서 3·1운동에 깊이 연결되어 시위운동이 일어났다.

둘째, 경남 최초로 이야기 되는 부산 일신여학교 시위보다 하루 더 일찍 함안군에서 시위움직임이 있었다는 것을 나타내 주는 것이다.

셋째, 장날을 이용하여 시위를 하려고 했다고 하였다. 칠원면의 장날은 3월 8일, 13일, 18일, 23일 28일, 4월 3일로서 이 중에서 칠원에서 3월 23일과 4월 3일 시위운동을 일으킨 바 있다. 3월 10일 시위 움직임은 3월 9일 이령리 시위 이후 칠원방면으로 시위를 확산시키려 하는 것을 탐지한 것이거나 아니면, 3월 9일 이미 끝난 시위에 대한 보고일 수 있다. "이를 탐지하고 주모자로 지목되는 자에 대해……무사할 수 있었다."고 하는 것은 이

---

115) 조선헌병대사령부, 위 책, p. 608.
116) 조선헌병대사령부, 위 책, p. 608.

미 일어난 연개장터 시위 주도자에 대한 조치를 말하고 있는 것일 수 있다. 이 시기는 칠원면 시위가 가시화되기 전이기 때문이다.

넷째, 여기서 언급한 칠원은 이령리가 있는 칠북면을 포함하는, 칠원주재소 관할구역 전체를 말하고 있는 것일 수 있다. 당시 칠북면에는 주재소가 없었으며, 칠원 주재소에서 관할하고 있었다. 칠북지역은 구칠원군 지역으로서 칠원 주재소에서 "칠원"으로 파악할 수 있다.

다섯째, 일제 관헌들은 자신들의 공을 과장하기 위해 자체적으로 끝난 시위에 대해 자신들의 노력으로 발발을 저지시켰다고 보고하는 경향이 있었다.

이상의 논의를 통해 이령리 연개장터 시위를 사실로서 받아들이게 되면 이령리 연개장터 시위는 경남지방 최초의 시위가 된다.

이령리 시위운동은 3월 9일 3·1운동의 시발기에 민족대표의 '규범'에 따른 평화적 시위로 끝났다. 그러나 이 시위는 그 다음 단계 시위운동의 연결고리 역할을 하였다. 이령리 시위가 인근지역으로 시위운동을 전파시켰으며, 직접 인근 지역 시위에 이령리 사람들이 참여하여 시위운동을 공세적으로 강화하는 데 기여하였기 때문이다. 다음의 두 사람이 그런 역할을 한 대표적인 인물이다.

윤사문은 1864년 함안군 칠북면 운서리 781번지에서 尹甲晢의 장남으로 태어나 당시 55세로 향리에서 이름 높은 선비였다. 그는 3월 8일 칠원면의 朴敬天의 내방을 받고 다음날의 이령리 시위와, 그 후 있을 칠원면 시위에 대해서 들었다. 다음날 그는 이령리 연개장터 시위에 참여하였다. 그 후 칠원의 박경천, 엄주신, 손종일 등과 칠원면 시위계획에 참여하고, 3월 23일 칠원면에서 독립만세 시위를 벌이다 1919년 5월 9일 징역 6월형을 받았다.117)

김두량은 金碩喆의 장남으로 이령교회 장로인 김세민과 사촌지간이다.

---

117) 이규석, 위 책, pp. 310~311.

1871년 칠북면 이령리 427번지에서 태어난 그는 48세의 장년으로서 이령리 시위의 준비와 진행과정에서 앞장서서 행동하였으며, 4월 3일 칠원시위에서도 2차에 걸쳐 경찰관 주재소를 습격하며 구속자 석방을 요구하다 체포되어 징역 6월형을 받았다. 그의 아들 김순도 이령리시위에 참여하였다. 이로써 그의 집안에서 사촌 김세민, 아들 김순, 조카 김정오 등이 시위운동에 참여하였다.

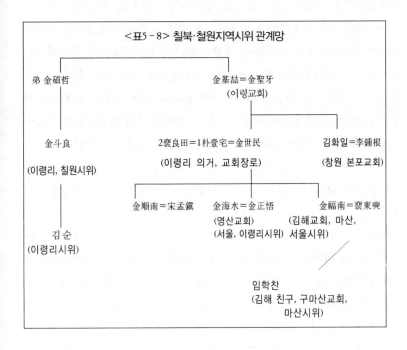

<표5-8> 칠북·철원지역시위 관계망

(3) 함안면 읍내 시위

이렇게 서울의 운동 중심부와 밀접하게 관계된 가운데 시작된 함안군의 시위운동은 칠북면 이령리 시위에 이어 3월 12일과 17일 대산면 평림장터 시위, 그 이튿날인 3월 18일 칠서면 이룡리 시위 등이 연쇄적으로 발발하며 3월 19일 함안면 읍내시위에 이르게 된다.

서울에 국장에 참관하였던 한문교사 조한휘 등 함안면 인사들은 3월 5일경 귀향하였다.[118] 이들은 함안면 봉성동의 곽종한, 한종순의 아우 한종헌(부산상업학교 2년생), 검암리의 이희석(여항면의 동명학교 교사), 여항면의 박노일 등과 협의하여 3월 19일 함안읍 장날을 거사일로 정하였다. 이들은 서울에서 가져온 독립선언서를 개작하여 축약된 독립선언서를 만들고, 태극기를 제작하였다. 또한 각지로 사람들을 파견하여 군중을 모으게 하였다.[119]

3월 19일 오후 1시경 비봉산에서 고천제를 올렸다. 오후 2시 동명학교 교사 이희석의 신호로 군중들이 일제히 봉성리에 모여들었다. 수년전부터 여러 차례 일제에 항의와 항거를 통해 옥고를 치른 바도 있는 안지호는 독립운동 소식을 듣고 대산면 산서리에서 달려와 미리 만들어 둔 태극기와 대한독립가를 휴대하고 시장에 모여든 군중에 앞장서 시위운동을 격려하다가 주재소로 연행되었다. 축약된 독립선언서가 군중들에게 배부되고, 태극기가 태평루에 내걸렸다. 이희석이 독립선언문을 낭독하였다. 이후 3천여 군중이 태극기를 흔들고 대한독립만세를 외치면서 시가행진에 들어갔다.

시위대는 함안 경찰관 주재소로 몰려갔다. 함안 주변지역에서 시위운동이 연속해서 일어나자 전날부터 경계를 위해 출동해 있던 마산경찰서장 北村과 함안읍내 주재 순사들이 오만하게 시위를 진압하였다. 군중들은 격분하여 도끼와 몽둥이를 들고 돌을 던지면서 주재소를 6차례에 걸쳐 습격하고 군청, 우편소 들에도 밀어닥쳐 기물과 집기를 파손하였다. 세번째로 주재소로 몰려갔을 때 도끼로 주재소 유치장 입구의 각목재 판자벽을 부수고 수감되어 있던 안지호를 탈출시켰다. 탈출한 안지호는 피신하지 않고 큰 태극기를 치켜세우고 시위군중에 앞장서서 군중을 지휘하였

118) 이규석, 위 책, pp. 37.
119) 마산경찰서장 北村晴가 쭐의 신문조서, 재판장의 심문조서, 안지호 판결문, 이규석의 위의 책 등을 참고하여 정리함

다.[120)

군중들은 大林 순사부장의 사택에 쳐들어가서 현관문과 안방의 미닫이 등을 파괴하고 大林 순사부장을 구타하였으며, 北村 마산경찰서장을 구타하면서 함안군민이 독립만세를 불렀다는 사실증명서를 작성하라고 요구하였다. 그 와중에서도 순사부장은 뒷날 검거를 위해 시위대 60여 명의 옷에 몰래 먹물을 묻혀 가담자를 표시하였다.

시위대는 다시 함안군청에 몰려가서 투석하고 정문과 사무실 출입문, 창문 유리등을 파괴하고 大林 순사부장 집으로 피신한 군수 민인호를 찾아내어 독립만세를 부르도록 요구하였다. 그 다음으로 시위대는 부산지방법원 함안출장소로 몰려가 만세를 높이 부르며 돌을 던지고 문짝과 간판을 파괴하였다. 다시 함안공립보통학교, 함안우체국, 함안공립심상소학교 등으로 차례로 몰려가 기물과 유리창, 판자벽 등을 파괴하였다.

조선헌병대사령부는 함안읍내 시위의 공세성에 대해 다음과 같이 보고하였다.

> 다음 19일에는 읍내에서 약 2천의 폭민이 경찰관 주재소에 쇄도하여 주재소 내에 뛰어 들었다. 그리고 마침 마산(馬山)으로부터 출장 중에 있던 경찰서장과 이 곳 주재소 순사 부장을 구타 또는 발로 차는 등 폭행·모욕하였으며, 또 주재소의 기물·건물을 파괴하고 서류를 파기하는 등 난폭·낭자를 감행하였다.
> 그리고 군수를 협박하고 또 구타하여 광폭을 계속하였으나, 마산 중포병대 (重砲兵隊)의 응원을 얻어 즉시 해산시켰다. 이것이 본도에 있어서의 악성 소요로서, 그 정도 또한 전반을 통하여 가장 심했다.[121)

3·1운동의 초기에 대부분 평화적으로 전개되었던 시위운동이 일제 당국의 강력한 탄압에서 쉽게 무너져 3월 첫 주를 넘기지 못했던 것에 비하

---

120) <부산지방법원 마산지청 판결문>, 이규석, 위 책, p. 40.
121) 조선헌병대사령부, 1973, <조선소요사건상황>, 독립운동사편찬위원회, ≪獨立運動史資料集≫ 6, p. 554.

여 3월 중순에 와서 전개된 공세적 시위운동은 함안의 예에서 보는 바와 같이 마산경찰서에서 출동하여 전날부터 경계를 펴고 있는 중임에도 아랑곳하지 않고 약 3천 명의 대군중이 모여 군청을 비롯하여 법원출장소, 함안공립보통학교, 함안우체국, 함안공립심상소학교 등을 차례로 돌며 투석하며 파괴하고, 군수와 마산경찰서장을 구타하였으며, 마산경찰서장에게 함안군민들의 독립운동 사실확인서를 요구하는 등 치열한 공세적인 시위운동을 전개하였다. 시위대의 기세는 경찰력을 압도하여 이 시위를 함안 주재소와, 지원 출동한 마산경찰서 경찰력으로도 시위대를 '진압'할 수 없었다. 일경은 군 병력 지원을 요청하였다. 이에 마산중포병대 병력 21명이 급파되었다. 시위대는 군병력 출동을 보자 다음을 기약하며 해산하였다.

경상남도 경찰부의 한 보고는 함안 읍내 시위를 예를 들면서 함안군의 시위운동이 경상남도내에서 가장 공세적인 시위운동이었으며, 그런 시위 양상이 일제 당국에 얼마나 위협적이었는가를 다음과 같이 말하였다.

> 일례를 들면, 3월 19일 함안군(咸安郡) 읍내에 있어서의 소요와 같이, 소관 마산(馬山) 서장은 그것의 형세가 불온하므로 이의 경계를 위해 그 곳에 출장하여 부하를 지휘하면서 경계하던 중, 동일 오후 2시 경 약 2천의 군중이 주재소로 몰려들었다.
>
> 이에 대하여 서장은 끝까지 온화 수단에 의하여 해산시키려고 간곡한 유시(諭示)에 힘썼으나, 그들은 더욱 더 기승하여 서장 및 주재소 수석 순사를 붙잡아 우리들과 함께 독립만세를 불렀다고 하는 증명서를 내놓으라고 강요하였다. 더욱이 구타를 하고, 마침내는 주재소 기타 관공아(官公衙)까지 파괴하고, 또는 기물을 훼기(毀棄)하는 따위의 광태를 부렸다.
>
> 이날 오후 마산 중포병(重砲兵) 대대로부터 포병이 자동차로 급히 원조하러 온 모습을 보자, 이의 위력을 두려워하여 즉시 해산하였다.[122]

---

122) 위 책, p. 651.

그러나 함안군의 만세시위는 이로써 끝난 것이 아니었다. 다음날 군북시위로 이어져갔다.

(4) 군북면 시위

광무황제 인산 참관을 위해 함안면 시위 주도 인사들인 조병흠, 조문국, 한관열 등이 서울에 갔을 때 군북면 인사들도 함께 상경하였다고 하는데 확인되지 않는다. 함안시위 주도자들은 상경하였다가 귀향한 3월 5일 바로 독립운동을 위한 협의모임을 갖고 3월 19일 함안장날 시위운동을 결정하자, 그 일원이었던 이희석은 평소 친분이 있는 군북면 사촌리의 조상규를 앞세워 군북면 사촌리 조용대의 사랑채를 찾아갔다. 이희석은 조용대의 사랑채에 모여 있던 조상규, 조경식, 조주규, 조석규, 조형규, 조용섭, 조용규 등에게 3월 19일의 함안읍내 장날 시위에 참석할 것을 요청하고, 이자리에서 함안읍내 시위 후 그 다음날인 3월 20일 군북에서도 시위운동을 벌일 것을 결의하였다.

조상규 등 군북 인사들은 이에 각 면리 별로 친인척과 서산서당, 신창야학교 관계자들과 접촉하여 참여를 독려하였다. 이에 따라 조용대는 대산면 산서리 발채에 있는 처남 박주범에게 연락하고, 이희석은 누님의 시동생인 가야면 사내리의 박학찬에게, 박학찬은 춘곡리의 박학술에게 연락하였다. 동촌의 조용섭에게서 거사계획을 통보받은 이원필은 외사촌 형인 광정리의 이경흠에게, 이경흠은 가야면 묘사리의 이경민에게 연락하였다.[123)]

군북면 오곡리의 박상엽, 김삼도, 소포리의 이재형, 조성술, 하림리의 조용태, 모로리의 조문재, 중암리의 노수정, 사도리의 이점수, 법수면 강주리의 조문규 등에게 통보되고, 동리별 동원책임자가 선정되었다.[124)]

동리 책임자들은 3월 10일 군북 장날, 해질 무렵 백이산 서산서당에 모

---

123) 李圭奭, 1998, ≪함안 항일독립운동사≫, 함안문화원, p. 62.
124) 위와 같음.

여 거사계획을 구체화시켰다. 거사 당일은 3월 20일 장날 정오로 하고, 장소는 군북 장터로 하였다. 태극기와 독립선언서는 서산서당과 여항산 원효암에서 제작하기로 하였다.

서울에서 가져온 독립선언서가 장문이라 등사하기도 힘들고, 내용도 어렵기 때문에 조주규, 조상규, 조용대, 조용규, 조경식, 조동규, 조석규, 조성규 등이 서산서당에 모여서 이를 쉽게 수정하여 제작하였다. 태극기는 신창야학교 등사기를 이용하여 등사하였다. 채색은 원효암 의상대에서 붉은색과 푸른색 물감으로 완성하여 산대 가지를 잘라 깃대를 만들었다.

이들이 서산서당에 모일 때는 한문강학을 핑계로, 원효암 의상대에 모일 때는 나무꾼으로 가장하여 일본 경찰의 눈을 피했다. 한지는 서산서당의 조석규가 부담하였고, 태극기 제작하는 팀의 식량은 오곡리 박상엽이 부담하였다. 군북면 서기 이재형은 일본 경찰과 밀정들의 동태를 정탐하여 나수범을 통해 서산서당에 매일 보고하였다. 이렇게 하여 완벽한 책임분담과 단결력으로 기밀을 유지한 채 준비작업을 할 수 있었다.

서산서당과 원효암에서 제작된 태극기와 전단 형태로 제작된 선언서는 오곡리의 김삼도, 사촌리의 김우곤, 동촌리의 이원필 등이 나무지게와 장보따리에 숨겨 군북장터로 옮겼다.[125]

3월 18일까지 준비를 마친 군북 인사들은 3월 19일 함안 읍내 시위운동에 참여하였다. 그 후 검거가 시작되기 전 군북 인사들은 군북 시위준비를 위해 군북으로 철수하였다. 3월 20일 군북 시위운동은 전날의 함안읍내 시위로 일제의 감시가 심해지자 두 단계로 나누어 진행했다.

제1단계로 3월 20일 오전 9시경 주동자 조상규 등은 군북면 덕대리 남단 동촌리 신창야학교 교정에서 학생 50여 명과 함께 독립선언서를 낭독하고 대한독립만세를 불렀다. 이를 탐지한 군북 경찰관 주재소는 파견되어 와 경계 중이던 진해만 중포병대대 특무조장 이하 16명을 출동시켜 해

---

125) 李圭獻, 1998, 위 책, pp. 62~63.

산시켰다.[126]

제2단계로 시위 주도자들은 군북장터에 예정된 시위를 위해 12시쯤 군북장터로 갔다. 군북장터에는 장꾼과 장꾼으로 가장한 민중들이 밀려들었다. 그런데 예상보다 훨씬 많은 사람들이 모여들어 부득이 장소를 장터에서 인근 군북냇가로 변경하지 않으면 안 되었다. 냇가에 모인 시위군중은 일본측 기록에는 3천 명이 모였다 하나 약 5천명으로 추산되었다. 군중들에게 태극기와 독립선언서 전단을 배포하고 1시 정각이 되자 조상규가 둑 위에 올라서서 독립선언서를 낭독하고 뒤이어 조용규가 대한독립만세를 선창하자 만세 함성이 백이산에 메아리쳤다.[127]

시위대는 대열을 지어 신창, 소포, 덕대, 안도를 행진하며 순회하였다. 저자의 장꾼들도 철시하고 합류하였으며, 밭을 매던 농부와 아낙네까지 합류였다.

이때 이미 새벽부터 일본 진해만 중포병대대 특무조장 泰間喜治郎 이하 16명이 출동하여 경계에 들어가 있었고, 군경과 시위대 사이에 몸싸움이 벌어졌다. 이 과정에서 시위대는 泰間 조장의 상의를 찢고 손가락을 잡고 놓아주지 않았다. 시위대는 공포를 쏘았다. 총소리에 놀란 군중들은 순간 흩어졌으나 공포임을 알고 다시 모여들었다. 오후 2시 쯤 시위대는 군북면 사무소와 군북 주재소를 포위하여 독립만세를 외치고 전날 함안읍내 시위에서 체포된 사람들의 석방을 요구하였다.

시위대가 독립만세를 외치면서 주재소 창문에 돌을 던지고 정문으로 돌진하자 일본 군경은 소방차에 검은 물감을 타서 군중을 향하여 무차별적으로 뿌렸다. 군중들은 격분하여 도로와 군북 천변에 있는 돌을 주위 주재소를 향하여 던지며 대한독립만세를 불렀다. 군경은 20여 발의 경고사격을 가하였다.

총소리에 놀라 군중들이 흩어지자 대형 태극기를 들고 격려하는 조용규

---

126) 金正明, 1967, ≪朝鮮獨立運動≫1(民族主義運動篇), pp 398~399.
127) 日本陸軍省, 1919, <1919.3.19 경상남도 함안군 군북 소요 진압상황>, ≪陸海軍省文書≫

가 "헛총이다. 물러서지 마라!" 하고 외쳤다. 물러서던 군중들이 다시 돌아서 주재소로 향하여 돌을 던지며 성난 파도처럼 주재소로 나아가자 일본군경은 시위군중을 향하여 조준사격을 가하였다. 주동자를 비롯한 40여 명이 피를 흘리며 쓰러졌다. 김삼도, 김우곤, 나수범, 박상엽, 박원개, 박주범, 박학숙, 송문호, 이경민, 이경흠, 이원필, 이재형, 조성기, 조성술, 조용규, 조용대, 조용섭, 조용태, 조주규, 조호진 등 20명이 현장에서 순국하였다.[128]

그날 오후 5시 10분 조선헌병대사령관 兒島惣次郎은 일본의 육군대신 앞으로 다음과 같이 전문을 보냈다.

> 20일 함안 군북에 폭민 3000이 경찰관주재소 우편서를 습격하므로 진해만 중포병과 협력하여 발포하여 해산시켰는데 순사 1, 포병 3이 부상하고 폭민에 사망이 16, 부상이 3[129]

그러나 9일 후 조선군사령관의 보고서(3. 29)에는 현장에 중상자 3명, 사망자 21명이며, 추가 조사 결과 조선인 사망자는 남자 21명, 여자 1명이고, 부상자 남자 17명, 여자 1명이었으며, 일본인 1명도 유탄에 사망하였고 군경 12명이 경상을 당했다고 정정하였다. 사망한 일인 1명은 군북 시가지에서 잡화상을 하던 자로 일본군의 밀정 노릇 하던 자였다. 일본군경의 무차별 사격으로 40명의 사상자가 나자 격분한 군중들이 이 일본인을 몰매로 때려 죽였다고 하는 말도 있다. 조선헌병대사령부의 보고서에는 다음과 같이 서술하고 있다.

> 20일에는 군북(郡北)에서 약 2천 5백의 폭민이 이 곳 경찰관 주재소에 쇄도하였고, 19일 함안읍내에서와 마찬가지로 광폭한 태도로써 투석하고 곤봉으로

---

128) 李圭奭, 1998, 위 책, p. 63.
129) 국회도서관, 《한민족독립운동사료》기 1, 1977, p. 60.

폭행을 감행하였다. 그러나 전일의 상황으로 보아 미리 소요가 있으리라고 염려되어 응원 중에 있던 마산 중포병 대대 준사관(准士官) 이하 모두가 발포하여 이를 진압하였다.[130]

군북 시위운동이 사상자가 대거 발생한 큰 사건이었던 까닭에 당일인 1919년 3월 20일 마산위수사령관 相羽淸次가 육군대신 田中義一 앞으로 다음과 같이 보고하였다.

1. 앞서 의령에서 폭동이 일어났고 다시 제1보고와 같이 함안에서 발생함으로써 위 양 지와 진주 등의 교통요충에 있는 유암동(속칭 군북, 의령 동남 3리)도 경계를 요하여 마산경찰서장으로부터 병력파견 청구가 있어 오늘 새벽 2시부터 4시 사이에 육군포병특무조장 泰間喜治郎 이하 16명을 자동차로 파견하였음.[131]

2. 본일(20일) 오후 2시경에 이르자 동지에 약 3천의 조선인이 무리를 지어 불온한 정황이 있어 경찰관은 그들에게 해산을 명하였으나 거부하고 반항하고 또한 군중은 더욱 증가하여 구한국기를 세우고 독립만세를 절규하며 파견부대를 압박하여 나옴으로써 사령은 경찰관과 함께 온건한 말로 그들을 훈계하여도 다수의 세를 믿고 우리를 모멸하는 행동도 하고 완력에 호소하려는 형세가 있어 공포를 발사하여 위협을 가하였으나 그것이 공포인 줄 알고 더욱 기세를 높혀 완강하게 기와나 돌을 던져 병졸 수명이 부상하기에 이르렀다. 그러나 군사령관의 훈시에 따라 여전히 은인자중하며 진무에 노력하였으나 더욱 포위 압박하여 와서 형세가 위험이 닥쳐오는 데 이르러 부득이 자위를 위하여 호령을 내려 실탄 60발을 발사하여 조선인에 사상자를 생기게 이르자 점차 포위를 풀고 해산하여 지금은 아직 엄중한 경계 중이다.

---

130) 조선헌병대사령부, <조선소요사건상황>, 독립운동사편찬위원회, 1973, ≪獨立運動史資料集≫6, p. 554.
131) 金正明편, ≪朝鮮獨立運動≫1. 原書房, 1967, p. 399

3. 피아의 사상자는 다음과 같음

병졸 경상 13명

조선인 사망 10명

부상 불명

위와 같이 보고함.[132]

이 보고는 시위대의 행동은 과장하고, 일본군의 행동은 극히 "은인자중" 유혈사태를 회피하려 했다는 식으로 왜곡되어 있음을 알 수 있다. 실탄 60발을 쏘아 사망자 21명(일본인 1인 포함)과 부상 17명이었다면 거의 조준 사격했다는 것을 알 수 있다. 다른 한편 무장한 일본군경이 과잉 탄압을 해야 했을 만큼 군북 시위에 전 주민들이 참여하였고, 그 기세가 드높았음도 또한 알 수 있다.

(5) 칠원면 시위

칠원은 현이 있던 고을이며, 칠원향교를 중심으로 유림들이 세력이 강한 곳이다. 이곳에 1909년 구성리 교회가 설립되어 손종일 장로[133]와 박순익이 이령리와 연결되어 3·1운동에 앞장서게 되었다. 이에 앞서 이령리를 통하여 민족대표측과 연락이 되어 손종일과 박순익은 지역내 명망 높은 유지들과 시위운동에 대해 의논하였으나 국상 중에는 자제하는 것이 좋겠다는 대답을 들었다.[134] 박순익은 밀양 박씨 가문의 원로 박경천과 의논하고, 박경천이 앞장서서 칠원의 대성 창원 황씨, 영산 신씨, 김해 김씨 문중에서 동지를 규합하였다. 이리하여 칠원 시위운동은 기독교와 유림세력이 결합하여 추진하게 되었다. 이 와중에서 들려온 함안 읍내 시위와 군북시위 소식이 이들을 격려했다. 기독교계와 유림이 결합된 칠원면 시위

---

132) 위 책, p. 398 - 399 ; 국회도서관, ≪한민족독립운동사료≫기 1, 1977, pp. 65~66.

133) 그의 아들이 손양원(1902~1950)목사로서, 한센인을 돌보고 자신의 아들 둘을 살해한 공산당원을 양자로 삼아 '사랑의 성자'로 알려져 있다.

134) 李圭爽, 1998, ≪함안 항일독립운동사≫, 함안문화원, pp. 69~70.

운동 주도자들은 3월 23일을 거사일로 정하였다. 독립선언문과 태극기는 칠원면내 용산리의 깊은 산중에 있는 佳藏亭에서 제작하였고, 10여 명이 이를 만들 때 용산리의 윤형규, 김상률, 신영경, 황영환 등의 집에서 나누어 밥을 지어 나무꾼을 가장하여 져다 날랐다.[135]

3월 23일 오후 4시경 1천 명이 장터에 모이자 태극기를 나누어 주고 독립선언서를 낭독하였다. 손종일 장로는 시위운동을 시작하면서 군중들에게 다음과 같이 연설하였다.

> 한일합병은 본의 아닌 일본의 강도이며 세계의 전 약소국은 차제에 총궐기
> 하여 자주독립을 쟁취하여야 한다.[136]

시위대는 대열을 지어 대형 태극기를 앞세우고 시가행진을 했다. 칠원 주재소 순사들은 함안과 군북의 격렬한 시위 소식을 들은 터라 비상경계를 펴고 있었다. 시위대가 대열을 지어 밀고 들어오자 일경은 신영경, 황영환을 체포하여 연행하였다. 신영수가 형 신영경을 구출하려고 하자 일본 순사는 총 개머리판으로 가격하여 혼절시켰다.

오후 9시 3백 명의 시위군중이 다시 모여 칠원 주재소를 에워싸고 신영경과 황영환, 신영수를 석방할 것을 요구하였다. 시위대는 일제 군경의 탄압에 물러서지 않고 과감하게 구금자의 석방을 요구하였다. 다시 윤사문이 체포되고 시위대는 총검으로 해산되었다. 그러나 그것으로 끝나지 않았다.

4월 3일 제2차 시위가 일어났다. 3월 23일 시위보다 더 많은 1천 3백 명의 시위군중이 모여들었다. 손종일이 선두에 서서 태극기를 흔들며 대한독립만세를 선창하자 군중들이 연호하며 뒤따랐다. 수비대가 출동하여 군중을 해산시키고 황대수, 이원식을 체포하였다.

일제측은 이날의 시위상황에 대해 다음과 같이 보고했다.

---

135) 李圭爽, 1998, 위 책, p. 70.
136) 변지섭, 1966, ≪慶南獨立運動小史≫ (上), 삼협인쇄, p. 59.

咸安郡 漆原, 三日 午後 三時頃 約 五百 名의 暴民이 同日의 市日을 利用하여
運動을 開始하고 漆原警察官駐在所로 몰려오므로써 首謀者 二名을 逮捕했는데 暴
民이 棍棒을 들고 暴行하므로 馬山重砲兵隊의 應援兵과 協力하여 空砲를 發射하여
一時 解散시켰는데 暴民은 그래도 그 附近에 있으면서 全然 解散하지 않아 目下 警
戒 중이다. 137)

　이를 보면 일제가 주도자 2명을 체포하고 경찰과 마산중포병대 응원병
력이 공조하여 공포를 쏘았으나 일시 흩어진 군중들이 해산하지 않고 부
근에서 다시 재기할 움직임을 보여 경계를 풀지 못하고 있다고 하였다. 칠
원면 시위대의 독립의지를 읽을 수 있는 대목이다.
　오후 5시 다시 8백 명의 군중이 모여들어 읍내를 누빈 후 칠원주재소에
몰려가 구속자를 석방하라고 요구하며 돌과 몽둥이로 순사들과 맞섰다.
수비대가 출동하여 손종일, 엄주신, 박순일, 김상률, 정영보, 박경천, 윤형
규 등이 또 체포되었다. 이에 시위대는 친일 면장 김보한의 집을 습격하였
다. 다시 주영호, 이령리의 김두량이 체포되고 군중들은 해산되었다. 138)
그 다음다음날인 4월 5일 조선헌병대사령관 兒島가 육군대신 앞으로 보낸
전보에서 다음과 같이 보고했다.

　경남 함안군 칠원 경찰관 주재소에서 5백 명이 곤봉을 가지고 내습하다. 경
관이 중포병과 협력하여 공포를 쏘아 해산시키다. 139)

　즉 시위대가 곤봉을 가지고 주재소로 내습했다고 하였다. 시위의 양상

---

137) 1919년 4월 4일 <독립운동에 관한 건>(제39보, 고경 제9833호), 國會圖書館, 1977,≪韓
　　國民族運動史料≫(三·一運動篇 其三), p. 161.
138) 이들의 활동에 대한 판결문이 남아있지 않으나, 칠원면 사무소의 <범죄인명부>, 부산지
　　방법원 마신지청의 <형집행원부> 등에서 손종일이 징역 1년, 박순익, 김상률, 정영보가
　　징역 8월, 박경천, 유형규가 징역 8월에 집행유예 2년, 이원식, 주영호, 신영경, 신영수, 황영
　　환이 징역 6월형을 받았다. 칠북 연개장터 시위 주도자인 윤사문, 김두량도 칠원의거에 참
　　여하여 징역 6월형을 받았다.
139) 金正明편, 1967, ≪朝鮮獨立運動≫1. 原書房, p. 509.

이 시간이 갈수록 더욱 공세적으로 변화되어 갔음을 칠원면 시위에서도 보여 주었다. 또한 1919년 4월 7일 조선군사령관의 소요사건에 관한 3월 26일부터 4월 5일까지의 상황보고에서는 "소요는 약 일 개월에 달했으나 아직도 진정되지 않았다." 고 하면서 함안군 칠원에 대해서는, "약 5백 명의 군중이 순사주재소를 습격하고 폭행, 진해 중포대대에서 파견한 하사 이하 2, 경찰관과 협력하여 진압"했다고 보고하였다.[140]

3) 함안군 3·1운동의 특징

(1) 지역특성

함양군 내에는 칠원향교·함안향교와. 17개의 서원이 있다. 17개 서원은 칠북(태양서원); 칠원(칠원향교, 덕연서원, 덕원서원, 상봉서원, 기양서원); 칠서(청계서원, 홍포서원); 대산(도남서원); 산인(송정서원); 함안(금천서원, 덕암서원, 도림서원, 도계서원, 운구서원); 군북(서산서원, 도암서원, 신암서원) 등인데 지역 내 17개의 서원과 향교2개가 있는 것이 말해주는 것처럼 함안군 지역은 유교적 전통이 강한 지역이다. 이곳의 유학은 남명 조식의 학풍에 따라 의리와 실천을 중시하며, 임진왜란 때 의병운동을 주도했던 전통과 의식을 계승하고 있었던 셈인데 이것이 치열한 3·1운동으로 나타난 것으로 보인다.

이러한 유학적 전통 위에 함안지역이 경남지역에서 종족마을이 가장 발달되어 있다. 대표적인 종족마을로 다음과 같은 동리가 언급되고 있다.

1) 함안군 군북면 명관리 평관부락(인천이씨 64호 315인, 타성 15호)
2) 함안군 칠원면 유원리 유원부락(칠원 황씨 102호, 504인)
3) 함안군 칠원면 무기리 무기부락(상주 주씨 43호, 232인)[141]

---

140) 國會圖書館, ≪韓國民族運動史料≫, 三一運動篇 其 3, p. 161.
141) 朝鮮總督府, 조사자료 제41집, 생활상태 조사(기8), ≪朝鮮の聚落≫後篇 참조.

함안지역이 종족마을이 발달된 지역이라는 사실은 3·1운동의 동원력과 결집력의 기반이 되어 3·1운동 발발과 매우 관계가 있는 것으로 생각된다.[142] 이 점은 아래에서 이 지역내의 일본인 진출이 경남도내에서 가장 적었던 지역의 하나라는 사실과 더불어 전통적인 향촌공동체적 유대가 일제 식민지 지배 하에서도 해체되지 않고 온존될 수 있었음을 말해 주는 것이어서 이 공동체적 유대가 함안지역과 같이 강력한 공세적인 시위운동을 가능하게 했던 것으로 생각된다. 함안지역은 일인대 한국인 비율이 0.29%로 경상남도 내 21개 府郡 가운데 18위로 일본인 거주 비율이 가장 낮은 지역의 하나였다.

전통적 향촌공통체의 해체 또는 온존여부를 보는 또 하나의 지표로서 일본인의 토지소유상황을 보면 일본인이 얼마만큼 이 지역에 부식되어 있었는지를 보여 주는 한 증거가 될 것이다. 함안면내 1919년 당시의 일본인 토지소유 상황을 함안군청 토지대장 M/F를 통해 조사한 결과 다음과 같이 나타났다.

첫째, 함안면 내 일본인 토지의 소유자는 椿田靜男 등 17명이며, 이들의 총 면적은 25,305평이고, 이것을 평균해 보면 1인당 1,488.5평이다.

<표 5 - 9>함안면내 일본인 토지소유 상황(1919) (단위 : 坪)

일본인	No	봉성	파수	강명	북촌	괴산	대산	평암	계
椿田靜男	1					754	1504		2258
椿田蔦次郎	2		3604						3604
椿田佐吉	3				323		753		1076

142) "본도(경상남도)에 있어서 동족집단수는 1,757에 달하고, 그 중에서 저명한 종족마을은 총 수 135개를 헤아린다. 주로 함안, 밀양, 거창, 진주, 울산, 창원의 제군에 많이 분포하고 있다. ....동족 중 가장 광범하게 분포하고 있는 것은 김해 김씨, 재령이씨, 함안 조씨, 밀양 박씨 등이다."(조선총독부, 조사자료 제41집, 생활상태 조사(기8), ≪朝鮮の聚落≫後篇 (종족마을), pp. 861~862.

田村백一	4			424				424
三山賢和	5			12				12
熊谷善兵衛	6			748				748
森信幹	7			68				68
北平淸兵衛	8	76	583	1895		906		3460
欠端淸治	9			113				113
山中三歳	10			1515				1515
乘富二男	11			73				73
田中秀實	12			174				174
桑原菊太郞	13			48				48
村井吉兵衛	14			294				294
水口武平	15			60				60
松岡六兵衛	16			181				181
川崎泰次	17	6668		1665		2864		11197
계		10348	583	7593	754	6027		25305

자료 : 咸安郡廳 소장, ≪土地臺帳 M/F≫

둘째, 17명 중 가장 많은 토지 소유자는 川崎泰次로 11,197평이다. 그의 소유분을 제외하면 14,108평으로 이것을 16명으로 나누면 1인당 평균 881.8평이 된다. 이것을 보면 농장 등으로 농업적 침투자는 별로 없고 식민지 관원이거나 관변단체 또는 상업활동을 하는 사람들로 보인다.

셋째, 일본인이 가진 가장 큰 소유지는 파수리에 있고, 토지 소유자가 가장 많은 곳은 북촌리에 집중되어 있는데 모두 15명이 7,593평을 갖고 있어 1인 평균 506.2평을 소유하고 있다. 북촌리의 경우 대부분 관공리나 상인으로서 대개 거주를 위한 대지이다.

넷째, 이상에서 보면 함안읍내 지역에는 일본인 대농장 같은 것은 있지 않았다는 것을 알 수 있다.

아래의 표는 함안읍내 시위운동 참여자의 동리별 현황(위)과 일본인 토지소유 현황(아래)을 합쳐본 표이다. 이 표를 통해 다음과 같은 특징을 알 수 있다.

첫째, 함안면에서 가장 많은 시위 참여자를 배출한 동리는 봉성리인데, 봉성리에는 일본인 소유지가 한 필지도 없다. 봉성리는 전형적인 향촌공동체의 유대를 온존해 있는 곳으로 보인다. 이곳에서는 강씨, 이씨, 조씨의 동성간에 연결된 주도층이 형성되어 인근지역까지 연결, 연대하여 시위운동을 이루어 냈다. 봉성리 한종순, 종헌 등 3형제는 함안면장의 아들로서 3·1운동에 적극적으로 참여하였다. 이는 일제가 관 또는 관변조직을 통하여 유지층의 일부를 식민지 체제 내로 이끌어 들였지만,

<표 5 - 10> 함안읍내 시위의 함안면 참여자 현황과 토지소유 상황

구분		함안면							
동리	No	봉성	파수	강명	북촌	괴산	대산	평암	
시위참여자	1	강대순		김성숙	김학곤		이규석	김상집	
	2	강대익		김재호	박경용		이수기	남명희	
	3	강대한		안시중	서찬두		이수정	조계승	
	4	조재옥		안종호	서한종		이희석	조병대	
	5	길달주		이소석	조동탁				
	6	김문기		장종식	조동만				
	7	신학률			조영규				
	8	이용우			조용규				
	9	이재송			한일동				
	10	이찬식							
	11	이찬영							
	12	조근수							
	13	조재우							
	14	조한국							
	15	조한휘							
	16	한관열							
	17	한종순							
	18	한종헌							
일본인	No	봉성	파수	강명	북촌	괴산	대산	평암	계
椿田靜男	1					754	1504		2258
椿田蔦次郎	2		3604						3604

구분		함안면							
椿田佐吉	3				323		753		1076
田村百一	4				424				424
三山賢和	5				12				12
熊谷善兵衛	6				748				748
森信幹	7				68				68
北平清兵衛	8		76	583	1895		906		3460
欠端清治	9				113				113
山中三藏	10				1515				1515
乘富二男	11				73				73
田中秀實	12				174				174
桑原菊太郎	13				48				48
村井吉兵衛	14				294				294
水口武平	15				60				60
松岡六兵衛	16				181				181
川崎泰次	17		6668		1665		2864		11197
계			10348	583	7593	754	6027		25305

자료 : 咸安郡廳 소장, ≪토지대장 M/F≫; <함안 항일독립운동 애국지사 일람>,
李圭奭, 위 책, pp. 504~507.

　이 예에서 보는 바와 같이 면장 가족조차도 완전히 체제내로 끌어들이
지 못함으로써 1910년대 민족분열정책이 한계를 가지고 있었음을 보여 주
었다.
　둘째, 함안면내에서 일본인 소유지가 가장 많은 동리는 파수리인데, 시
위참여자는 한 사람도 없는 것으로 나타난다.
　셋째, 북촌리는 가장 많은 일본인 소유지가 있음에도 두 번째로 참여자
가 많으며, 괴산리는 단 한 사람 椿田靜男이 754평을 가지고 있으나 시위
참여자는 없다. 위의 첫째와 둘째는 쉽게 이해 될 수 있을 것이다. 그런데
셋째의 북촌리의 경우 일본인이 많았음에도 시위 참여자 수가 많았다는
점은 두 가지 측면에서 설명이 가능할 수 있다. 하나는 북촌리는 행정중심
지로서 시위대가 북촌리 일제 군청, 면사무소, 등기소 등을 습격하면서 이

지역 주민들이 많이 참여하였을 것이라는 점이다. 그러나 일경에 체포되어 옥고를 치렀을 때는 상당한 정도의 주도적 역할을 하였을 것이기 때문이라는 점에서 보면 설득력이 약하다.

다른 한 설명은 지방사회가 일본인이 배제된 가운데 전통적인 공동체가 보존된 지역의 결속력이 시위발발의 주요요소가 되는 것으로 보이지만, 그렇다고 언제나 일본인이 없는 지역에서 시위가 강하게 일어난 것은 아니라는 점이다.

일본인 거주상황과 시위운동간의 상관관계를 살펴보면, 한국인에 대한 일본인의 분포비율이 가장 낮은 곳이 함경남도 풍산으로 0.09%였고, 가장 비율이 높은 곳이 신의주(100%)였는데 그 사이에서 분포된 232개 府郡 중 가장 많은 분포대가 0.2~0.4%대와 2.0~3.0%대이다. 그런데 전체 1,180회 시위 가운데 일본인 비율이 0.2~0.4 지역 89곳(38.4%)에서는 402회의 시위가 일어나 1부군당 4.5회의 시위가 일어났으며, 전체의 34%를 차지한다. 일본인이 2.0~3.0%대 47개 지역(20.3%)에서는 340회 시위가 일어나 1부군당 7.2회의 시위가 있어났고, 전체의 28.8%를 점한다. 이것을 보면 시위회수는 0.2~0.4%지역보다 2.0~3.0% 지역이 더 활발하게 일어났음을 볼 수 있다. 이것은 단지 일본인이 없다는 점이 시위발발에 바로 연결되는 것이 아니며, 시위를 주도할 지도자, 사명의식, 조직적 연대의 주체적 요소와 일제의 탄압의 기민성과 강도가 어떠한가 여부가 시위발발과 직결된 것으로 생각된다.

함안면 북촌리의 경우 비록 일본인 토지가 다수 보이지만, 그 토지의 성격이 소규모 토지로서 한국인을 감시받는 노동자로서 지배하는 농장지는 아니었다. 또 이 지역이 북촌리만 고립되어 있는 단절적인 지역이 아니라, 인근 지역과 학연, 지연, 혼맥 등으로 얽혀 있는 지역이기 때문에 그것이 가능했을 것으로 생각되는 것이다.

넷째, 강명리는 일본인 1명, 대산리는 일본인 4명 소유지가 있는데, 시위참여는 많은 편이다.

(2) 주도계층과 참여자

　함안읍내 시위 참여자 9명에 대해서는 마산경찰서에서 조사과정에서
함안주재소에 의뢰하여 소행조사를 시켜 그 자료가 <피고인 소행조서>
로 남아 있다. 이를 통해 함안시위 참여자들의 면면을 보면 다음과 같다.

<표 5 - 11> 함안읍내 참여자의 배경

성 명	연령	직 업	주 소	생 활 정 도	비 고
韓鍾憲	21	학생	함안면 봉성동	함안면장의 아들, 집안재산은 3만 원 정도	부산상업학교 2년 재학, 3형제가 독립운동 참여
趙漢國	23	양말 제조업	봉성동	논 5두락, 밭 47두락, 350 원 정도, 중류	공립보통학교졸업
趙在祐	28	면서기	봉성동	논5두락, 밭 10두락, 중류정도 부부 합하여 가 족은 5명으로 살만함	보통학교 졸업
安時中	36	농업	함안면 강명리	논 5두락 소유, 남의 논 7두락 소작	평소 배일사상 강함
趙鏞聲	22	한문 교사	산인면 운곡리	재산 약 1만원 정도로 윤 택함	양반
安在瑩	38	농업	여항면 외암리	논 10두락, 밭5두락, 생활 풍부, 부유층	
安在遠	29	농업	여항면 외암리	논 15두락, 자작하여 생활 풍족, 동, 부동산 합 60원	항상 배일사상을 가진 자
安在輝	26	농업	여항며 외암리	논 4두락, 밭 20두락, 생 활 윤택	
李鍾瓚	39	농업	여항면 외암리	논 12두락, 밭 5두락, 생활 윤택	

자료 : 마산경찰서, <被告人素行調書>, 1919

　이 표에 나타난 사람들에 대해 함안주재소로 하여금 소행을 파악하도록
한 것으로 보아서는 이들이 특히 시위운동에 적극적으로 활동한 사람들로
보인다. 이들을 보면 연령으로는 20대 초반부터 30대 후반에 걸쳐 있으며,

대부분 중류 이상의 유족한 사람들이라는 것이 특징으로 부각된다. 이중에는 면장의 아들 3형제가 다 독립운동에 참여하였다는 것도 나타난다.

<표 5 - 12>을 통해 함안군 지역의 시위참여 계층의 연령적 분포를 보면 70~80%가 26세 이상의 장년층이었음을 볼 수 있다. 이것은 지역의 여론 주도층이 시위운동의 전면에 나서 전 주민적인 조직적 동원을 통해 시위운동을 전개했다는 것을 말해 주는 것이다. 이것은 3월초 첫 2주 동안의 시발기 시위운동이나 그 후라도 유지층의 참여가 없는 가운데 이루어진 시위운동에서는 볼 수 없는 것으로 그러한 시위는 청년 학생층이 주로 주도하였다.

<표 5 - 12> 시위참여자의 연령분포

지 역	20세이하	21 - 25	26 - 30	31 - 40	41 - 50	51이상	소계	미상	비고
서울	1	1					2		2
칠북		1			1	2	4	1	5
연령대	3 (75%)								
대산		1	1	2			4		4
연령대	3 (75%)								
칠서		1					1	1	2
연령대	100								
함안	5	13	20	12	6	3	59	27	86
연령대	41 (69.5%)								
군북	3	5	4	20	7	3	42	5	47
연령대	34 (81%)								
칠원	4	1	2	3	2	1	13		13
연령대	8 (61.5%)						13		
불명타								4	4
계	13	23	27	37	16	9	125	38	163
연령대	13	23	73 (58.4%)				100 %		

자료 : <함안 항일독립운동 애국지사 일람>, 李圭奭, 위 책, pp. 504~507.

이와 함께 함안 지도층 가운데 박건병은 강원도 철원 사람으로 3·1운동

이후 상해로 망명하여 대한민국임시정부 요인으로, 활동하였으며 철원 애국단에 관계한 독립운동가였다. 박건병이 함안군 여항면의 동명학교 교사로 있었으며, 3·1운동을 주도했던 지도자였다는 것은 이 지역 시위운동의 배후에 의식 있는 주도자 참여자들이 있었다는 것을 볼 수 있다.

(3) 시위양상

㉮ 인근 지역과 연계성

다른 지역 시위들이 한 동리 또는 면내 단일 시위로 대개 끝나는 것에 비하여 함안군의 3·1운동의 참여자를 보면 면 단위를 뛰어 넘어 상호 연계되어 있다. 즉, 동리와 동리, 면과 면이 순차적·연쇄적으로 연결되어 일어났으며, 또한 한 시위가 끝나면 다른 동리나 면의 시위에 다시 참여하는 경우가 많은 것이 특징이다. 또 함안군 내 각 시위들은 한 동리 또는 면의 고립적인 단독의 시위가 아니라 동리와 동리, 면과 면이 상호 연대하여 거사를 일으켰다. 그리고 참여자들이 집단별로 보이고 있는 점도 하나의 특징이다.

<표 5 - 13> 함안읍내 시위 참여자의 동리별 현황

면	함안면						여항면				대산면		가야면		
리	봉성	파수	강명	북촌	괴산	대산	평암	외암	여양	하기	산서	설곡	말산	도항	검암
1	강대순		김성숙	김학곤		이규석	김상집	박종식	박노일	김용태	안지호	김성용	백낙삼	안갑중	안혁중
2	강대익		김재호	박경용		이수기	남명회	안영중		문덕중					
3	강대한		안시중	서찬두		이수정	조계승	안재성		최갑옥					
4	조재옥		안종호	서한종		이회석	조병대	안재옥							
5	길달주		이소석	조동탁				안재원							
6	김문기		장종식	조동만				안재형							
7	신학률			조영규				안재휘							
8	이용우			조용규				이연건							
9	이재송			한일동				이인구							
10	이찬식							이종찬							
11	이찬영							강기수							
12	조근수							박건병							
13	조제우														
14	조한국														

면	함안면				여항면	대산면	가야면			
15 조한휘										
16 한관열										
17 한종순										
18 한종헌										

자료 : <함안 항일독립운동 애국지사 일람>, 李圭奭, 위 책, pp. 504~507.

함안읍내 시위 참여자의 동리별 현황(계속)

면 리	산인면			군북면	칠서면	창녕군	미상
	부봉	입곡	운곡				
1	안덕보	이성숙	조용성	조용원	하상도	하찬원	구재린
2		이은호					김용원
3		이호덕					박경철
4							안상순
5							이용규
6							장인운
7							조만두
8							조천규
9							최명록
10							최석순
11							최원일
12							
13							
14							
15							
16							
17							
18							

　이 표를 보면 함안면 시위는 함안면 단독의 시위가 아니라 여항면, 대산면, 가야면, 산인면, 군북면까지 참여 범위가 광범함을 볼 수 있다. 산청출

신의 강기수와 철원출신의 박건병은 여항면에 있는 동명학교 교사로서 당시에 함안에 거주하고 있었다. 창녕의 하찬원은 영산면 청년들의 24인 결사대의 한 사람이었으나, 그곳 시위에 참여하지 않고 함안 처가로 왔다가 함안시위에 참여하게 되었다.

함안군 3·1운동은 마치 릴레이 하듯 최초의 연개장터 시위로부터 4월 3일 칠원면 시위까지 연쇄반응적으로 이어져 그 지속성을 볼 수 있다. 앞 시위에 참여하여 경험을 쌓은, 뒤의 시위를 주도하거나 사람들이 참여하여 시위를 확산, 강화하는 것이다.

군북면 시위운동은 함안군 3월 초부터 4월 말경까지 이어진 함안전역의 일련의 시위운동 가운데 절정에 이른 시위였다. 이 시위의 참여자 통계를 통하여 다음과 같은 특징을 정리할 수 있다.

첫째, 군북면은 면소재지 덕대리를 제외하고는 전 동리에서 시위참여자가 나왔다. 이 사실은 이곳 시위가 사전에 계획하여 주민들을 시위운동에 동원한 매우 조직적인 시위였음을 말해 준다.

둘째, 군북면의 구역을 넘어 가야면의 5개 동리, 대산면 1개 동리 인사가 시위운동에 참여하였다. 시위참여의 반경은 대략 십리(4km) 반경내의 동리들이 참여하였다. 면과 면이 협력하여 시위운동에 참여한 것은 시위 주도체가 사전에 각종 연계관계를 통하여 조직적으로 준비하여 이루어진 시위운동임을 보여 준다.

셋째, 군북 시위에서 가장 참여자를 많이 낸 동리는 사촌리로서 4명의 순국자와 10명의 수형 및 기타 참여 인사가 나왔다. 사촌리는 군북 장터에서 3km나 떨어진 곳에 있는 동리이다. 특히 이 지역은 함안 조씨 종족마을이기도 하다. 2명의 순국자를 낸 오곡리는 6km나 떨어진 산골 마을이며, 사도리, 유현리, 하림리, 명관리 등이 3 - 4km 이상 소재지로부터 떨어져 있는 동리이다.

<표 5 - 14> 군북면 시위 참여자 동리별 현황

군 북 면								(죽남)	(죽암)	가야						대산	미상	계
중암리	덕대리	동촌리	사촌리	명관리	오곡리	하림리	소포리	모노리	유현리	사도리	춘곡리	사내리	묘사리	광정리	도항리	산서리		
		2	4		2	4	2				2	1	1	1		1		20
1	0	5	10	1			2	1	1	1		3		1	1		6	33
1	0	7	14	1	2	4	4	1	1	1	2	4	1	1	1	1	6	52

비고 : 통계 1열 : 순국자, 2열 일반 : 옥고 및 피신 등, 3열 : 합계
자료 : <함안 항일독립운동 애국지사 일람>, 李圭奭, 1998, 위 책, pp. 504~507.

넷째, 가장 많은 14명의 참여자를 낸 사촌리는 유림의 힘이 강한 면과 함께 이 지역에 1897년 함안군내에서 가장 개신교가 일찍 들어온(1897년) 동리라는 점도 주목할 필요가 있다. 사촌리 장로교회는 산골지역임에도 불구하고 항구도시인 부산 2곳과 울산 한 곳에 이어 경남지방에서는 4번 째로 일찍 설립된 것이다. 2년 후에 칠북면 이령교회가 설립되었다. 참여 자 수가 2위인 동촌리에는 신창야학교가 있었다. 이런 사실은 이 지역이 일찍 개명하기 시작했음과 이 지역 주민들의 의식 변화가 3·1운동과 일정 하게 관련되어 있음을 말해 준다.

다섯째, 군북면의 7개 동리 중 유일하게 참여자가 없었던 덕대리는 면소 재지라는 특성 때문에 참여를 하지 않았던 것인지, 아니면 참여자들이 있 었으나, 그곳 참여자들은 알음알음으로 방면되어 나왔기 때문에 참여자로 밝혀지지 않았던 것인지 알 수 없다.

㉴ 공세성

함안군의 시위운동의 한 특징은 전국에서 일제 관공서 및 학교에 대한 가장 광범한 공격을 가한 공세적 시위였다는 점이다. 공세적인 시위의 경 우 대개 면사무소나 주재소, 우편소 등이 공격의 대상이 되었으나, 함안의 경우 군청에서부터 면사무소, 경찰서, 보통학교, 심상소학교, 우편소, 법원

출장소 등이 다 공격의 대상이 되었다.

<표5 - 15>의 전국의 일제 관공서 피해 통계를 보면 함안군민들의 시위의 공세성이 전국적으로 두드러짐을 알 수 있다.

이 지역 시위운동은 유림 지도자와 동명학교 교사들이 중심이 되어 의식성, 조직성, 연계성, 지속성이 합하여 독립전쟁과 같은 양상을 연출하였다. 이들은 일본인 마산경찰서장에게 독립운동의 사실확인서를 써 주도록 요구하였다. 강력한 유대감이 조직적인 시위운동으로 나타났으며, 투쟁의지를 확고하게 보여 주었다. 그러나 이 단계에서는 독립운동사실확인서를 요구한 데서 볼 수 있듯이 독립의사를 표명하는 단계에 머물렀으며, 아직 일제를 이 지역에서만이라도 구축해야 되겠다는 단계에까지는 나아가지 못하였다.

<표 5 - 15> 시위에 따른 피해 관공서수

No	구 분		계	전 국	함안	
1	군청		5	양평, 광주, 괴산, **함안**, 남해	O	
2	면사무소	계	47	경기 19, 충북5, 충남1, 전북 1, 경북 8, 경남 5, 황해 2, 평남 1, 평북 2, 강원 2, 함북 1		
		- 전파	19	방화 5, 기타 14		
		- 일부	28	경기 15, 충북 3, 충남 1, 경북 4, 경남 1, 황해 2, 평남 1, 강원 1	O	
3	경찰관서		45	경기 6, 충북 5, 충남7, 전북 1, 경북7, 경남 5, 황해 3, 평남 6, 평북 2, 강원2, 함남 1		
				경찰서4, 주재소 29, 헌병분대 1, 동 분견소 1, 동 주재소 10	O	
				전괴16, 일부 파손 29		
4	공립보통학교		4	충남 신창, **경남 함안**, 남해, 경북 영해	O	전괴1(영해) 일부 3

No	구 분	계	전 국	함안	
5	공립심상 소학교	2	경북 영해, **경남 함안**	○	전괴 2
6	우편국·소	11	전괴 2 : 경남 초계, 강원 고저 일부 9 : 경기 양성, 오산, 광주, 김포, 충북 청안, 옥천, 경북 영해, **경남 함안**, 강원 창도	○	
7	지방법원 출장소	1	**경남 함안**	○	
8	세관감시소	1	신의주 상류 1리 중지도 소재		
	계	116			

자료 : 金正明편, 1967, ≪朝鮮獨立運動≫1. 原書房, pp. 761~762.

제6장 향촌공동체의 전면적 투쟁

1. 향촌공동체의 전면적 투쟁

제3의 단계인 절정기(3. 28 - 4. 11)의 시위운동은 서울에서 비교적 가까운 경기도와 충청남북도 일원에서 일어난 일련의 시위운동들이다. 이들 시위는 2,000에서 3,000명의 대군중 시위였다. 3월 23일의 김포군 양곡, 3월 27일 강화 읍내, 파주 교하, 28일의 파주 봉일천, 광주 읍내, 30일 파주 광탄면, 3월 31일의 양평 용문면 광탄리, 포천 신북면, 송우리 시위, 4월 1일의 여주 이포, 장연 진동면 및 강상면, 3일 양평 읍내, 4일 양평 곡수, 5일 양평 석곡 등 규모가 크고 양상이 공세적인 시위운동이 줄을 이어 3·1운동의 회수와 강도에 있어서 절정기를 이루었다. 이 단계의 시위운동은 지방 농민들 또는 여러 계층과 인근 지역이 연합한 주민들이 중앙의 비폭력 평화시위 '규범'을 무시하고 전면적이고 급진적, 공세적 시위운동으로 나아간 경우이다. 이 단계에서는 제2단계(3.15 - 3.27)의 공세적인 데서 더 나아가 일제의 관공서를 방화, 파괴하면서 지역내에서 일제를 구축하려는 행동으로까지 나아갔다.

이들 시위 중 일부는 일제의 지배기구를 정면으로 공격하며 일제 지배의 철폐를 의도한 매우 공세적이고 급진적인 성격을 띠고 있었다.

이 시기에 오면 시위운동이 격렬화·공세화가 급증했다. 3월 26일의 고양 蠶島에서는 2,000명의 농민들이 면사무소를 습격하였으며, 3월 28일 수원 동남쪽이 있는 사강반도의 송산리 시위대는 무단 발포한 野口 순사를 시위대가 뒤쫓아가 격살하였다. 4월 3일에는 장안면과 우정면민 2,500명이 연합시위를 벌여 장안·우정 양면 사무소를 파괴하고, 시위대가 화수리 주재소에 이르렀을 때 일제 경찰이 군중에게 발포하여 1명이 죽고 2명이 부상하였다. 이에 격분한 시위대는 도망하는 일경을 뒤쫓아가 타살하고 주재소를 불태웠다.

안성군에서는 3월 31일 읍내에서 3,000명이 시위를 벌여 군청과 면사무소를 습격하는가 하면 밤에는 등불행진을 벌였으며, 군내 원곡면 1천 주민들은 3월 25, 26일 경부터 매일 동리 단위로 만세를 부르다가 3월 31일 밤 원곡면 소재지에 집결하여 연합시위를 벌인 후 6km 떨어진 양성면 소재지로 나아가 양성면 1,000명의 군중과 합세하여 양성 경찰관 주재소를 불태우고, 면사무소, 우편소를 파괴하였으며, 다시 이튿날 새벽 원곡면으로 돌아와 원곡면 사무소를 불태웠다.[1]

3월 31일 용인군 외사면에서는 4,000명이 모여 면사무소와 헌병주재소를 파괴하는 격렬한 시위가 전개되었다.[2]

이러한 시위운동은 압록강과 두만강 너머 만주와 연해주 동포사회에서 3·1운동 과정에서 대두된 무장투쟁과 국내진공의 흐름과 그 맥을 같이 하는 것으로 생각된다. 훈춘에서는 3월 20일부터 4월 1일까지 시위운동을 계속했다. 이 와중에서 3월 20일 약 700명 중 500명은 소총으로 무장하고

---

1) 이정은, 1987, <안성군 원곡·양성면 3·1운동>(≪한국독립운동사연구≫1,).
2) 이정은, 1995, <용인군>, ≪경기도 항일독립운동사≫, p. 323.

나머지도 권총 등으로 무장을 하고는 일본 영사 분관 앞에서 무력시위를 하며 만세를 고창하였다.[3] 또한 이 시기부터 무장결사대를 모집하여 독립운동을 再起할 준비를 하였다.[4]

압록강 대안의 통화현에서는 기회를 타서 일본 관헌을 습격할 형세를 보였다.[5] 특히 간도지방에서는 다음과 같은 독립운동의 방침이 세워졌던 것으로 보인다.

제1운동 : 독립선언서 발표, 태극기 계양, 시위운동 등에 따라 민심 선동

제2운동 : 한국, 러시아, 중국에 있는 구한국 시대 해산군인의 소집, 한국 보병대, 한국 경찰관과 헌병 보조원 등을 선동하여 각 소관내의 무기를 탈취하게 하고, 구한국 시대 군인 및 시위대와 상호 연락하여 일본군에 대항함과 동시에 러시아에 귀화한 한국인 군인도 부기하여 한국내로 집입할 것.

제3운동 : 한국내 각지에서 제2운동인 무력시위운동을 개시하고 미국으로 하여금 일본에 간섭하도록 하고, 한국 자결문제에 관해 파리평화회담에 한족대표 파견자가 진정서를 제출한다. 한국내 구한국 시대 해산 장교들이 조선보병대 및 각도 경무부에 배속된 한국인 장교를 교섭하여 각기 보병, 경관 및 헌병보조원을 선동하는 데 착수한다.[6]

이와 같은 방략하에 제2운동인 무력시위운동이 본격적으로 추진되고 있었다.

연해주 동포들도 3·1운동이 일어나자 고국 독립을 쟁취할 일대 기회가 왔다는 확신을 갖게 되었다. 이에 따라 무장독립투쟁을 통한 국내진공을 위하여 군자금의 모금과 더불어, 두만강을 건너기 위한 목선을 건조하는 등의 준비가 이루어져 갔다. 그 일환으로 인접 지역인 훈춘에서는 목선 3

---

3) 國會圖書館, 1977, ≪韓國民族運動史料(三)≫(三·一運動篇其三), p. 112.
4) 國會圖書館, 1977, 위 책, p. 115
5) 國會圖書館, 1977, 위 책, p. 128.
6) 國會圖書館, 1977, 위 책, p. 131

척이 건조되고 1,000명의 무장병력이 조직되고 있었다.[7] 니콜리스크에서도 柳東說·曺成煥·朴殷植·申采浩·金夏錫 등이 집합하여 독립운동에 관한 회의를 열어 제방면의 연락을 통하여 대운동을 전개함과 동시에 러시아 '과격파'와 통하고 추진되는 데에 따라 일본과 무력으로 결전에 임하지 않으면 안된다는 결론을 내리고 맹렬히 동지의 규합에 노력하였다.[8]

4월 28일 밤 崔才亨·吳昌煥·金學萬이 嚴仁變의 집에 모였을 때 장정의 수는 3,000명에 이르렀고, 독립군자금 모금액도 30만 루불에 달하였다. 이들은 국내에서의 3·1운동이 확산되고 있으나, 무기를 갖지 않은 군중의 폭동에 불과하여 외국이 이를 단순히 국내 擾亂으로 인정할 가능성이 많다. 그러므로 그 효과는 파리 평화회의의 주의를 환기시키는 정도가 고작일 것이다. 이런 정도로는 독립부흥의 목적을 달성하기에는 길이 멀다. 따라서 무기를 가지고 일본에 對戰하여 열국으로부터 한 交戰團隊로 승인될 때까지 노력하지 않으면 안 된다고 하고 있었다.[9]

이러한 국내진공계획과 연해주 지역 독립운동은 러시아 관헌들의 단속으로 인하여 상당한 제약을 받았다. 그리하여 일부는 간도와 만주지방으로 무대를 옮겨 독립군 무장투쟁으로 나타났고, 연해주 지방은 일본군이 시베리아 강점(1918~19222) 상태 하에 있었기 때문에 여러 면에서 제약을 받아 노인동맹단 이외에는 활동이 위축되었다. 이에 이동휘는 중립지대인 중국 상해로 가서 활동을 시도하였다.[10]

이와 같이 3·1운동은 일제로부터 비교적 자유로운 만주와 노령에서는 자연스럽게 무장투쟁과 국내진공이라는 방향으로 나아갔다. 다만 국내에

---

7) <獨立運動에 關한 件>, 騷密제551호(1919년 4월 20일)(國會圖書館, ≪韓國民族運動 史料≫3·1운동편 其3, 1979), 306~307쪽.
8) <獨立運動에 關한 件>, 騷密제673호(1919년 4월 22일)(國會圖書館, ≪韓國民族運動 史料≫3·1운동편 其3, 1979), 317쪽.
9) <獨立運動에 關한 件>, 騷密제2042호(1919년 5월 14일)(國會圖書館, ≪韓國民族運動 史料≫3·1운동편 其3, 1979), 490쪽.
10) 위와 같음.

서는 일제 무단통치하에서 제한적으로밖에 이런 방향이 나타날 수 없었던 것뿐이었다. 즉 3·1운동이 1개월간 진행되면서 초기의 제한된 범위 내에서 평화적 시위로 시작된 시위운동은 제한된 지역범위 내에서나마 자기 지역의 일제 식민지 통치기구의 철폐와 일제 구축으로 나타났던 것이다.[11)]

절정기의 시위운동에서 나타나는 이 유형의 시위는 다음과 같은 특징을 정리할 수 있다.

① 시위날은 장날과 관계없이 계획적, 조직적으로 집결하여 거사한 경우가 많았다.

② 지도자는 여러 계층에서 나왔고, 자발적인 지도자가 많았다. 서울과 가깝기 때문에 많은 사람들이 서울의 국장에 참여하였고, 그들 중 지역 시위 주도자가 나왔다.[12)]

③ 이 시위에서는 면장, 구장이 선도하는 경우가 있고, 전 지역 주민이 참여하는 형태로 전개되었다.

④ 지역은 일시적으로 일종의 해방구가 되었다.

⑤ 시위는 지역내 일제통치기관을 순회 파괴하거나 일제 지배기관이 있는 이웃 면 지역으로 원정하며, 주재소, 면사무소를 직접 공격하여 파괴하고, 방화를 하기도 한다.

⑥ 강력한 대규모 시위는 일제의 저지를 무력화 시키며 더 큰 제재가 오기 전에 시위가 끝난다.

⑦ 사후에 일제로부터 혹심한 탄압을 받게 된다.[13)]

---

11) 지금까지는 3·1운동 연구에서는 국내와 국외를 별개로, 그리고 개별 시위운동으로 열거했을 뿐 국내 3·1운동 흐름과 국외 동포사회의 동향을 연결해서 보지 않았으나 연결해서 볼 필요가 있다.

12) Kim, Yong Jik, 위 논문, p. 165.

13) 위와 같음.

2. 사례검토 III - 1 : 수원군 장안·우정면 시위

1) 지역개관

현재의 행정구역상으로 경기도 수원시, 오산시, 화성시 지역을 포함하는 구수원군지역 3·1운동은 일인 순사 2명을 처단하여 일제의 대대적인 보복을 받을 만큼 전국에서에서 대표적으로 치열한 만세시위 운동이다.[14] 일제의 잔혹성과 광기의 '기념비'인 제암리 학살만행 현장이 바로 이 지역에 속하고 있는 것도 그러한 치열한 독립운동에 따른 것이다.[15]

장안면·우정면은 옛부터 三歸 또는 三槐라 불렀는데, 수원에서 서남쪽으로 약 20km 떨어진 황해의 아산만과 남양만을 향해 돌출한 화수반도에 자리하고 있으며, 3·1운동 당시에는 수원군 산하에 있었다. 이 지역은 西海 海路를 끼고 있어 고려 때의 수도 개경이나 조선시대 한양과 원활한 교통관계에 있었다. 이 때문에 관료로서 기회를 기다리거나 정치적 재기를 꿈꾸는 사람들이 살기에 좋은 위치이며, 학문과 사상, 새로운 기술과 정보를 얻기에 유리하였다. 특히 남양만 일대는 조선 후기에 들어와 새로운 선진문물과 청을 통한 서양의 학문과 사상이 유입되면서 이 지역에 世居地를 둔 많은 정치가, 사상가, 문학가, 예술가들이 활발하게 교류하면서 이를 수용하여 변화하는 사회 흐름에 대처할 수 있었다.[16]

또한 이 지역은 서해안의 넓은 간석지와, 높은 산지가 없는 완만한 구릉지대를 간척 또는 개간함으로써 자족적인 농경지를 확보할 수 있고, 읍치

---

14) 이 지역 3·1운동에 관해서는 조병창 1971. ≪水原地方을 중심한 三·一運動 小考≫, 단국대 석사학위논문; 노천호, 1788.≪水原地方 三·.一連動硏究≫. 단국대 교육대학원 석사학위 논문; 홍석창 1981, ≪水原地方 三·一運動史≫ 왕도출판사. 金善鎭. 1983, ≪일제의 학살만행을 고발한다≫, 미래 문화사 ; 이정은, 1995, 「화성군 우정면·장안면 3·1운동」, ≪한국독립운동사연구≫ 9 등이 있다.

15) 수사와 재판관련 기록은 國史編纂委員會편, 1994, ≪韓民族獨立運動史資料集≫ 19~20에 수록되어 있다.

16) 화성시사편찬위원회, 2005, ≪華城市史1 - 충·효·예의 고장(乾)≫, p. 256.

와 다소 거리가 멀어 사회·문화적으로 외부의 간섭과 영향을 덜 받으며 독립적인 생활을 할 수 있는 곳이었다. 그런 까닭에 경기도 내 1930년대 929개 종족마을 중에서 구 수원지역인 이 지역에 117개가 분포하고 있어서 경기도 내에서 종족 마을이가장 많이 분포하고 있는 지역이었다.[17] 그런데 수원 화성지역에 분포하는 종중마을은 대개 30호 미만이 전체의 47.6%를 차지하며 50호 미만은 약 80%를 나타내고 있는 특징을 보이고 있다.[18] 이것은 이 지역이 王都와 가까운 郊外지역이어서 중앙 정치의 변동, 정치세력의 교체에 따른 浮沈, 상업 및 경제상의 변화 등 사회변동에 민감하게 대응할 수밖에 없는 지역이어서 대규모의 안정된 종족마을을 형성하기는 어려웠고, 영남지방에 비해 상대적으로 응집력이나 지명도가 떨어지는 성씨집단이 마을을 형성하여 서로 수준편차가 크지 않는 보편적 수준을 형성하게 되었다.[19].

비교적 새로운 변화에 수용적인 지역이며, 작은 단위의 종족마을이 다수 분포하여 안정성을 동시에 갖고 있는 이 지역에 1880년대에 동학과 1890년대 기독교가 들어와 크게 발전하게 되었다.

동학은 1884년에 이 지역에 들어와 1890년대는 교인수가 수만에 이르도록 발전하였다. 1894년 동학혁명운동 때는 지역 교인들이 접주 高錫柱가 이끄는 동학군에 참여하였다가 관군에 패하여 많은 피해를 보았으나 장안면 수촌리의 백낙렬의 인솔 하에 귀향하여 은인자중하는 가운데 교세를 회복하였다. 1904년 천도교의 갑진개혁운동 때는 지역교인들이 머리를 깎고 진보회를 조직하여 폐정개혁을 요구하는 등 앞장서서 활동하였다.

---

17) 그 다음이 고양군 58, 부천군 58, 개풍군 57, 연천군 55 등이다.(朝鮮總督府, 1935, ≪朝鮮の聚落≫後, p. 513.
18) 朝鮮總督府, 1935, 위 책, p. 345.
19) 이 지역 중 우정면에 종족마을이 13개로 청주한씨(3개), 탐진최씨(2개), 여산송씨(2개), 연안김씨·영광김씨·경주최씨·수성최씨·은진손씨·전주이씨(각1개)가 분포하고 있고, 장안면에도 200~500년 된 종족마을들이 13개(1957 자료)가 분포하는 데 그 중 운평리 청주한씨 마을이 176호, 화수리 여산송씨 마을이 140호나 되는 큰 마을이었다(화성시사편찬위원회, 2005, 위 책, p. 258, 271 ; 朝鮮總督府, 1935, 위 책, pp. 517~518)

1909년에 이미 천도교 남양교구 산하에 13개 전교실이 있었는데, 장안면과 우정면 지역에 水村里·거목골(篤亭里)·기림골(漁隱里)·長安里(이상 장안면 4개소) 사기말(花山里)·덕목리(梨花里)·고온리(梅香里)(이상 우정면 3개소)등 7개의 전교실이 있었고, 가까운 古洲里에 1개, 및 송산면과 남양면에 5개 전교실이 있었다. 1910년대에는 백날렬을 책임자로 하여 교리강습소가 장안리에 개설되어 운영되었는데, 활발한 천도교 활동과 교리강습 등으로 다져진 조직력이 3·1운동 때 발휘되었다. 1911년 초 교회 선교 실적을 포상하는 신포덕 포상 대상 46개 교구 중 7개의 1위 지역 가운데 경기도 1위 지역이 남양교구였다.

<표 6-1> 화성지역 천도교 중앙교당 건축비 헌납 내역 (단위:圓)

면	동리	성명	논	밭	기타	비고
장안면	수촌리	백낙렬	3,000	2,000		
	"	백낙소	1,500	1,000		
	노진리	박용석	1,000	2,000		
	"	박운선	1,000	2,000		
	독정리	우영규	1,000	500		
	"	우준팔	450	1,000		
	"	우의현	1,500			
	"	문경화	2,000			
	"	우경팔	1,500			
	장안리	양순서	1,000	1,000		
	"	조교순	1,500	1,000		
	"	김인태	1,000	1,500		
	덕다리	김창식	1,000	450		
	어은리	김현조	1,500	1,000		
우정면	화산리	기봉규	3,000	7,000	가옥1채	
	"	김영보	1,000	1,000		
	한각리	최진협	1,500	1,000		
	"	최진승	1,000	6,500		
	이화리	한홍교	2,000	2,000		
	"	한병교	1,000	1,000		

면	동리	성 명	논	밭	기타	비고
우정면	〃	한세교	1,000	500		
	〃	박시정	3,000		소1두	
	주곡리	이윤성	1,500	500		
	매향리	백낙온	1,500	2,000		
팔탄면	고주리	김흥렬	3,000	3,000		
계		24명	38,450	37,950		76,400

자료 : 金善鎭, 1983, ≪일제의 학살만행을 고발한다≫, 미래문화사, p. 30

1912년부터 천도교 봉황각에서 지방 교회 지도자들을 대상으로 7회에
걸쳐 49일 연성 수련회를 개최하여 480여 명의 국권회복을 위한 지도자
훈련을 실시하였는데, 이 지역에서도 한세교, 김흥렬 등이 참여하였다.
1918년 천도교 중앙교당 신축자금 명목으로 독립운동 자금을 모금하였을
때 이곳 교인들은 전답과 가옥을 팔아 논밭 합쳐 74,600평을 헌납하였다.
<표 6 - 1> 내역에서 교인들의 헌신성과 결집력을 볼 수 있다. 이 지역 동
학의 포교와 발전에 큰 역할을 하였고, 교리강습소 책임자였던 백낙렬은
수촌리 구장이었다. 천도교의 지역 지도자이며, 또한 마을의 구장으로서
종교 조직과 지역 향촌 조직에 동시에 영향력을 미칠 수 있었다. 1919년 3
월 27일 시위운동에 앞서 열린 장안면 구장회의에 10개 동리의 구장 전원
이 모였는데,[20] 이들이 3·1운동을 위한 주민동원에 앞장섰다.

기독교도 이 지역에 전파되어 1905년을 전후로 수촌리[21]·장안리·제암
리에 교회가 있었다.[22] 이 지역 3·1운동으로 취조받은 사람들을 보면 기독
교인으로서 신교의 남감리파와 북감리파, 장로파가 있었으며, 장안면 장
안리에는 천주교 신자들도 참여했음을 볼 수 있다.[23]

---

20) 水村里의 白樂烈, 漁隱里의 李時雨, 篤亭里의 崔建煥, 長安里의 金俊植, 德多里의 金
大植, 砂浪里의 禹始鉉, 砂谷里의 金贊圭, 錦衣里의 李浩惠, 石浦里의 車炳漢, 蘆眞里
의 金濟允의 아들 등 10명이 그들이었다.≪자료집≫ 20, p. 80.
21) 수촌리에는 마을에 교회가 있고. 목사는 없지만 金敎根이라는 전도사가 있었다.
22) 金善鎭, 1983, 위 책. p. 30.

이 지역은 본래 남양군에 소속되어 있었으나 1914년 일제에 의한 지방 행정구역 및 명칭 변경으로 커다란 변화를 겪게 되었다. 오늘날의 동리명 대부분이 이때 일본인의 손에 의해 결정되었다.

다음 표에서 구 남양군이 수원군에 편입되면서 장안면과 초장면이 장안 면으로, 우정면과 압정면이 우정면으로 두 면이 하나로 합쳐지는 것을 볼 수 있고, 남양반도에 위치한 지리적인 점 때문에 대개 2개 정도의 동리를 하나로 묶으며 34개 동 중에서 11개 동이 변화 없이 그대로 새로운 체제의 동으로 되었다. 이것은 일제의 정책에 의해서도 기존의 동리 중 1/3은 변화 를 겪지 않았다는 것을 말해 주는 것으로 주목할 만한 일이다. 24)

<표 6 - 2> 일제하 남양군의 행정구역 및 명칭 변경(1914)

이전 행정구역·명칭			변경된 행정구역·명칭		
남양군	장안면	1동, 2동	수원군	장안면	석포리
		3동			수촌리
		4동, 5동			독정리
		6동			장안리
	초장면	1동			덕다리
		2동, 개원동			사랑리
		3동, 율전동			사곡리
		4동, 5동			노진리

---

23) 國史編纂委員會편. ≪韓民獨立運動史資料集 (이하 ≪자료집≫으로 약칭함), pp.282 - 287. 천주교 신자로서 3·1운동 참여의 드문 예의 하나로 주목된다. 그중 김선문은 3代전부터 천주교를 믿고 있었다. 천주교는 호도면 오군리에 교회가 있었고, 김원영이라는 신부가 있었 다. 장안리에서는 50리 거리에 있다. 장안리 김선문의 집 근처에 교회당이 새로 생겼는데, 천 주교 교인들이 출연하여 만들었다. 잡혀온 사람 가운데 천주교인은 김여춘, 안경덕, 최경팔, 김삼만 등이다.

24) 또 하나 독특하게 눈에 띄는 점은 지방구역 개편 이전의 동리 명칭에서 다른 곳에서 잘 볼 수 없는 1동, 2동, 3동식의 숫자 동명이 많다는 점이다. 이것은 王都의 郊外지역으로서 경상북 도 북부지역이나 경상남도 서부지역과 같은 재지세력이 지역토호로서의 강고하게 뿌리내리 고 있는 토착성이 약하며, 주로 중앙에서 경제적 관점에서 이 지역이 관리 운영되어 온 지역이 었던 때문이 아닌가 생각된다. 이점은 이 지역이 비교적 변화에 개방적인 곳이라는 특성과 연 결해 볼 수 있다.

이전 행정구역·명칭		변경된 행정구역·명칭	
	6동		어은리*
	7동, 진계동과 우정면 5동 일부		금의리
우정면	5동 일부	우정면	먹우리
	6동		화수리
	7동		주곡리
	8동, 1동		원안리
	2동		호곡리
	3동		운평리
	4동		한각리
압정면	1동, 2동, 3동일부		이화리
	3동일부, 4동, 6동		석천리
	5동		매향리
	7동, 8동 일부		화산리*
	8동 일부, 9동		조암리
	화도		국화리

자료 : 越智唯七編, 《新舊對照朝鮮全道府郡面里洞名稱一覽》, 1917
　　　 * 표는 면소재지

당시 장안면 석포리에서는 개간사업이 진행되고 있었는데 이를 위해 石倉憲一과 永野藤藏이라는 사람이 서울에서 와서 수로를 만들고 개간사업을 진행하고 있었다.[25] 장안면에서는 간사지를 수축하기 위하여 인부를 사용하여 일을 하고 있었다. 군중속에서 "면장을 간사지에 쳐넣고 밟아 죽여 버리라"는 등의 말을 하는 사람도 있었다.[26]

---

25) 《자료집》 20. p.6. 장안면 석포리 746번지에 추산 개간공장이 있었고, 福田鐵治가 감독이었다. (《자료집》 20. p.279)
26) 《자료집》 20, p. 112. 면서기 이상기의 증언

2) 3·1운동의 전개

(1) 인근 지역과의 관계

㉮ 인근 지역 만세시위 상황

수원에서 3월 1일의 시위 움직임이 있었다. 이어 3월 16일 장날을 이용하여 팔달산 西將臺와 동문안 練武臺에 수백 명씩 모여 만세를 부르며 시위운동을 본격적으로 시작하였다. 시위대가 종로를 통과하여 시위행진을 하는데 경찰이 소방대와 헌병과 합동으로 시위를 제지하고 주도자를 검거하였다. 주도자를 검거하자 시내 상가는 전부 철시를 단행하였다 이에 일경은 검거하였던 사람들을 석방하지 않을 수없었다.

이날 11시경 北水里에 있는 천도교에서는 서울에서 연락차 내려온 李炳憲이 교구에 있다는 소식을 듣고 교인이 집합하였다. 교인들은 태화관 별실의 민족대표 독립선언을 옆방에서 지켜본 이병헌을 통하여 서울의 정세를 듣고 앞으로의 독립운동비를 부담할 것을 논의하였다. 이때 소방대와 일본인이 합세하여 소방용 갈구리와 괭이로 대문을 파괴하고 침입하여 모여 있던 사람들을 구타하였다. 金正模·安鍾煥·安鍾麟·洪鍾珏·金相根·李炳憲이 중상을 당하였다. 이날 밤 12시 반경 일인들은 삼일여학교도 습격하였으나 숙직원뿐이어서 사무실만 파괴하였다.[27]

3월 23일 수원역 부근의 西湖에서 700명이 시위를 벌이다가 수원역앞에서 일경과 헌병대 및 소방대의 제지를 받고 해산했다.[28] 3월 25일 수원읍내에서 약 20명의 시위가 있었고 6명이 붙잡혀 갔다. 이튿날인 3월 26일, 전날의 시위에서 만세시위자들을 붙잡아 가둔 데 항의하여 아침부터 상인들이 상점을 폐점하였다. 3월 27일 들어서는 전 상점의 약 4할인 60호가 문을 닫을 정도로 확산되어 갔다.[29] 경기도장관이 3월 27일자로 정무

---

27) 이병헌. 위 책 p. 868.
28) 國史編纂委員會(이하 國編이라 약칭함). ≪韓國獨立運動史≫ 2. 1968. p. 263.
29) 國編. 위 책. p. 669. (경기도장관 보고)

총감에게 보내는 비밀전문(밀제293호)을 보면,

> 수원에서는 조선인 점포는 어제(26일)부터 약간 폐점하고 있었으나 오늘 아
> 침에 이르러서는 그 수가 증가하여 약 60호(전 상점의 약 4할에 해당함)에 달하
> 며 폐점의 원인은 그저께 25일 만세 고창자를 검거하고 아직까지도 4인을 유치
> 하였기 때문이라는 풍설이 있으나 그 원인은 상금도 탐구중.[30]

이러한 수원읍민의 폐점 항의는 3월 27일, 28일, 29일, 30일, 31일까지
이어져 일제를 당혹스럽게 했다. 3월 31일의 상황을 이병헌은 다음과 같이
기록으로 남겼다.

> 수원시내에서는 계속하여 만세를 부르므로 인심이 소연하였다. 독립의 의기
> 가 충만하여 31일은 장날인데 촌 장꾼 하나 없었고 각 상점과 음식점까지도 문
> 을 닫아 거리는 매우 적막하였다.[31]

한편 3월 29일 수원 읍내에서는 기생들의 시위가 있었다.[32] 수원 기생
조합 기생 일동이 자혜의원으로 검진을 받으러 가다가 경찰서 앞에서 그
중 김향화(金香花)가 선두에 서서 만세를 부르며 지휘를 하자 일제히 만세
를 불렀다. 이들은 병원으로 가서 다시 독립만세를 불렀다. 병원에서 이들
의 검진을 거부하자 병원을 나와 다시 경찰서 앞에서 만세를 불렀다. 김향
화는 곧 체포되어 징역 6개월 형을 받았다.[33]

이날 또한 300명의 학생, 기독교인, 일반민이 중심이 되어 격렬한 시위
가 일어나 18명이 검거되고 관공서 및 민가 6채가 파괴되었다.[34] 그 이튿

---

30) 위와 같음.
31) 이병헌. 앞 책 p. 870.
32) 國編. 위 책. p. 264.
33) 이병헌, 위 책. p. 869.
34) 國會圖書館.≪韓國民族獨立運動史料≫ 3, (三一運動篇 其1)), p. 169.

날인 3월 30일도 팽팽한 긴장감이 읍내를 감돌고 있었다. 경기도장관은, 이날은 "수원 장날로서 일반으로 살기를 띠고 위험의 경향이 있으므로 보병 제 79연대로부터 兵員을 파견할 터이다."[35]고 하고 있다.

인근 면리 지역에도 3월 중순부터 시위가 줄을 이어 발발하기 시작했다. 성호면에서는 3월 14일 불발 시위가 있은 후 3월 25일 이후 거의 매일 일인 가옥을 파괴한다는 등의 위협과 함께 시위가 잇달았고, 태장면, 안용면, 양감면 등지에서 3월 하순 등불과 태극기를 들고 산위에 올라가 봉화를 올리고 만세를 고창 하는 봉화시위를 벌였으며, 사강반도의 마도면, 송산면, 서신면 일대에서는 3월 26일부터 시위가 계속되다가 3월 28일 일인 순사 1명을 격살하는 등 치열한 시위운동이 일어났다. 팔탄면 발안장에서는 3월 31일부터 대규모 시위와 함께, 인근 산위에서 봉화시위가 일어났고, 의왕면, 동탄면, 반월면 등지에서도 3월 하순부터 4월초에 걸쳐 시위가 계속되었다. 이와 같이 경기도 일대에 광범하게 시위운동이 확산되고 있던 시기에 장안면과 우정면 시위운동이 일어났다.

(2) 장안·우정지역 3·1운동의 태동

㉮ 만세시위운동의 계획

3·1운동이 발발하자 삼괴지역 천도교 지도자이자 장안면 수촌리 구장인 白樂烈, 金聖烈(팔탄면 고주리), 安鍾厚(향남면 제암리) 등이 3월 1일 서울의 만세시위에 참여하고 돌아와 비밀리에 독립운동 준비에 착수했다. 천도교 남양교구 순회전도사인 백낙열은 남양교구 관하 각 전교실을 돌며 거목골 李鍾根·禹英圭·禹鍾烈, 기림골 金顯助·金益培, 장안리 越敎淳·金仁泰, 덕다리의 金昌植, 우정면 사기말의 金永甫, 고온리의 白樂溫, 덕목리의 韓世敎, 안곡동 朴龍錫·朴雲錫, 우정면 주곡리의 車喜植, 팔탄면 고주리의 金興烈과 거사를 협의했고, 김흥열은 제암·고주리 천도교 전교사인 제

35) 國編. 위 책. p. 673. 경기도장관 보고.

암리 安鍾煥과 安政玉·安鍾厚, 팔탄면 가재리의 한학자 李正根과 연락을 취했다.

백낙열은 고주리 김흥열을 찾아가 고주리 전교실에서 두 명을 선정하여 수원에 올려 보내 중앙의 지시를 받아 오게 했고, 김흥렬은 제암리 전교사 안종환·안종린을 3월 16일 수원에 올려 보냈다. 수원에서 일본 소방대와 일인들의 습격을 받아 부상을 입고 도망쳐 돌아온 이들을 통해 지방교구 자체의 부담으로 독립운동을 계속하라는 이병헌을 통한 중앙의 지시를 받아 김흥열은 향남 팔탄면을, 백낙열은 장안·우정면의 삼괴지역을 책임지고 추진하기로 계획하였다.[36]

㉯ 산상 횃불시위

장안·우정면 지역에서는 3월말 또는 4월 1일을 전후하여 산상횃불 시위 움직임이 파급되고 있었다. 취조 자료에는 4월 3일 시위가 있기 3, 4일전 장안면 독정리에서는 밤에 산에 올라가 봉화를 피우고 만세를 불렀다는 이야기가 나온다.[37]

金善鎭의 조사기록에 의하면, 4월 1일 밤 7시 수촌리 개죽산의 봉화를 신호로 조암리 쌍봉산, 팔탄면 천덕산, 향남면 가재리 당재봉, 장안면 석포리 무봉산, 어은리 남산, 우정면 이화리 보금산, 장자터 봉화산, 운평리 성신재, 매향리 망원대 등 각 산봉우리에서 일제히 봉화가 치솟았으며, 이때 참여했던 1976년 당시 94세였던 고주리 玄炳起옹은 다음과 같이 회상했다.

> 높은 산들이 불길로 꽃밭을 이룰 때 목이 터져라 외치는 독립만세 소리에 산
> 이 흔들리는 것 같았고 그 절규는 함정에 빠진 맹수가 구원을 요청하는 처절한
> 울부짖음 같았다.[38]··· "팔탄면 고주리 천덕산으로 발안 주재소에 대기하던 일

---

36) 金善鎭, ≪일제의 학살만행을 고발한다≫, 미래문화사. 1983, pp. 32 - 33.
37) ≪자료집≫ 20, p. 90. 禹英圭 진술서.
38) 金善鎭, 앞의 책, p. 34

본 수비대가 총을 쏘아 대며 올라왔다. 고주리 주민들은 넘어지며 미끄러지며 어
둠속에서 산을 내려 와야 했으나 다른 지역은 자정 넘어까지 산상에서 목이 터져
라 만세를 불렀다.[39]

이와 같은 진술들을 종합해보면 3,4일 전부터 개별 동리단위의 산상봉
화시위가 있다가 4월3일의 만세 시위날을 앞두고 4월2일 밤 장안·우정면
각 동리가 일제히 산성봉화시위를 하여 다음날 시위의 결의를 표시한 것
으로 보인다.

그러나 경찰 또는 검찰의 취조서에서는 장안면 독정리에서 4월 3일의
시위가 있기 3, 4일전부터 매일밤 산에 올라가 산상횃불시위가 있었다는
진술이 하나 있고,[40] 나머지 모든 진술들은 이러한 산상 횃불 시위가 4월
2일 밤에 전면내에서 이루어진 것으로 나타난다. 당시 장안면장 김현묵[41]
은 다음과 같이 진술했다.

> 4월 2일 밤 8시경 독정리 부근 산에 불을 피우고 만세를 불렀다. 각 마을 사
> 람들이 독정리에 모였던 것은 아니고, 각 마을마다 각각 마을에서 불을 피우고
> 만세를 불렀다. 금의리 마을(면장이 살고있던 마을:필자주)에서도 산에 올라가
> 불을 피우고 독립만세를 불렀다.[42]

ⓑ **구장회의**

구장들의 역할과 관련하여 주목되는 것은 시위가 있기 며칠 전인 3월

39) 위 책, pp. 34 - 35.
40) ≪자료집≫ 20, p.90 및 p.103.
41) 1910년 경무학교에 입학하여 1년동안 공부하고 순사로 근무했다. (그 무렵에는 순사보라는
    것은 없고 순사였다) 순사를 1년 동안 하고 그만 둔 후 수원의 측량학교에 들어가 반년 있다가
    우정면에 고용되어 7~8개월 동안 견취도 작성 사무에 종사했다. 그 뒤 직업 없이 놀고 있다가
    1915년 8월경 장안면사무소 면서기로 고용되어 면장 이봉진 밑에서 근무하다가 1918년 12
    월 이면장이 병으로 사직하자 후임면장이 되었다. 그는 3·1운동 때 이중적인 태도를 취하게
    된다. (≪자료집≫ 20. p.74)
42) ≪자료집≫ 19. p 344.

27일 구장회의가 열렸던 점이다. 이때 참석자는 水村里의 白樂烈, 漁隱里의 李時雨, 篤亭里의 崔建煥, 長安里의 金俊植, 德多里의 金大植, 砂浪里의 禹始鉉, 砂谷里의 金贊圭, 錦衣里의 李浩憙, 石辯里의 車炳漢, 蘆眞里의 金濟允의 아들 등 10명이었다.[43] 면장 김현묵은 검찰 심문에서 "보를 쌓는 일로 구장회의를 열었다"[44]고 했고 6월 7일 서울의 서대문감옥에서 이루어진 장안면장 김현묵에 대한 예심계 판사 西山久二郎의 심문때에는 "소요가 없도록 이야기를 했었다"[45]고 했지만, 검찰에서 그는 다른 말을 했다.

> 석포리의 구장 차병한이 일동에게 수일전 발안리에서 시위가 있었을 때 체포된 사람을 일본인 아이가 게다(일본식 나막신)로 구타라는 것을 보고 분개를 견딜 수 없었으니 만세를 부르자고 말했다.[46]

고 하고 있는 것으로 봐서 이 모임은 시위 준비를 위한 모임이었거나, 아니면 처음에는 그렇지 않았을지 모르나 결과적으로 만세시위운동 협의모임으로 되었을 가능성이 크다. 이곳 시위의 주도자였던 석포리의 차병한과 수촌리의 백낙열이 구장으로서 이 모임에 참석했다.

4월 3일 시위당일 각 구장들은 독정리 구장 최건안의 집에서 회합했다.[47] 이때 전 구장들이 다 모였는지, 일부 독정리, 장안리 등의 인근 동리 구장들만 모였는지 확실치 않다. 그러나 이날 시위운동을 위해 주민을 동원함에 있어서 대부분 동리에서 구장들이 마을 사환을 시켜 주민을 동원하고 있었던 것을 보면, 행동대를 내세워 시위에 앞장세워 놓고 구장들은 모여 선후책을 의논했던 것이 아닌가 생각된다.[48]

---

43) ≪자료집≫ 20, p. 80.
44) ≪자료집≫ 17, p. 348.
45) 위와 같음. 발안리 시위는 3월 31일의 발안장터 시위를 말한다.
46) ≪자료집≫ 19, p. 348.
47) ≪자료집≫ 27, p. 86.

(3) 장안·우정지역 3·1운동의 전개

㉮ 주민 동원과 시위의 시작

산상 횃불시위에 이어 다음날 이루어진 장안·우정면의 시위 전개과정에서 보여 주는 큰 특징 중의 하나는 다른 지역에서 일반적으로 이루어졌던 것처럼 장날에 장터에 모인 군중들에게 선언서와 태극기를 나누어 주고 만세를 고창함으로써 군중의 호응을 유도하여 시위를 전개한 것과는 완전히 달랐다는 것이다. 이곳에서는 장날과 관계없이 조직적인 주민 동원을 통해 이들 지역의 일제 관공서를 파괴방화하고 일인 순사를 처단한, 매우 조직적이고 공세적인 시위였다는 점이다. 이러한 시위에 주민을 동원함에 있어 마을 구장들이 전면에 나섰다.

시위가 일어난 4월 3일은 인위적으로 설정한 날이었다. 이날 아침 일찍부터 장안면 사무소와의 거리를 감안하여 먼 곳부터 시차를 두고 각 동리별로 집결이 시작되었다. 첫 집결지는 장안면 석포리였다. 우정면 주곡리 주민들이 이치덕, 장순명, 차봉습, 장봉내의 인도하에 장안면 석포리로 왔다. 오전 8시경 우정면 주곡리에 사는 이들 4명은 석포리 중앙부락에 와서 오늘 한국 독립만세를 부르니 각 집집마다 1명 이상씩 나오라. 만약 나오지 않으면 집에는 방화하고 가족은 타살한다고 외쳤다.[49]

이와 더불어 석포리에서는 구장 차병한이 사환 嚴聖九에게 "주곡리의 차봉습이 많은 동민을 데리고 장안면사무소로 몰려간다"고 하며 "자기 마을에서도 가기로 하였으니 각 동민에게 빠짐없이 전달해 달라"[50] 고 하여, 마을 사환이 집집마다 다니며 시위 참여를 독려하였다. 이때 석포리 뒷산에 북을 걸어 놓고 북을 둥둥둥 쳐서 주민들을 모았다.

---

48) 이날 구장들이 다 모여서 시위에 대해 협의했다는 것은 ≪자료집≫ 20, p. 87의 박복용 청취서 참조.
49) ≪자료집≫ 19, p. 239.
50) ≪자료집≫ 20, p. 112.

차병한이 엄성구에게 와서 '주곡리의 차봉습이 많은 동민을 데리고 장안면 사무소로 몰려간다'고 하며 자기 마을에서도 가기로 하였으니 각 동민에게 빠짐없이 전달해 달라고 하여, 전달하려고 집을 나와 보니 과연 뒷산에 차봉습이 많이 데리고 와서 북을 치고 있었다.[51]

각 마을마다 구장들은 마을 사환을 시켜 집집마다 연락하여 주민을 동원하였다. 수촌리에서는 구장 백낙열이 사환 이원준과 정순영을 시켜서,[52] 금의리에서는 구장 이해진이 사환 김백천을 시켜서,[53] 장안리에서는 구장 김준식이 사환 박복룡(이명 朴善濟)을 시켜서 주민을 동원하게 했다.

장안리의 경우 독정리의 구장 최건환이 사환 김고두쇠(金五釗, 金五頭釗)를 시켜 장안리의 구장에게 4월 3일 면사무소나 주재소를 때려 부수니 몽둥이를 들고 오도록 전달한 것 같다.[54] 장안리 마을 사환 박복룡 1919년 6월 27일 청취서에 의하면, 4월 3일 정오가 지났을 무렵 구장 김준식의 아버지 김치안이 자기 집으로 와서 급한 볼일이 있으니 곧 오라고 하여 구장의 집으로 갔더니 오경완, 서문여가 와 있었고. 구장은 부재중이었다. 그의 아버지 김치안은 조금전에 독정리 사환 金五釗가 와서 그 구장 최건환의 명령이라고 하면서 오늘 장안, 우정 각 면사무소 및 순사주재소에 다수가 몰려가 때려 부수기로 되어 있으니 구장은 다 모여서 그 일에 대하여 협의하고 마을 사람들에게 모두 몽둥이를 가지고 나오도록 전달해야 하니 너는 지금부터 이 마을 동민에게 그것을 전하라는 명령을 받았다. 그래서 밭은 그 명령에 따라서 장안리 각호를 돌면서 오늘 장안, 우정 두 면사무소 및 화수리 주재소를 때려 부수고, 또 일본인 감독순사를 죽일 것이니 다 몽둥이를 가지고 나오라고 전달했다.[55]

---

51) 위 책, p. 112.
52) ≪자료집≫ 20, p. 77.
53) ≪자료집≫ 19, p. 231.
54) ≪자료집≫ 20, p. 120 및 p. 65의 장안리 趙敎舜조서.
55) ≪자료집≫ 20, p. 87.

구장들은 주민들을 동원하면서 면사무소를 부수고, 화수 주재소를 불태우고, 순사를 타살하기 위해 다 몽둥이를 지참하도록 지시했고, 그러한 구장의 지시를 듣지 않으면 집을 태우고 가족을 죽인다고 위협했다. 그러므로 주민들은 다 몽둥이를 지참하고 시위대열에 합류했다. 장안면 장안리 정은산은 소나무 몽둥이를 휴대했던 목적이 무엇이었느냐는 平山梨治 경부의 신문에 대해 "주재소를 때려 부수거나 순사를 죽이기 위함이었다"[56]고 답했다. 장안면 장안리 정순업, 송선량도 이러한 답변을 했고, 장안리의 송경덕은 "투석을 했는데 물론 죽이기 위해서였다." 고 대답했다.[57] 여기서 이전의 시위와 다른 면이 나타나는 것이다. 장안·우정면 시위는 처음부터 일제 기관을 파괴하고 순사를 처단하여 지역의 해방을 목표로 하였던 것이다.

장안면 석포리 주민들은 우정면 주곡리 시위대와 합류하여 1차 목표지인 장안면사무소로 향했다. 수촌리 주민의 집결지는 수촌리의 밀양산이었던 것 같다. 그것은 동리 김교철의 검찰신문조서에서 마을 사환 이원준이 아내에게 밀양산으로 집결하라고 하여 그곳으로 갔다고 하고 있기 때문이다.[58] 이것은 수촌리 김응식의 신문조서에서 더 자세히 나온다.

> 수촌리 사람들은 밀양산에 모여서 함께 가니 우선 밀양산까지 오라는 것이었다. 그래서 나는 점심을 먹고 나서 소나무 몽둥이를 가지고 곧 밀양산으로 가보았더니 수촌리 사람들은 대개 다 와 있었다. 그리고 일동은 장안면 사무소로 몰려갔더니 석포리 사람들이 이미 우리들보다 먼저 와서 면사무소 건물을 부수고[59]

이렇게 전투준비를 위해 몽둥이를 지침하고 거리에 따라 시간차이가 있게 출발하여 거의 비슷한 시간에 장안면 사무소에 집결하였다. 이와 같은

---

56) ≪자료집≫ 19, p. 264.
57) ≪자료집≫ 19, p. 268.
58) ≪자료집≫ 19, p. 322.
59) ≪자료집≫ 19, p. 325.

진술들은 시위가 매우 면밀하게 조직되었음을 보여준다.

이때 "수촌리 사람은 전부 한 사람도 남김없이 갔었다."[60]고 할 정도로 전 주민적으로 참여했다. 처음에 한 50명 쯤 모였다가 점점 인원이 불어서 백여 명이 되자 점심 전에 일동은 독립만세를 연호하면서 장안면 사무소로 갔다.

장안리에서도 "마을 사람이 한 집에 한 사람만은 꼭 나오지 않으면 안된다고 해서"[61] 라고 하고 있는 것으로 보아 다른 동리에서도 수촌리와 같은 방식의 동원이 이루어진 것을 알 수 있다. 1919년 6월 28일 수원군 향남면 발안심상소학교에서 있은 석포리 후임 구장 김현갑의 증인 청취서에서 석포리에서 누구누구 갔었는가 하는 검사(北村直甫)의 질문에 "남김없이 다 갔다. 한 사람도 소요에 가담하지 아니한 사람은 없다."고 진술했으며, 수촌리의 경우도 "수촌리 사람은 전부 한 사람도 남김없이 갔었다."고 할 정도로 전 주민적으로 참여했다.[62]

㉯ 장안면 사무소 파괴와 쌍봉산 시위

장안면 사무소에 200명 정도 집결했을 때는 오전 10시반에서 11시경이었다. 차병한·차병혁이 면사무소 안으로 들어가 장안면장 김현묵에게 시위에 참여할 것을 촉구하였다. 면장은 주저하다가 차희식과 장소진·김흥식·장제덕 등이 200명의 몽둥이를 든 군중을 이끌고 면사무소를 에워싸자 밖으로 나와 시위대를 향해,

"독립만세를 부르는데 순사가 발포를 하더라도 그것에 대항하려면 만세를 연호하고, 그렇지 않으려면 처음부터 부르지 않는 것이 좋을 것"이라고 하였다. 그러자 누군가가 군중 속에서 "끝까지 대항하고 만세를 부르고 목적을 달성한다"고 말하였다. 면장은 "너희들은 목적을 관철하려고 한다

---

60) 《자료집》 19, p. 326.
61) 《자료집》 19, p. 262. 崔敬八 신문조서.
62) 《자료집》 20, p. 119.

면 총에 맞아 죽는 사람이 있더라도 시체를 가지고 가서 한국 독립만세를 불러라. 너희들이 거사를 하려고 한다면 심약해서는 안된다. 충분한 결심을 하고 하라."고 연설하였다.[63]

면장이 만세를 연호하자고 하면서 먼저 만세를 부르니 일동이 그것에 호응하여 만세를 연호하였다.[64] 면장이 그렇게 말했기 때문에 군중은 더욱 고무되어 시위는 크게 활기를 띠었다.

장안면 사무소는 시위대의 주력이 장안면과 우정면 사이에 있는 쌍봉산으로 출발한 뒤 후속대에 의해 파괴되었다. 면사무소는 조선식 보통 목조 초가집이었는데, 몽둥이 또는 돌로 일부를 파괴하고 사무소내에 비치된 서류와 집기를 훼기하였다.

시위대는 장안면장을 비롯 면서기 최낙균·송대용·이재숙·이용우·이상기의 5명을 군중 앞에 세워 12시경에 쌍봉산으로 갔다.[65] 이때 시위대는 면장에게 태극기를 들게 했다.[66]

쌍봉산은 장안면과 우정면 사이에 있는 해발 116m의 산으로, 그위에 올라가면 두 면이 발아래 펼쳐지는 곳이다. 이 쌍봉산에는 수촌리, 석포리, 주곡리, 계은리 사람들이 모여 들었다. 인원이 6·7백명이 되자 이영쇠가 선창하여 크게 만세를 불렀다. 쌍봉산에서 12시반 쯤 우정면으로 가자 하여 우정면으로 출발할 때 군중은 1천 5백명으로 불어나 있었다.[67]

김문명은 김현묵 면장에게 "간사지 매립 때문에 너희들은 맞아 죽었어야 하는데 지금까지 살아남았다. 도망치면 때려죽인다"고 하였다. 간사지 매립과 관련하여 주민들의 불만이 높았고, 면장은 주민들의 원성을 사고 있었으므로 쉽게 주민들을 제지하지 못했던 것 같다.[68] 시위대 가운데 누

---

63) 《자료집》 19, p. 240.
64) 《자료집》 19, p. 332 석포리 윤영선의 검찰신문조서.
65) 《자료집》 19, p. 350.
66) 《자료집》 20, p. 10. 쌍봉산의 두 봉우리 가운데 남쪽 봉우리에 집결했다.
67) 《자료집》 20. p. 110. 쌍봉산에는 주곡·석포·수촌리의 장안면 방면과 우정면의 멱우리 방면. 이화리 방면의 세 방면에서 각각 태극기를 앞세우고 집결하였다. (國編, 위 책, p.683.)

군가가,

> 지금 우리는 나라를 위하여 활동하고 있는 것이다. 따라서 면장이든 면서기
> 이든 나오지 않으면 안된다. 국가를 위하여 이렇게 우리들은 진력하고 있는 것
> 이다. 이러한 때에 조금이라도 국가를 위하여 진력하지 않는 자세를 취하는 놈
> 은 때려 죽여라[69]

고 연설했다. 또 다른 사람은 "지금부터는 모자리 일을 할 것도 없다. 송총
이를 잡을 필요도 없다."고 한다든가 "바닷가의 간척공사도 안해도 좋다.
아무 것도 하지 말라."고 외치는 사람도 있었다.[70] 장안면장은 열심히 만
세를 부르라고 다시 연설했다.[71] 누군가는 "앞사람이 죽더라도 뒷사람은
굴하지 말고 전진하라"는 연설을 했다.[72] 생활상의 절실한 현실문제가 시
위동기에 반영되기 시작하였고, 시위운동은 전투적인 성격으로 발전해 갔
음을 이러한 주장에서 볼 수 있다.

㉯ 우정면 사무소 파괴

일동이 두 고을이 찌릉찌릉 흔들리도록 만세를 높이 부른 후 쌍봉산에
서 내려와 남서쪽으로 3.5km 떨어진 우정면 화산리(사기말) 우정면 사무
소에 도착한 것은 오후 3시경이었다. 가는 도중에도 독립만세를 연호하면
서 그곳으로 나아갔다.

우정면장 및 면서기들은 다 도망치고 없었다. 수촌리의 사환 정순영(鄭
淳泳)이 몽둥이를 휘두르며 연설했다.

---

68) ≪자료집≫ 20, p. 176. 장안면서기 송대용(宋大用) 증언.
69) ≪자료집≫ 20, p. 76.
70) ≪자료집≫ 20. p. 76.
71) ≪자료집≫ 19, p. 320.
72) ≪자료집≫ 19, p. 346.

다 이렇게 왔으니 힘이 있는 한 활동하지 않으면 안된다. 이 세상 밥을 마지막 먹는 날이다. 이런 때에 활동하지 않는 놈은 때려죽이라[73]

1천 5백명의 군중이 면사무소를 돌과 몽둥이로 쳐부수고, 서류상자 탁자 의자 및 비치된 장부·서류 전부를 태웠다. 조암리 鄭俊八이 김현묵에게, 너는 태극기를 들어라 들지 않으면 죽인다고 하면서 면장 김현묵에게 태극기를 들게 하고 20명쯤 사람들은 우정면장 최중환의 집으로 몰려갔다.[74] 그들은 모두 수건으로 머리띠를 하고 있었다. 개중에는 눈만 내놓고 얼굴을 싸매고 있는 사람도 있었다.[75]

3시반경 김현묵이 태극기를 들고, 약 2천명으로 불어난 시위 군중은 그의 뒤에 대열을 지어서 조선독립만세를 부르면서 화수 주재소로 가는 도중 한각리에서 잠시 쉬었다.

㉣ 화수리 주재소 순사 처단과 수비대와의 결전 준비

우정면 사무소에서 화수리 주재소까지는 북쪽으로 3km 떨어진 한각리를 지나 1km 더 가야 했다. 2,000명의 시위대는 한각리에 와서 화수리 주재소를 약 1km 앞 두고 출발할 때 장안리의 金文明이 말했다.

주재소에 가면 군인이 와 있으면서 발포하면 죽는 사람이 나올 것이다. 그 때에는 그 죽은 사람을 밟고라도 넘어가 그 군인을 잡아 죽이자. 그러면 거기서 죽일 사람을 지정할 필요가 있고, 또 주재소를 공격하는 데는 규칙이 정연한 원형으로 진을 치고 나갈 필요가 있으니 면장이 그것을 다중에게 명령하라[76]

고 했다. 면장이 군중에게 그런 취지의 연설을 했다. 면서기 이상기의 증언

73) ≪자료집≫ 20. p. 76.
74) ≪자료집≫ 20, p. 176 및 ≪자료집≫ 19, p. 346.
75) ≪자료집≫ 20, p. 76.
76) ≪자료집≫ 19, p. 346.

에 따르면, 약 2천명의 군중을 2단으로 나누어 1단은 길도 없는 소나무 언덕을 넘어서 동쪽으로, 1단은 서쪽에서 板井(川)里 오른쪽으로 통하는 길로 전진하여 주재소를 습격하기로 했다. 면장 김현묵과 면서기 3인은 서쪽단에, 면서기 이상기와 이용우는 동쪽단에 끼어 제일 뒤쪽에 따라 갔다. 서쪽단이 화수리 주재소에 먼저 도착했다. 주재소에서 조금 못 미쳐서 개울 주막이라는 곳까지 가서 거기에서 군중은 만세를 불렀다. 그때에도 백낙열이 몽둥이를 휘두르면서 말했다.

> 오늘이 밥을 마지막으로 먹는 날이니 다 오늘이 끝장이라고 생각하고 활동
> 해야 한다. 그리고 남의 일이 아니고 각각 자기 일이라고 생각하라.[77]

백낙열의 말은 매우 결연했다. 죽음을 각오하고 투쟁할 것을 독려했고, 그것이 남의 일이 아니라 자신의 일로 여기도록 격려했다. 어디나 하얗게 산을 이룬 것처럼 시위대가 차있었다고 한 참여자는 말했다.[78] 시위대는 태극기를 앞세우고 그 뒤에 20‐30명이 머리띠를 하고 '결사대'로서 앞장을 서고, 그 뒤 시위군중이 뒤따랐다.[79]

주재소 앞으로 나아갈 때 군중들은 원형으로 진을 치고 나아가다가 가까이 가서는 3패로 나누어 일제히 투석하며 습격했다.[80] 주재소 주위는 2천 명의 시위대가 둘러쌌다. 주재소에 있던 순사 川端豊太郎은 시위군중에게 권총을 발사하여 3명의 사상자를 내게 하고 도망쳤다. 군중들은 그를 추격하여 격살하였다. 이 때의 상황에 대해 수촌리 차인범은 다음과 같이 진술했다.

> 주재소에 도착한 것은 오후 4시반경으로 생각되는데. 먼저 성명은 모르나
> 십여 명쯤은 주재소 앞뜰로 들어가고 또 일부분의 사람은 주재소 뒤쪽으로 가

---

77) 《자료집》 20, p. 78.
78) 《자료집》 20, p. 78.
79) 《자료집》 20, p. 279.
80) 《자료집》 20, p. 80.

서 사무실의 뒷벽을 부수고, 그 부근에 산재해 있는 짚을 모아서 성냥으로 불을 붙였다. 그때 순사는 그 앞뜰에 뛰쳐나와서 먼저 들어간 십여 명의 사람에 대하여 권총을 발포하여 성명은 알 수 없으나 3명쯤이 쓰러졌다. 그로 말미암아 그 뒤로 들어가려고 하던 사람과 뒷쪽에서 불을 붙이고 있던 사람은 몇 사람이 도주했다. 순사는 발포하면서 도망치고, 군중은 추적해 갔는데, 그 도중에 누군가가 순사는 총탄이 떨어졌으니 우리들은 빨리 위 순사를 체포해서 죽이자고 했고, 군중은 순사 뒤를 쫓아 갔는데 먼저 이봉구(李鳳九)가 가지고 있던 몽둥이로 후두부를 쳤으므로 그 순사는 넘어졌다. 군중은 그 넘어진 순사를 몽둥이로 치고, 또는 돌을 던졌다. … 순사를 죽이고 일동은 만세를 두 번 연호하고 각자 흩어져 돌아갔었다.[81]

川端 순사는 4발을 쏘았다.[82] 순사가 쏜 총에 장안면 사곡리의 李敬伯이 맞아 순국했다.[83] 이경백은 金龍聲의 집에 머슴살이하던 사람으로 총상을 입은 후 3 - 4일 후 사망했다.[84] 우정면 화수리의 宋永彬 집 고용인 金萬友는 순사의 총에 맞아 부상당했다.[85] 그리고 화수리의 奇鳳奎가 다음날인 4월 4일 사망했다. 그에 대해 그는 시위에 가담하지 않았고, 작년 10월부터 병이 들었었다고,[86] 또는 몇 년 전부터 신병을 앓아 왔다고 여러 사람이 증언하기도 했으나 순사의 총에 맞아 사망했을 가능성도 있는 것으로 보인다. 그의 나이는 41, 2세 정도였고, 천도교 신자였다.[87]

화수리 주재소로 나아가던 중에 백낙열이 말했다.

---

81) ≪자료집≫ 19, p. 290. 장안면 수촌리 차인범 진술.
82) ≪자료집≫ 19, p. 292.
83) ≪자료집≫ 20, p. 90.
84) 이경백의 시체는 장안면 사곡리 박순근(朴恂根)과 박장경(朴長庚)이 지고 와서 묻었다. 이 두 사람은 사곡리 주민들의 시위 참여와 관련하여 조사를 받았다. 그것은 사곡리 사람이 총에 맞아 죽었다면 다른 사람들도 많이 참여했을 것이라는 취지였다. 이들은 金龍聲이 집도 절도 없는 사람이라고 이 두 사람에게 부탁하여 한 것이라고 설명했다. (≪자료집≫ 20, p. 275)
85) ≪자료집≫ 20, p. 138.
86) 화수리 孫元澤이 증인으로 증언.
87) ≪자료집≫ 20, p. 139.

이제 곧 수비대가 온다. 오면 총으로 사살한다. 어떻게 당할지 모른다. 그렇다면 남산에 웅거하자. 그러자면 오늘밤은 이 마을에서 밥을 지어 먹어야 한다.[88]

그러자 "그것은 너무 심하다. 이 마을을 난장판을 만들어 놓고 밥까지 지어 내라는 것은 지나치다"고 하는 사람도 있었다. 군중들은 이제부터 수비대가 와서 총을 쏘는 일이 있다면 산에서 봉화를 올리고 일제히 만세를 부르기로 하자고 했다.[89]

화수리 주재소를 불태우고 순사를 처단한 뒤 일동은 일단 해산하여, 저녁을 먹고 나서는 사강리의 남산에 모여서 군대와의 회전하는 상의를 하였다. 군중들은 각자 몽둥이와 깬 돌을 준비하여 가지고 있었다.[90]

이들이 주재소와 면사무소를 타격목표로 삼은 것은, 면사무소는 세금을 다액으로 징수하고 우리 민족을 괴롭혔기 때문이며, 주재소의 일본 순사는 우리 민족을 가혹하게 취급했기 때문이었다.[91] 또한 川端 순사는 부임 이래로 도박에 대해서 심하게 단속했기 때문에 동민의 반감을 사게 되었다[92]고 하고 있는 것으로 보아 순사의 행패가 심했던 것을 추측할 수 있다. 한편 장안리의 조교순이 진술한 것같이 "순사가 발포하여 우리 편을 죽였다고 하는 말을 듣고 화가 난 나머지 죽일 생각이 들었"을 수도 있다.[93]

(4) 일제의 대응과 탄압

㉠ 초기 순사들의 대응

4월 2일 각산에서 모닥불을 피우고 한국 독립만세를 부르고 있었다. 화

---

88) ≪자료집≫ 20, p. 78.
89) 위와 같음.
90) ≪자료집≫ 19, p. 347 및 20, p. 80.
91) ≪자료집≫ 19, p. 245.
92) ≪자료집≫ 19, p. 343.
93) ≪자료집≫ 19, p. 269.

수리 주재소 川端 순사 이하 순사와 보조원들은 주재소에서 정복으로 바꾸어 입고 산으로 가서 4명이 밤 11시 30분경까지 경계한 뒤, 만세소리가 없어지자 주재소로 돌아왔다.

川端 순사는 이튿날인 4월 3일 오전 5시경 자전거를 타고 응원을 요청하기 위해 발안 주재소로 출발하였다.[94] 오전 11시경 발안에 갔던 川端이 돌아왔다. 그는 보조원들에게 자유행동을 해서는 안 된다고 하며 경계태세를 취하게 했다.[95]

4월 3일 오후 5시경 갑자기 2천 명의 군중이 주재소 앞쪽 산마루에 올라가 태극기를 흔들며 만세를 부르고 주재소로 몰려 왔다. 川端 순사는 총을 준비하여 책장 곁에 세워 놓고 탄환도 준비해 두고 있었다. 잠시 후 군중들은 주재소를 포위하고 와아 함성을 지르면서 돌을 던져 대기 시작하였고, 한쪽에서는 몽둥이로 창문과 판자 담장을 전부 때려 부수었다. 사무실 안에 돌이 비처럼 쏟아져 川端 순사는 온돌방 입구에 피신하고, 순사보들은 숙직실의 벽에 몸을 붙이고 있다가 위험해지자 보조원 이용상은 오인영과 함께 군중속을 뚫고 우정면 멱우리 쪽으로 도주하였다.

㉰ 탄압

4월 4일 새벽, 어둠의 장막을 찢으며 사방에서 요란한 총소리와 함께 일본군 제20사단 39여단 78연대 소속 有田俊夫(제암리 학살의 주역) 중위가 이끄는 1개 소대병력이 발안에서 달려와 화수리를 완전 포위했다. 화수리 여수동·화수동·굴원리 주민들은 일경의 보복을 예상하고 노인들만 남기고 캄캄한 밤중에 원안리와 호곡리 바다쪽으로 가족들을 이끌고 피신했다. 수비대들은 동네에 사람 그림자가 보이지 않자 집집마다 불을 놓고 보이는 주민들은 닥치는 대로 잡아다가 몽둥이질을 하고 탈진해 쓰러지면 냇가에 들어다 팽개쳤다. 화수리 구장 송찬호는 72군데나 칼로 난도질을 당

---

94) ≪자료집≫ 19, p. 243 및 p. 340.
95) ≪자료집≫ 19, p. 243.

했다.96)

이러한 체포와 고문이 동리마다 이어졌다. 한각리·마산동 주민들은 초죽음이 되도록 매질을 당하였고 조암리에서는 주민들이 보이지 않자 큰집들만 골라 불을 질렀다.

4월 5일 새벽 有田 중위가 이끄는 30명의 수비대가 수촌리를 포위하고 집집마다 불을 놓아 불길을 피해 뛰쳐나오는 주민들에게 사정없이 총질을 해 댔다. 이날 수비대의 방화로 민가 24채가 불탔다. 제2차 보복은 발안장터 시위가 있은 4월 5일 저녁 70여 명의 주민들을 밧줄로 묶어 발안 주재소로 끌고 가서 악랄한 고문을 가했다. 제3차 보복은 발안주재소장 佐板과 有田의 전병력을 동원하여 수촌리 주변 마을 주민들을 집합시킨 다음 주민 130여 명을 무조건 포박지어 발안주재소로 끌고 가 갖은 고문을 가했다. 4월 8일 제4차로 수촌리에 남은 가옥을 불태웠다. 그리하여 총 42채 가운데 38채가 잿더미가 되었다. 탄압은 어은리·주곡리·석포리·멱우리·금의리·사곡리·독정리·이화리·고온리·덕다리·사랑리·화산리·호곡리·운평리·원안리 등 동네에서 동네로 이어졌다.97)

4월 9일 다시 津村 憲兵特務曹長을 책임자로 하여 하사 이하 6명, 경찰관 4명에 古屋 수원경찰서장 이하 7명과 보병 15명이 협력하에 3개반을 편성하여 오산과 장안 우정면이 있는 화수반도 일대에 대해 대대적인 검거를 실시하였다. 특히 4월 10일부터 11일 오후 5시까지 화수리를 중심으로 부근 장안·우정면내 25개 부락을 수색하여 200명을 검거하였다.98) 이러한 탄압 결과 일제측이 밝힌 우정·장안면 지역 피해상황은 <표 6 - 3>과 같다. 하지만 이것은 상당부분 축소·은폐된 것으로 믿어진다.

---

96) 金善鎭, 앞의 책, pp. 47~55.

97) 위와 같음.

98) 姜德相, ≪現代史資料 - 朝鮮 - ≫ (二) (三一運動篇). p. 311

搜索 面	里·洞	燒失戶數	사망	부상	검거 인원
장안면	水村	33	–	4	198*
	伊物	–	–	–	
	陽村	–	–	–	
	石浦	2	–	–	
	野廣	–	–	–	
	密陽	–	–	–	
	花田	–	–	–	
	薪村	–	–	–	
	篤亭	2	–	1	
	長安	–	–	–	
	德多	–	–	–	
	沙浪	–	–	–	
	麒麟	12	–	–	
	漁隱	–	–	–	
	柿木	–	–	–	
	錦衣	–	–	–	
	沙谷	1	–	–	
우정면	珠谷	–	–	–	
	覓祐	–	–	–	
	朝巖	10	1	–	
	馬山	–	–	–	
	花山	–	–	–	
	閑角	1	1	–	
	花樹	19	3	–	
	元安	–	–	–	
계	25	80	5	5	198

자료 : 姜德相, 1967, ≪現代史資料≫(26, 朝鮮 2), みすず書房, pp. 312~313.

검거반은 시위 참여자들이 낮에는 피신했다가 밤에 집으로 들어올 것으로 알고 "확실한 검거를 기하기 위해" 주로 야간에 검거를 실시하였다. 이 과정에서 276채의 집이 불탔는데, 검거반이 고의로 방화한 것임을 다음과 같이 그들 보고서에서도 실토하고 있다.

火災의 原因은 夜間에 있어서 混亂과 바람이 강하였기 때문에 失火한 것도

있을 것이나 檢擧班의 放火로 類燒한 것도 不尠한 것을 확인하였다.[99]

그러면서도 이러한 검거반의 만행이 대외적으로 알려질 경우 문제될 것을 우려하여 다음과 같이 은폐하기로 하고 있다.

殺傷은 不得已한 것이며 放火는 公然 이를 인정함은 現時의 狀勢上 適當하지 않으므로 火災는 表面上 全部 失火로 認定하기로 하였다.[100]

4월 15일 수원경찰서 순사부장 熱田 實과 순사 長村淸三郎에 의해 車仁範 등 34명을 구속하여 수원경찰서장 古屋淸威 경부에게 보고하고, 4월 29일 경성지방법원 수원지청 검사분국에 송치되었다.

장안·우정면시위에서 일제 순사 川端豊太郎이 처단되자 1919년 4월 5일 수원경찰서 古屋淸威 경부는 水原慈惠醫院 의사 겸 수원경찰서 의무촉탁 岸田 徵에게 시체에 대한 감정을 시켰다. 그 결과 총 38개 항목에 대한 감정 내용 중 제34항의 <아>에 "음부와 항문에는 이상없다."고 하고 있다.[101] 그럼에도 불구하고 엄청난 살상과 파괴행위를 저지른 일제는 그들의 잔혹성에 대한 국제적인 여론의 화살을 피하고 제암리 학살 만행을 정당화하기 위해 자신들의 비인도적 행위에 대해서는 은폐하면서 시위대에 대해 "음경을 절단" "耳鼻를 殺하고 陰具를 切斷하는 등 慘酷을 極"하였다[102] 운운하며 실상을 크게 과장 왜곡하였다.

수원지역 58개 부락, 328채의 가옥에 방화하고, 47명의 목숨을 빼앗았으며, 17명에게 부상을 입혔고, 442명을 검거하여 갖은 고문을 가하여 그 잔혹성이 국제적인 여론을 불러일으키자 일제는 그 책임자를 군법회의에 회부하였으나 견책, 중근신 등으로 눈가림식의 처분을 내리고 마무리 지

99) 국회도서관, 앞의 책, p. 143.
100) 위와 같음.
101) ≪자료집≫ 19, p 228.
102) 강덕상, 위 책. p. 310.

었다.[103]

3) 장안·우정면 시위운동의 특징

(1) 지역특성과 시위운동

경기도 수원·화성지역은 수도에서 가깝고 西海 海路로 고려 때의 수도 개경이나 조선시대 한양과 가까워 관료로서 기회를 기다리거나 정치적 재기를 꿈꾸는 사람들이 살기에 좋은 위치이며, 학문과 사상, 새로운 기술과 정보를 얻기에 유리하였다. 특히 조선 후기에 들어와 새로운 선진문물과 청을 통한 서양의 학문과 사상이 유입되면서 이 지역에 世居地를 둔 많은 정치가, 사상가, 문학가, 예술가들이 활발하게 교류하면서 이를 수용하고 변화하는 사회 흐름에 대처할 수 있었다.[104]

경제적인 면에서 이 지역은 서해안의 넓은 간석지와 높은 산지가 없는 완만한 구릉지대를 간척 또는 개간함으로써 자족적인 농경지를 확보할 수 있어 유리한 지역이며, 읍치와 다소 거리가 멀어 사회·문화적으로 외부의 간섭과 영향을 덜 받고 독립적인 생활을 할 수 있는 곳이었다. 그런 까닭에 경기도 내에서 종족마을이 가장 많이 분포하고 있는 지역이었다.[105] 그런데 이 지역이 王都와 가까운 郊外지역이어서 중앙 정치의 변동, 정치세력의 교체에 따른 浮沈, 상업 및 경제상의 변화 등 사회변동에 민감하게 대응할 수 밖에 없는 지역으로 대규모의 안정된 종족마을을 형성하기는 어려웠고, 영남지방에 비해 상대적으로 응집력이나 지명도가 떨어지는 성씨집단이 마을을 형성하게 되었다.[106].

---

103) 姜德相, 1967, ≪現代史資料≫(26, 朝鮮 2), みすず書房.p. 312.
104) 화성시사편찬위원회, 2005, ≪華城市史1 - 충·효·예의 고장(乾)≫, p. 256.
105) 그 다음이 고양군 58, 부천군 58, 개풍군 57, 연천군 55 등이다.(朝鮮總督府, 1935, ≪朝鮮の聚落≫後, p. 513.
106) 이 지역 중 우정면에 종족마을이 13개로 청주한씨(3개), 탐진최씨(2개), 여산송씨(2개), 연안김씨·영광김씨·경주최씨·수성최씨·은진손씨·전주이씨(각1개)가 분포하고 있고, 장안면에도 200~500년 된 종족마을들이 13개(1957 자료)가 분포하는 데 그 중 운평리 청주한씨

이 지역에 1880년대에 동학과 1890년대 기독교가 들어와 크게 발전하
게 되었다. 동학은 1884년에 이 지역에 들어와 1890년대는 교인수가 수만
에 이르도록 발전하였으며, 1910년 전후 시기에는 포교와 성미납부 실적
등으로 전국에서 가장 빨리 발전하고 열성적인 곳으로 주목받았다. 이런
종교적인 조직발전이 지역의 강력한 土豪의 견제를 받지 않아 지역 공동
체 내에 깊숙이 스며들게 되었다. 3.1운동은 이 지역에서 종교적 조직력과
지역 공동체적 역량이 결합함으로써, 강력한 형태의 시위운동을 이루어내
게 되었다.

특히 이 지역에서 천주교 신자까지 시위운동에 참여하고 있는 점도 한
특징이다. 당시 천주교 외국인 신부들은 한국의 독립은 불가능하며, 신자
들의 시위참여가 교회의 발전에 해가 된다고 하여 독립운동 참여를 막았
다. 만약 신자들이 시위운동에 참여하다 체포되면 엄하게 처벌해야 된다
고까지 생각하였다.[107] 그러나 이 지역이 가진 응집력은 천주교 신자까지
시위에 참여하게 하였던 것이다.

(2) 주도층의 성격과 의식

백낙렬은 장안·우정지역 천도교의 초창기 지도자였다. 그는 1884년 동
학에 입도하여 3·1운동 시기까지 35년간 천도교인과 지역 주민들 속에서
지도력을 행사해 왔었다. 그는 1890년대 동학농민 봉기 때에는 동학농민
군 수원접주 고석주 휘하에서 활동하였으며, 1910년에는 천도교 남양교구
금융원이 되어 남양교구 강습소를 설치하여 교인 교육과 포교에 주력하였
다. 그의 영향력 하에 남양지역 천도교의 활동은 전국적으로도 유명하였
다.[108] 이러한 조직적 기반과 지도자로서의 경험이 시위운동을 이끄는 데

마을이 176호, 화수리 여산송씨 마을이 140호나 되는 큰 마을이었다(화성시사편찬위원회,
　2005, 위 책, p. 258, 271 ; 朝鮮總督府, 1935, 위 책, pp. 517~518)
107) (서병익 신부가 뮈텔주교에게 보낸 1919. 7. 29자 서한), <Mutel 문서>(1911~1933), 윤선
　자, 2002, ≪한국근대사와 종교≫, 국학자료원, p. 246.

기반이 되었다. 3·1운동 때 그는 남양교구 순회전도사로서 김성렬, 안종후 등과 3월 1일 서울의 만세시위에 참여하고 돌아와 남양교구 관하 7개 전 교실을 돌며 시위운동 계획을 협의하고, 수촌리 구장으로서 수촌리 주민 들의 참여를 앞장서서 이끌었다.

차병한도 석포리 구장이었다. 석포리와 주곡리는 차씨, 장씨 종족마을 로 일체감이 강한 마을이었다. 당시 35세였던 차병한은 같은 마을 31세의 차병혁과 8촌간으로 3·1운동의 동지이기도 했다. 그는 1913년 2월부터 석 포리 구장을 맡았으며, 13세부터 20세가 될 때까지 7년간 한문공부를 하 여 한학에 상당한 지식인이었다. 그의 부친 차상문과 동생 차병억은 포목 상을 하면서 솔가리 수백 개를 사모아 배로 실어 서울 등지로 가서 팔기도 하였다.

차병혁은 지주 송영만의 마름을 하고 있어 경제적으로는 윤택한 편이었 다. 행동대로 앞장섰던 차희식은 차병한, 차병혁과 일가였으며, 활달하고 힘이 장사였다.[109] 요컨대 이들은 지역에서 오랜 지도자 경험을 가진 주민 밀착형 지도자들로서 종교적 조직과 향촌조직, 구장으로서의 행정조직을 총 가동하여 3·1운동을 이끌었다.

오랜 경험이 있는 지도자의 영향력 하에 강력하고 활발한 천도교의 조 직, 석포리, 주곡리의 유교적 향촌질서, 자그마한 종족마을의 광범한 분포, 구장이 구심체가 되어 주민 밀착형 추진체. 이러한 지역적·문화적·조직적 기반을 갖고 강력한 의지를 가지고 전주민을 동원하여 시위운동의 목표를 처음부터 일제 기관 구축과 일본 순사의 처단을 목표로 하여 장안면 우정 면 면사무소를 파괴하고, 면장을 앞세워 만세를 부르며 두 면내 지역을 돌 며 시위운동을 하고, 마침내 화수리 순사 주재소를 불태우고, 총기를 발사 하여 사람을 살상한 川端 순사를 때려죽임으로써 장안·우정면 시위운동은 3·1운동사에서 가장 공세적인 시위운동의 하나로 기록되게 되었다.

---

108) 박환, 《화성지역의 3·1운동과 항일영웅들》, 화성시·수원대학교 동고학연구소, 2005. p. 93.
109) 박환 외, 2005, 《화성지역의 3 1운동의 영웅들》, 화성시 수원대학교 동고학연구소, p. 107.

이 지역에서 이러한 시위가 가능할 수 있었던 것은 천도교, 기독교 등의 종교조직이 상당한 정도 발전되어 있었고, 시위 지도부가 조직적 활동 경험이 축적되어 있었으며 독립에의 의지가 확고한 바탕위에서 각 마을의 구장들이 운동의 중심에 섰고, 시위 참여자들이 학생층이 아닌 중년층으로서 향촌의 주역들이 운동의 주역이 됨으로써 향촌사회의 조직적 역량을 투쟁역량으로 묶어 낼 수 있었던 데서 가능했던 것으로 보인다.

(3) 시위양상

㉮ 조직성

시위가 있기 며칠 전인 3월 27일 구장회의에 모인 水村里의 白樂烈, 漁隱里의 李時雨, 篤亭里의 崔建煥, 長安里의 金俊植, 德多里의 金大植, 砂浪里의 禹始鉉, 砂谷里의 金贊圭, 錦衣里의 李浩惠, 石浦里의 車炳漢, 蘆眞里의 金濟允의 아들 등 10명의 구장들이 3·1운동의 실질적인 추진 위원회 성격을 가지게 되었던 것으로 보인다. 110) 이들은 마을 사환을 통해 전 주민들에게 조직적으로 시위 당일 해당 지점에 나오도록 연락을 했으며, 이들은 위협과 반강제적인 방법도 불사했다. 이들은 한 사람도 빠짐없이 참여하도록 독려했고, 주민들은 그렇게 따랐다.

석포리 후임 구장 김현갑의 증인 청취서에서 석포리에서 누구누구 갔었는가 하는 검사(北村直甫)의 질문에 "남김없이 다갔다. 한 사람도 소요에 가담하지 아니한 사람은 없다."고 진술했으며, 수촌리의 경우도 "수촌리 사람은 전부 한 사람도 남김없이 갔었다."고 할 정도로 전 주민적으로 참여했다.111)

이들 구장들이 지역의 향배를 좌우할 수 있었던 것은 종교조직과 구장 이하의 향촌조직이 결합된, 이 지역이 갖고 있는 특성과 관련이 있다.

---

110) ≪자료집≫ 20, p. 80.
111) ≪자료집≫ 20, p. 119.

ⓓ **목적성**

이 지역 시위 지도자들은 일제에 대해 매우 분명하고 강력한 투쟁의식을 갖고 있었다. 이들은 일제에 우리 민족의 독립의사를 알리고 독립을 승인해 달라는 의미의 시위운동이 아니라, 처음부터 지역 내에 있는 일제 기관을 불태우거나 몰아내고, 일인 순사를 때려죽인다는 계획을 하고 주민들에게 몽둥이를 지참하고 모이도록 하여 매우 조직적으로 동원하였다. 구장들의 명령에 의해 사환들은 각호를 돌면서 "오늘 장안, 우정 두 면사무소 및 화수리 주재소를 때려 부수고, 또 일본인 감독순사를 죽일 것이니 다 몽둥이를 가지고 나오라"고 전달했다.112) 그리고 구장의 지시를 듣지 않으면 집을 태우고 가족을 죽인다고 위협했다.

이들은 수비대가 진입해 올 때를 대비하여 남산에 웅거하며 이에 맞대응할 계획을 하였으며, 수비대가 와서 총을 쏘는 일이 있다면 산에서 봉화를 올리고 일제히 만세를 부르기로 하자고 했다.113) 시위 당일 저녁을 먹고 나서는 사강리의 남산에 모여서 군대와의 회전하는 상의를 하고, 군중들은 각자 몽둥이와 깬 돌을 준비했다.114)

ⓔ **공세성**

장안·우정면 시위는 처음부터 면사무소 파괴와 주재소 순사의 처단을 목표로 함으로써 침략자 일제에 정면 대응하면서 일제의 구축을 의도했다. 이 단계에 오면 3·1운동은 일제와 정면 대결을 통해 지역해방을 기도하는 양상으로 발전하며, 그 모습은 "독립전쟁" 바로 그것이었으며, 시위대는 "독립군"으로 전화되어 가고 있었던 것이다. 이리하여 3·1운동 이후의 만주 등지에서 벌인 독립전쟁이 바로 3·1운동 자체에서 시작되었음을 알 수 있다.

---

112) ≪자료집≫ 20, p. 87.
113) 위와 같음.
114) ≪자료집≫ 19, p. 347 및 20, p. 80.

2. 사례검토 Ⅲ - 2 : 안성군 원곡면·양성면 시위

1) 지역개관

원곡면과 양성면은 행정구역상 경기도 안성군 산하의 두개의 面으로서
서울로부터 52km 남쪽에 위치하고 있다. 안성군청으로부터 원곡면은 약
19㎞, 양성면은 약 11km 북서쪽에 서로 접하여 있다.[115]

안성군은 이전의 안성군·양성군·죽산군등 별개의 세 郡이 1914년 日帝
의 行政區域 개편으로 하나로 통합되었고, 이때 이 3개 郡 산하 각 面들은
3~5개 面이 하나의 面으로 통합 개편되었다. 이때 양성군 14개 면은 안성
군 산하 3개 面으로 개편되었다.[116]

양성면은 이전의 양성군의 명칭을 그대로 사용한 것이고, 원곡면은 원
당면과 반곡면에서 각각 한자씩 따서 元谷이 되었다. 1919년 당시의 원곡
면과 양성면의 산하 리는 다음과 같다.

---

115) 이 조사 연구는 1987년 3월부터 시작하였고, 京畿道 安城郡 元谷面·陽城面 現地 및 서울·
天安·平澤 등지의 遺族과 당시 상황 目擊者의 증언을 듣고 현지 面事務所·安城郡廳 등
에서의 기록 확인 및 當時의 판결문을 참조하면서 진행했다. 證言을 해 주신 분은 다음과
같다. (조사시기 : 1987. 3~4, 무순, 장소는 괄호안 표시)
윤 우 : 원곡 - 양성 3·1운동 유족회장(원곡면 외가천리, 서울)
李鐘斗 : 원곡 - 양성 3·1운동 선양회장,(안성군 원곡면사무소 및 원곡·양성 증언청취 동행)
李奎丁 : 李裕奭 孫(안성군 원곡면사무소)
김봉옥(80) : 李裕稷 미망인(안성군 원곡면)
김영한(82) : 현장 목격자. 양성면(양성군 동항리, 양성면 사무소)
김욱제(81) : 〃 . 〃(양성군 동항리 자택)
李敦榮 : 李裕福 子(원곡면 七谷里 자택)
성계희 : 崔殷植 미망인(경기도 용인군 자택)
盧富歸(88) : 崔殷植 兄嫂,(서울 영등포구 신길동 자택)
崔浩炳(60) : 崔殷植 姪)(서울 영등포구 신길동 자택)
洪在鈺)(73) : 洪昌燮 子(천안시 구성동 자택)
劉錫鉉 : 光復會長(서울 영등포구 여의도동 광복회관)
李鍾世(49) : 李德順 孫(경기도 평택시 자택)
116) 越智唯七編, ≪新舊對照 朝鮮全道府郡 面里洞名稱一覽≫, 中央市場, 1917,
82~83면.

(1) 元谷面

龍耳里·竹栢里·靑龍里·月谷里·外加川里(面在地)·內加川里·芝文里·七
谷里·聖恩里·山下里·聖住里·盤諸里 등 12개 里

(2) 陽城面

東恒里(面在地)·石花里·舊場里·秋谷里·山井里·梨峴里·桃谷里·照日里·
筆山里·防築里·長西里·老谷里·美山里·蘭室里·芳新里·三岩里·名木里·
德峰里등 18개 里[117]

1919년도 安城郡의 인구는 다음 표와 같다.

<표 6-4> 1919년도 안성군 인구

國 籍	戶 數	男	女	計	安城邑
한 국 인	13,233	36,015	34,944	70,959	6,714
일 본 인	87	163	145	308	207
중 국 인	30	85	–	85	78
기 타	1	1	–	1	1
계	13,351	36,264	36,089	71,353	7,000

자료 :≪朝鮮總督府 統計年報≫1919, pp. 38~39 및 pp. 50~51.

원곡면과 양성면은 오늘날에도 주민의 80% 이상이 농업에 종사하고 있
는데 원곡면의 경우 안성군 안에서 가장 水利가 不安全하고 가뭄이 잘 들
었다.

면사무소는 원곡면은 외가천리에, 양성면은 동항리에 있었고 지금도 그
러하다. 駐在所는 양성면 東恒里에만 있었다. 그밖에 양성에는 우편소가
있었고, 안성으로 통하는 전화와 전신이 설치되어 있었다.

이 지역의 場市는 양성면에 섰고, 원곡면에는 場이 서지 않아 원곡 주민
들은 주로 7km 남서쪽에 있는 平澤里 場을 이용했다.

---

117) 위와 같음.

이 지역의 교육·문화시설로는, 양성면 동항리에 향교가 있고,[118] 같은
면 덕봉리에 덕봉서원이 있다.[119] 신식 교육기관으로 동항리에 양성공립
보통학교가 있었다. 원곡면에는 향교·서원·학교가 없었고 서당만 있었
다.[120]

2) 3·1운동의 전개

(1) 양성면 시위운동

원곡면과 양성면의 시위운동은 양 시위대가 1919년 4월 1일 밤 양성면
동항리에서 합류하기 전까지는 각기 별개로 진행되었다. 萬歲示威 움직임
이 훨씬 먼저 있은 것으로 기록에 보이는 양성면의 경우, 3월 11일에 양성
공립보통학교 학생들이 校庭에서 獨立萬歲를 불렀다.[121] 당시 14세로 양
성보통학교 생도였던 김영한옹(82세, 1987당시)에 따르면, 그는 양성 보통
학교 학생으로서 큰 사람들이 부르자니까 뜻도 모르고 학교에서 만세를
불렀는데 나이 많은 학생들이 많았으므로 교사들이 이를 제지하지 못했다
한다. 그 이후 4월 1일까지 사이에는 萬歲示威에 관한 기록은 나오지 않는
다. 김영한옹에 따르면 4월 1일 시위 며칠 전부터 양성군 덕봉리 출신으로
보성전문학교(?)를 다녔던 南진원이라는 사람이 학교 조회 시간에 와서 일
본인 교장이 있는데도 한국인 선생들을 끌어내어 가지고 만세를 부르게
했고, 이렇게 며칠을 만세 부르고 난 뒤에 전 面이 통일적으로 만세를 불렀
다 한다. 이 증언에 비추어 보면 양성보통학교에서 3월 하순에도 며칠 계

---

118) 27位를 配享했다.

119) 대원군의 서원 철폐 때 남은 47서원 중 하나로 忠貞公 吳斗實(1624~1689)을 祀主로 모시
고 있다.

120) 원곡면에 公立普通學校가 들어선 것은 1933년 9월로 4년간의 주민들의 노력 끝에 이루어
진 것이다.(≪東亞日報≫1933. 9. 13.)

121) 安城郡 陽城公立普通學校生徒는 十一日 午前十一時 突然 校庭에서 一齋히 獨立萬
歲를 부르므로 同校敎師가 說論를 加하여 中止케 했다.(<獨立運動에 關한 件>(第14
報, 1919年 3月 13日), 高警第6922호號, 위의 책, 3·1運動篇 其 3, p. 46).

속 만세시위가 있었던 것으로 보인다.

4월 1일 밤의 陽城面 연합 만세 시위 상황을 판결문을 중심으로 각 동리 별로 보면 다음과 같다.

陽城面 德峰里는 면사무소가 있는 東恒里로부터 약 2km 남쪽에 있는 동리인데, 이미 약 200명이 4월 1일 밤(이날 누가 어떻게 연락을 했는지는 모른다) 자기 동리 산위에 올라가 독립 만세를 부르고, 여기서 같은 면의 오세경, 吳寬泳 두 사람의 주도로 양성으로 가서, 2·3백명이 단체로 만세를 부르면서 주재소로 몰려가 만세를 불렀다. 그 후 보통학교로 가서 만세를 부르고서 돌아오려 할 때 갑자기 원곡 방면에서 많은 사람들이 각기 횃불을 들고 양성으로 쳐들어와 여기에 합류했다.

양성면 산정리는 동항리에서 북쪽으로 약 2.5km 떨어진 동리인데, 4월 1일 저녁 리희봉이 와서 "조선독립으로 각지에서 만세를 부르니, 자기들 동리에서 오늘 저녁 모여 일제히 만세를 부르자"고 하여 동리 사람들이 모여 동리 행길에서 만세를 불렀다.[122] 이희봉은 "이것으로 읍내만은 되었으나, 불충분하니 다시 양성 읍내로 가서 다른 동리 사람과 합동하여 치열하게 부르자"고 하여 일동이 양성으로 갔다.[123] 산정리 리민들이 양성 동항리에 도착한 것이 오후 9시, 그 곳에 와 있던 양성면 각 동리 사람들과 함께 주재소로 몰려가 일제히 만세를 부르고 돌아오려 할 때 원곡 사람들이 횃불을 들고 와서 일동에게 "지금 같이 주재소로 가자"고 하여 다시 주재소로 가는 대열에 합류했다.

양성면 도곡리(도골)는 동항리에서 약 2.5km 북동쪽에 위치하고, 山井里로부터는 0.8km 동쪽의 맞은편 동네인데, 이날 밤 이웃 동리(山井里로 추측됨)에서 만세를 부르기 시작하자 이 동리의 金永大가 "우리 동리에서도 만세를 부르는 것이 좋겠다"고 하여 10명쯤이서 자기 동리 뒷산에서 만

---

122) 독립운동사 편찬위원회, 《독립운동사자료집》5집, (3·1運動 裁判記錄) p. 462면의 고인재 진술 및 465면의 손정봉 진술.

123) 興長允·崔冠吉 진술, 위의 책, p. 463 및 조병훈 진술, 같은 책, p. 465.

세를 불렀는데, 이웃 동리 사람들이 양성으로 가는 것을 보고 이에 따라 만세를 부르려고 양성 구읍내인 동항리의 주재소로 갔다. 앞에 말한 김영한 옹은 이날도 학교에서 만세를 부르고 집에 와서 저녁을 먹는데 동네 사람들이 그를 찾아 와서, 만세를 불러야 되는데 어떻게 부르는 거냐고 물었다 한다. 그가 만세 부르는 법을 가르쳐 주자 동리 장정들이 만세를 부르고는 함께 양성으로 갔다 한다.[124]

양성면 추곡리는 동항리 동쪽으로 1.8km 거리에 있는데, 4월 1일 밤 각 동리 사람들이 양성 읍내에서 만세 운동을 한다는 소식을 듣고, "다른 동리 사람들이 하니 자기 동리에서도 하지 않으면 안된다"고 이민들이 상의하여, 저녁 식사 후 장년자 10명이 나가서 동리에서 만세를 부른 후 사방의 봉화가 양성 읍내로 향하고 있는 것을 보고 모두들 읍내로 가기로 동의하여 저녁 9시경 양성에 도착했다. 그때 이미 많은 동리 사람들 이 모여 있어 자기 동리도 가담하여 주재소로 가서 만세를 부르고 보통학교 부근에 왔을 때 원곡면에서 많은 사람들이 밀어 닥쳤다.

이 밖에도 東恒里와 동항리 근처의 다른 동리에서도 많은 사람이 참여했다 하나 구속 송치 과정에서 다 빠졌기 때문에 이날 밤의 동리 주민들의 참여 상황이 나타나지 않는다.

 (2) 원곡의 만세시위운동

원곡면의 만세시위운동은 3월 28일부터라고 하고 있으나,[125] 당시 원곡면 면서기였던 정종두의 판결문상의 진술을 보면 원곡면내에서는 3월 25~26일부터 독립 시위운동이 시작되었다.[126]

3월 28일은 내가천리의 李時連의 집에 주도자들이 모여 의논하여 가까운 동리와 七谷里 등에 연락을 하여 면사무소에 모여 만세 불렀다. 그후 29

---

124) 김영한 옹 증언(1987. 3. 양성면 사무소에서)
125) 위의 책, p. 443의 崔殷植 진술 및 475면의 南吉祐 진술.
126) 위의 책 p. 476.

일, 30일, 31일 계속 면사무소 앞에서 만세시위를 벌였고, 31일의 시위 후 해산할 때에 칠곡리 李裕睲·洪昌燮이 "明日도 모이라"고 명하였다.

1919년 4월 1일(음력 3월 1일) 七谷里에서는 아침에 이민이 모여 만세를 불렀다. 이날 저녁. 면민들이 다시 면사무소 앞에 집결하였는데 각 동리별 집결 과정을 보면 다음과 같다.

외가천리에서는 정오쯤 이덕순이 와서 "오늘 면사무소에서 독립 만세를 부르니 저녁식사 후 모이라"고 전달했다. 내가천리에서는 이덕순·최은식·이근수 등이 "오늘밤 만세가 있으니 나오라"고 통보했다. 월곡리에서는 외가천리에서 代書業을 하는 이근수의 권유로 원곡면사무소에 모였다. 칠곡리에서는 홍창섭·이유석의 권유로 면사무소에 모였다. 이때 면사무소에 나오지 않았던 사람들은 시위 대열이 陽城으로 가기 위해 七谷里를 통과할 때 합류했다. 竹栢里의 경우 李陽燮·李德順이 권유하자 서병돈·정호근 등이 주도하여 시위에 참가했다. 이때의 상황의 일단을 보면,

> 자기 (정호근)는 판시 일시에 이민과 함께 한국독립만세를 외쳤다. 그때 자기 이외에 서병돈·이양섭(李煬燮) 등이 누구나 할 것 없이 선동하여 동리 사람들을 모았다. 그것은 각 곳에서 만세를 부르므로 자기 동리에서도 부르지 않으면 면목이 없었기 때문이다.[127]

芝文里에서는 4월 1일 밤 외가천리 방면에서 떠들어 대는 소리가 나서 鄭一鳳 등 일부는 면사무소로 가고, 최찬섭·김경심 등은 산위에 올라가 보니까 만세를 부르고 있어 "우리도 가자"고 하고 있을 때, 원성삼·안문보가 와서 이들의 참여를 권고하고, 동네 사람들에게도 "오늘밤 각 동리 사람들이 원곡면 사무소 앞에서 만세를 부르고 여기서 양성으로 향했으니 우리도 같이 양성으로 가자"고 권유하였다.

원성상·안문보 등 里民 일부는 그 전에 외가천리 면사무소 앞에서 만세

---

127) 위의 책, p. 451.

부르기 위해 집결 했는데, 이근수·이덕순 등이 "이로부터 일동은 양성으로 갈 터이니 里民 일동은 모이라."고 하여 자기 동리로 돌아와 里民을 권고하여 곧장 양성으로 가다가 고개길(성은고개)에서 일행과 합류했다.

이렇게 4월 1일 저녁 원곡면사무소 집결 지시가 내려지자 원곡면내 각 동리민들은 면사무소로 집결하거나 또는 양성으로 향하는 도중에 합류했다.

이날 저녁 8시경 등불 또는 횃불을[128] 밝혀 들고 원곡면 사무소 앞에 모인 원곡면 각 동리 주민 1,000여 명은 태극기를 들고 "대한 독립 만세"를 불렀고, 일동 중의 이유석이 군중에게 "이제부터 면장을 끌어내어 국기를 쥐어 이를 선두에 세우고 일동이 만세를 부르면서 양성 주재소로 가자"고 하며 면장 남길우와, 그와 함께 있던 면서기 정종두를 끌어내어 태극기를 쥐어 주며 만세를 부르게 했다.[129]

시위 군중은 면장과 면서기를 태극기를 들린 채 군중에 앞세워 연달아 만세를 부르며 양성으로 향했다. 이들이 원곡면과 양성면의 경계를 이루는 성은고개에 이르자 리유석이 군중 앞에 나서서 "오늘밤 기약함이 없이 이렇게 많은 군중이 집합하였음은 天運이다. 제군은 양성 경찰관 주재소로 가서 내지(일본)인 순사와 함께 조선 독립 만세를 부르지 않으면 안된다. 순사가 이를 응하면 좋으나 만약 응하지 않을 때에는 자기로서도 할 바가 있다"는 뜻의 연설을 하였다. 이어서 홍창섭·이덕순·이근수·최은식·이희룡등이 교대로 일어나서 군중에게 "조선은 독립국이 될 것이므로 일본의 정책을 시행하는 관청은 불필요하기 때문에 우리들은 모두 같이 원곡면·양성면 내의 순사 주재소·면사무소·우편소 등을 파괴하자. 또한 내지(일본)인을 양성면내에 거주케 할 필요가 없으므로 그 내지인을 양성으로부터 구축하자. 제군은 돌 또는 몽둥이를 지참하여 성히 활동하라"는 뜻의

---

128) 이 횃불은 짚으로 만든 것으로서 짚을 한 발 쯤 길게 이어 그 둘레에 새끼를 칭칭 돌려 감아 끝부분에 석유를 찍어 불을 밝혔다.

129) 이때 面長은 끌려 나와 만세 부르기를 거절하며 옥신각신 하고 있었는데 李德順이 조금 늦게 도착하여 이 광경을 목격하고 "왜 못 부르느냐"며 왕겨 세 가마니를 쌓아 놓고 그 위에 올라가 만세를 부르라 하여 만세를 부르게 했다 한다(李鍾世 證言).

연설을 했다. 이에 시위 군중은 근처의 나뭇가지를 꺾어 몽둥이를 준비하였고, 바지에 작은 돌을 싸가지고 양성 주재소와 면사무소, 우편소 등이 있는 양성면 동항리로 나아갔다.[130]

그런데 이날 밤 오후 9시 반경부터 양성면민 수백 명이 독립 운동을 위하여 주재소에 몰려가 조선 독립 만세를 부르고 9시 50분경 해산하여 돌아가려는 길에 원곡 방면에서 온 시위 군중과 만나 합류하게 되었다. 이리하여 2,000여명으로 불어난 시위 군중은 동리로부터 동쪽 끝으로 약 300m 거리에 있는 순사 주재소로 나아가 그 앞에서 독립 만세를 부른 뒤 투석하기 시작하였다.

양성 주재소에는 高野兵藏이라는 순사 1명과 순사보 2명이 있었는데, 시위대는 순사보들이 도망쳐 나가자 주재소에 불을 놓았다.[131] 日帝의 기록에는 이때

"警官이 極力 防壓하였으나 彈丸이 消盡되어 一時 退却하다"[132]

로 되어 있으나 당시 日警은 對抗을 하지 못했을 뿐 아니라 發砲도 하지 않았다. 만약 발포로 인해 사상자가 났었다면 그들은 살아남지 못했을 것이라는 것이 목격자들의 일치된 견해였다.

주재소에 불을 놓은 군중의 일부는 "전선을 끊으러 간다"고 하며 달려가고 나머지는 양성 우편소로 몰려 갔다. 우편소는 東恒里의 밀집된 인가 속에 있는 한식 보통 초가집이었는데, 齋藤與茂七이 우편소장이었고, 雇員이 몇 명이었는지는 모르나 金相建이라는 이름이 보인다. 당시의 상황

---

130) 바지에 작은 돌을 싸가지고 갔다는 것은 李鍾世의 證言이다.
131) 시위대가 순사를 부르니까 순사가 거만하게 나와 이덕순(李德順)의 이름을 적으려 했다. 이덕순이 "내가 만세를 부르라는데 왜 만세를 안부르느냐?"며 일본인 순사의 장죽을 뺏아 한 대 후려쳤더니 벌벌 떨면서 손에 쥐어 주는 태극기를 들고 만세를 불렀다 한다.
132) 電報(1919. 4. 2 午後 10時 45分發, 京城 兒島)≪韓國民族運動史料≫(3·1運動篇) 其1, p. 19.

을 齋藤與茂七의 진술을 통해 보면,

> 오후 11시가 지나자 무수한 군중들이 집 주위에 몰려들어 대문에 투석하고
> 판자담을 처부수고서 뜰 안으로 침입하므로 램프불을 끄고 서쪽 산속으로 피난
> 하였다. 그리하여 오전 2시경 일동이 철수하였기로 오전 5시경 집에 돌아와 보
> 니, 대문 판자담이 모두 파괴되었고, 가재(家財)와 사무실 공용품은 하나도 남
> 김없이 뜰 안 및 문 앞에 날라 내어 불태워 버렸는데……전주 3개를 밑바닥부
> 터 태워 넘기고 전선을 끊어 통신 불통에 이르게 하였다.[133]

이 전선은 안성 방면으로 가는 것으로 전신과 전화 통신에 겸용하는 전신
주에 가설되어 있었는데,[134] 찍혀 넘어진 전신주 사이의 전선은 몇 토막으
로 절단되었다.

시위 군중은 사무실에 들어가 처부순 책상·의자들을 가지고 나와 약
100m 남쪽의 밭 가운데 쌓고서 짚횃불로 불을 붙여 태웠다. 또한 우편소
사무실에 걸린 일장기를 떼어 내 집밖에서 불태웠다. 이때 시위 군중이 우
편소를 태우지 않은 것은 이 건물이 동항리의 인가가 밀집되어 있는 지역
안에 있어 이웃 민가에 피해가 있을 것이 예상되었기 때문이었다.

이어 시위 군중은 잡화상하는 日人 外里與手 및 대금업자 隆秀知 집을
습격하여 가옥을 파괴하고, 가구류 기물들을 집바깥 뜰에 들어내어 불태
워 버렸다. 그 다음으로 양성면 사무소로 가서 물품을 부수고 서류를 끄집
어내어 집바깥에서 불태웠다. 양성면 사무소도 동리 가운데 있어 불지를
수 없었다.

양성면에서의 일제 관공서와 일인 상점을 파괴·방화를 끝낸 시위 군중
은 그 이튿날인 4월 2일 새벽 다시 성은고개를 넘어와 원곡면 외가천리에
있는 원곡면 사무소 사무실과 서류·물품 전부를 불태우고(오전 4시) 아침

---

133) ≪독립운동사자료집≫ 5집, p. 477.
134) 위의 책 p. 479.

식사 후 7km 서남방에 있는 평택의 京釜線 철도를 침목 편을 뽑아 파괴 차단코자 하였다.[135] 당시 주민들은 일본 수비대가 들어올 경우 싸우기 위해 원곡리 남산에 돌망태를 준비해 놓고 날마다 돌을 주워 산위로 오르는 것이 일이었다 한다.[136] 그러다 일본수비대가 들어온다는 소식을 듣고 모두 피신하였다.

(3) 일제의 탄압

朝鮮駐箚憲兵司令部는 수원과 안성지방에 대해 검거반을 4派로 나누어 헌병장교 5, 경부 등을 지휘관으로 하여 4월 2일부터 14일 사이에 64개 부락에 걸쳐 "確實히 檢擧를 期하기 위해" 主로 夜間에 검거를 실시하여 약 800명을 검거하고, 19명의 死傷者를 내었으며, 17개소에서 총 276戶의 家屋에 불을 질렀다.[137]

元谷·陽城地域에 대해서는 4월 3일 조선주차군 제20사단 보병 제40여단 제79연대 소속 장교 이하 25명이 경찰을 지원하기 위해 투입되어 검거에 나서, 이 과정에서 피살 1명, 부상 20여명, 가옥 9채가 소실되었다. 주동자의 집은 다 검거반이 방화했다. 이들이 주로 야간에 검거를 행했던 것은, 시위 가담자들이 피신 후 밤이 되면 자기 집으로 찾아 들어오리라고 예상하고 한 것이었다. 주동자의 한 사람인 최은식의 兄嫂 盧富歸할머니(88, 1987년 당시)에 의하면, "살림살이, 장항아리까지 밤낮으로 뒤져 가족들은 무서워서 아침만 새벽같이 해먹고 외양간에 가서 엎드려 있었다"고 했다.

시위 참여자의 대부분이 피신 상태여서 야간 수색 등 갖은 방법에도 검거가 부진하자 일제는 원곡면장을 시켜서 그때가 농사철임을 구실로 하여 경찰서장의 연설을 듣고 나면 사면해서 농사짓도록 해 주겠다고 하며 가

---

135) 이에 관해서는 여러 사람의 증언을 들을 수 있었다.
136) 홍종영 옹 증언(1999. 2. 17, 원곡면 사무소)
137) 電報(1919年 4月 21日 午後 9時 55分發, 朝鮮駐箚憲兵司令官) 위의 책, p. 143.

족·친지들로 하여금 피신자들을 설득하여 16세 이상 60세까지의 남자 주민은 모두 4월 19일, 현재의 원곡초등학교 뒷산에 모이도록 했다.

사방각지의 친척집·처가집 등에 피신하고 있었던 시위 참가 주민들이 가족들을 통해 이 말을 믿고 당일 지정된 장소에 모이자, 헌병대가 서쪽과 동북쪽으로부터 갑자기 주민을 포위했다. 그들은 총칼로 위협하는 한편, 몽둥이를 닥치는 대로 휘두르면서 거사 참여자는 일어서라고 명령했다. 이들은 무조건 폭행을 가하면서 저항 또는 도주하는 자를 참살하고(현장 순국 3명), 양민의 상투를 줄줄이 묶어서 안성 경찰서까지 30여리 길을 걸려서 연행했다. 이때 투입된 일본군은 보병 79연대 소속 下士 이하 30명이었다.

일제는 세 번째로, 그해 6월 1일 하사 이하 36명의 군병력을 투입하여 경무관헌과 합동 검색을 폈다.

양성의 경우 양성보통학교 교정에 검거반이 야영을 하면서 각 마을을 다니며 사람을 붙잡아다 아카시아 나무 몽둥이로 구타했는데, 이것을 한 달 이상을 계속했고 죽어서 나가는 사람도 많았다 한다.[138]

일제의 군경 합동 검거반의 이러한 검색과 만행, 기만 전술에도 불구하고 주동인물 가운데 이희룡, 이양섭만 검거, 되고 나머지 최은식, 이덕순, 이근수, 이유석. 홍창섭 등은 검거하지 못하자 부모, 형제, 친척을 앞세워 유인하거나 이들을 붙잡아 대신 매질을 하고, 동리 사람들의 신고를 조장했다. 최은식이 체포된 것이 이 때문이었다.[139] 이러한 갖가지 방법을 통한 일제의 탄압으로 이곳 주민들이 치른 희생은 다음과 같다.

---

138) 양성면 동항리 김욱제옹(81) 증언.

139) 崔殷植은 시위를 주동하고 피신하고 있던 중, 부친이 안성 경찰서에 잡혀가 매를 맞아 반죽음에 이른 상태로 면장집 마당에 끌려와 최은식이 나타나면 풀어 주려고 한다는 소문을 듣고 집에 나타났다. 가족들이 극구 만류하여 다시 피신길을 떠나던 중 평택 가는 고개 근처에 살던 원곡 사람의 신고로 잡혔다. 그는 양성으로 붙잡혀 가서 보통학교 근처 민가의 대문에 거꾸로 매달려 창으로 난자당하였다. 그의 장단지는 죽창으로 맞뚫렸다.(崔段植 兄嫂 盧富歸 할머니 (88) 증언.)

현장 순국 : 3명

안성경찰서 고문순국 : 5명

서대문 형무소 순국 : 9명

부상 후 순국 : 7명

피검자 수 : 361명 이상(훈계방면자 제외)

옥고 : 127명(선고전 2, 복역중 순국 7명 포함)

가옥 방화 소실 : 9동[140]

위의 인적·물적 손실 이외에도 시위중 파괴된 일제 재산에 대한 배상과 일부 피고의 공소 비용 26원 78전까지 부담시켰다.

3) 원곡 · 양성시위 운동의 특징

(1) 지역적 특징

안성군은 양성군, 죽산군이 1914년에 합쳐져서 된 군이나, 군내 3개 지역은 개별적인 생활권을 형성하고 있었다. 안성지역과 죽산지역은 동학농민운동과 의병운동을 치열하게 치렀던 지역이었다. 죽산지역은 동학농민 봉기 때 관군 6백명이 진압을 하지 못하여 일본군의 지원을 받아야 했던 곳이었다.[141] 1907년 7월부터 치열하게 전개된 의병운동도 안성과 죽산을 주무대로 하여 전개되었다.[142] 그 와중에서 1907년 9월 20일 義兵 18명이 양성 군아를 습격하여 양성군수 趙漢晳을 銃殺한 일도 있었다.[143] 그러나 동학농민운동과 의병운동 시기에 다른 두 지역보다 구양성군 지

---

140) 윤 우, ≪원곡-양성의 3·1독립운동≫, 1986, p. 25.

141) ≪駐韓日本公使館記錄≫3, p. 292; ≪高宗實錄≫, 32, 1894. 9. 10;≪駐韓日本公使館記錄≫1, pp. 149~150.

142) 안성·죽산을 중심으로 활동한 의병장으로 崔敬先, 鄭基仁, 安春景, 任許玉, 孟達燮, 洪祐錫 등이 대표적이었다.(김순덕, 2002, <경기지방 의병운동연구(1904~1911)>한양대 박사논문)

143) 대한제국, 1907, ≪官報≫隆熙 元年 10月 11日; ≪續陰晴史≫下, 隆熙 元年 9月 22日

역은 좀더 조용했던 것 같다. 양성지역에는 1846년 이전에 천주교가 들어왔다. 김대건 신부가 새남터에서 순교했을 때 안성의 신자였던 李敏植이 시신을 거두어 그의 친산이 있는 양성의 골매마을에 안장하였는데 이곳이 오늘날 미리내 성지이다. 1866년 병인사옥 때는 안성지역 천주교인 10여 명이 순교하였다. 1902년 전래된 개신교(미 북장로회 계통)가 읍내 서리에 교회당을 세웠다. 그러나 1919년 당시에 개신교나 천도교의 교세는 약한 편이었다.

안성군 내에는 종족마을이 35곳이 있었다. 그 중에서 50호가 넘는 종족마을로서 양성면 덕봉리와 원곡면 칠곡리가 있었다. 덕봉리는 400년 된 해주 오씨 집성촌이었고,[144] 대원군의 서원 철폐 때 남은 47서원 중 하나인 덕봉서원이 있었다. 원곡면 칠곡리와 원당리는 300년 된 경주이씨 종족마을로 140호, 707인의 마을에 종족 110호, 548인, 타성 30호, 159인이 살았다. 이런 종족마을의 결집력이 3·1운동에서 발휘되었다.

안성지역이 대체로 대부분 농민들이 소작 또는 자소작으로 열악한 상황에 있었다. 1923년말을 기준으로 자작은 4%밖에 되지 않고, 자작 겸 소작이 31.3%, 소작이 56.1%에 달하여 둘을 합하면 87.4%가 자작 겸 소작이거나 소작농이었다.[145] 원곡지역은 특히 경제적으로 열악했다. 1930년대 자료를 보면 특히 원곡면 지역이 농민들의 토지소유상황이 매우 열악한 것을 볼 수 있다.

<표 6-5> 양성·원곡지역 농가 구성 상황(1930, 모범부락)

지역	지주·자작	자소작	소작	계 (%)
양성면 미산리	16(16.5)	31(32)	50(51,5)	97(100)
원곡면 칠곡리	2(4.9)	5(12.2)	34(82.9)	41(100)
원곡면 용이리	1(2.8)	2(5.5)	33(91.7)	36(100)

자료 : 朝鮮總督府, 1935, ≪朝鮮の聚落≫中, pp. 131~132

144) 106호의 마을에 해주 오씨가 68호 500인, 타성이 38호 190인이었다.
145) ≪동아일보≫, 1924. 9. 25.

후대의 자료이기는 하지만, 위의 표를 보면 원곡면에서 3·1운동에 가장 많은 참여자가 나온 칠곡리는 82.9%가 소작농이었다. 원곡면 용이리의 경우 이보다 더 열악하여 91.7%가 소작농이었다. 이 지역이 지극히 농민들의 경제상황이 나빴음을 짐작하게 한다.

　이 시기 지주 – 소작관계는 다음의 글에서 반영하고 있는 바와 같이 같이 계급적으로 대립된 관계이가 보다 '친족'과 유사하게 경제적 이해관계를 같이하는 관계였다고 생각된다.

> 　지주의 가정과 소작인의 가정을 한집안으로 삼고 그렇게('아저씨', '아주머니'라고 – 필자) 부르는 것은 예부터 내려오는 좋은 풍습이었다. 나는 즐겨 그렇게 불렸고, 수많은 아저씨와 아주머니들을 구별하기 위하여 소위 택호를 붙였다…소작인들은 으레 나를 '도회지에서 온 조카'라고 했고 진짜 조카처럼 친절히 대접해 주었다.
> 　나이 많은 농부는 말했다.
> 　"이 관습은 참 좋다. 그럼으로써 지주와 소작인들이 진정으로 맺어지는 것이다."
> 　모두 일가를 이루었고, 지주의 집안은 큰집이 되었기 때문에 다른 사람보다 유족할 수 있었다.[146]

　이 지역의 시위운동의 주력이었던 농민층의 경제상황이 열악했던 것과 3·1운동이 어떻게 연결되었을까? 그것은 3·1운동 발발 시점이 서민대중의 경제상황이 최악의 위기상황으로 치달았을 때였다는 사실과 관련될 수 있다. 일본 정부의 쌀 비밀 매점으로 말미암아 일본 식민주의의 본질이 백일하에 드러났고, 민중은 식민주의의 민족적 모순을 허기진 배로 느꼈을 때였다. 그러나 제1차 세계대전의 종전, 약소국 독립의 시대 분위기, 일제의 식민지 군사계엄체제, 광무황제의 '독살설' 등 일제 식민지 지배체제 차제

---

146) 이미륵, 2004, ≪압록강은 흐른다≫, 범우사, pp. 120~121.

를 근본적으로 재검토해 보게 하는 사건들의 연속에서 시대적 과제는 지주 - 소작의 계급적 문제보다 식민지 철폐에 모아질 수밖에 없지 않았을까 생각된다.

양성면은 1914년 이전 군 소재지였다. 양성향교와 덕봉리에 덕봉서원이 있었다. 동항리에는 양성공립보통학교가 있었다. 또한 옛 읍치로서 면사무소와 함께 駐在所와 郵便所가 있었고, 안성으로 통하는 전화와 전신이 설치되어 있었으며 일인 상인들의 상점과 고리대금업자가 있었다. 이에 비하여 원곡면에는 오직 면사무소만 外加川里에 있었고 일본인이 없었다.

이 지역 토지대장은 한국동란 때 일부 소실되어 1920년대 중반 이후의 상황만 나타난다. 이를 통해서나마 보면, 3·1운동 당시 이 지역에 토지를 가지고 있었던 것으로 추정해 볼 수 있는 日人 地主로 外加川里에 목양광, 七谷里·內加川里에 中森善太郞, 西原麟次郞 등이 보이나 이들의 토지는 각각 1,200坪에서 6,500坪을 넘지 않는 것 같다.[147] 그 대신 元谷面의 경우 한국인 지주가 두드러지게 눈에 뜨이는데 그 대표적인 몇 사람을 보면 <표6-7>과 같다.

표<6-7>에서 보는 바와 같이 이 지역에서의 日人의 토지 침투는 별로 현저한 것 같지 않다. 여기에 원곡 지역에는 면사무소 이외에 일제 통치기관이 없었던 점이 유리한 점이었다. 주민들은 비교적 감시받지 않고 자유롭게 시위를 조직화할 수 있었다. 서울과 가까워 여러 차례 서울 시위에 참관하고 돌아온 것도 이곳 주민 지도자들의 의식을 강화하는 역할을 했다. 결국은 지배자의 탄압역량과 저항자의 주체적 의지, 조직적 역량 또는 동원력, 효과적인 리더십 등의 역량 문제가 관건인 것이다.

---

147) 외가천리 目良廣 : 田 988坪, 畓 1,1741坪, 계 2,162坪.
　　칠곡리 中森善太郞 : 6,122坪.
　　내가천리 西原隣次郞 : 6,327坪. (安城郡廳 所藏, ≪土地臺帳≫에 의함)

<表6-6> 원곡면의 地主　　　　　　　　　　　　　　(단위 : 坪)

地域	地主	居住地	田	畓	垈	기타	계	비 고
칠곡리	崔翰宇	서울 장사동 165	4,684	44,396	716	1,546	51,392	이중 畓 12,147 기타 1,435등 계14,147평은 3·1운동 당시의 소유로 보인다. *1923.5.8. 田 4,366 畓 24,315 垈 516 기타 111坪등 29,300坪이 崔翰宇 앞으로 소유권 이전이 되었다.
외가천리 칠곡리	張洛鎭	경기도 용인군 남서면 전궁리 204	3,186	37,557	510		41,253	1926년 이후 취득임. 특히 1930년대에 많은 토지를 취득하고 있다.
외가천리 내가천리	南星祐	원곡리 내가천리 264	10,299	10,792	4,442	39	23,105	父代에 이어 2대 代째 在地 地主
외가천리 내가천리	南吉祐	안성군 공도면 용두리	3,096	1,295	633		5,137	3·1운동 당시 원곡면장, 그 이전부터 소유하고 있었던 것으로 보임.

자료 : 安城郡廳所藏, ≪土地臺帳≫

(2) 주도층의 성격

元谷面의 경우 각 동리의 연합 시위 운동을 추진함에 있어서 主動人物이 드러나 있다. 주동 인물들은 <표6-5>과 같다.

<표 6-7> 원곡면 주도인물

출신동리	주동인물	나 이	직 업
내가천리	李德順	41	농업
	崔殷植	22	농업·(양성보통학교 졸)
외가천리	李根洙	31~32	대서업
외가천리	李熙龍	47	농업 겸 주막
칠곡리	李裕奭	33	서당
	洪昌燮	27	농업(입장인)
竹栢里	李陽燮	25	농업

자료 : 독립운동사 편찬위원회, 《독립운동사자료집》5집, (3·1運動 裁判記錄)

　원곡·양성 시위운동의 주동자들인 李德順, 崔殷植, 李根洙, 李熙龍, 李裕奭, 洪昌燮, 李陽燮 등 7인이 농민대중의 지도자로 활약했다. 이들은 한학자와 주막 경영자, 배움이 없는 중년의 농민과 대서인, 보통학교 졸업 청년이 함께 지도부를 구성했다. 元谷面 내의 대지주도 아니고, 큰 명망가로 보이지도 않으며, 그렇다고 대지주의 후원 하에 행동에 앞장선 사람들로도 보이지도 않는다. 여기 주도자들은 여러 배경을 가진 사람들로서 독립운동에 지도자로 자임하고 나섰던 것으로 보인다. 즉 크게 내세울 것이 없는 보통 사람들이 시위의 지도자로 나서 시위를 조직화하고 지휘했던 것이다. 이것이 제3단계 절정기 시위운동이 갖는 특징의 하나다. 그 특징을 원곡면 시위에서 보여 주고 있는 것이다. 이 단계에 오면 더 이상 시위운동 지도층의 암묵적 기준이 종교계나 학교의 "선진성"도 아니고, 향촌 내의 "유지성"도 아니며, 다만 "투쟁성"이 그 기준이 되어 갔던 것으로 생각된다. 그러므로 민중은 더 이상 이끌음을 받는 존재가 아니었고, 스스로 운동을 조직화하고 선도하는 주체적인 존재로 나서게 된 것이다.

　여기서 주목할 것은 李德順에 관한 증언이다. 원곡면 시위운동의 계기로 여러 설이 있으나, 가장 신빙성이 있고 실효성이 있었던 것으로 보이는 것은 이덕순의 역할이다. 그는 장남 德萬의 혼사(3월 말경)를 앞두고 1919

년 2월 그 혼수감 준비를 위해 상경했다가 광무황제 독살설을 듣고 비분을 느껴 3일을 서울에서 머물게 되었다. 그러는 동안에 某 독립운동 관계 인사와 접촉을 하게 되었고 지방에서도 무엇인가 해야 되겠다고 생각하게 되었다.[148] 그러나 그것은 혼자서 할 수 없는 일이었으므로 귀향하여 3차에 걸쳐, 1차로 4명, 2차로 6명, 3차로 8명의 원곡 주민을 上京시켜 서울에서의 상황을 보고 듣게 하고 독립운동관계 모 인사와 더불어 거사기획을 협의했다. 李德順은 문자를 알지 못했으므로 학교나 서당을 다닌 사람을 데리고 가서 "쪽지"도 받아 왔다. 시위를 위한 계획서가 작성되었는데 발각될 우려가 있으므로 서울에 빼돌렸다. 그는 "일본놈은 무기가 있는데 우리는 무기가 없으므로 돌, 몽둥이 등을 갖추어 가지고 대항해야 된다." 고 했으며 "양성에 日本人이 많이 있는데 하나도 없이 다 내쫓고, 우리 지방만이라도 독립·自治를 하자"고 하여 示威를 계획했다. 示威隊를 4개조로 나누어 임무를 분담시킨 것도 그랬다. 3월말 큰아들 혼인 잔치와 동리의 회갑 잔치 등에 사람들이 모였을 때 시위 분위기를 고조시켰다는 내용이다. 이것은 이 운동에 관해서는 유일하게 주동인물로부터 직접 들은 내용이며,[149] 3월 1~3일의 상경 사실은 판결문상의 崔殷植의 진술에서 확인된다. 이덕순은 배움은 없었으나, 서울에서 광무황제의 의문의 죽음에 의분을 느꼈고, 전국에서 시위운동이 일어나고 있던 그 때 스스로 한국 민족으로서 나라의 독립을 위해 일조해야 한다는 사명감과 책임감을 느꼈기 때문에 3차에 걸쳐 주민 대표를 서울에 견학 보내는 적극적인 노력을 하여 지도체를 구성하고, 동리별로 책임자를 두어 조직적으로 시위운동을 준비해 갔던 때문에 시위운동이 결집력을 갖고 강력한 형태로 나타날 수 있었다.

---

148) 33인 중 1인이며 스님이라고 했다 하나 믿기 어려웠고, 이 인사가 위 李裕兢說의 李起鍾氏 인지도 확인할 수 없었다.

149) 李鐘世氏 (李德順의 孫)는 당시 49세로, 그의 나이 27세 때 李德順이 사망했고, 그때까지 그가 모시고 있었기 때문에 직접 위의 이야기를 들어왔다 한다.(李種世氏 1987년 4월, 경기도 평택 자택).

(3) 시위양상

㉮ 시기적 특징

元谷·陽城의 3·1운동이 공세적인 '폭력시위'로서 폭발한 것은 1919년 4월 1일이었다. 이날은 3·1운동이 발발한지 꼭 1개월 째 되는 날이었고, 음력으로 3월 1일이었으며, 그해 3월 1일부터 4월 15일 사이의 기간 동안에 시위 발생 건수에 있어서 정점을 이루는 날이었다.

그러나 이날은 장날이 아니었으며 밤 8시경부터 새벽 4시경 사이에 이 시위는 이루어졌다. 이 날이 장날이 아니었는데도 원곡과 양성의 두 면에서 2,000여명이 모였다는 것은, 양쪽 면 모두에서 면소재지에서 멀리 있어서 시위에 참석하지 못한 동리들(원곡면의 경우 21개중 6개 里, 양성면의 경우 18里중 11~12개 里)와, 노약자, 어린이의 수를 감안한다면 주민 총궐기라고 할 만하다.

㉯ 공세성

원곡·양성의 3·1운동은 장날이 아닌 날에 일본 순사 주재소가 없고, 일인들이 없었던 면(面)에서 일본 순사 주재소, 우편소, 일인 상점, 고리대금업자가 있는 이웃 마을로 쳐들어가, 어떤 우발적인 요인에 의해 촉발됨이 아닌, 애초의 의도와 계획에 의해 주재소를 불태우고, 전선을 끊고, 우편소·면사무소를 파괴 또는 방화했으며, 다리를 끊었고, 경부선 철도까지 차단하려 했다. 따라서 이 시위는 일제가 민족대표 33인을 재판하는 데 있어 황해도 수안군 수안면 시위, 평안북도 의주군 옥상면 시위와 더불어 전국 3大 '폭력시위'의 하나로 꼽았을 정도의 전국 대표적인 공세적 폭력시위였다.

㉰ 조직적·계획적 특성

원곡·양성의 3·1운동이 장날이 아닌 날 각 동리별로 연락에 의해 군중이 동원되고, 일제 행정 관서가 있고, 日人이 거주하는 이웃 면으로 쳐들어가 전선과 다리를 절단했다는 것 등의 사실과 더불어, 단순히 暴壓에 대한 반발이 아니라 일정 지역내의 일제 기관과 일인의 완전한 구축을 통하여 지역적 독립의 쟁취를 기도했다는 점에서 이 운동의 조직적·계획적 특성을 볼 수 있다.[150] 한 증언에 의하면, 양성 시위를 위해 원곡면민을 4개 조로 나누어 시위 과정에서의 임무를 분담했다고 하며, 사전에 거사 계획서도 작성되었다고 한다.[151]

㉱ 시위 참여 동리와 참여층

원곡면 시위의 참가 洞里를 보면 내가천리, 외가천리, 지문리, 칠곡리, 죽백리, 월곡리 로서 12개 원곡면 산하 里 중 6개 里가 참여했다.

이들 참여 동리별로 면사무소로부터의 거리를 판결문상에 나타난 구속자를 통해 보면 동리들이 대략 각각의 면사무소로부터 2.5km 내외의 반경 안에 들어 있다. 같은 面이지만 이보다 멀리 떨어져 있는 동리는 참여자가 나타내지 않았다.

판결문에 나타난 동리별 구속자 수를 표로 나타내 보면 <표6 - 8>과 같다.

<표 6 - 8>에서 보면 이 시위로 인한 수형자 127명 가운데 약 80% 이상이 원곡면 주민이고, 원곡면 수형자 105명 가운데 47.6%인 50명이 칠곡리에서 나왔다. 이와 같은 참여자의 양상은 시위의 적극성과 관계가 있다. 원곡면민들은 야간에 20리 고개를 넘어 양성면 일제 관공서를 쳐부수기 위해 원정시위를 왔다. 주재소 방화와 면사무소·우편소 등을 파괴하는 데 이들이 주도적이었다. 그런 매우 공세적인 행동들이 수형자수로 나타났다.

이 중 칠곡리에서 원곡면 구속자의 50% 가량이 나온 사실은 다른 동리보다 칠곡리 주민의 참여가 많았다는 사실을 반영한다. 칠곡리에서 참여

---

150) 일본인 하나도 남김 없이 다 내쫓고 우리 지방 만이라도 독립·자치를 하자고 계획했다 한다
　　(李鍾世氏 증언).
151) 李鍾世氏 증언.

가 많았던 것은, 칠곡리가 일곱 마을이 모여 되었다고 하여 칠곡리라고 하는데, 그런 만큼 마을이 크고 주민이 많았던 데 첫 번째 원인을 찾을 수 있다. 안성군 내 종족마을 35곳 중 원곡면 칠곡리는 300년 된 경주 이씨 종족 마을로서 종족 110호 548인, 종족 외 30호 159인 계 140호 707인의 마을이었다.[152]

<표 6 - 8> 동리별 구속자수

面里\계	元 谷						陽 城			
	내가천	외가천	지문	칠곡	죽백	월곡	덕봉	산정	추곡	광곡
명	9	19	14	50	11	2	8	5	6	3
127	105						22			
%	7	15	11	39.4	8.7	1.6	6.3	4	4.7	2.3
100	82.7						17.3			

자료 : 독립운동사편찬위원회, 1972, ≪독립운동사자료집≫5,

또한 칠곡리는 원곡면에서 양성으로 가는 길목에 자리하고 있었기 때문에 당일 밤 시위대가 외가천리 원곡면 사무소에서 양성으로 가는 도중에 칠곡리 주민들이 많이 합류하게 된 것도 주요한 요인의 하나로 보인다.

양성면 소재지인 동항리에 구속자가 없는 것으로 나타나 있다. 그러나 당시 상황의 목격자의 증언에 따르면 동항리와 그 인근 부락에서도 시위에 많이 참여했으며, 특히 양성면의 만세 시위를 주도한 사람이 동항리의 사람 高元根이었다는 점을 생각할 때 동항리에서 구속자가 한 사람도 나오지 않았다는 것은 납득하기 어렵다.[153] 이에 대해 이 동리 주민의 증언에 따르면, 이 동리 사람들도 시위 후 많이 양성구재소로 잡혀 갔으나 이 동리에 駐在하고 있었던 日人 巡査部長 高野兵藏에 의해 모두 방면되어 나왔고, 이 동리 만세 운동의 주도자였던 高元根도 그렇게 해서 방면되었

152) 안성군, ≪안성군지≫, 1994, p. 237.
153) 양성면 동항리 김욱제옹(81) 증언.

다고 한다.154) 동항리 주민들의 경우 일본인들과 가족 또는 이웃처럼 지냈기 때문에 일인에 대해 적대감을 가진 적은 없다고 한다. 日人 貸金業者도 동리에서 高利貸를 하지 않고 벽지 촌을 대상으로 했다고 한다.155)

양성면에서는 덕봉리에서 가장 많은 구속자(8명)가 나왔다. 양성면 덕봉리는 400년 된 해주 오씨의 종족마을로서 종족이 68호 500여 인, 종족외 38호 190인으로 106호의 마을이었다. 이곳에는 대원군 서원철폐 때 남은 47서원 중 하나인 덕봉서원이 있는 곳이다. 이런 종족마을의 종족공동체의 결속력이 3·1운동 때 발휘되었던 것으로 보인다.

㉮ 시위 참가자의 연령층

元谷·陽城地域 3·1운동으로 인한 구속자의 연령에 주목하는 이유는 마을 내에 어느 정도 위치를 가진 사람이 참여했는가 하는 것을 보고자 함이다. 참여자 대부분이 유소년들인 경우 지역전체의 시위운동이 아닌 일부 계층의 시위운동이다. 그러나 30 - 40대가 주류를 이룬 대규모의 시위라면 어른들이 나서 전 주민적인 시위를 벌인 것이다. 대개 큰 규모이고 조직적 시위에서는 이런 특징이 어김없이 나타난다. 또한 청소년이 주도한 시위는 공세성에 있어 그 강도가 약하며 이에 따라 파급력도 약하다. 다음 <표6 - 9>에서 이 지역 시위 구속자의 연령별 현황을 보자.156)

구속자의 연령별 통계에는 대체로 20代·30代가 중심이 되어 어느 정도 각 연령층별로 분포가 고루 나타나고 있으며, 전체 구속자 127명 가운데 31세 이상이 62명으로 48.8%, 26세 이상을 보면 87명으로 68.5%로 나타나 30세를 기준하면 전체의 절반, 또는 26세를 기준하면 약 70% 가량이 장년층임을 알 수 있다.

---

154) 위와 같음.
155) 위와 같음.
156) 장년의 기준으로 26세 이상을 잡은 것은 26세 정도면 결혼하여 가장이 되었던 것을 감안한 것이다.

이것을 양 면으로 나누어 보면 양성면의 경우 30세 이하가 14명(65. 6%), 31세 이상이 8명(36.4%)로서 30세를 기준으로 나눈다면 소장층이 더 많다. 원곡면의 경우 30세 이하가 51명으로 전체의 48.6%, 31세 이상이 54명으로 51.4%로서 31세 이상이 더 많다. 26세 이상을 보면 75명으로 원곡면 전체의 71%를 차지한다. 이상에서 보면 元谷·陽城의 시위는 장년층이 주도하고 있다는 점을 알 수 있고, 이 점은 특히 원곡면에서 더욱 두드러지게 나타난다.

<표 6 - 9> 구속자 里別 연령별 현황

面	洞里	계	20세 이하	21~25세	26~30세	31~35세	36~40세	41~45세	46~50세	51~이상
元谷	내가천리	9	1	2	2	4				
	외가천리	19	4	4	3	6	1		1	
	지문리	14		3	2	5	1	3		
	칠곡리	50	6	7	12	11	5	5	1	3
	죽백리	11	2	1	2	3	2			1
	월곡리	2					2			
	소 계	105	13	17	21	29	11	8	2	4
	장 년 수 (%)					54(51.4)				
						75(71.4)→				
陽城	덕봉리	8		1	2	3	1			
	산정리	5		4	1					
	추곡리	6	1	2	1		2			
	도곡리	3		2		1				
	소 계	22	1	9	4	4	3	1		
	장 년 수 (%)					8(36.4)				
						12(54.5)→				
합계		127	14	26	25	33	14	9	2	4
面	洞里	계	20세 이하	21~25세	26~30세	31~35세	36~40세	41~45세	46~50세	51~이상
장년수(%)						62(48.8)				
						87(68.5)→				

독립운동사편찬위원회, 1972, ≪독립운동사자료집≫5, (3·1운동 재판기록)

맺음말

　3·1운동의 발발은 일제 식민지 지배체제가 한국인의 민심을 얻는데 완전히 실패했음을 보여 준 가장 명백한 증거였다. 이는 1910년부터 1919년에 이르기까지 10년간 일제 지배는 조선총독을 정점으로 하고 헌병경찰을 손발로 한 장기 군사계엄체제였으며, 식민지 정책의 근본 성격이 한국에 대한 收奪性과 그 집행에 있어 暴力性을 특징으로 한 까닭에 仁政과 德治의 문화 속에서 살아온 한국인의 승복을 결코 얻을 수 없었기 때문이었다.

　조선시대 중앙정부가 民을 통제하던 방식은 흔히 '中央集權的'이라고 표현되나 실제에 있어서는 법률과 짧은 체임의 중앙 파견 수령, 상당 부분 지방이 가지고 있었던 독자성을 인정한 위에 향촌공동체의 자율적인 통제기구를 통한 間接的 規制體制의 성격이 컸다고 할 수 있다.

　일제는 한국의 지방사회에 발달된 향촌 자치적 공동체를 해체하지 않고서는 한국을 '효율적'으로 장악할 수 없다는 것을 알았다. 더구나 지방을 근거로 하여 치열하게 일제에 저항하는 의병운동이 계속됨으로써 향촌 공동체의 해체는 곧 식민지 지배체제 확립의 관건이었다. 이에 따라 통감부가 들어서자 바로 지방행정구역을 전면 개편하고자 하였다. 이것이 지방민들의 심각한 반발에 직면하자 이를 유보시켰으나, 총독부 체제가 확고해지자 1914년에 단행되었다. 그 후 계속하여 面制 실시 등 지방에 대한 직접적 규제를 위한 체제를 구축해 갔다. 지방행정구역 개편으로 각 면 단위의 70~100%가 변동을 겪으며, 관 일방의 일원적, 수직적 지방지배 질서가 전면적으로 실시되었다. 이러한 일제하 지방행정 체제의 개편은 民에 대한 국가의 間接的 規制方式을 식민지 官吏와 軍隊, 警察을 통한 直接的 規制方式으로의 전환을 의미하였다.

수직적 일원적 관 일방적 통제체제 하에서 한국인들이 모일 수 있는 水平性의 공간은 학교와 교회, 시골 장터뿐이었다. 바로 그 水平的 空間에서 群衆이라는 수평적 양태의 군집에 의해 자유와 독립의 외침이 일어난 것이 3·1운동이었다. 따라서 3·1운동은 일제 통치의 수직성·일원성·관 일방성에 대하여 한국인들의 수평적·다원적·공동체적 대응이었다.

3·1운동 시기에 시위운동을 조직화할 수 있는 한국인의 조직적인 역량은 천도교외 개신교 등 종교계와 한말 애국계몽운동과 일제하 극히 제한된 여건 속에서 민족주의교육에 의해 성장한 청년학생층, 그리고 향촌사회에 대한 일제의 조직적 해체정책에도 불구하고 보존 또는 잔존해 있었던 향촌 공동체였다.

10년간 계속된 일제의 군사계엄체제 하에서 3·1운동의 빗장을 연 두 주요 종교 교단인 천도교와 장·감리교단을 중심으로 한 기독교는 1910년대에 3·1운동이라는 만족적 사명을 위한 준비를 했다. 1910년 국치를 전후하여 불안한 시국에 떠는 민중들을 품어 안으며 폭발적으로 교세가 팽창하였다. 교회가 확장되면서 한국인 지도자들이 배출되어 중앙과 지방의 3·1운동에 앞장서게 되었다. 초기 지방시위는 이 시기에 지방사회에 조성해 놓은 종교적 지형을 상당부분 반영하며 이루어졌다.

그러나 당시까지 여전히 신흥종교였던 두 교단은 서북지역 등 교회가 지역사회에 뿌리를 내린 지역을 제외하고는 한국사회에서 충분히 성숙된 힘을 갖지 못했다. 그러므로 다른 대부분 지역에서 교회는 3월 초 독립운동의 문을 열어 그 문을 통하여 지방사회의 힘이 분출되게 하는 초기의 시발적 역할을 하였다.

일제 식민지하 장기 군사계엄성·수탈성·폭력성이 관철된 교육정책과 교육현장 속에서 극히 제한된 민족주의 교육을 받으며 성장한 학생층은 독립을 위한 사명감과 일제에 대한 저항의식을 키워왔으나, 1910년대 학교는 중등이상 각 학교의 학생수가 남자고등보통학교는 전교생 200명 내외, 여자고등보통학교는 60명 내외로 규모가 매우 작았다. 사립각종학교를 제외한 전국 109개 중등이상 학교의 전체 학생수는 5천여 명에 불과하였다. 바로 이런 수적 한계로 말미암아 운동의 지속과 확산을 위해 노동자, 농민의 참여가 절대적으로 긴요하다는 것을 절감한 일단의 학생들은 대중과의 연결자로 자임하며, 수십 종의 지하신문과 격문류를 제작·배포하며 시위의 전파와 확산을 위해 노력했다.

제1차대전 기간 중 제반 물가의 지속적 앙등 속에서 1917년부터 쌀값까지 앙등하자 서민들의 고통이 가중되었다. 1918년 들어 일본 내 쌀 부족에 편승한 투기열풍이 民擾를 유발시켜 '米騷動'이라는 체제위기를 불러오자 일본정부는 민간 상사를 내세워 한국 쌀 약 40만 섬을 비밀리에 매점하여 일본으로 반출하였다. 이로 말미암아 1918년 8월 이후 불과 몇 달 사이에 한국의 쌀값은 평년의 3배로 폭등하게 되었다. 이로 인해 서민생활은 파탄으로 몰리게 되었다. 이 사태로 자국의 이익을 위해 언제든지 한국민을 희생시킬 수 있다는 일제 식민주의의 본질이 백일하에 드러나게 되었다. 종로소학교 쌀 廉賣所 소요사태를 비롯하여 이 시기를 전후하여 빈발하고 있었던 민중의 집단적 행동은 3·1운동과 같은 거대한 집단적 저항을 예고하고 있었다.

1919년 1월 21일 갑자기 서거한 광무황제의 죽음과 '독살설'은 3·1운동 발발에 결정적인 계기와 정서적인 폭발력을 주었다. 황제의 국상에 맞추어 수만 명의 지방 인사들이 상경하여 서울에서 일어난 시위운동이 전국적으로 확산될 수 있게 해 주었다.

민족대표들의 독립선언은 식민지 한국인의 가슴속에 독립이라는 고원한 목표를 심어주었고, 비폭력 만세시위라는 단순한 실천행동은 대중을 동참시키는 데 매우 효과 있었다. 전국에서 다양한 계층이 참여한 시위운동은 가장 활발하게 전개된 3월초에서 4월초에 이르기까지 시기에 3단계의 중요한 변화를 보였다.

제1단계의 시위운동은 강력한 일본 제국주의의 억압과 감시·탄압 구조 속에서도 조직적 역량을 가질 수 있었던 천도교와 기독교 등 종교조직과 학생조직에 의해 시작되었다. 시위양상은 민족대표의 비폭력 원칙에 따라 평화적인 시위가 주를 이루었다. 평양 같은 도회지 지역에서는 일본측의 신속하고 강력한 대응으로 시위운동은 발전과 지속을 계속할 수 없었으며, 단기간의 평화적인 시가행진으로 끝났다. 그러나 황해도 외곽의 수안 같은 곳에서 천도교 조직에 의해 일어난 시위는 초기부터 일제 관헌의 퇴거를 요구하는 공세적인 시위로 나아갔다. 이것은 3·1운동이 그 처음 단계에서부터 일제의 식민지 통치를 거부하고 철폐하고자 하는 급진성이 배태되어 있었음을 보여 주었다. 문제는 탄압과 저항의 역량 간에 길항관계가 있었던 것이다. 저항의 주체적 역량이 컸을 때에만 탄압세력을 압도하는 시위가 가능할 수 있었다.

경남 창녕군 영산면 시위는 3월 13일로서 경상남도에서는 거의 초기에 지역의 보통학교 졸업생 중심으로 한 20대 초반의 청년들과 10대의 재학생들이 주도하였다. 이들은 민족대표처럼 '영산지방대표'로 자임했고, 민족대표가 제시한 평화적 시위운동의 '규범'을 그대로 따르려 하였다. 이런 초기 청년학생층 주도 시위의 계획이나 진행과정에 지역유지들은 거의 참여하지 않았다. 따라서 시위의 규모가 크지 않았고, 공세성도 약했다. 상업이 발달한 이 지역에는 1919년 당시에 28명의 일인들이 89,000여 평의 토지를 이미 소유하고 있었다. 이것은 합천군 상백, 백산, 가회면에는 한 필지도 없었던 것과 대조를 이룬다. 지역주민의 공동체적 결속을 저해하는 植民 효과로 영산지방에서는 유지층이 시위운동에 참여하지 못한 것으로 생각된다.

제2단계는 3월 중순에 안동 등 경상북도 북부지역과 합천, 함안 등 경상남도의 중서부 지역에서 주로 일어났다. 이 시위운동은 제1단계와 마찬가지로 지역의 종교계와 학생층 또는 이 신식학교 교사 등 신지식층이 지방유지층과 연합하거나, 서울의 국장 행사에 참례하고 돌아온 지방유지층이 독자적으로 시위운동을 주도하였다. 즉 시위운동계획이 지역 유지와 연결되었을 때 지역주민을 조직적으로 동원하면서 대규모의 시위운동이 공세적인 시위로 나타났다.

이와 같은 현상을 한 郡 내에서 대조적으로 현저하게 보여 주는 예가 경북 영덕군의 경우였다. 지역 유지세력이 약하거나 유지들이 참여하지 않은 남부의 영덕지역에서는 기독교인에 의한 10~100명 이내의 소규모의 평화적인 시위로 끝났다. 유림세력이 강한 북부 영해지역에서는 기독교인과 유림 유지들이 연합하여 수백 명에서 2천 명의 대규모의 공세적인 시위가 일어났다. 안동 읍내와 예안, 임동, 임하면에서 일어난 수백 명에서 2천 5백 명 규모의 공세적인 시위도 기독교인과 인산에 참여한 유림세력들이 연합하거나, 유림세력이 인근지역과 연합하여 일으킨 운동이었다.

이 단계에서는 조직적인 주민 동원을 통하여 시위규모가 컸고, 일제의 관공서인 면사무소, 주재소 등을 공격하여 파괴하며, 구금자를 구출하는 등의 격렬하고 공세적인 성격을 띠었다.

합천은 강한 유림 문화와 종족마을이 발달한 지역으로서 1919년까지 주요 시위 주도 지역에 일본인의 토지소유가 한 건도 없을 정도로 전통적인 향촌질서를 온존하고 있었던 지역이었다. 이곳의 시위는 유림성격의 상백, 백산, 가회면 유지층이 주도하였다. 이들은 면과 면을 학맥과 인맥을 통하여 연합전선을 구축하고 주민들을 조직적으로 동원하여 수천 명에서 1만 여 명의 대규모 군중을 수 km씩 떨어진 집결지에 모이게 하여 공세적인 시위를 벌였다.

함안은 외곽지역 기독교인들이 서울과 긴밀한 연결 속에서 시위운동을 초기부터 시작하였다. 3월초 기독교인에 의한 시위는 규모도 크지 못하였고, 공세성도 약하였으나 군내에 전파, 확산하는 역할을 하였다. 3월 19일과 20일의 함안 읍내와 군북시위에서는 유림층과 신식학교 교사 등이 결속하여 추진하였다. 이들은 혈연과 지연, 학맥을 통하여 여러 인근 수개 면 인사들을 연결하여 3~5천의 대군중을 동원하여 공세적 시위를 벌였다. 그러나 이 단계에서는 함안 읍내 시위에서 경찰서장에게 "독립운동 확인서"를 받고자 하는 데서 보이듯이 일제의 구축시도에까지 나아가지 못하였으며, 시위대가 마산에서 미리 파견되어 대비한 일제 경찰력과 군 증원부대를 압도할 수도 없었다.

제3단계의 향촌공동체의 전면적 투쟁은 3월 말 4월 초 경기도, 충남 등지에서 나타났다. 한말 후기 의병운동과정에서 평민의병장들이 등장하듯이 이 시기에는 구장, 무학의 농민이 시위 주도자로 등장하기도 했다. 시위 양상은 일제 관공서를 지역 내에서 철폐하기 위해 이웃면과 연합하여 방화와 파괴를 하며 일제 순사 주재소 관헌을 완전히 압도하였다. 또한 시위후에도 지역 내 山上에서 일제 수비대와 一戰을 치룰 준비를 하기도 했다.

수원군 장안·우정면은 종족문화가 발달한 지역이나 큰 문중세력이 없고 비교적 개방적인 지역 분위기 속에서 천도교 활동이 전국적으로 유명한 곳이었다. 이 지역 천도교 지도자 백낙렬이 구장을 겸하고 있으면서 지역에 뿌리를 내린 종교적 조직력과, 주민들과 밀착된 區長 조직을 결합하여 처음부터 일제를 구축하기로 계획된 강력한 시위운동을 전개하였다. 이곳 시위대는 두 면사무소를 파괴하고 주재소를 불태웠으며, 시위대에 발포하여 사상자를 낸 일제 순사를 처단하있다.

안성군 원곡면 시위는 보통학교 졸업자, 무학의 농민, 서당 훈장, 주막주인 등이 주도자였다. 이 지역은 면사무소 외에는 일제 관공서가 없는 지역으로 자율적 질서가 보존될 수 있었던 지역이었다. 이들은 시위준비를 위하여 3차에 걸쳐 선정된 주민들을 서울에 보내 시위운동을 참관하게 하고, 수일간 면내에서 시위운동을 전개한 후 고개 넘어 8km 떨어진 구양성 군 읍치 지역인 동항리의 일본 순사주재소를 방화하고 면사무소를 파괴하였으며, 다시 새벽에 돌아와 원곡면 사무소를 불태워 전소시켰다.

위의 두 사례는 시위대가 주민에 대한 조직적 동원과 이웃면과 연합을 하여 대규모 시위군중을 이루어 일제 경찰관 주재소 관헌을 압도하여 수비대가 진입할 때까지 일종의 해방구를 달성하였으며, 이는 우발적인 것이 아니라 당초부터 주도자들에 의해 계획된 시위대의 목표였다.

이러한 지역 내 일제 지배기구 철폐를 위한 전면적 투쟁은 3·1운동이 진전되어 가면서 점차 그 내재된 일제 식민지 통치의 철폐라는 근본적인 문제에 접근해 갔던 것을 보여주고 있다. 이것은 만주와 연해주 동포들이 3·1운동 와중에서 무장투쟁과 국내진공을 추진했던 것과 맥을 같이 하는 것이었다.

이 과정에서 종족문화가 발달한 안동군 예안면과 서산군 대호지면 같은 곳에서는 일제에 의해 임명된 면장도 시위운동에 앞장섰다. 그러나 대부분 경우 면장은 일제의 편으로 인식되었고, 시위대는 면장을 공격하지는 않았으나, 강제하여 시위대열에 참여시켰다. 반면에 구장층은 장안면에서 보는 바와 같이 주민들과 행동을 같이 했다. 이는 일제의 관 일방의 수직적 지방 지배질서가 기층사회에서는 거부되었음을 보여 주는 사례라고 할 수 있을 것이다.

지주와 소작인의 관계는 3·1운동 단계에서는 대립적인 입장에 서지 않았던 것으로 보인다. 합천군 초계면의 경우 소작인 정점시는 지주 노호용의 배후 지도 하에 행동대로서 역할을 하였고, 체포되어 지주를 감싸며 자신이 모든 형벌을 떠안았다.

안동의 경우 1895~1896년의 의병운동 때 향촌의 모든 인적·물적 역량을 동원했던 결과 일제의 대대적인 탄압으로 큰 타격을 입었다. 이를 계기로 하여 전통 유림세력이 보수 유림과 혁신유림으로 분리되었고, 혁신유림의 신식학교 설립을 통한 교육구국운동을 놓고 심각한 갈등을 빚기도 하였다. 3·1운동 단계에서 주로 혁신유림이 기독교인 신식학교 교사와 학생과 결합하여 시위운동을 벌였다. 동학혁명운동과 의병운동으로 혹심한 탄압을 경험한 전라도 지역에서도 3·1운동에 재지 유지들의 참여가 미약하여 주로 학생층에 의해 시위운동이 일어났다. 즉 지역에서 한말에 겪은 역사적 경험 또한 3·1운동 양상에 영향을 미쳤음을 알 수 있다. 합천과 함안, 장안면과 우정면, 원곡면 등에서는 의병운동 참여로 큰 피해를 입지 않았던 결과 지역의 역량을 3·1운동 때 활용할 수 있었던 면도 있었다.

요컨대 이와 같이 3·1운동이 점차 격렬한 공세성을 띠면서 일제 식민지 통치기구를 공격하고, 철폐하고자 하는 방향으로 나아간 것은 1910년대 일제의 군사계엄체제 속에서도 한국사회가 키워왔던 종교조직이 지역사회 속에 강고하게 뿌리내렸거나, 일제초기부터 해체하고자 하는 가운데서도 보존 또는 잔존해 있었던 전통적 향촌공동체의 힘이 시위운동에 가세함으로써 가능했다. 한국역사에서 우리 민족이 보여 주는 끈질긴 생명력, 위기극복의 능력, 복원력(resilience)의 근원은 상당 부분 지방의 鄕村共同體에 있었다. 국가적 위기 때마다 중앙의 위기관리 능력이 와해되었을 때 지방에 의해 극복되었다. 한국 역사의 중요한 특징 중의 하나인 체제(왕조)의 장기 안정성과 문화의 발달도 중앙과 지방의 균형과, 지방이 새로운 활력을 공급하는 근원이 됨으로써 가능할 수 있었다.

3·1운동은 지방사회의 공동체적 힘이 중앙의 조선총독부와는 일원적 권력에 대해 마지막 저항의 불꽃을 피워 올린 것이었다. 그 이후 한국의 지방사회는 식민지 권력의 강력한 중앙 집권정책에 의해 해체의 길을 걸었다. 이후 국내의 식민지 해방운동과 해방 이후 민주화운동 등과 같은 변혁운동은 학생층과 같은 조직화된 세력이나 비밀 지하조직 운동으로 전개양상이 전화되었다.

두입지·비입지 정리 현황

지역	소속	斗入地(面)	飛入地(面)	정리되는 지역
1. 경기	廣州		草阜	揚州
	揚州	山內 靑松 [嶺斤]		抱川
		[上道]		加平
		神穴		高陽
	長湍	長東 江東		[漣川] 麻田
	積城		河北	[漣川] 麻田
	開城	大南 小南		長湍
	廣州	聲串 月谷 北方		[始興] 安山
	水原	長安 草長 梧井 鴨汀 八灘		[南陽] 振威
		五朶 [廣德] [浦內] [玄岩] [佳士] [兩井] [靑龍] [宿城]		振威
			三島五洞* 및 新興浦*·新星浦*	牙山
	仁川		梨浦	南陽
	陽城	所古尼		振威
			栗北 西生 甘味洞 升良	[振威] 水原
	稷山		堰里 外也串 安中	[振威] 水原
	平澤		少北	[振威] 水原
	陽智		[朴谷] [高安] 蹄村 [木岳] [古東] [古西] [古北]	竹山
	陰竹	無極		陰城

지역	소속	斗入地(面)	飛入地(面)	정리되는 지역
2. 충북	忠州	金目 笙洞 孟洞 甘味洞 居谷 法旺 所呑 枝內 大鳥谷 豆衣谷 沙多山 川岐音		陰城
		佛頂		槐山
	淸州	修身		[鎭川] 木川
			周岸	懷德
			德坪	全義
	靑山		酒性	報恩
	沃川	陽內 陽南		永同
	黃磵	南		金山
3. 충남	公州	[陽也里] [縣內] [鳴灘] 九則 炭洞 川內 柳等川 山內		懷德
	淸陽	[泗水灘]		[鴻山]
	洪州	[上田]		[鴻山]
		高北	雲川, 伽耶山北*	[瑞山] 海美
			合南 合北 新南 縣內	沔川
			[於乙方]	[禮山]
	瑞山		<夫山面 九同>*	<海美>
	德山		伽倻山北*	[瑞山]
		<雲峴>* <牛峴>*		<海美>
	鰲川		<眼上> <眼下>	<泰安>
	稷山		<慶陽>	<平澤>
	天安		菲芳	沔川
			牛坪	沔川
			新宗	禮山
			頓義 毛山 德興 當后新垈*	牙山
	礪山	<彩雲>		<恩津>
	文義		<地坪村>*	<懷德>
	牙山		<二西>	<沔川>

지역	소속	斗入地(面)	飛入地(面)	정리되는 지역
4. 전북	錦山	富南		茂朱
	南原	上礴岩 中礴岩 下礴岩 <眞田>		[鎭安] 長水
		屯德 吾支 秫川 石峴 阿山 靈溪古達 中方 外山洞 內山洞 所兒		壬實
		[金岸]		[谷城] 求禮
	全州		良陽所 [紆東] [紆北]	[高山] 連山
		紆西	東一 北一 南一 南二 北二	益山
			利東 利西 利北	[金提] 萬頃
		[龜耳洞]		[壬實]
	古阜		扶案	茂長
5. 전남	羅州	終南 非音 元亭 今磨		靈岩
			望雲 三鄕	務安
		大化 獐本 烏山 艅艎 赤梁智島*荏子 등 諸島*		咸平
	昌平	甲鄕		[潭陽] 長城
	咸平		多慶 <海際>	務安
	順川	[住岩] [松廣] [雙岩]		[同福]
	靈光		望雲 珍下山 多慶胞*	務安
			[押海 古下 등 諸群島]*	[務安]
	靈巖		玉泉 松旨始 松旨終 <北平始> <北平終>	海南
	珍島		三村	海南
			<命山>	靈巖

지역	소속	斗入地(面)	飛入地(面)	정리되는 지역
6. 경북	大邱	角北 角縣內 角初洞 角二洞		淸道
	倚州	[化北]		[報恩]
		永順 山東 山北 山南 <山西>		聞慶
		丹東 丹西 丹南 丹北		比安
	義城		羽谷 [下川]	比安
		<巢夜川>		<義興>
	禮泉	化莊 冬老所		聞慶
			縣內 縣南 縣東 縣西	比安
	安東		甘泉	禮泉
			才山 小川 春陽 奈城	奉化
	榮川		林只	奉化
			立岩舊烽臺*	[興海] 淸河
	順興		臥丹	[興海] 奉化
			<龍山> <昌樂>	<豊基>
	寧海	石保		英陽
	慶州	杞溪 神光 北安 [竹長]		興海
			倉山里* 楮峴里* 柳等里* 大昌里*	榮川
		外南		蔚山
		北道 南道		長鬐
		<竹長>		<淸河>
	新寧		梨旨	永川
	開寧	[農所] [伽倻山後陜川地]*		星州
	星州	仁谷 雲羅 黑水 道長 蘇野 加縣 德谷 <老多> <茶山>		高靈
		<甑山>		[金山] 知禮
			<蘆長谷>	<玄風>
	金山	黃金所		[永同] 黃磵
			延命	[星州] 開寧
	玄風		<津村> <踏谷> <旺旨>	<高靈>

지역	소속	斗入地(面)	飛入地(面)	정리되는 지역
7. 경남	晋州	巴只山 柏谷 金萬 沙月 三壯 矢川		山清
		<良田>		<鎭南>
		北平 宗化 加西 雲谷 靑岩 大也 正水		河東
		<上奉> <下奉> <上寺>		<咸安>
			赤良 昌善	南海
		<南陽> <永縣> <永耳谷> <吾邑谷> <介川> 文善		固城
		文善面 三千浦*		[固城] 泗川
	漆原		龜山	昌原
			大上 大下	金海
	梁山	<左>		<東萊>
	蔚山	<外南> <熊上>		<梁山>
	金海		<大山>	<昌原>
	密陽		古旀	淸道
8. 강원	春川	[南山外一作] [南山外二作] [西下二作]		[加平]
			<麒麟>	<麟蹄>
	江陵	<內>		<麟蹄>
		<大和> <珍富> <蓮坪>		<平昌>
		<臨溪> <道岩>		<旌善>
	平昌	<一東>		<旌善>
	淮陽	<水入>		<陽口>
	三涉	[上長]		[奉化]
	原州	左邊 右邊 水周 [加里城]		寧越
		<古毛谷>		<橫城>
		<康川> <池內>		<驪州>
	鐵原	官仁		漣川
9. 황해	平山	弓位 方洞 道隆 介日		延安
	延安	石串 芝村 [福峴] [食峴]		白川
	海州	交井 茄川 馬山		甕津

10. 평남	平壤	芿次串 草里		江西
		班石 星台 <草谷><松石>		甑山
	龍岡	[瑞河][龍峴][和村][海晏][雲洞]		[三和]
	順山	<廣泉><玉井><仁化><鶴泉><雷封>		<孟山>
		<龍島><蠶上><蠶下>		<德川>
11. 평북	雲山		海	定州
	龜城		鹽里	定州
		揚下 揚上 揚西 光化	彌羅山	龍川
	義州		[枕峴]	[龍川]
12. 함남	咸興	上宣德 下宣德		[洪原] 定平
		<東退潮> <西退潮> <上元川> <下元川)> <東甫青> <西甫青>		洪原
13. 함북	茂山		茂海	富寧
	慶源	<訓戒>		<穩城>
			海	慶興
	穩城		<德明> <德川>	<慶源>

자료 : ≪地方制度調査≫, pp. 140 - 186 및 ≪舊韓國官報≫16, pp. 810 - 819, (칙령 제149호, <地方制度整理件>)

비고 : [ ] ; 原案에 있었으나 시행단계에서 철회됨

정리되는 지역의 [ ] △△ : 당초 [ ]군으로 편입될 계획이 △△군으로 변경됨
< > : 원안에 없었으나 시행단계에서 추가됨.

3·1운동기의 지하신문·격문류

No	제목	호수	발행일	부수	원고	인쇄법	배부	내용	비고
1 - 1	조선독립신문	1	2.28	1만	이종린	활판	이종린	독립선언 (기념관 소장)	독, 리
1 - 2		2	3.1	600	천도교	등사	이종린	가정부설치	
1 - 3	1 - 3	3	3.2	600	천도교	〃	〃	독립대회개설(3.6)	리
1 - 4	3	4	3.7	600	장종건	〃	이종린	독립사상고취	
1 - 5	1 - 5	5	3.13	700	장종건	〃	최기성	일제악정26조	
1 - 6	1 - 6	6	3.15	900	장종건	〃	〃	민족자결독립	리
1 - 7	6	7	3.16	수백	장종건	〃	〃	내용미상	
1 - 8	1 - 8	8	3.22	600	장종건	〃	〃	수10명 부상	
1 - 9	1 - 9	9	3.24	2천	〃	〃	〃	간도 몽고동포 독립선언	
1 - 10		9호 부록	〃	〃	〃	〃	〃		리
1 - 11		10	?						
1 - 12		11	3.21						리
1 - 13		12	3.22						리
1 - 14		13	?						
1 - 15		14	3.25						
1 - 16		15	3.26						
1 - 17		16	?						
1 - 18		17	3.28		이용설 등	〃		선전활동의 조직화	리
1 - 19		18	?					체계화. 격일, 3 - 5일 간격	
1 - 20		19	?					- 23호 까지	
1 - 21		20	?						
1 - 22		21	?						

No	제목	호수	발행일	부수	원고	인쇄법	배부	내용	비고
			3.5	50여 통	최윤창 〃		최윤창	거국일치 해외동포 성원(받은원고 재등사)	
3	독립가		3.1 - 5						
4	학생단시위 통고문		3.4	400	김종현등 (학)		최강윤 등	3.5학생단시위	
5	신조선신문		3.5	?	최흥종 (전도사)		내용미상	(3.5남대문시위)	
6	조선국민학생단		3.5	수백	이병주	등사		남대문시위 탄압 (이필주 목사집)	
7	불법행동 아닌가		3.5	수백	〃	〃		불법체포 항의	
8	청년동맹회 독립선언서		3.7					미상(최중강에게서 받은 것)	
9	우리동포여!		3.7	20			鄭敏英	조선학생에 대한 압제고발	
10	경고문		3.7				鄭民永	조선인 상인도 가담하라(김준희가 최중강에게 50매 전달)	
11	동포여 일어서라		3.7	800	한위건	등사	박수찬 등	동포 분기 촉구(박노영등이 선동활동) *선전운동 본격화	
12	경고문		3.7	20	장용하등	복사	장용하	독립가능하니 분기하라	
13	시민대회		3.8				고휘준	폐점, 시위참여(임창준이 10매 줌)	
14 - 1	각성호회보	1	3.8	80	양재순 (학)	등사	양재순 등	운동촉구	
14 - 2		2	3.9	80	〃	〃	〃	분기하라	
14 - 3		3	3.10	80	〃	〃	〃	심령의 철함, 발분촉구	
14 - 4		4	3 - 11	80	〃	〃	〃	분기하라	

No	제목	호수	발행일	부수	원고	인쇄법	배부	내용	비고
15	경고문		3.9				이영준	미상: 경찰관 동조 이끔 *학생만으로 힘이 부족, 각계층 공동 독립운동	
16	조선독립에 관한 경고문		3.10?			등사	김학봉		
17	조선독립신문		3.11	600	황상로등	등사	황상로등	독립신문에서 발췌	
18	광주신문 제2호		3.18	300	〃	〃	〃	학생궐기 촉구	
19	경고문		3.10	200	김수길등	등사	감수길등	민중분기 촉구	
20	조선민족은 자신을 가져라		3.15	20	장용하등	등사	장용하등	먼저 자신을 가져라	
21	우리 동포의 관리 및 형사에게 고함		3.16				이태형	형사 독운 참여촉구 성명미상인이 30매 줌	
22	노동회보		3.17경				김공우	학생운동 한계, 노동자 지원 촉구(정지현 제공) *3.22노동자대회	
23	독립선언서		3.18	300	홍명희	등사	홍명희등	독자 독립선언서	
24	(격문)		3.19	수백매	허영호	〃		"一死莫如得自由" (범어사 명정학교, 지방학림)	
25	반도의 목탁		3.20					김진성등 독립의 당위성	
26	자유민보		3.20경					(최석관이 한경익에게 6 - 70매전달)	
27	경고문		〃				〃		
28	경고		3.22	1	이두현등	필사	게시판	시위촉구 (미곡상,노동,짐마차꾼)	
29	유지자일동		3.24	1	이두현등	필사	이두현등	동서빙고폐점, 시위촉구	
30	금산경고		3.22	150	김용순	등사	김용순	시위동참촉구 (금산)	
31	조선독립의 글		3.22	7	김영재등		김영재등	조선총대장 박모, 13도 조직, 복종촉구(진주, 면서기)	

No	제목	호수	발행일	부수	원고	인쇄법	배부	내용	비고
32	조선독립의뢰		3.23	10	김영재등		김영재등	구장인솔하 시위 참여 촉구	
33	조선국민독립단경고문		3.25	50	권오진		권오진	독립기운 박도(충무)	
34	경고문		"	2	권오진	수기	권오진	일총리, 총독에 독립승락 촉구/통영군 대한국독립단 명의	
35	독립신보	1	3.28						
		4	4.3		孫立			논설, 서울시위 소식, 미국 하얼빈소식	
		5	4.5		金春坡			순천자 흥하고 역천자 망한다는 논설, 외신 및 국내 각지소식	
		6	4.8		金春坡				
		8	4.9		ㅈㄱㅅ生				
		9	4.10		樂山				
		10	4.11		지명				
		28	4.28		ㅇㅂ			정주시위대 탄압	
35	각군수 사퇴권고서		4.16	150	권오진	등사	권오진	군수사퇴	
36	격문		3.26	20	신태윤		신태윤	시위참여 촉구(곡성)	
37	대한제국 동포신문		3.26	십수매	이재록	철필	이재록	독립운동 고취(개성)	
38	대한제국신문								
39	대한신문								
40	대한제국 독립창가								
41	경고문		3하순	10			문상회등	차별대우, 독립운동 촉구 (논산 상인)	
42	경고문		3하순	300	최석인	등사	최석인등	자치론배격, 완전독립론	
43	자유민보	1-5중	4.1-	1,000각	유연화,최석인	"	유연화	민족자결, 조선독립	
44	경고문		3.28	100	강일영등	등사	강일영등	상해동포 호응 시위운동	

No	제목	호수	발행일	부수	원고	인쇄법	배부	내용	비고
45	(격문)		3.29	200	봉선사승려	〃	봉선사승려	시위촉구, 조선독립단 임시사무소 명의	
46	경고문		3말	1?	김형익	?	김형익	압박타파 분연노력	
47	조선독립운동	16	3.28	300	장용하등		장용하등	승인임박, 용왕매진	
48 - 1	반도의 목탁	1	4.1	1,500	장용하	등사	장용하등	세금 납부 거부	
48 - 2		2	4.12	2천	〃	〃	〃	미상	
48 - 3		3	4.22	1,500	〃	〃	〃	조선인의 조선, 독립에 힘쓰라	
48 - 4		특별호	4.25	70	장용하등	등사	장용하등	서양인의 同情	
49	경고		4.2	18	김삼수등		김삼수등	상점폐쇄 촉구(인천,상인)	
50	협박문		4.2	20	〃		〃	〃	
51	최후통첩		4.3	수통	〃		〃	〃	
52 - 1	동정표시경고문	1	4.2	300	이영식등	등사	이영식등	대구 분기촉구	
52 - 2	동정표시경고문	2	4.6	400	〃		〃	조선독립고취	
52 - 3	동정표시경고문	3	4.7경	300	〃		〃	조선독립고취	
53	(방주양경고문)		4.13	2			우송	자제회 설립경고	
54	(폐점경고문)		4.3	3	〃		우송	상점 폐쇄 촉구	
55	(대구경찰서장경고문)		4.6		〃		우송	사퇴권고	
56	고문		4.2	-	이인영	-	이인영	일본인과 동화 반대	
57	비밀통고		4.6	1	권희	필사	동리회람	군자면 시위계획 통지	
58	조선민국임정포고문		4.7	2,000	허익환	등사	허익환	조선국민당과 자유당의 연합회결과 손병희를 정통령, 임시창립장정 의정	
59 - 1	도령부령 제1호		4.7	2,000	허익환	등사	허익환	경, 부관 임명	

No	제목	호수	발행일	부수	원고	인쇄법	배부	내용	비고
59 - 2	도령부령 제 2호		4.7	2,000	허익환	등사	허익환	국제연맹 의원지정	
60	정재극의 임정포고문		4.23		〃	〃	정채극	대회당일 배포 (정채극이 재인쇄) (*조선국민대회 4.23학생노동자가 종로에서 개최)	
61	팔면에서 관찰한 조선의 참상		4.12	50	주익	〃	〃	미상: 조선의 참상 (8매짜리)	
62	경고문		4.2-3				최진순	조선이 조선, 독립당위	
63 - 1 - 26	국민신보		1.26 4 중 - 8 하	300	이일선	등사	이일선	자작 또는 입수문 서토대 1-26호까지 발행 (*존속 기긴 4개월)	
64	국치기념특별호		8.28?		이일선	등사	이일선	조국광복촉구	
65	자유민보		4 - 10 월	2,000	배운성김해룡	등사	배, 김	독립운동 촉구	
66	혁신공보		〃	3,000	〃	〃	〃	〃	
	*혁신공보		5.1경					(유기선이 70매 한경익 전달)	
67	근고동포		4.17	300	혜성단	등사	혜성단	분기촉구	
68	경고 아동포		4.27	300	〃	〃	〃	총궐기, 상인폐점	
69	자금요청탄원서		4.17, 5.1, 5.6	3회	〃		〃	김천安東奎 자금보조요청	
70	경고 관공리 동포		4.27	200	〃	〃	〃	관공리 사직촉구	
71	등교학생제군에게		5.13	-	차세운		차세운	등교거부(동경유학생)	
72	국민신문(파리강화회의)		6.20?				김영진	파리장서 소식 이모로부터 20매 받음	
73	강화회의조인축하문		6.30				장재권	독립선언 만국동정, 만人로써 강화조약성립 축하(하숙집 창문에 투입된 것을 배포)	

No	제목	호수	발행일	부수	원고	인쇄법	배부	내용	비고
74 - 2	국민신보								
	국치기념특별호		8.28		김웅집			광복촉구(매화여교교사)	
74 - 1	국민신보 제 21호		8.12		김웅집			일치단결, 일제타도	
75	혁신신보		8월				엄용호 등	(김천)	
76	신한별보		〃				〃		

자료 : ≪독립운동사자료집≫5 (3·1운동 재판기록), ≪이승만 자료≫(동문편),
　　　 국가보훈처, ≪3·1독립선언서와 격문≫
　　　　 * 리 : ≪이승만 자료≫(동문편)
　　　　　 보(보훈처, ≪3·1독립선언서와 격문≫

참고문헌

1. 자료

≪朝鮮王朝實錄≫(순종부록)

朴殷植, 1920, ≪韓國獨立運動之血史≫, 上海.

愛國同志援護會, 1957, ≪韓國獨立運動史≫.

友邦協會 朝鮮史料編纂會, 1964, ≪萬歲騷擾事件≫(三·一運動)(1~3), 東京.

姜德相, 1967, ≪現代史資料≫(25,26, 朝鮮 1~3), みすず書房.

金正明, 1967, ≪朝鮮獨立運動≫ 1, - 民族主義運動篇 -

_____, 1967, ≪朝鮮獨立運動≫ 1, - 民族主義運動篇 - 分冊

_____, 1989, ≪三·一獨立運動≫ 1~4, 高麗書林.

李龍洛 編, 1969, ≪3·1運動 實錄≫, 金井出版社.

독립운동사편찬위원회, 1972, ≪독립운동사자료집≫4, (3·1운동사 자료집)

독립운동사편찬위원회, 1972, ≪독립운동사자료집≫5, (3·1운동 재판기록)

독립운동사편찬위원회, 1973, ≪독립운동사자료집≫6, (3·1운동사 자료집)

國會圖書館, 1977, ≪韓國民族運動史料()≫(三·一運動篇其一~三).

國家報勳處, 1988, ≪獨立有功者功勳錄≫(2·3권).

國史編纂委員會, 1989, ≪韓國獨立運動史資料集≫(1~27).

慶尙北道警察部, ≪高等警察要史≫.

田中麗水, 1917, ≪大田發展誌≫, 旬報社.

朝鮮總督府, 1910 - 1945, ≪朝鮮總督府統計年報≫.

朝鮮總督府, 1918, ≪朝鮮の保護及併合≫.

朝鮮總督府, 1932, ≪朝鮮の小作慣行≫.

朝鮮總督府, 1935, ≪施政二十五年史≫.

朝鮮總督府, 1940, ≪施政三十年史≫.

≪大阪朝日新聞≫(1919년 1월 ~6월분).

≪大阪每日新聞≫(1919년 1월 ~6월분).

≪東京朝日新聞≫(1919년 1월 ~6월분).

≪時事新報≫(1919년 3월 ~5월분).

≪매일신보≫.

越智唯七, 1917, ≪新舊對照朝鮮全道府郡面里洞名一覽≫, 中央市場.

朝鮮總督府, 1935, ≪朝鮮の聚落≫, 前, 中, 後

宇都宮太郎關係資料硏究會, 2007, ≪日本陸軍とアジア政策, 陸軍大將 宇都宮太郎日記≫, 岩波書店

2. 연구서

3·1여성동지회, 1980, ≪한국여성독립운동사 - 3·1운동 60주년기념 - ≫.

3·1정신선양회 경상북도본부 편간, 1955, ≪3·1운동사≫.

경기도사편찬위원회, 1995, ≪경기도 항일독립운동사≫.

계림학인, 1946, ≪3·1운동과 대한민국임시정부≫, 국민출판사.

國史編纂委員會, 1968, ≪韓國獨立運動史≫ (二)

긍허전기편찬위원회 편간, 1970, ≪안악사건과 3·1운동과 나≫.

金南天, 1947.≪3·1운동≫, 아문각.

金義煥, 1971, ≪영남3·1운동사연구≫, 독립운동사편찬위원회.

김준보, 1970, ≪한국자본주의사연구 1 - 3·1운동과 경제사적 단계규 정 - ≫, 일조각.

金鎭鳳, 1977, ≪三·一運動≫, 世宗大王記念事業會.

_____, 1980, ≪三·一운동≫(≪민족운동총서≫2), 민족문화협회.

_____, 2000, ≪三·一運動史研究≫, 國學資料院.

金亨錫, 1993, ≪一齊 金秉祚의 민족운동≫, 남강문화재단출판부.

김희곤, 1999, ≪안동의 독립운동사≫, 안동시

_____, 2002, ≪의성의 독립운동≫, 의성군

_____, 2003, ≪영덕의 독립운동사≫, 영덕군

_____, 2004, ≪청송의 독립운동사≫, 청송군

南富熙, 1994, ≪儒林의 獨立運動史 研究≫, 범조사.

독립기념관 한국독립운동사연구소, 1995, ≪한국독립운동의 이해와 평
　　가≫.

獨立運動史編纂委員會, 1971, ≪獨立運動史≫(2~3).

東亞日報史 편간, 1969, ≪三·一運動50周年紀念論集≫.

東亞日報史, 1989, ≪3·1운동과 민족통일≫.

文定昌, 1965 - 7, ≪軍國日本朝鮮强占三十六年史≫ 上, 中, 下, 柏文堂, pp.
　　46 - 47.

閔丙達·李元杓 編著, 1995, ≪天安 三一運動史≫, 천안문화원.

朴慶植, 1976, ≪朝鮮3·1獨立運動≫, 平凡社.

朴殷植, 1920, ≪韓國獨立運動之血史≫, 上海 : 유신사.

裵鎬吉, 1953, ≪3·1운동실기≫, 동아문화사.

報勳研修院, 1994, ≪통일을 위한 독립운동사 재조명 - 3·1운동에
대한북한시각의 분석 - ≫.

사회과학원력사연구소 편, 1959, ≪3·1운동 40주년 기념 론문집≫.

_____, 1960, ≪3·1운동 자료집≫.

서울 Y.M.C.A., 1989, ≪2·8독립선언 70주년기념집≫.

素石學人, 1946, ≪기미년학생운동의 전모≫, 근역출판사.

愼鏞廈, 1984, ≪3·1독립운동의 사회사≫, 현암사.

_____, 1989, ≪3·1독립운동≫, 독립운동사연구소.

新人間社 편, 1969, ≪3·1재현운동지≫.

安秉直, 1975, ≪三·一運動≫(춘추문고 208), 韓國日報社.

安秉直·朴成壽 外, 1980, ≪韓國近代民族運動史≫, 돌베개.

吳在植, 1959, ≪민족대표 33인전≫, 동방문화사.

尹炳奭, 1975, ≪三·一運動史≫(정음문고 100), 正音社.

尹炳奭·朴成壽·趙恒來외, 1992, ≪獨立運動史의 諸問題≫, 범우사.

義菴孫秉熙선생기념사업회, 1967, ≪義菴孫秉熙선생전기≫, 대한교과 서
　　　주식회사.

李根直, 1955, ≪3·1운동사≫, 3·1정신선양회 경북본부.

이정은, 1997, ≪안성 3·1운동사≫, 안성문화원

_____, 2004, ≪유관순－불꽃같은 삶, 영원한 빛≫, 한국독립운동사연구소

李炳憲, 1959, ≪3·1運動秘史≫, 시사시보사출판국.

李龍洛, 1969, ≪3·1운동실록≫, 3·1동지회.

李龍洛 편, 1994, ≪三一運動 實錄≫, 부산 : 금정.

李種植 編, 1929, ≪朝鮮統治問題論文集≫, 京城.

李鐘律, 1984, ≪3·1운동과 민족의 함성≫, 인문당.

李炫熙, 1979, ≪3·1운동사론≫, 동방도서.

_____, 1987, ≪3·1운동과 임시정부의 법통성≫, 동방도서

張道斌, 1960, ≪3·1독립운동사≫, 국사원.

전갑생, 1996, ≪巨濟三·一運動史≫, 거제문화원.

全榮澤, 1948, ≪柳寬順전≫, 익선사.

鄭光鉉, 1978, ≪3·1독립운동사≫, 법문사.

조선과학자동맹 편, 1946, ≪조선3·1운동≫, 조선정연사.

조선일보사 편, 1989, ≪3·1운동과 대한민국임시정부 수립의 현대적 해석≫.

朝鮮憲兵隊司令部 編, 1969, ≪朝鮮3·1獨立騷擾事件－槪況思想及運動－≫.

조종오, 1946, ≪조선최근삼대운동사≫, 한성인쇄소.

중앙일보사 편, 1969, ≪3·1운동주요자료집≫, 중앙일보사.

池中世, 1949, ≪3·1운동 때 외국신문에 나타난 조선≫, 신광출판사.

한국역사연구회·역사문제연구소 편, 1989, ≪3·1민족해방운동연구≫, 청년사.

한국출판문화원, 1989, ≪극비한국독립운동사료총서 – 3·1운동편 – ≫ (1~ 12), 한국출판문화원.

山邊健太郎, 1971, 日本統治下の朝鮮≫, 岩波書店

加藤房藏, 1920, ≪朝鮮騷擾の眞相≫.

近藤釰一, 1964, ≪萬歲騷擾事件 – 3·1運動 – ≫(1~3), 友邦協會 朝鮮史 料 編纂會.

淵上福之助, 1933, ≪朝鮮と33人≫, 鹿兒島新聞京城支局.

駒込武, 1996, ≪植民地帝國日本の文化統合≫, 岩波書店,

파이버·다니엘, 1946, ≪3·1운동의 진상≫, 혁신사.

Ku Dae – yeol, 1979, Korean Resistance to Japanese Colonialism – The March First Movement of 1919 and Britain's Role in Its Outcome – , London, ph. D..

Shabshina, F. I., 1952, Narodnoe vosstanie 1919 goda v koree, Moskva, Izd – vo ANSSSR.

3. 연구논문

姜德相, 1967, <日本帝國主義の3·1運動彈壓政策に関して>, ≪日本史 研 究≫.

_____, 1967, <日本帝國主義の朝鮮支配とロシア革命>, ≪歷史學研究≫.

_____, 1969, <3·1運動における'民族代表'と朝鮮人民>, ≪思想≫537.

_____, 1970, <日本の朝鮮支配と3·1獨立運動>, ≪岩波講座世界歷史25 –

現代2 - ≫.

_____, 1979, <2·8宣言と東京留學生>, ≪季刊三千里≫17.

姜東鎭, 1969, <3·1운동 이후의 노동운동>, ≪三·一運動50周年紀念論集≫, 동아일보사.

康成銀, 1989, <3·1運動における民族代表の活動に関する一考察>, ≪朝鮮學報≫130.

姜在彦, 1971, <近代朝鮮史上の3·1運動>, ≪近代朝鮮の思想≫.

_____, 1982, <思想史からみた3·1運動>, ≪朝鮮史叢≫5·6合, 朝鮮 史叢編輯委員會/ 1983, ≪식민지시대 한국의 사회와 저항≫, 백산서당.

高珽烋, 1989, <3·1운동과 미국>, ≪3·1민족해방운동연구≫, 한국역 사연구회.

丘冀錫, 1965, <3·1운동을 지도한 엘리트연구 - 민족대표 33인의 공 판기록을 중심으로 - >, 서울대 석사논문.

權大雄, 1992, <淸道郡 雲門面의 3·1독립운동>, ≪西巖趙恒來화갑기 념 한국사학논총≫.

_____, 1992, <청도군 운문면의 3·1독립운동>, ≪西巖趙恒來敎授華 甲紀念論叢≫.

_____, 1993, <1910年代 慶尙道地方의 獨立運動團體研究>, 영남 대박사학위논문.

權丙卓, 1969, <3·1운동의 경제적 기반(상)>, ≪연구보고서≫28(사회 과학계), 문교부.

_____, 1970, <3·1운동의 경제적 기반(하)> - 토지문제를 중심으로 -, ≪산업경제≫4, 영남대 산업경제연구소.

김경태. 1989, <3·1운동 참가계층의 사회경제적 성격>, ≪3·1운동과 민족통일≫, 동아일보사.

金光洙, 1992, <3·1독립운동에 대한 중국언론계의 반응>, ≪何石金昌洙 화갑논총 한국독립운동사의 제문제≫.

김남석, 1996, <大湖芝 4·4獨立萬歲運動의 考察>, ≪內浦文化≫, 唐津鄉
　　　土文化硏究所.

金南洙, 1988, <전북지방의 3·1운동에 대한 연구>, 고려대 석사논문.

金大商, 1969, <三·一運動과 學生層>, ≪三·一運動50周年紀念論集≫, 동
　　　아일보사.

_____, 1970, <3·1운동기 부산지방의 독립운동>, ≪鄕土釜山≫제2집.

金東和, 1992, <3·13 항일독립시위운동에 대하여>, ≪何石金昌洙화갑논
　　　총 한국독립운동사의 제문제≫.

金東煥, 1998, <무오독립선언의 역사적의의>, ≪국학연구≫2, 국학연구소.

金斗憲, 1969, <독립선언서의 사상사적검토>, ≪三·一運動50周年紀念論
　　　集≫, 동아일보사.

김명모·형민, 1962 - 2, <3·1운동의 경험교훈과 력사적 의의>, ≪력사과
　　　학≫.

金文子, 1984, <3·1運動と金允植 - 獨立請願書事件を中心に - >, ≪寧樂史
　　　苑≫29.

김복출, 1973, <3·1운동과 기독교회 - 新敎를중심으로 - >,단국대 석사
　　　논문.

金庠基, 1969, <3·1운동이후 해외의 민족운동>, ≪三·一運動50周年紀念
　　　論集≫, 동아일보사.

金祥起, 1997, <대전지역 抗日獨立運動의 사상적 배경과 전개>, ≪대전
　　　문화≫6.

金相鉉, 1991, <3·1운동에서의 韓龍雲의 역할>, ≪李箕永고희기념논총
　　　불교와 역사≫, 한국불교연구원.

김성식, 1969, <외국학생운동과 3·1학생운동과의 비교>, ≪三·一運動50
　　　周年紀念論集≫, 동아일보사.

_____, 1969, <한국학생운동의 사상적 배경 - 특히 2·8독립선언을 중심
　　　으로 - >, ≪아세아연구≫12 - 1.

金成俊, 1969, <3·1운동이전 북간도의 민족교육>, ≪三·一運動50周年紀念論集≫, 동아일보사.

김승화, 1949, <3·1운동 전야의 국내외 정세>, ≪력사제문제≫6.

金良善, 1969, <3·1운동과 기독교계>, ≪三·一運動50周年紀念論集≫, 동아일보사.

金泳謨, 1969, <3·1운동의 사회계층 분석>, ≪아세아연구≫12 - 1, 고려대 아세아문제연구소.

金泳鎬, 1969, <3·1운동에 나타난 경제적 민족주의>, ≪三·一運動50周年紀念論集≫, 동아일보사.

김용달, 2005, <경기도 포천지역 3·1운동의 전개와 성격>, ≪한국근현대사연구≫ 32

金龍德, 1969, <일제의 경제적 수탈과 민요 - 1910~1918 - >, ≪역사학보≫ 41·42.

_____, 1969, <三·一運動以前의 笞刑>, ≪三·一運動50周年紀念論集≫.

_____, 1971, <3·1운동과 국제환경>, ≪柳洪烈박사화갑기념논총≫.

金源模, 1990, <서울에서의 3·1운동 - 신발굴자료 : 조선과 일본 - >, ≪향토서울≫49, 서울시사편찬위원회.

金元錫, 1994, <安東地域 3·1운동의 性格>, ≪安東文化≫15.

金允植, 1987, <3·1운동과 문인들의 저항운동 - 문학운동과 정치운동의 관련양상(1) - >, ≪한국독립운동사연구≫1, 독립기념관 한국독립운동사연구소.

金義煥, 1969, <3·1운동 후 민족독립운동의 성격 - 1920년대 국내운동을 중심으로 - >, ≪논문집≫8, 부산공전.

_____, 1973, <大邱 3·1運動의 考察>, ≪大邱史學≫제7·8집.

金正仁, 2002, <日帝 強占期 天道敎團의 民族運動 연구>, 서울대 대학원 박사논문.

金宗鉉, 1969, <1919년 전후 일본경제의 동향>, ≪三·一運動50周年紀念

論集》, 동아일보사.

김준보, 1969, <3·1운동의 경제사적 의의>, 《三·一運動50周年紀念論集》,
　　　동아일보사.

_____, 1974, <3·1운동의 시대사적 배경>, 《한국자본주의사 연구》,
　　　일 조각.

金鎭鳳, 1969, <3·1운동의과 민중>, 《三·一運動50周年紀念論集》, 동아
　　　일보사.

_____, 1980, <3·1운동의 전개>, 《한국사학》3, 정신문화연구원 사학
　　　연구실.

_____, 1981, <서울의 3·1운동>, 《서울육백년사》4, 서울시사편찬위
　　　원회.

_____, 1987, <關西地方의 三·一運動>, 《崔永禧先生華甲紀念 韓國史學
　　　論叢》.

_____, 1987, <호서지방 3·1운동의 성격>, 《한국독립운동사연구》1,
　　　독립기념관 한국독립운동사연구소.

_____, 1988, <3·1운동의 성격>, 《한국현대사의 전개》, 한국사연구협
　　　의회.

_____, 1990, <3·1獨立運動>, 《韓民族의 獨立運動史》.

金珍晧, 1995, <공주 지역의 3·1운동>, 《공주의 역사와 문화》, 공주대
　　　학교박물관.

_____, 1999, <대전 지역의 3·1운동>, 《대전문화》8.

_____, 2000, <청양 지역의 3·1운동>, 《忠南史論》12, 忠南史學會.

金昌洙, 1977, <3·1운동 연구사론>, 《동국사학》14.

金昌順, 1969, <3·1운동에 대한 소련의 반향>, 《三·一運動50周年紀念論
　　　集》, 동아일보사.

金亨錫, 1983, <서북방의 3·1운동>, 단국대 석사논문.

_____, 1985, <南岡 李昇薰 연구 - 3·1운동을 중심으로 - >, 《동방학지》

46·47합, 연세대 국학연구원.

_____, 1986, <한국기독교와 3·1운동 - 서북지방의 기독교 민족운동과 의 관계를 중심으로 - >, ≪한국기독교와 민족운동≫, 보성.

_____, 1988, <3·1운동과 南岡 李昇薰 >, ≪ 南岡 李昇薰과 민족운동≫, 남강문화재단.

金鎬逸, 1978, <3·1운동>, ≪한국사론 5 - 근대 - ≫, 국사편찬위원회.

_____, 1986, <3·1운동고>, ≪인문학연구≫12·13합, 중앙대 인문학연구소.

南富熙, 1987, <3·1운동과 유교계의 성격 - 서당 참가와 관련하여 - >, ≪경 대사론≫3, 경남대사학회.

_____, 1990, <3·1運動 裁判記錄과 儒敎界>, ≪慶大史學≫4·5합집, 경 남대.

渡部學, 1969, <3·1運動の思想史的位相>, ≪思想≫537.

도윤정, 2000, ≪天安地域의 3·1運動≫, 충남대학교 교육대학원석사학위 논문.

독립운동사편찬위원회, 1971, ≪독립운동사≫2 - 3, (3·1운동사) 상, 하.

리청원, 1955 - 3, <3·1운동과 조선민족해방운동>, ≪력사과학≫.

文仁鉉, 1976, <3·1운동과 개신교지도자 연구>, ≪사총≫20, 고려대사학회.

閔庚培, 1988, <3·1운동과 외국선교사들의 관여문제>, ≪동방학지≫59, 연세대 국학연구원.

朴杰淳, 1994, <3·1독립선언서 공약3장 기초자를 둘러싼 논의>, ≪한국 독립운동사연구≫8, 독립기념관 한국독립운동사연구소.

_____, 1995, <沃坡 李鍾一의 사상과 민족운동>, ≪한국독립운동사연 구≫9, 독립기념관 한국독립운동사연구소.

_____, 1988, <3·1運動期 國內 秘密結社運動에 대한 試論>, ≪한국독립 운동사연구≫2.

_____, 2000, <忠北地方 獨立運動史의 研究現況과 課題>, ≪한국독립운 동사연구≫15.

朴慶植, 1970, <3·1獨立運動の歷史的前提 - 主體的條件の把握をために - >,
≪思想≫550, 岩波書店.

_____, 1970, <3·1獨立運動研究の諸問題 - 民族主義者の評價について - >,
≪思想≫556.

_____, 1992, <일본에서의 3·1독립운동>, ≪西嚴趙恒來화갑기념 한국
사학논총≫.

朴成壽, 1969, <3·1운동에 있어서 폭력과 비폭력>, ≪三·一運動50周年紀
念論集≫, 동아일보사.

_____, 1990, <朴慇植의 '血史'에 나타난 3·1운동관>, ≪尹炳奭화갑기념
한국근대사논총≫

_____, 1992, <3·1독립운동에 관한 한일 역사교과서의 기술내용 검토>,
≪何石金昌洙화갑논총 한국민족독립운동사의 제문제≫.

_____, 1993, <3·1운동 - 朴慇植의 <血史>를 중심으로 - >, ≪한국의 사
회와 문화≫20, 정신문화연구원.

朴秀明, 1971, <한국민족주의운동과 그 지향성에 관한 고찰 - 3·1운동을
중심으로 - >, 부산대 석사논문.

朴榮圭, 1969, <3·1운동이후 재일한인학생회의 독립운동>, ≪三·一運動
50周年紀念論集≫, 동아일보사.

박영신, 1979, <사회운동으로서 3·1운동의 구조와 과정 - 사회학적 역사
인식의 기초작업으로 - >, ≪현상과 인식≫3 - 1, 한국인문사회
과학원.

朴泳周, 1981, <3·1독립운동의 중심지도자 - 남강 李昇薰 편 - >, ≪논문
집≫8, 강남사회복지학교.

朴容玉, 1969, <3·1운동이전의 여성운동>, ≪三·一運動50周年紀念論集≫,
동아일보사.

박재홍, 1981, <3·1운동의 발전적 전개에 관한 일고찰>, 서울대 석사논문.

朴贊勝, 1989, <3·1운동의 사상적 기반>, ≪3·1민족해방운동연구 - 3·1운

동 70주년기념논문집 - 》, 한국역사연구회·역사문제연구소.

_____, 1989, <3·1운동의 사상적 기반>, 《3·1민족해방운동연구》, 청
년사.

朴漢卨, 1969, <三·一運動主導體 形成에 관한 고찰>, 《三·一運動50周年
紀念論集》, 동아일보사.

朴賢緒, 1969, <3·1운동과 천도교계>, 《三·一運動50周年紀念論集》, 동
아일보사.

朴亨杓, 1969, <3·1운동 당시 露領의 韓僑>, 《三·一運動50周年紀念論集》,
동아일보사.

박 환, 2003, 《화성지역 3·1운동 유적지 실태조사 보고서》, 화성시·수
원대학교 박물관.

박 환, 2006, <안성군 원루·양성지역 3·1운동에 대한 새로운 자료와 항
일 유적지>, 《안성지역 3·1운동의 특성과 역사적 의의》, 수원
대 동고학연구소·한국민족운동사학회.

方善柱, 1992, <在美 3·1운동 총서령관 白一圭의 투쟁일생>, 《水邨朴永
錫화갑논총 한민족독립운동사 논총》.

方用賢, 1973, <3·1運動後のわが民族運動について>, 《學術論文集》3,
朝鮮獎學會.

白樂濬, 1969, <3·1운동까지의 외국인의 대한여론>, 《三·一運動50周年
紀念論集》, 동아일보사.

白淳在, 1969, <三·一運動과 在韓日人의 動向>, 《三·一運動50周年紀念論
集》, 동아일보사.

白鍾基, 1975, <3·1운동에 대한 일본의 군사적 만행과 국제여론의 반
향>, 《아세아학보》11, 아세아학술연구회.

_____, 1985, <3·1독립운동이 중국의 5·4운동에 미친 충격>, 《현암신
국주박사화갑기념 한국학논총》, 동국대출판부.

_____, 1985, <3·1운동에 대한 일제의 무력탄압과 세계 중요제국의 여

론>, ≪대동문화연구≫19, 성균관대 대동문화연구원.

富田晶, 1982, <3·1運動と日本帝國主義>, ≪近代日本の統治と抵抗3 −
     1911〜1931−≫.

成大慶, 1969, <三·一運動期 勞動者의 活動에 대하여>, ≪역사학보≫41.

_____, 1969, <3·1운동 시기의 한국노동자의 활동에 대하여>, ≪역사학
     보≫41, 역사학회/1977, ≪한국근대사론2≫, 지식산업사.

孫寶基, 1969, <3·1운동에 대한 미국의 반향>, ≪三·一運動50周年紀念論
     集≫, 동아일보사.

宋建鎬, 1975, <3·1운동 후의 민신사 − 동아일보의 지면 분석 − >, ≪창작
     과 비평≫10 − 2.

申國柱, 1969, <三·一運動과 日本言論의 反響>, ≪三·一運動50周年紀念論
     集≫, 동아일보사.

申福龍, 1976, <3·1운동사 연구에 있어서의 몇 가지 문제점>, ≪건국대
     논문집(사회과학편)≫3.

_____, 1988, <북부지방의 3·1운동>, ≪한민족독립운동사≫3

申錫鎬, 1969, <3·1운동의 전개 − 2·8독립선언문 · 3·1독립선언문 − >,
     ≪삼일운동50주년기념논집≫, 동아일보사.

愼鏞廈, 1977, <3·1운동 발발의 경위 − 초기 조직화단계의 기본과정 − >,
     ≪한국근대사론≫2.

_____, 1977, <3·1운동의 주체성과 민족자결주의>, ≪한국사상≫15, 한
     국사상사연구회.

_____, 1983, <三·一獨立運動의 社會史>, ≪韓國學報≫30·31.

_____, 1987, <3·1운동과 그 민족사적 의의>, ≪한국현대사의 제문제≫
     1, 을유문화사.

_____, 1988, <3·1독립운동>, ≪한국민족운동사연구논총≫, 영남대출
     판부

_____, 1989, <3·1운동의 사회·경제적 배경>, ≪국사관논총≫1, 국사편

찬위원회.

_____, 1990, <三·一獨立運動의 歷史的 動因과 內因·外因論의 諸問題>, ≪韓國學報≫58.

申一澈, 1977, <삼일운동의 민족관>, ≪통일정책≫3-4.

_____, 1982, <3·1운동의 역사적 해석>, ≪한국사상≫19, 한국사상사연구회.

安啓賢, 1969, <3·1운동과 불교계>, ≪三·一運動50周年紀念論集≫, 동아일보사.

安秉直, 1969, <三·一運動에 參加한 社會階層과 그 思想>, ≪韓國學報≫41.

吳世昌, 1969, <만세, 독립운동 - 3·1운동 - >, ≪한국현대사≫4, 신구문화사.

_____, 1992, <滿洲 韓人의 3·1독립운동>, ≪水邨朴永錫화갑논총 한민족독립운동사논총≫.

柳根鎬, 1979, <3·1운동과 지식인의 사상>, ≪정경연구≫169, 정경연구소.

俞炳勇, 1983, <3·1운동과 한국독립문제에 대한 미국언론의 반향>, ≪김철준박사회갑기념사학 논총≫, 간행준비위원회.

柳璲鉉, 1971, <3·1운동의 성격과 해외반향-해외신문논조를 중심으로->, ≪부산대개교30주년기념논집≫.

柳永益, 1969, <朝鮮總督府初期의 構造와 機能>, ≪三·一運動50周年紀念論集≫.

유청하, 1980, <3·1운동의 역사적 성격>, ≪한국근대민족운동사≫, 돌베개

柳洪烈, 1969, <3·1운동이후 국내의 민족운동>, ≪3·1운동50주년기념논집≫, 동아일보사.

尹慶老, 1994,<1910년대 독립운동의 동향과 그 특성>, ≪한국독립운동사연구≫8.

尹炳奭, 1967, <독립운동가요拾遺 - 3·1운동시 불리우던 가요를 중심으로->, ≪편사≫1, 국사편찬위원회 편사회.

_____, 1969, <3·1운동관계일지>, ≪三·一運動50周年紀念論集≫, 동아
　　일보사.

_____, 1969, <三·一運動에 대한 日本政府의 政策>, ≪三·一運動50周年
　　紀念論集≫, 동아일보사.

_____, 1973, <1910年代의 韓國獨立運動試論>, ≪史學硏究≫22.

_____, 1969, <3·1운동에 대한 일본정부의 정책>, ≪三·一運動50周年紀
　　念論集≫, 동아일보사, 1977, ≪한국근대사론 2≫.

이경자, 1962, <3·1운동의 사회사적 분석>, ≪사회학연구≫1, 이화여대
　　사회학과.

李均永, 1995, <순천의 3·1만세운동>, ≪동대사학≫1, 동덕여대국사학과.

_____, 1996, <順天의 3·1만세운동>, ≪同大史學≫1.

李命禧, 1995, <3·1운동과 항일여성운동>, ≪경희사학≫19, 경희대사학회.

李萬烈, 1979, <기독교와 3·1운동(1)>, ≪현상과 인식≫3 - 1, 한국인문사
　　회과학원.

이방웅, 1983, <경북지방 3·1운동에 대한 연구>, 계명대 석사논문.

李範錫, 1969, <3·1운동에 대한 중국의 반향>, ≪三·一運動50周年紀念論
　　集≫, 동아일보사.

李丙燾, 1969, <3·1운동의 민족사적 의의>, ≪三·一運動50周年紀念論集≫,
　　동아일보사.

李炳憲, 1969, <내가 본 3·1운동의 일단면>, ≪三·一運動50周年紀念論集≫,
　　동아일보사.

李普珩, 1969, <三·一運動에 있어서의 民族自決主義의 導入과 理解>,
　　≪三·一運動50周年紀念論集≫, 동아일보사.

李相玉, 1969, <3·1운동 당시의 유언>, ≪三·一運動50周年紀念論集≫, 동
　　아일보사

李相一, 1993, <雲養 金允植과 3·1運動>, ≪태동고전연구≫10, 한림대 태
　　동고전연구소.

李瑄根, 1969, <3·1운동을 전후한 일본 대한식민정책의 변모과정>, ≪삼일운동50주년기념논집≫, 동아일보사

李聖根, 1969, <韓國の3·1独立運動が中國の5·4愛國運動におよぼしたインペクト>, ≪新韓學報≫15, 東京/ 1974, ≪韓≫33.

李世賢, 1976, <3·1운동을 前後한 學生層의 抗日獨立鬪爭>, ≪群山敎大論文集≫10.

李英俠, 1969, <3·1운동을 전후한 일본자본주의와 한국>, ≪三·一運動50周年紀念論集≫, 동아일보사.

이영호, 1994, <대전지역에서의 '1894년 농민전쟁'>, ≪大田文化≫3

李 玉, 1969, <3·1운동에 대한 불, 영의 반향>, ≪三·一運動50周年紀念論集≫, 동아일보사.

李龍範, 1969, <3·1운동에 대한 중국의 반향>, ≪三·一運動50周年紀念論集≫, 동아일보사.

李源鈞, 1980, <3·1운동 당시 영남유림의 활동>, ≪부대사학≫4, 부산대 사학회.

이원설, 1973, <The Post 'Samil' Generation Leadership in Korea>, ≪경희사학≫4, 경희대 사학회.

李元植, 1968, <韓國三一運動的歷史背景>, ≪東亞文化≫9.

李潤相, 1989, <평안도지방의 3·1운동>/<중부지방의 3·1운동>, ≪3·1민족해방운동연≫, 한국역사연구회·역사문제연구소.

李在國, 1982, <3·1獨立운동の今日的意義>, ≪統一評論≫202.

李廷銀, 1987, <安城郡 元谷·陽城의 3·1運動>, ≪한국독립운동사연구≫1.

_____, 1988, <昌寧郡 靈山의 3·1운동>, ≪한국독립운동사연구≫2.

_____, 1990, <≪매일신보≫에 나타난 3·1운동 직전의 사회상황>, ≪한국독립운동사연구≫4.

_____, 1991, <3·1운동의 지방 확산 배경과 성격>, ≪한국독립운동사연구≫5.

_____, 1992 <日帝의 地方統治體制 수립과 그 성격>, ≪한국독립운동사연구≫6.

_____, 1993, <3·1운동기 학생층의 선전활동>, ≪한국독립운동사연구≫7, 한국독립운동사연구소.

_____, 1995, <화성군 우정면·장안면 3·1운동>, ≪한국독립운동사연구≫9

_____, 1996, <3·1운동 연구의 현황과 과제>, ≪韓國史論≫26, 國史編纂委員會.

_____, 1997, <3·1운동을 전후한 연해주 한인사회의 독립운동>, ≪한국독립운동사연구≫11.

_____, 2002, <3·1운동 민족대표론>, ≪한국민족운동사학회≫32.

_____, 2006, <경남 함안군 3·1독립운동>, ≪한국독립운동사연구≫27.

이종철, 1994, <日帝時代 江陵地方 抗日運動 硏究>, ≪嶺東文化≫5.

이지원, 1989, <경기도 지방의 3·1운동>, ≪3·1민족해방운동연구≫, 청년사.

_____, 1994, <3·1운동>, ≪한국사≫15, 한길사.

李喆輝, 1992, <襄陽地方 3·1運動의 硏究>, ≪嶺東文化≫4.

李兌榮, 1969, <3·1운동 이후의 여성운동>, ≪三·一運動50周年紀念論集≫, 동아일보사.

李鉉淙, 1980, <서평 : 3·1운동사론(이현희 저)>, ≪동국사학≫14.

李炫熙, 1969, <三·一運動以前 憲兵警察制의 性格>, ≪三·一運動50周年紀念論集≫, 동아일보사.

_____, 1974, <3·1운동 재판기록을 통해서 본 천도교대표들의 태도분석>, ≪한국사상≫12, 한국사상연구회.

_____, 1979, <3·1독립운동에 관한 연구 - 특히 그 배경과 민중연합과정을 중심으로->, ≪성신여대논문집 12≫, 성신여대출판부.

_____, 1979, <역사적으로 본 3·1운동>, ≪신인간≫365, 신인간사.

_____, 1980, <한국여성의 항일투쟁과 일제의 탄압고 - 3·1운동시의 여

성항쟁을 중심으로 - >, ≪사학연구≫31, 한국사학회.

장석흥, 1987, <大韓獨立愛國團 硏究>, ≪한국독립운동사연구≫1.

장용학, 1969, <3·1운동의 발달경위에 대한 고찰>, ≪三·一運動50周年紀念論集≫, 동아일보사.

전보삼, 1992, <韓龍雲의 3·1독립정신에 관한 일고찰>, ≪伽山李智冠화갑 논총 한국불교문화사상사(하)≫.

전우용, 1989, <3·1운동 관계 주요 자료·논저 목록>, ≪3·1민족해방운동연구≫, 청년사.

정광현, 1969, <3·1운동관계 피검자에 대한 적용법령>, ≪三·一運動50周年紀念論集≫, 동아일보사.

정광호, 1969, <3·1운동이후의 민족운동과 외세>, ≪三·一運動50周年紀念論集≫, 동아일보사.

정명진, 1991, <公州面 三·一獨立萬歲事件의 顚末>, ≪熊津文化≫2·3합집.

정세현, 1968, <3·1항쟁기의 한국학생운동>, ≪논문집≫8, 숙명여대.

_____, 1969, <학생운동으로 본 3·1운동과 중국의 5·4운동>, ≪三·一運動50周年紀念論集≫, 동아일보사.

_____, 1975/1977, <3·1학생독립운동>, ≪항일학생민족운동사연구≫/≪한국근대사론≫2.

_____, 1968, <三·一抗爭期의 學生運動>, ≪淑明女大論文集≫8.

정연태, 1989, <경남지방의 3·1운동>, ≪3·1민족해방운동연구≫, 청년사.

정연섭, 1989, <3·1운동과 여성>, ≪三·一運動50周年紀念論集≫, 동아일보사. 1989, ≪한국근대여성연구≫, 숙명여대 아세아여성문제연구소.

정용욱, 1989, <3·1운동에 나타난 노동자·농민의 진출>, ≪역사비평≫4, 역사문제연구소.

조기용, 1993, <경제사에서 보는 한국근현대사 문제>, ≪국사관논총≫

50, 국사편찬위원회.

조동걸, 1970, <三·一運動의 地方史的 性格 - 江原道地方을 中心으로>,
≪歷史學報≫47, (1981, 일제하 식민지 시대의 민족운동)(풀빛 5).

_____, 1971, <춘천의 3·1운동과 그 성격>, ≪碩友≫7, 춘천교육대학.

_____, 1971, <3·1운동 때 지방민의 참여문제 - 영양과 강릉의 경우>,
≪論文集≫9, 春川教大學術研究會.

_____, 1975, <독립운동의 지도이념 - 3·1운동 이후 변화상의 의미와 맥
락 - >, ≪석우논문집≫3, 춘천교대.

_____, 1983, <한국광복회연구>, ≪韓國史研究≫42

_____, 1985, 독립운동사 연구의 회고와 과제>, ≪정신문화연구≫85.

_____, 1987, <임시정부 수립을 위한 1917년의 '대동단결선언'>, ≪한
국학논총≫9, 국민대.

_____, 1990, <地契事業에 대한 定山의 農民抗擾>, ≪韓國民族主義의 成
立과 獨立運動史研究≫.

_____, 1990, <3·1운동 전후 한국지성의 성격>, ≪尹炳奭화갑기념 한국
근대사논총≫.

_____, 1990, <國內獨立運動>, ≪韓民族獨立運動≫.

조병창, 1992, <수원지방을 중심으로 한 3·1운동 소고>, 단국대 석사논문

조영렬, 1992, <한국독립운동과 在韓선교사들의 동향 - 3·1운동기를 중
심으로 - >, ≪水邨朴永錫화갑논총 한민족독립운동사논총≫.

조용만, 1969, <독립선언서의 성립경위>, ≪三·一運動50周年紀念論集≫,
동아일보사.

조재복, 1984, <3·1운동에 나타난 萬海 韓龍雲의 구국사상>, 원광대 석
사논문.

조항래, 1991, <3·1독립선언서의 이념적 배경>, ≪汕耘史學≫5, 산운학
술문화재단.

_____, 1993, <大韓獨立宣言書 發表時期의 經緯>, ≪三均主義연구논집≫

13, 삼균학회.

진덕규, 1980, <3·1운동의 민족주의적 인식>, ≪외대≫15, 외국어대.

차기벽, 1979, <식민지 독립운동으로서의 3·1운동의 비교론적 고찰>, ≪현상과 인식≫3 - 1, 한국인문사회과학원.

차문섭, 1969, <3·1운동을 전후한 授爵者와 친일한인의 동향>, ≪三·一運動50周年紀念論集≫, 동아일보사.

천관우, 1969, <民衆運動으로 본 三·一運動>, ≪三·一運動50周年紀念論集≫, 동아일보사/ 1977, 한국근대사론 2≫, 지식산업사.

_____, 1979, <3·1運動史論>, ≪文學과 知性≫35, 1979.

千葉了, 1929, <朝鮮の現在および将来>, ≪朝鮮統治問題論文集≫.

최근무, 1988, <남부지방의 3·1운동>, ≪한민족독립운동사≫3.

최영식, 1969, <3·1운동 이후의 민족언론>, ≪三·一運動50周年紀念論集≫, 동아일보사.

최영호, 1992, <북한에서의 3·1운동평가>, ≪西巖趙恒來화갑기념 한국사학논총≫.

최영희, 1976, <3·1운동>, ≪한국사 21 - 3·1운동 전후의 사회와 경제 - ≫, 국사편찬위원회.

_____, 1969, <3·1운동에 이르는 민족독립운동원류>, ≪三·一運動50周年紀念論集≫, 동아일보사/ 1977, ≪한국근대사론 2≫.

최용수, 1993, <조선 3·1운동과 중국 5·4운동의 비교 - 중국사료를 중심으로 하여 - >, ≪국사관논총≫49, 국사편찬위원회.

최익한, 1949, <3·1운동의 력사적 의의에 대한 재고찰>, ≪력사력문제≫6.

최 준, 1969, <3·1운동과 언론의 투쟁>, ≪三·一運動50周年紀念論集≫, 동아일보사.

최창규, 1977, <근대민족운동의 전개>, ≪자유아카데미연구논총≫2, 자유아카데미.

_____, 1988, <중부지방의 3·1운동>, ≪한민족독립운동사≫3.

최형련, 1969, <3·1운동과 중앙학교>, ≪三·一運動50周年紀念論集≫, 동아일보사.

한기언, 1969, <私學의 발전과 3·1운동 – 私學정신과 교육을 통한 민족독립의 시도 – >, ≪아세아연구≫12 – 1, 고려대 아세아문제연구소.

한막스, 1992, <소련에서의 3·1독립운동에 대한 인식>, ≪何石金昌洙화갑논총 한국민족독립운동사의 제문제≫.

한시준, 1992, <3·1운동과 대한민국임시정부>, ≪水邨朴永錫화갑논총 한민족독립운동사논총≫.

한우근, 1969, <3·1운동의 역사적 배경>, ≪三·一運動50周年紀念論集≫, 동아일보사.

허선도, 1969, <三·一運動과 儒敎界>, ≪三·一運動50周年紀念論集≫, 동아일보사.

홍석창, 1992, <水原 華城地方의 三·一運動史(상)>, ≪기전문화≫10.

홍순옥, 1969, <漢城·上海·露領 임시정부의 통합과정>, ≪三·一運動50周年紀念論集≫, 동아일보사.

홍이섭, 1969, <3·1운동의 사상사적 위치>, ≪三·一運動50周年紀念論集≫, 동아일보사.

홍일식, 1989, <3·1독립선언서 연구>, ≪한국독립운동사연구≫3, 한국독립운동사연구소.

황부연, 1987, <충북지방의 3·1운동>, ≪忠北史學≫1.

황선희, 1992, <천도교의 人乃天사상과 3·1운동연구>, ≪水邨朴永錫화갑논총 한국사학논총(하)≫

高崎宗司, 1978, <日本人の3·1運動觀>, ≪三千里≫17

堀越智, <市民的ナショナリジュム＊形成と発展 – アイランドと朝鮮の場合>´ ≪朝鮮史研究会論文集≫5.

宮田節子, 1960, <3·1運動について>, ≪朝鮮近代史料研究集成≫3, 朝鮮史料研究会.

_____, 1963, <3·1運動の実態とその現代的意義>´『歴史評論』157.

_____, 1964, <3·1運動研究における阪谷文書の意義>, ≪駿台史學≫14.

_____, 1968, <3·1運動(軍政か民政か) - 朝鮮における民族解放運動 - >, ≪エコノミスト≫46 - 12.

金原左門, 1980, <3·1運動と日本>, ≪朝鮮史研究会論文集≫17.

吉岡吉典, 1968, <植民地朝鮮における1918年 - 米騒動と朝鮮 - >, ≪歴史評論≫216.

吉永長生, 1969, <3·1運動を考える>, ≪朝鮮研究≫83.

藤井寛太郎, 1929, <朝鮮統治の根本問題>, ≪朝鮮統治問題論文集≫.

馬三樂(Moffett, S.), 1969, <3·1운동과 외국인선교사>, ≪三·一運動50周年紀念論集≫, 동아일보사.

馬淵眞利, 1975, <第1次大戰期朝鮮農業の特質と3·1運動 - 農業的商品生産と植民地刑支柱制 - >, 朝鮮史研究會論文集≫12.

飯沼二郎, 1972, <3·1萬歳事件と日本組合教会>, ≪人文學報≫34, 京都大.

北山康夫, 1968, ≪大阪教育大學紀要≫16 - 2.

寺淵澄子, 1968, <日本帝國主義下の朝鮮におけるの教育 - 3·1運動と日本帝国主義の教育政策 - >, ≪寧樂史苑≫16, 奈良女大史学会.

山邊健太郎, 1967, <3·1運動について>, ≪朝鮮中國の民族運動と國際環境≫, 岩南堂書店.

小久保喜七, 1929, <朝鮮統治の根本義>, ≪朝鮮統治問題論文集≫.

小島晋治, 1980, <3·1運動と5·4運動 - その聯関性 - >, ≪朝鮮史研究會論文集≫17, 朝鮮史研究會.

小野信爾, 1982, <3·1運動と5·4運動>, ≪朝鮮史叢≫5·6合, 朝鮮史叢編輯委員會/ 1983, ≪식민지시대 한국의 사회와 저항≫, 백산서당.

邵台新, 1992, <中國對韓國'三一運動'的報道與評論>, ≪西巖趙恒來화갑기념 한국사학논총≫.

楊昭全, 1979 - 3, <現代中期友誼關係史的開端 - 三一運動五四運動其間兩

國人民相互支援的事 - >, ≪世界歷史≫.

揚雲, 1968, <韓國3·1獨立運動の歷史的背景>, ≪東西文化≫9.

原口由夫, 1986, <韓國3·1運動彈壓事例の研究 - 警務局日次報告の批判的 檢討を中心として - >, ≪朝鮮史研究會論文集≫23.

日本朝鮮研究會, 1969, <3·1獨立運動と日本人>, ≪朝鮮研究特輯≫83.

長久保宏人, 1980, <2·8獨立宣言への道 - 1910年代後半の在日朝鮮人留 学生運動 - >, ≪福大史學≫29, 福島大.

田中美智子, 1984, <三·一運動と日本人>, ≪朝鮮史研究會論文集≫21.

中塚明, 1966.3, <日本帝國主義と朝鮮 - 三一運動と文化政策 - >, ≪日本 史研究≫83.

池秀傑, 1989, <3·1운동의 역사적 의의와 오늘의 교훈>, ≪3·1민족해방 운동연구≫, 한국역사연구회·역사문제연구소.

池川英勝, 1970, <3·1운동에 對한 一考察 - 指導者와 民衆 - >, 서울대 석 사논문.

和田春樹, 1976, <非暴力革命と抑壓民族 - 日本人にとっての3·1運動 - >, ≪展望≫213, 筑摩書房.

Kim Yong - mo, 1979, "The Samil Independence Movement Viewed from the Socio - historical Context", Korea Journal, Vol.19, No3, The Korean National Commission for Unesco.

Kim Yong - ha, March 1979, "Re - evaluation of Samil Independence Movement", Korea Journal, Vol.19 No3, The Korean National Commission for Unesco.

볼드윈·프랭크, 1969, <윌슨·민족자결주의 ·3·1운동>, ≪三·一運動50周 年紀念論集≫, 동아일보사.

_____, 1980, <3·1운동과 선교사>, ≪한국학 국제학술회의 논문 집≫, 한국정신문화연구원.

기타 참고자료

李範奭, 1971, ≪우둥불≫, 思想社,

님 웨일즈, 1998, ≪아리랑≫, 동녘, (개정2판)

* 지방시위 연구논저

가. 전국 단위

李炳憲, 1959, ≪三一運動秘史≫, 時事時報社 出版局

李龍洛, 1969, ≪三一運動實錄≫, 3·1운동 동지회

국사편찬위원회, 1966·1967, ≪한국독립운동사≫(2).

獨立運動史編纂委員會, 1978, ≪獨立運動史≫(2~3).

나. 道 이상 광역단위

변지섭, 1966, ≪慶南獨立運動小史≫(上), 삼협인쇄

사단법인 삼일동회, 1979, ≪부산·경남삼일운동사≫

李源釣, 1980, <3·1운동 당시 嶺南儒林의 활동>, ≪釜大史學≫4.

金鎭鳳, 1987, <湖西地方 3·1운동의 성격>, ≪한국독립운동사연구≫1.

黃富淵, 1988, <忠北地方의 3·1운동 >, ≪忠北史學≫1.

金鎭鳳, 1989, <關西地方 3·1운동>, ≪崔永禧先生 華甲紀念 韓國史學論叢≫1

이윤상, 1989, <평안도 지방의 3·1운동>, ≪3·1민족해방운동연구≫, 청년사.

이지원, 1989, <경기도 지방의 3·1운동>, ≪3·1민족해방운동연구≫, 청년사.

정연태, 1989, <경남 지방의 3·1운동>, ≪3·1민족해방운동연구≫, 청년사.

다. 府·郡·面등 단위 지역

趙東杰, 1970, <3·1운동의 地方史的 고찰 - 江原道지방을 중심으로>, ≪歷史學報≫ 47.

金大商, 1970, <3·1운동기 釜山地方의 독립운동>, ≪鄕土釜山≫2.

趙東杰, 1971, <3·1운동 때 地方民의 참여문제 - 襄陽과 江陵의 경우>, ≪春川敎大論文集≫9.

金義煥, 1973, <大邱 3·1獨立運動의 고찰>, ≪大邱史學≫7·8합집.

이현정, 1982, ≪함안3·1운동사 편찬자료≫

李廷銀, 1987, <安城郡 元谷·陽城의 3·1운동 >, ≪한국독립운동사연구≫1.

李廷銀, 1988, <창녕군 영산의 3·1운동 >, ≪한국독립운동사연구≫2.

李廷銀, 1989, <경남 합천의 3·1운동 >, ≪한국독립운동사연구≫3.

이정은, 1997, ≪안성 3·1운동사≫, 안성문화원

鄭明鎭, 1991, 「公州面 三一獨立萬歲事件의 顚末」, ≪熊津文化≫ 2·3합집.

이철휘, 1992, 「양양지방 3·1운동의 연구」, ≪영동문화≫ 4호, pp 5 - 18, 관동대 연동문화연구소.

權大雄, 1992, 「청도군 운문면의 3·1獨立運動」, 西巖 趙恒來 敎授 華甲紀念 論叢刊行委, ≪韓國史學論叢≫, 아세아문화사,

洪錫昌, 1992, 「水原 華城地方의 三·一運動史」(상), ≪기전문화, 10, 학촌 이진호교수화갑기념논총≫.

옥구군, 1993, ≪옥구지방항일운동사≫, 옥구문화원.

金元錫, 1994, 「안동지역 3·1운동의 성격」, ≪안동문화≫15, 1994.

이정은, 1995, 「화성군 우정면·장안면 3·1운동」, ≪한국독립운동사연구≫ 9.

李均永, 1995, 「順天의 3·1만세운동」, ≪同大史學≫ 1.

李圭献, 1998, ≪함안 항일독립운동사≫, 함안문화원

김희곤, 1999, ≪안동의 독립운동사≫, 안동시

_____, 2002, ≪의성의 독립운동≫, 의성군

_____, 2003, ≪영덕의 독립운동사≫, 영덕군

_____, 2004, ≪청송의 독립운동사≫, 청송군

박철규, 2005, <함안지역 3·1운동의 전개과정과 특징>, ≪지역과 역사≫, 16, 부경역사연구소

박 환, 2003, ≪화성지역 3·1운동 유적지 실태조사보고서≫, 화성시, 수원대학교박물관.

이송희, 2005, <함안지역 3·1운동의 역사적 배경>, ≪지역과 역사≫, 16, 부경역사연구소

[Abstract]

The Local Demonstrations of the March 1st Korean Independence Movement (1919)

Lee, Jeong Eun

Department of Korean History

Graduate School, Seoul National University

This thesis is on the March 1st Korean Independence Movement that occurred nationwide against Japanese colonial rule from March to April in 1919. Especially this is on the developement of the movement phase by phase changing characteristics in the course by local demonstrations with showing some case studies of each phase.

The Japanese colonial rule in Korea in the 1910's was characterized with military marshal system through military – police system, colonial exploitation of the purpose and the violence of the process. These kinds of rule couldn't obtain the Korean people's hearted obedience because Koreans had lived under a benevolent government and virtuous ruling culture.

The way of ruling locality of Chosen Dynasty was an indirect control system based on local self – government of communities and government dispatched short term provincial mandarin. Japanese turned this to the direct local ruling system with colonial administrators, military and police power.

This local re – structuring plan tried to be executed immediately just after establishing Japanese Residency – General in 1906. But it confronted strong protest from all over the local society so that finally it executed in 1914 after the establishment and settlement of Government – General of Choseon. This re – structuring brought 70~100% change of local community boundaries. 68,819 Dong(洞) or Ri(里), the basic local units are reorganized into 28,277 unites. Myeon(面, township), the second basic unit under Gun(County, 郡), was reorganized from two to five Myeons to one, and empowered it as an official one – sided, unitary and vertical control system.

Under the Japanese rule of an official one – sided, unitary and vertical control system, the places Korean could gather together were only in the churches, schools and in the local market places. In these very horizontal spaces and by volunteer gathering of people resulted in the March 1st Movement in 1919.

The March 1st Movement was organized by religious leaders like Cheondo – gyo, Christians, Buddhists, student bodies and local community residents. Among these Cheondo – gyo and Christianity were expended largely in the early 20C. Many horrified Korean people joined these churches for protection and new hope. The Demonstration of the 1st and 2nd weeks in March, 1919 especially in the middle and northern part of Korea reflects the geographical situation of the religious map of the 1910's.

Student suffered national contradiction between Korean and Japanese in the school. In their minds and hearts the seed of the spirit of liberty and national independence that Korean teacher saw in the middle of the colonial slavery education grew. But in 1919 entire 109 middle and the higher schools excluding various private schools had only 5,000 students. Because of this limitation of student number they found their role as a link toward the mass of laborer and peasants. So they secretly published underground news papers and propaganda handbills.

In addition to all the prices continuing to soar during the 1st World War (1914 - 1918) the rice price was skyrocketing especially from August 1918 to March 1919 due to the Japanese government's secret buying of great amount of Korean rice to ship to Japan to ease the Japanese rice crisis at that time. This revealed to Koreans the real intent of the Japanese; They could sacrifice Koreans for their own benefit. Before and after this event frequently occurring collective resistances such the disturbance by a thousand people at Jongro Elementary School in Seoul who waited all day long in vain to buy a small amount of cheeper rice which the Government distributed for the poor. This disturbance was a sign and shadow of later Koreans' collective resistance against Japanese colonial rule such as the March 1st Movement.

The sudden death of former Emperor Kwangmu and the rumor of poison gave critical moment and emotional power of exploitation to the breaking out of the independence movement and tens of thousands of local inhabitants came to Seoul to see and hear the movement. It also gave additional means to spreading the movement throughout the nation.

There are three phases of the Movement from early March to early April.

The first phase demonstrations were begun by religious organizations like Cheondo - gyo, Christianity and student bodies that could maintain the organic power under the Japanese military system. The demonstrations were mainly made peacefully according to 33 National Representatives' principle of non - violence. The Japanese' speedy and strong persecution blocked the progress and spread of demonstrations. But in the Suan(遂安), Hwanghae Province, Cheondo - gyo believers' demonstration pursued to ask for evacuation of the detachment of the Japanese military police. This shows that at the very first of the March 1st Movement there was the radical intent to refuse and abolish the Japanese colonial rule.

Yeongsan(靈山), Changnyeong County(昌寧郡), South Kyeongsang Province demonstrations tried to follow the National Representative's Declaration of Independence and the pattern of non – violent demonstrations like in the Seoul that restrained the radical explosion of the demonstration. In this first phase there was no participation of the leading figures of the communities. So the crowd wasn't big and the offensiveness wasn't strong.

The second phase was in the middle of March. Religious groups or student bodies collaborate with local leading figures on demonstrations. Or local leading figures who attended the late Emperor's funeral in Seoul organized the demonstrations by themselves. In this phase, strong organized mobilization of residents attacked Japanese local offices of Myeon, police or military police and destroyed them, rescuing the confinements.

Demonstrations of Hapcheon – Gun(陝川郡), South Kyeongsang Province were led by local leading figures of Confucian intellectuals. The gatherings were from several thousands to ten thousands and over.

Haman – gun(咸安郡), South Kyeongsang Province Demonstrations were at first by Christians. They spread the movement county – wide and the highlights are Haman Myeon and Gunbuk Myeon on the 19th, 20th of March that were led by local leading figures of Confucian intellectuals and local modern school teachers. They gathered together from three to five thousands to attack administration offices and Japanese schools. But in this phase the demonstrators couldn't overcome Japanese police power.

The third phase of the overall struggle of local communities was in late March to early April in Kyeonggi and South Chungcheong Provinces. As leaders

raised from commoner in the latter Righteous Army(Volunteer Army) of 1907 and later as the same. Leaders from commoners in Jangan(長安), Wojeong(雨汀) Myeon of Suwon County(水源郡), and Wongok(元谷) Myeon of Anseong County(安城郡), Kyeonggi Province cases show that they strengthened the power of demonstrations with several village gatherings for days and finally marched to the nearby Japanese administration center and set fire to and destroyed offices even killing the policeman who shot and killed inhabitants. They wanted to abolish local colonial rule. Their mood and power were surpassed Japanese despotic power. After the demonstration they prepared localized warfare in the mountain tops against the Japanese suppression army. Harsh retaliation to all villages and inhabitants in the nearby area soon followed.

The demonstrations that progressed phase by phase from peaceful street marching to attacking colonial authority and it's offices and trying to abolish it eternally is a plain sign of the Korean peoples' rejection of the Japanese long – term military marshal system, colonial exploitation, and violence along with the Japanese official one – sided, unitary and vertical direct control system of the people.

The fundamental purpose of the demonstrations as abolishment of colonial rule was on the same track of the Korean activities in Manchuria and Maritime territory of Russia's military struggle against the Japanese to liberate their homeland. This characteristics of the March first Movement that directly confronted the abolishment of Japanese colonial rule was due to the religious power that rooted firmly in the community and traditional communities where the solidarity was preserved from disassembling colonial power.

Keywords : March 1st Movement, 3·1 Movement, 1919, Local
demonstration, Japanese Imperialism, colonial rule, Local
administration system, community self - domination, 斗入地, 飛
入地, reorganization of the local administration boundaries,
township leader(鄉長), Myeon(面) system, Cheondo - gyo,
Christianity, young adult, student, educational save - the -
nation movement, education suppression, national spirit
education, student number, student organization, student
consciousness, rice speculation fiver, rice price skyrocketing,
secret rice cornering, rice disturbance in Japan(1918),
collective resistance, Kwangmu Emperor, Kojong,
the rummer of poisoning, The National Representatives,
demonstration, popularize, mass, Pyeongyang(平壤), Suan(遂安),
propaganda, underground news papers, underground
papers, propaganda handbill, Yeongsan(靈山), Haman(咸安),
Gunbuk(郡北), Changnyeong(昌寧), Hapcheon(陜川), Jangan(長安),
Wojeong(雨汀), Suwon(水源), and Wongok(元谷), Anseong(安城)

[국문초록]

3·1 독립운동의 지방시위에 관한 연구

李 廷 銀

이 연구는 1919년 3월부터 4월말까지 한국 전역에서 일본의 식민지 지배에 대항하여 일어난 3·1운동 가운데 특히 지방사회의 관점에서 3·1운동의 전개과정에서 변화되는 성격과 이를 통해 본 3·1운동의 성격을 단계별 시위운동 사례들과 함께 연구한 것이다.

1910년 병합 이래 일본의 한국통치는 헌병경찰제를 통한 군사계엄체제, 식민지 收奪정책, 暴力的 집행을 특징으로 하였다. 이러한 일본의 한국통치는 仁政과 德治의 문화 속에서 살아온 한국인의 승복을 결코 얻을 수 없었다.

조선시대 중앙정부가 民을 통제하던 방식은 지방 향촌공동체의 자율적인 통제기구를 통한 향촌자치를 기초로 하여 짧은 임기의 중앙 파견 수령을 통한 間接的 規制體制의 성격이 컸다고 할 수 있다. 일제는 이것을 官吏와 軍隊, 警察을 통한 直接的 規制方式으로 전환시키고자 하였다. 이 지방사회 재편작업은 1906년 통감부 설치와 동시에 강행하려 하다 반발에 부딪히자 총독부 체제가 확고해진 1914년에 단행되었다. 이로 말미암아 이후 면 단위의 70~100%가 변동을 겪었으며, 68,819개의 동리는 28,277개로 폐합되었다. 또한 2~5개 면을 하나로 통합하고 그 기능을 강화하여 동리 중심에서 면을 중심으로 하는 관 일방적·일원적·수직적 향촌통제체제로 재편해 갔다.

일제의 관 일방적·일원적·수직적 통제 하에서 한국인들이 모일 수 있는 水平性의 공간은 학교와 교회, 시골 장터뿐이었다. 바로 그 水平的 空間에서, 群衆이라는 수평적 양태의 군집에 의해 자유와 독립의 외침이 일어난 것이 1919년의 3·1운동이었다.

3·1운동 시기에 이와 같은 저항을 위한 시위운동을 조직화할 수 있는 조직적 역량은 천도교와 개신교 등 종교계와 학생층, 향촌에 일제에 의해 훼손 또는 해체되지 않고 보존 또는 잔존해 있었던 종족마을 등의 공동체적 유대에 기반한 지방사회였다.

3·1운동 시초를 열었던 천도교와 기독교는 1910년대를 전후하여 불안에 떠는 민중들을 품어 안으며 폭발적으로 교세를 확장하였다. 3월 제1~2주의 제1단계 지방시위는 천도교, 기독교가 중심이 되어 중부 이북 지방을 중심으로 지방사회에 조성해 놓은 종교적 지형을 반영하며 이루어졌다.

학생층은 식민지 교육현장의 민족적 모순과 불평등을 경험했다. 그들의 마음속에 식민지 노예교육의 틈사이로 한국인 교사들이 뿌린 자유와 독립의 씨가 자라났다. 그러나 1910년대는 사립각종학교를 제외한 109개 중등 이상 학교의 전체 학생수는 5천여 명에 불과하였다. 바로 이런 수적 한계로 말미암아 학생들은 독립운동의 주력보다 대중과의 연결자로서 자신들의 역할을 발견하고 지하신문과 격문류 발행을 통한 선전활동에 주력했다.

제1차 세계대전 기간 중 제반 물가의 등귀 위에 1918년 일본정부가 자국의 '미소동'이라는 식량위기를 해결하기 위해 한국 쌀을 비밀리에 매점하여 일본으로 반출함으로써 야기된 최악의 쌀값폭등세로 일본은 자국 이익을 위해서는 언제든지 식민지 한국민족을 희생양으로 삼을 수 있다는 식민주의의 본질을 백일하에 드러내었다. 1918년 8월 종로소학교 쌀 廉賣所에서 일어난 집단 소요사태 등 이 시기를 전후하여 빈발하고 있었던 집단적 행동은 3·1운동과 같은 일제에 대한 한국인의 거대한 집단적 저항을 예고하고 있었다.

1919년 1월 22일 갑자기 서거한 광무황제의 죽음과 '독살설'이 3·1운동 발발에 결정적인 계기와 정서적인 폭발력을 주었으며, 수만 명의 지방 인사들이 상경하여 서울에서 일어난 시위운동이 전국적으로 확산될 수 있게 해 주었다.

3·1운동은 3월초에서 4월초에 이르기까지 3단계의 변화를 보였다. 제1단계의 시위운동은 강력한 일본 제국주의의 억압과 감시·탄압 구조 속에서도 조직적 역량을 가질 수 있었던 천도교와 기독교 등 종교조직과 학생조직을 통하여 민족대표의 비폭력 원칙에 따라 평화적인 시위가 주를 이루었다. 평양같은 도회지에서는 일본측의 신속하고 강력한 대응이 시위의 발전과 지속을 막았다. 그러나 황해도 수안 같은 邊脆한 지역에서는 초기부터 일제 관헌의 퇴거를 요구하는 공세적인 시위로 나아갔다. 이것은 3·1운동의 처음 단계에서부터 이미 일제의 식민지 통치를 거부하고 철폐하고자 하는 급진성이 배태되어 있었음을 보여 주었다.

경남 창녕군 영산면 시위는 민족대표의 독립선언과 서울 평화적 시위운동의 패턴을 그대로 따르려 함으로써 시위운동의 폭발성을 억제하였다. 초기에는 지역유지들이 시위 계획이나 진행과정에 거의 참여하지 않아 시위의 규모가 크지 않았고, 공세성이 약했다.

제2단계는 3월 중순 제1단계의 종교계와 학생층이 지방유지층과 연합하거나 서울의 국장 행사에 참례하고 돌아온 지방유지층이 주도하는 가운데 일어났다. 이 단계에서는 조직적인 주민 동원을 통하여 일제의 관공서인 면사무소, 주재소 등을 공격하여 파괴하며, 구금자를 구출하는 등의 공세적 성격을 띠었다. 이러한 시위는 종족마을이 발달된 지역과 같이 전통적 향촌공동체가 보존된 지역에서 주로 일어났다. 합천은 유림성격의 유지층이 시위운동을 주도하여 수천 명에서 1만 여 명 규모의 공세적인 시위를 벌였다. 함안은 기독교인들이 초기에 시위운동을 시작하여 군내에 전파, 확산하였다. 이때까지는 시위가 크지 않고 공세적이지 않았다. 그러나 함안 읍내와 군북시위에서는 유림층과 신식학교 교사 등이 연합하여 3~5천의 대군중을 동원하여 공세적 시위를 벌였다. 이 단계에서는 한국민의 독립의사를 표명하는 수준에 머물렀고, 시위대가 일제 관헌을 압도하지는 못하였다.

제3단계의 향촌공동체의 전면적 투쟁은 3월 말 4월 초 경기도, 충남 등지에서 나타났다. 한말 후기 의병에서 평민 의병장들이 등장하듯이 이 시기에도 구장, 무학의 농민, 주막 주인 등이 시위 주도자로 등장하였다. 이들은 수일 간 계속 시위운동을 하며 투쟁역량을 키운 뒤 이웃면의 일제 관공서를 철폐하기 위해 진격하여 방화와 파괴를 하며 일제 관헌을 완전히 압도하였다. 또한 시위 후에도 지역 내 山上에서 일제 수비대와 一戰을 치룰 준비를 하기도 했다. 그 후 혹심한 보복 탄압이 뒤따랐다.

이와 같이 시위운동이 점차 격렬한 공세성을 띠면서 일제 식민지 통치기구를 공격하고, 철폐하는 방향으로 나아간 것은 일제의 군사계엄체제, 식민지 收奪政策, 暴力的 집행과 民에 대한 관 일방의 수직적·일원적·직접적 규제체제에 대한 전면적 거부의 의미를 담고 있었다.

시위운동이 진행되면서 식민지지배 철폐라는 근본문제에 다가간 것은 만주와 노령지역 3·1운동 과정에서 일어난 무장투쟁과 국내진공 움직임과 그 궤를 같이하는 것이었다. 이와 같이 3·1운동이 그 잠재된 성격을 드러내며 식민지 지배 철폐를 향해 정면으로 나아간 것은 종교조직의 역량이 지역사회 속에 강고하게 뿌리내린 지역이나 일제가 정책적으로 해체하고자 하는 가운데서도 보존 또는 잔존해 있었던 전통적 향촌공동체의 힘이 시위운동에 가세함으로써 가능했다.

주요어 : 3·1운동, 1919, 지방시위, 일제, 식민통치, 지방통치체제, 향촌자
　　　치, 두입지, 비입지, 지방행정구역개편, 향장제, 과세견취도, 면
　　　제, 천도교, 기독교, 청년학생층, 교육구국운동, 교육탄압, 민족정
　　　신교육, 학생층 규모, 학생조직, 학생의식, 무곡열, 쌀값폭등, 한
　　　국쌀 비밀매점, 미소동, 집단적 저항, 광무황제, 독살설, 민족대
　　　표, 대중화, 시위운동, 평양, 수안, 선전활동, 지하신문, 격문류,
　　　창녕군, 영산, 합천, 함안, 수원, 장안, 우정, 안성, 원곡, 양성, 안
　　　동, 영덕, 영해, 수안, 평양

3·1 독립운동의 지방시위에 관한 연구

지은이 이정은

인쇄일 초판1쇄 2009년 1월 23일
발행일 초판1쇄 2009년 1월 31일
펴낸이 정구형
제작 한미애 박지연
디자인 김숙희 노재영 강정수
마케팅 정찬용
관리 이은미 이원석
펴낸곳 국학자료원
　　　등록일 2006 11 02 제324-2006-0041호
　　　서울시 강동구 성내동 447-11 현영빌딩 2층
　　　Tel 442-4623 Fax 442-4625
　　　www.kookhak.co.kr
　　　kookhak2001@hanmail.net

ISBN 978-89-6137-425-5 *93900

가격 26,000원